Richard Leakey
Virginia Morell

Wildlife

Ein Leben für die Elefanten

Aus dem Englischen von Sebastian Vogel

S. Fischer

Die Originalausgabe erschien 2001 unter dem Titel
›Wildlife Wars. My Fight to Save Africa's Natural Treasures‹
im Verlag St Martin's Press, New York

Satz: Fotosatz Otto Gutfreund GmbH, Darmstadt
Druck und Bindung: Clausen und Bosse, Leck
Printed in Germany 2002
ISBN 3-10-043208-8

Vorwort

Mit diesem Buch möchte ich einen Eindruck von einer Phase meines Lebens in Kenia vermitteln, in der sich noch relativ wenige Menschen in Afrika und auf anderen Kontinenten große Sorgen darüber machten, dass Elefanten wegen ihres Elfenbeins gewildert wurden. Ich beschreibe die Ereignisse und Entwicklungen aus meiner Sicht. Viele meiner Freunde, Kollegen und auch Gegner schlugen und schlagen sich mit den Herausforderungen herum, denen sich der Naturschutz in Kenia und anderen Ländern stellen muss. Patentrezepte gibt es sicher nicht, und ich hoffe, die Probleme wirken in meiner Beschreibung nicht zu simpel. Die Afrikanischen Elefanten sind nach wie vor bedroht, und das wird wahrscheinlich auch noch viele Jahre so bleiben.

In Staaten, die unter mangelnder Entwicklung und großer Armut leiden, ist die Verwaltung staatlicher Institutionen niemals eine einfache Aufgabe. Ich höre häufig die Frage, warum eine bestimmte Lösung für ein bestimmtes Problem nicht umgesetzt wird. In den meisten Fällen sind die Schwierigkeiten komplizierter, als man es sich vorstellt – das gilt nicht nur für den Naturschutz, sondern auch für viele andere Bereiche. Es gibt auf der Erde keine heimtückischere Gefahr als die Armut. Wir müssen uns mit der Tatsache auseinander setzen, dass immer mehr Menschen unterhalb des Existenzminimums leben.

Auf globaler Ebene mag die Bewahrung der biologischen Vielfalt eine unverzichtbare Notwendigkeit sein, aber für große Teile der Weltbevölkerung ist die Frage, wie man sich sauberes Wasser und einmal am Tag eine richtige Mahlzeit beschafft, von grundlegenderer Bedeutung für das Überleben. Für mich persönlich haben der Schutz der Elefanten und die Bewahrung natürlicher Ökosysteme alleroberste Priorität, aber ob ich genauso denken würde, wenn ich krank, hungrig und verzweifelt wäre, kann ich nicht mit Sicherheit behaupten. Frische Luft, Sonnenschein und kalte, sternenklare Nächte liebe ich sehr, aber diese Empfindung habe ich in dem vollen Bewusstsein, dass ich ein Obdach habe, wenn ich es brauche. Wenn wir andere Spezies schützen wollen, müssen wir Mittel und Wege finden, um für unsere eigene zu sorgen.

Wie in vielen afrikanischen Ländern gehört die Armut auch in Kenia zur Realität. Hunger, Dürre und Überschwemmungen sind allgegenwärtig. Die Bevölkerung wird nach wie vor von Malaria und anderen Tropenkrankheiten heimgesucht. HIV bzw. Aids bedroht mehr Menschen, als man sich ausmalen mag. Abholzung von Wäldern, Umwandlung von Nationalparks in Rinderfarmen und Trockenlegung von Feuchtgebieten sind kurzfristige politische Reaktionen auf unmittelbare Gefahren. Aber die Vernichtung natürlicher Lebensräume und die Ausrottung biologischer Arten bringen keinen Wohlstand. Der Weg zur Beseitigung der Armut kann nicht über die Umweltzerstörung führen. Die große Aufgabe besteht darin, Arbeitsplätze zu schaffen, für einen bescheidenen Wohlstand zu sorgen und die Menschen dazu zu bewegen, dass sie Gebiete, die für das Gleichgewicht unseres Planeten unentbehrlich sind, schützen.

Das politische Bewusstsein zur Erhaltung von Schutzgebieten erst einmal zu wecken oder Nationalparks und Wälder strikt gegen Eingriffe zu schützen, ist nicht so schwierig wie die Beschaffung ausreichender Mittel, die den Unterhalt langfristig sichern könnten. Zu den Lektionen, die ich während meiner Jahre als Naturschutzverantwortlicher gelernt habe, gehörte die Erkenntnis, dass die Finanzierung des Artenschutzes langfristig gesichert werden muss.

Der Kenya Wildlife Service arbeitet heute erfolgreich, und der Tourismus in den Nationalparks bringt beträchtliche Erlöse ein. Aber Kenia, selbst ein friedliches, zivilisiertes Land, liegt in einer sehr unruhigen Region, und Ereignisse jenseits unserer Grenzen können dazu führen, dass der Touristenstrom drastisch zurückgeht oder ganz versiegt. Schon deshalb sind die Nationalparks meiner Heimat nach wie vor stark gefährdet. Ihr Verschwinden wäre ein Verlust für die ganze Welt.

Im letzten Kapitel beschreibe ich kurz einige Tätigkeiten, denen ich mich nach Verlassen des Kenya Wildlife Service gewidmet habe. Ich bin nach wie vor im öffentlichen Leben Kenias aktiv und musste mir deshalb, was die Identität mancher Kollegen und gewisse Ereignisse angeht, Beschränkungen auferlegen. Die wesentliche Aussage des Berichtes wird dadurch aber meiner Überzeugung nach nicht geschmälert.

Saubere Luft, sauberes Wasser, üppige Wälder sowie ausreichende Ernährung, Schulbildung und ein bescheidener Wohlstand für die Menschen – das sind in Kenia unsere Ziele. Die Rettung der Elefanten ist ein Symbol – ein Mittel, um diese umfassenderen Ziele zu erreichen.

Afrika
N
RIFT-TAL
ÄTHIOPIEN
SUDAN
Turkana-
see
Koobi Fora
Sibiloi
National Park
Marsabit
National Reserve
UGANDA
RIFT-TAL
South Turkana
National Reserve
KENIA
SOMALIA
Maralal
Kitale
Mt. Elgon
National Park
Baringo-
see
Aberdares
National
Park
MT. KENYA
Lake Nakuru
National Park
Meru
National Park
Kisumu
Kora National Reserve
Nyeri
Kanjera
Naivasha
Mt. Kenya
National Park
Naivashasee
Viktoriasee
Maasai Mara
National Reserve
Nairobi
National Park
Tana River
Primate National
Reserve
Nairobi
Magadisee
Penin
Amboseli
National Park
Lamu
Tsavo West
National Park
Natronsee
Serengeti
National Park
Kilimandscharo
Malindi
Tsavo East
National Park
Gedi
Eyasisee
Manyarasee
Mombasa
Shimba Hills
National Reserve
Indischer
Ozean
TANSANIA
Miles
200
200
Kms.
Karte: James Sinclair

Kapitel 1

Zum ersten Mal sah ich die Elefantenstoßzähne an einem Spätnachmittag im Mai 1989, nur zehn Tage nachdem Präsident Daniel arap Moi mich zum Direktor der kenianischen Naturschutzbehörde ernannt hatte. Wildhüter und Polizisten hatten im Auftrag der Regierung das Elfenbein bei Wilderern beschlagnahmt und in einem (eigentlich zur Aufbewahrung von Waffen und Munition erbauten) steinernen Lagerhaus mit Stahltüren auf dem Museumshügel in Nairobi fein säuberlich aufgestapelt. Es sollte gegen Höchstgebot verkauft werden. Bewacht wurde es von Beamten mit Sturmgewehren – und das mit gutem Grund. Auf dem freien Markt wurde solches Rohelfenbein damals für etwa hundert Dollar je Pfund gehandelt. Die rund zweitausend hier gelagerten Stoßzähne hatten also einen beträchtlichen Wert. Der Erlös der Elfenbeinauktion war für die Naturschutzbehörde bestimmt, die in einer verzweifelten finanziellen Situation steckte, während gleichzeitig Korruption und Untätigkeit an der Tagesordnung waren. Wenn ich damit aufräumen und gleichzeitig der Wilderei Einhalt gebieten wollte, die unsere Elefantenbestände ruinierte, würden diese Mittel sicher eine große Hilfe sein.

Eigentlich hatte ich mich nie besonders für Elefantenstoßzähne interessiert. Ich hatte vor jenem Tag noch nie die Gelegenheit gehabt, einen in die Hand zu nehmen. Vor meiner

Versetzung zur Naturschutzbehörde hatte ich die kenianischen Nationalmuseen geleitet – und bekannt war ich vor allem als Paläontologe und Entdecker von Urmenschenfossilien. Mois Ankündigung, ich würde die Leitung des Naturschutzes übernehmen, war aus heiterem Himmel gekommen, und ich konnte noch nicht einmal für mich selbst die Frage beantworten, wie es eigentlich weitergehen sollte. Ich wusste, dass die Elefantenwilderei ein wichtiges Problem war und möglicherweise zu einer nationalen Katastrophe werden konnte, und ich hatte empörende Fotos von entsetzlich zugerichteten Tieren gesehen, denen man Gesicht und Stoßzähne abgehackt hatte. Ebenso waren mir die Zahlen vertraut, die auf das Ausmaß des Niedergangs hinwiesen: 1979 lebten 85 000 Elefanten in Kenia, ein Jahrzehnt später waren es nur noch 22 000. Aber nichts vermittelte das entsetzliche Ausmaß des Gemetzels – und die Bürde der Aufgabe, die man mir übertragen hatte – so eindrucksvoll wie der Anblick, der sich an jenem Nachmittag in dem Lagerhaus bot.

Es gab weder Fenster noch Lüftung; ein leicht säuerlicher, dumpfer Geruch hing in der Luft. Das einzige Licht kam von einer nackten Glühbirne, die an einem langen, schwarzen Kabel von der Decke hing. Über die gesamte Länge des Betonfußbodens erhoben sich Stapel von Elefantenstoßzähnen bis zur Decke. Ich ging zwischen ihnen hindurch und blieb immer wieder stehen, um einen Stoßzahn hochzuheben und sein Gewicht zu spüren. Am besten kannte ich das Elfenbein alter, ausgestorbener Elefantenarten, von denen manche mehrere Millionen Jahre alt waren. Solche Stoßzähne zerfielen oft bei der geringsten Berührung, und ich hatte in der Wüstensonne viele Stunden damit zugebracht, eine Lackschicht über ihre Brüche und Risse zu pinseln, um sie für den Transport zu stabilisieren. Diese Stoßzähne hier, die von kürzlich hingemetzelten Elefanten stammten, waren glatt und fest. Mit ihrem Farbton zwischen reinem Weiß und einem gelblichen Braun wirkten sie unter der Berührung empfindsam und warm. Einige besonders große Exemplare bildeten einen fast zwei Meter langen Bogen; sie, so vermutete ich, hatten zu alten Männchen gehört. Andere waren kürzer und hatten eine zartere Form – ich nahm an, dass sie von Weibchen und jüngeren Männchen stammten. Am meisten aber erschütterten mich die kleinen Stoßzähne, manche kaum länger als meine Hand – nicht nur weil sie von sehr jungen Elefanten stammten, sondern auch weil sie eines ganz deutlich machten: Die Wilderer waren bereit, noch das letzte Tier einer Herde umzubringen.

Sie und ihre Hintermänner waren skrupellos. Und ich hatte die Aufgabe, ihnen das Handwerk zu legen.

Ich ging von der Lagerhalle in einen Nebenraum, aber dort bot sich ein weiterer bedrückender Anblick: stapelweise Zebrahäute und die Pelze von Leoparden, Geparden und anderen Großkatzen, die meisten schon halb verwest. Man hatte sie ebenso bei Wilderern beschlagnahmt wie etwa hundert Nashornhörner, die auf ein paar Holzregalen gestapelt waren. Und dann die Trophäen aus Andenkenläden: Elefantenfüße, verarbeitet zu Schemeln oder Schirmständern; Gürtel, Geldbörsen und Brieftaschen aus Elefanten- und Zebrahaut. In dem Lagerhaus war es feucht und es roch nach verrottenden Fellen. Ich wollte so schnell wie möglich hier raus. Ich hatte genug gesehen. Die Pelze, insbesondere die von Leoparden und Geparden, ließen mich nicht mehr los. Mir fiel Brigitte Bardots Kampagne »Verbrennt die Pelze« aus den siebziger Jahren ein. Sie hatte bei einer Demonstration auf den Straßen von Paris ihre Pelzmäntel verbrannt und damit eine Kampagne gegen die Verwendung von Fellen junger Robben und wilder Katzen initiiert; das hatte die ganze Modebranche verändert.

Als ich an diesem Abend zu Hause unter der Dusche stand, hatte ich plötzlich eine Eingebung. Ich beugte mich aus der Dusche und rief Meave, meiner Frau, zu: »Ich verkaufe dieses Elfenbein nicht. Ich werde es verbrennen.«

»Aber es ist viel Geld wert, Richard«, erwiderte sie. »Glaubst du, die Regierung wird dir das erlauben?«

»Das weiß ich noch nicht. Aber ich weiß, dass wir drastisch vorgehen müssen.« Ich drehte den Wasserhahn ab. »Wir müssen der Welt zeigen, dass wir es ernst meinen, dass wir der Wilderei und dem Elfenbeinhandel ein Ende machen wollen.«

Darauf fragte Meave: »Brennt Elfenbein eigentlich?«

Mit diesen Worten brachte sie mich wieder auf den Boden der Tatsachen zurück. Ich hatte keine Ahnung, ob man Elfenbein anzünden kann. Ebenso wenig wusste ich, ob die Regierung mir gestatten würde, den ganzen Stoßzahnvorrat zu verbrennen, abgesehen vielleicht von einigen besonders großen Exemplaren, die für Museen von Interesse sein konnten – aber das würde ich herausfinden.

An Informationen heranzukommen war das Typische an meiner neuen Tätigkeit bei der Naturschutzbehörde. Es gab vieles, was ich nicht wusste: das fing schon mit der lächerlichen Frage an, wie ich die offizielle Behördenuniform zu tragen und die Wildhüter unter meinen Mitarbeitern zu grüßen hatte. Und was wichtiger war: Ich wusste so gut wie nichts über Elefanten und ihr Verhalten; wenn ich diese Tiere um Kenias und ihrer selbst willen retten wollte, musste ich schnell lernen.

Ich war mir durchaus bewusst, welche Ironie des Schicksals meine Aufgabe darstellte. Wie bereits erwähnt, hatte ich viele Stunden mit dem Erhalt alter Stoßzähne verbracht. Und jetzt wollte ich herausfinden, wie man am besten rund zweitausend von ihnen zerstört; Gegenstände, die in vielen Kulturen der Welt wertvoll sind und geschätzt werden. Hier war ich weit entfernt von der abgeschlossenen Welt der Fossilien und Museen, und ich ertappte mich dabei, wie ich über die Ereignisse grübelte, die mich zu dieser Tätigkeit gebracht hatten – und zu diesem Kreuzzug.

Etwa ein Jahr zuvor, im Frühjahr 1988, hatte mich meine Bekannte, die Naturschützerin Fiona Alexander, am Wilson-

Airport von Nairobi aufgehalten. Wie ich fliegt sie gern selbst, und ich war gerade von einem Ausflug an den Turkanasee im Norden Kenias zurückgekehrt, wo ich eine Expedition zur Fossilsuche geleitet hatte. Fiona erzählte mir, sie sei jetzt die Sprecherin einer Gruppe, die etwas gegen die Elefantenwilderei unternehmen wolle. Und ich als Kuratoriumsvorsitzender der East African Wildlife Society, einer Naturschutzorganisation, solle mich öffentlich auf ihre Seite stellen. Wie viele andere Bürger Kenias nahm ich damals an, die Regierung tue alles, was in ihrer Macht stehe, um das Problem einzudämmen. Fiona erklärte mir, das Gegenteil sei der Fall. Ich schlug ihr vor, wir sollten uns noch einmal treffen, damit sie mir die Richtigkeit ihrer Behauptungen beweisen könne.

Ein paar Tage später besuchte mich Fiona in meinem Büro am Nationalmuseum; sie hatte einen Bericht bei sich, den sie nach Gesprächen mit Nationalparkwächtern zusammengestellt hatte. Diese Wächter hatten in aller Stille Informationen und Beweisfotos über das Gemetzel an den Elefanten gesammelt. Die Tiere wurden nicht von armen, hungrigen Stammesangehörigen mit Speeren und Pfeilen getötet, sondern von gut organisierten Banden mit Maschinengewehren. Es war nichts anderes als eine genau koordinierte wirtschaftliche Sabotage.

Einige Wächter hatten Fiona im Vertrauen erzählt, die Wilderei sei völlig außer Kontrolle geraten: Die Elefanten wurden in Sichtweite von Touristenhotels und entlang der Straßen niedergeschossen, und niemand tat etwas dagegen. Allgemein herrschte die Ansicht, dass manche Parkwächter und Wildhüter mit den Wilderern gemeinsame Sache machten. Wie Fiona mir außerdem berichtete, hatte man an Dr. Perez Olindo, den damaligen Direktor der Naturschutzbehörde (offiziell hieß sie Department of Wildlife and Conservation Management), und seinen Vorgesetzten George Muhoho, den Minister für Tourismus und Naturschutz, einen Geheimbericht geschickt. Dieser enthielt angeblich eine Liste leitender Regierungsbeamter, die hinter der Wilderei stecken sollten. Ich fragte Fiona, ob es eine Möglichkeit gebe, diesen Bericht zu lesen. Sie erwiderte, das sei unmöglich – die Regierung halte ihn unter Verschluss, und eine Kopie sei von niemandem zu erhalten.

Andere aus der Naturschutzbewegung bestätigten, was Fiona mir erzählt hatte. Einige sagten, sie seien ebenfalls zutiefst besorgt über das Ausmaß der Wilderei und die Korruption in der Naturschutzbehörde, und sie wüssten nicht, was sie tun sollten. Manche fürchteten, wenn ich mich zu Wort meldete, könne irgendjemand in der Regierung es mir heimzahlen.

Es musste etwas getan werden. Ich sagte Fiona zu, Position zu beziehen. Die Bilder mit den von Kugeln zerfetzten Elefanten fand ich widerwärtig, und der Gedanke, dass bewaffnete Banden ungehindert durch unsere Nationalparks zogen, erschreckte mich. Noch empörter war ich, weil offenbar einige Beamte unserer eigenen Regierung bei dem Gemetzel mitmischten. Fiona hatte Recht. Die Sache musste an die Öffentlichkeit gebracht werden – insbesondere da der Geheimbericht wahrscheinlich nie ans Licht kommen würde. Aber ich wusste auch, dass jede Handlung politisch brisant war. Als Direktor der Nationalmuseen war ich offiziell ein kenianischer Beamter. Wenn ich mich zu Wort meldete, würde die Vergeltung sicher auf dem Fuße folgen.

Wie meine Familie und andere bestätigen können, bin ich dafür bekannt, dass ich das Herz auf der Zunge trage, eine Eigenschaft, die ich vermutlich von meinen Eltern Louis und Mary Leakey geerbt habe; beide standen nicht in dem Ruf, viel Taktgefühl zu besitzen. Aber fünfundzwanzig Jahre im öffentlichen Dienst hatten mich Geduld gelehrt. Mir war klar, dass ich nicht von heute auf morgen eine eilige Verlautbarung über Korruption und Unfähigkeit herausgeben konnte. Außerdem musste die Elefantenwilderei so aufs Tapet gebracht werden, dass sie bei der Presse die größtmögliche Aufmerksamkeit fand. Die Gelegenheit ergab sich Ende August 1989, und ich ergriff sie beim Schopf.

An dem Museum wurde eine ornithologische Tagung abgehalten, an der Dr. Olindo, Minister Muhoho und ich teilnehmen sollten. Am Tag vor der Veranstaltung wurden zwei Wildhüter im Tsavo-Nationalpark von Wilderern erschossen; in den Zeitungen wurde ihr Tod kurz erwähnt. Als die Journalisten in das Museum kamen und über die Konferenz berichten wollten, fragte ich sie, ob sie den Direktor der Naturschutzbehörde und den Tourismusminister treffen und nach den Morden fragen wollten. Mein Angebot fand rege Zustimmung. Ich versprach ihnen, wir würden unmittelbar nach der Eröffnungsfeier im Sitzungsraum des Museums eine Pressekonferenz abhalten.

Nach der Feier setzte ich mich neben Muhoho und flüsterte ihm zu, die Presse sei ganz erpicht darauf, mit ihm über die Bedeutung der Vogelwelt für die kenianische Tourismusbranche zu sprechen. Ich schlug vor, er solle bei dieser Gelegenheit auch einige beruhigende Sätze über die amtlichen Maßnahmen nach dem Tod der beiden Wildhüter sagen. Muhoho nickte: das wolle er gerne tun. Die Falle war gestellt.

Bei der Pressekonferenz saßen Muhoho und Olindo nebeneinander; ich hielt mich im Hintergrund des Raumes. Nach einigen Bemerkungen über die großartige Vogelwelt des Landes erklärte Muhoho, man werde sich alle Mühe geben, die Elefantenwilderer zur Verantwortung zu ziehen. Er behauptete, die Familien der ermordeten Wildhüter würden eine angemessene finanzielle Entschädigung erhalten. Ein Journalist fragte, was die Regierung unternehmen wolle, um der Wilderei Einhalt zu gebieten. Darauf erwiderte der Minister, es werde alles Menschenmögliche getan, und die Lage sei nicht so schlimm, wie immer behauptet werde. Dann löste sich die Pressekonferenz auf. Im Gehen fragten mich mehrere Reporter, ob ich darauf nicht etwas zu erwidern hätte. Allerdings, antwortete ich, und dann kündigte ich für zwei Uhr nachmittags meine eigene Pressekonferenz an. Damit war ihr Interesse natürlich geweckt.

Kenia war Ende der achtziger Jahre noch ein Einparteienstaat mit streng kontrollierten Medien. Nur selten kritisierte jemand – ob privater Bürger oder Regierungsbeamter – überhaupt etwas, das die Regierung sagte oder tat; so etwas konnte ins Gefängnis oder zu noch Schlimmerem führen. Deshalb ging ein überraschtes Raunen durch den Raum, als ich erklärte, Muhoho habe am Vormittag schlicht und einfach die Unwahrheit gesagt. Jetzt flogen die Kugelschreiber über die Notizblöcke. Ich sagte den Journalisten, Muhoho habe nur ein Lippenbekenntnis über eine nationale Krise abgelegt, die eindeutig außer Kontrolle geraten sei, und ich für mein Teil müsse mich fragen, warum die Regierung nichts unternehme. Ich setzte das Gemetzel an unseren Elefanten mit Wirtschaftssabotage gleich: Elefanten waren die Aushängeschilder unserer Tierwelt und die Grundlage des Tourismus, der größten Branche des Landes. Dass sie und andere Tierarten dezimiert wurden, sei deshalb eine unmittelbare wirtschaftliche Bedrohung für Kenia. Da sie dennoch fortgesetzt werde, so meine Vermutung, müssten wohl einflussreiche Personen aus der Regierung verwickelt sein. Und ich fügte hinzu, es gebe sogar einen Geheimbericht, in dem Namen genannt würden, und ich hätte diesen Bericht gesehen. Ich rief den Minister Muhoho auf, den Bürgern Kenias ein für alle Mal die Wahrheit zu sagen.

Dass die Presse begeistert war, brauche ich nicht zu betonen: Da bezog Richard Leakey, eine bekannte Persönlichkeit und Regierungsbeamter, in aller Öffentlichkeit Position. Das war für sie etwas völlig Neues. Eine ganze Woche lang verkündeten die Schlagzeilen: »Wilderei: Leakey packt aus«, oder »Leakey: Der Minister kennt die Namen«. Nie zuvor war ich in einen mit so harten Bandagen ausgetragenen öffentlichen Streit verwickelt. Der Minister ging unverzüglich zum Gegenangriff über – »Muhoho beschuldigt Leakey«, lautete eine Schlagzeile. Er hatte etwas gegen meine Einmischung und versuchte, mich in die rassistische Ecke zu drängen; der Presse sagte er, ich hätte eine »dreiste weiße Mentalität« offenbart, weil ich glaubte, nur Weiße würden sich für den Naturschutz engagieren. Angeblich hatte er bereits einige hochrangige Beamte entlassen, weil sie mit den Wilderern unter einer Decke gesteckt hätten, und die Liste der Schuldigen in dem von mir erwähnten Geheimbericht enthalte »nichts Neues«. Aber er stieß mit seiner Breitseite auf wenig Sympathie; die meisten Leserbriefe machten ihm Vorwürfe, weil er die Elefantenwilderei zu einer Rassenfrage machen wolle und nicht zum Gegenstand des nationalen Interesses. Ganz eindeutig hatte ich nicht als Einziger erkannt, wie eng unser wirtschaftliches Schicksal mit unserer Tierwelt zusammenhing. Im Tourismus waren mehr Kenianer beschäftigt als in jeder anderen Branche. Niemand konnte sich vorstellen, dass die Regierung untätig zusehen würde, wie die Tiere abgeschlachtet wurden. Meine Aussagen vor der Presse setzten im ganzen Land eine kleine Diskussion in Gang und brachten die Elefanten sehr schnell dort hin, wohin sie gehörten: auf die Titelseiten.

Wenig später musste ich in einer anderen Angelegenheit mit Präsident Moi sprechen, und als ich in seinem Arbeitszimmer war, fragte er mich nach der Elefantenwilderei. Ob es wirklich so schlimm sei, wie ich vor der Presse behauptet hätte? Ich versicherte ihm, es sei so, und man müsse mehr dagegen unternehmen.

Daraufhin ordnete Präsident Moi am nächsten Tag an, die Wildhüter und andere Sicherheitsbeamte sollten energisch zurückschlagen und der Wilderei ein für alle Mal ein Ende machen. Eine Zeit lang wurde seine Ermahnung, Wilderer »beim ersten Anblick« zu erschießen, fälschlich als Befehl interpretiert, alle festgenommenen Wilderer schlicht und einfach hinzurichten. Aber das hatte er nicht gesagt, und soweit mir bekannt ist, geschah es auch nie. Immerhin erkannte Moi mit seinem Befehl aber an, dass diese Wilderer nicht einfach arme Stammesangehörige waren, die sich etwas zu essen besorgen wollten, sondern schwer bewaffnete Verbrecher, die nicht nur Elefanten töteten, sondern auch Wildhüter. Die neue Marschrichtung machte deutlich, dass die kenianischen Wildhüter gegenüber den Wilderern viel zu schwach bewaffnet waren – wahrscheinlich würden sie und nicht die Wilderer am meisten unter der Anordnung des Präsidenten zu leiden haben. Immerhin rückten Mois starke Worte aber das Problem der Wilderei in Kenia ins internationale Rampenlicht, und das hielt ich für gut.

Während der nächsten Monate kam ich kaum dazu, an die Elefanten zu denken. Hinter den Kulissen arbeiteten hochrangige Regierungsbeamte daran, mir das Leben am Nationalmuseum so schwer wie möglich zu machen und mich zur Kündigung zu bewegen. Einmal war ich tatsächlich so weit, dass ich zurücktrat, aber hochrangige Politiker überredeten mich, weiterzumachen. Dann hörten die Schikanen plötzlich auf. Ob der Präsident über die Machenschaften Bescheid wusste oder selbst dafür sorgte, dass sie abgestellt wurden, habe ich nie erfahren.

Obwohl der Staat jetzt härter durchgriff, besserte sich die Lage der Elefanten während dieser Zeit nicht. Zwischen Ende 1988 und Anfang 1989 waren die Zeitungen voller Berichte über getötete Elefanten und Schießereien zwischen Wilderern und Wildhütern. Tatsächlich entfernte Muhoho einige korrupte Wächter aus der Naturschutzbehörde; er und Dr. Olindo wurden häufig mit der Behauptung zitiert, Kenia sei dabei, den Kampf gegen die Wilderer zu gewinnen. Als es aber einer Bande gelang, fünf weiße Nashörner zu töten – eigentlich zahme Tiere, die im Neru-Nationalpark in Zentralkenia angeblich unter dem besonderen Schutz der Wildhüter standen –, war allen klar, dass sich eigentlich nichts geändert hatte. Ein paar Wochen später überfiel eine andere Banditenbande Touristen im Tsavo-Nationalpark, raubte sie aus und brachte einen von ihnen um.

Es musste etwas geschehen, und zwar schnell. Als Direktor des Nationalmuseums hatte ich dazu allerdings nicht die beste Ausgangsposition. Ich spielte mit dem Gedanken, noch einmal meine Position als Kuratoriumsvorsitzender der East African Wildlife Society zu nutzen und mir die Unterstützung anderer internationaler Naturschutzorganisationen zu sichern, die ihren Sitz in Nairobi hatten. Gemeinsam hätten wir der Regierung dann konstruktive Ratschläge geben können. Bei den anderen Naturschützern erntete ich jedoch nur halbherzige Reaktionen – sie wollten sich nicht in Kenias innere Angelegenheiten einmischen. Ich war zwar enttäuscht, hatte jedoch das Gefühl, ich hätte alles in meiner Macht Stehende getan.

Umso überraschter war ich, als am Nachmittag des 20. April 1989 ein Mitarbeiter meines Museums in mein Büro platzte, meine Hand nahm und sie heftig schüttelte. »Herzlichen Glückwunsch!«, rief er. »Herzlichen Glückwunsch! Darüber werden sich alle freuen.« Ich hatte keine Ahnung, worauf sich der Glückwunsch bezog, und verlangte eine Erklärung. Ob ich es denn noch nicht gehört hätte? Sie hätten es gerade in den Radionachrichten gesagt. Präsident Moi hatte bekannt gegeben, er habe mich zum Direktor der kenianischen Naturschutzbehörde ernannt.

Das musste ein Irrtum sein, davon war ich überzeugt. Vielleicht hatte mein Mitarbeiter den Rundfunkbericht falsch verstanden. Mein Bruder Philip war zu jener Zeit Referent an der Behörde für Umwelt und natürliche Ressourcen, und es erschien mir plausibler, dass er der Leakey war, dem der Präsident die Leitung der Naturschutzbehörde anvertrauen wollte. Ich rief bei der Nachrichtenredaktion des staatlichen kenianischen Rundfunks an. Ihr Leiter bestätigte den Bericht: In der Bekanntmachung war von mir die Rede.

Mit einem leichten Gefühl der Übelkeit und Benommenheit lehnte ich mich in meinem Stuhl zurück und versuchte, die Neuigkeit zu verarbeiten. Dann griff ich nach meinem Aktenkoffer und ging. Ein paar Minuten später saß ich im Auto und war auf dem Weg zu meinem Haus am Rand des Rift-Tals. Meave, meine Frau, würde mir helfen, wieder einen klaren Gedanken zu fassen.

Meave leitet die paläontologische Abteilung des Museums. Sie hatte an der University of Wales promoviert, und obwohl man mich gewöhnlich für den Paläoanthropologen hielt, war meine offizielle Ausbildung nicht über die Oberschule hinaus gediehen. Meave und ich arbeiteten seit fast fünfundzwanzig Jahren zusammen, ganz ähnlich wie früher meine Eltern Louis und Mary. Wir waren mit unserer Mannschaft von Hominidenfossil-Suchern durch die Wüsten Kenias gezogen, um die Knochen unserer uralten Vorfahren zu sammeln und zu bestimmen. Seite an Seite hatten wir an staubigen Ausgrabungsstätten gekniet, vorsichtig den Boden um die Fossilien entfernt und bis tief in die Nacht unter den Sternen gesessen, um über die Bedeutung der Knochen zu diskutieren. Wir hatten ein Haus gebaut und zwei Töchter großgezogen. Meave war immer mein wichtigster Rückhalt gewesen, und wir hatten gemeinsam schwere Zeiten durchgestanden, insbesondere als ich 1979 nach einer Nierentransplantation fast gestorben wäre. Sie wusste, dass ich seit meinem Rücktritt und der Wiedereinstellung am Museum mit meinem Beruf nicht mehr zufrieden war und dass ich nach einer neuen, größeren Aufgabe suchte.

Aber die Ernennung zum Leiter des kenianischen Naturschutzes war nicht die Aufgabe, mit der sie gerechnet hatte, und als ich ihr davon erzählte, konnte ich deutlich sehen, dass sie alles andere als begeistert war. Sie prophezeite, meine neue Stellung werde viele Umstellungen erfordern, mich stark belasten und, so ihre Befürchtung, mich in ständige Lebensgefahr bringen. Unser gemeinsames Berufsleben

– die Arbeit im Museum oder am Turkanasee – würde sich verändern. Wir sprachen an jenem ersten Abend nicht ausführlich über meine neue Tätigkeit, aber eines wurde mir bereits deutlich: Wenn ich sie annahm, würde es für Meave nicht einfach werden.

Aber konnte ich eine Ernennung durch Präsident Moi ablehnen? Er war seit 1978 Staatsoberhaupt und regierte das Land auf sehr direkte, handfeste Weise. Soweit mir bekannt war, hatte niemals ein Bürger Kenias eine Ernennung durch den Präsidenten zurückgewiesen, und wenn ich es täte, würde es weite Kreise ziehen, angefangen höchstwahrscheinlich mit meiner Entlassung im Nationalmuseum. Außerdem war es, ehrlich gesagt, eine spannende Aussicht. Die Tätigkeit am Museum fand ich zunehmend ermüdend und langweilig. Jetzt hatte ich die Chance, für mein Land etwas äußerst Wichtiges zu tun und eine ganz und gar korrupte staatliche Behörde umzukrempeln. Als wir schlafen gingen, hatte ich mich bereits entschieden.

»Ich weiß, dass du dir Sorgen machst«, sagte ich zu Meave, »aber ich muss es tun. Wenn der Präsident mir seine volle Unterstützung zusichert, werde ich ihm sagen, dass ich es mache. Ich werde die Ernennung annehmen.«

Meave seufzte und nickte. Sie kannte mich: Wenn ich mich für etwas entschieden hatte, waren alle Versuche, mich davon abzubringen, nutzlos.

Mit der Unterstützung des Präsidenten und seiner Regierung, so erklärte ich ihr, könnte ich für Kenia etwas Gutes tun, das unbedingt getan werden musste: den Mord an den Elefanten beenden.

Kapitel 2

Von unserem Haus nach Nairobi fährt man mit dem Auto mindestens eine Stunde. Das erste Stück ist eine lange, unbefestigte Straße mit Querrinnen und losen Steinen – selbst bei gutem Wetter eine schlechte Wegstrecke. Sie bietet aber auch großartige Aussichten. Wenn es in der Nacht geregnet hat, sieht man morgens manchmal die schneebedeckten Gipfel des Mount Kenya im Norden und des Kilimandscharo im Süden, weiße Kappen, die sich hoch über das Grün und Rot der Landschaft erheben. Ich bin Frühaufsteher und gehe in der Regel um fünf Uhr morgens aus dem Haus. Die Fahrt bietet mir hervorragend Zeit zum Nachdenken – die kühle Luft, die atemberaubenden Ausblicke und das gemächliche Tempo helfen mir, den weiteren Tag zu planen.

Am Tag nach meiner Ernennung wusste ich allerdings noch nicht genau, was als Nächstes zu tun war. Sollte ich zur Naturschutzbehörde fahren oder mich mit meinen Mitarbeitern am Museum zusammensetzen und ihnen sagen, dass ich sie verließ? Ich musste mit dem Präsidenten sprechen und Klarheit darüber gewinnen, was er von mir erwartete, aber ich konnte ihn auch nicht einfach überfallen. Es schien mir am einfachsten, meinen bisherigen Tagesablauf beizubehalten, und als ich nach Nairobi kam, fuhr ich zum Museumshügel.

Um halb sieben saß ich an meinem Schreibtisch, blätterte den gerade angekommenen Stapel Post durch und schrieb ein paar Antworten. Aber mit meinen Gedanken war ich woanders. Es war ein seltsames Gefühl: Ich wusste, dass ich heute wahrscheinlich zum letzten Mal so in meinem Büro und in diesem Gebäude sitzen würde, für das ich die Mittel aufgetrieben hatte und das als Denkmal für meinen 1972 gestorbenen Vater errichtet worden war. Auch er war Direktor des Museums gewesen, und zwar zu einer Zeit, als es eigentlich nur aus ein paar grob zusammengezimmerten Stein- und Holzhäusern bestand. Auf der Treppe zu meinem Büro kam ich jeden Tag an seiner Statue vorüber, und ich achtete immer darauf, ihn zur Kenntnis zu nehmen. Dieses Museum, für das wir beide einen so großen Teil unseres Lebens geopfert hatten, würde ich vermissen.

Eigentlich habe ich meine ganzen ersten Lebensjahre auf dem Museumsgelände verbracht. Wir wohnten damals in einem kleinen Holzhaus, das die Treuhänder des Museums 1944 für meinen Vater erbaut hatten. Als ich im Dezember jenes Jahres geboren wurde, neigte sich der Zweite Weltkrieg seinem Ende zu, und mein Vater war kurz zuvor zum Leiter des Museums ernannt worden. Meine Eltern waren bereits mit ihren Pionierarbeiten zur ostafrikanischen Vorgeschichte bekannt geworden, aber sie waren alles andere als berühmt oder reich. Das Museum konnte nur ein karges Gehalt zahlen, aber zumindest brauchten wir für das kleine Haus, das unserer Familie zur Verfügung gestellt wurde, keine Miete zu entrichten. Louis und Mary Leakey widmeten sich völlig ihrer Forschung, und wenn sie Zeit oder Geld übrig hatten, wendeten sie es dafür auf. Sobald mein Vater im Museum frei hatte, packten sie ihren alten Lastwagen und machten sich auf den Weg zu einer ihrer Grabungsstätten. Meinen älteren Bruder Jonathan und mich nahmen sie fast immer mit.

Mein Vater wurde im Kikuyu-Gebiet in Kabete nördlich von Nairobi geboren. Seine Eltern waren Missionare der Church Missionary Society und gründeten einige der ersten

Schulen für die Kikuyu, ein Bauernvolk, das im fruchtbaren zentralen Hochland Kenias lebt. Eine davon, die Mary-Leakey-Mädchenschule, wurde nach meiner Großmutter benannt (die zufällig den gleichen Vornamen trug wie meine Mutter) und bildet noch heute junge Kenianerinnen aus. Louis spielte in seiner Jugend mit den Kindern der Kikuyu und wurde mit 13 Jahren in ihren Stamm aufgenommen. Auf unseren Expeditionen erzählte er uns manchmal beim Abendessen im Schein der Petroleumlampe, wie er mit Joshua Muhia, einem Stammesältesten, auf die Jagd gegangen war. Joshua hatte ihm beigebracht, wie man einen Bogen und Pfeile herstellt, wie man ein paar Stöcke zu einer Falle für wilde Vögel biegt und wie man kleine Antilopen mit bloßen Händen fängt. Er zeigte uns das Gleiche, was Joshua ihm gezeigt hatte, nannte uns die Namen der Vögel und erklärte uns, wie man ein Versteck baut, sodass wir die Tiere beobachten konnten, ohne dass sie uns sahen.

Das Hauptinteresse meines Vaters galt bei diesen Expeditionen aber nicht lebenden, sondern versteinerten Tieren. Louis hatte seit seiner Zeit am College in Cambridge die Ansicht vertreten, die ältesten Vorfahren der Menschheit werde man in Afrika finden. Er gehörte zu den wenigen, die damals davon überzeugt waren. Nahezu alle anderen Anthropologen hielten China für die Wiege der Menschheit (allerdings, das bemerkte mein Vater gern, hatte schon Charles Darwin sich für Afrika ausgesprochen, weil dort auch unsere nächsten Verwandten, die Schimpansen und Gorillas, zu Hause sind). Die meisten Fachleute für Vorgeschichte glaubten noch nicht einmal, dass Afrika überhaupt eine Geschichte hatte, die diesen Namen verdiente. Meine Eltern schlossen große Teile dieser Wissenslücken: Sie fanden sehr alte Keramik, aber auch Artefakte aus Metall und Stein, deren Herstellung kaum jemand den prähistorischen Afrikanern zugetraut hätte. Vor allem aber interessierten sie sich für die Herkunft der Menschen, und auf der Mehrzahl der Expeditionen, an denen ich als Kind teilnahm, suchten wir nach den fossilen Knochen eines Vorfahren, die meinen Eltern – und Darwin – Recht geben würden.

Kaum etwas anderes machte mir so viel Spaß wie die Vorbereitungen für eine solche Reise. Unser kleines Haus füllte sich mit Zelten, Laternen, Kisten voller Konservendosen, Mehl, Reis und Blechschachteln mit Zigaretten. Für meinen Bruder und mich (und später auch für Philip, unseren zweiten Bruder, der 1949 geboren wurde) richteten meine Eltern einen Schlafplatz auf den gestapelten Kartons hinten in ihrem alten Dodge ein. Kurz bevor der Morgen graute, fuhren wir los. Wir erklommen die Steigung von Kikuyu im Norden Nairobis und schlugen dann den Weg zur weiten Ebene des Rift-Tals ein. Ich mochte diese Fahrten am frühen Morgen und sah zu, wie das Schwarz des Himmels sich in ein weiches Blau verwandelte, während die üppigen Düfte Afrikas – der Rauch von Zedernholzfeuer, gemischt mit den Gerüchen von Rindern und Ziegen – von den kleinen Behausungen am Weg zu uns herüberwehten.

Für die Arbeit meiner Eltern konnte ich mich nicht begeistern – sie erschien mir langweilig. Meist gruben sie an einer schattenlosen, öden Stelle auf allen vieren kniend in der steinharten Erde, während um sie herum die Fliegen schwirrten. Für mich stand sehr früh fest, dass ich mit einem solchen Leben nie etwas zu tun haben wollte. Meine Eltern fuhren unbeirrt Jahr für Jahr mit ihrer Arbeit fort, bis mehrere wichtige Fossilfunde sie weltweit auf die Titelseiten der Zeitungen brachten. Die Aufsehen erregendste Entdeckung machten sie, als ich schon so alt war, dass ich zu Hause bleiben konnte, und deshalb war ich nicht dabei. Eigentlich gelang meiner Mutter der Fund. Im Sommer 1959 stieß sie in der Olduvaischlucht in Tansania auf den teilweise vergrabenen Schädel eines menschenähnlichen Wesens namens *Australopithecus boisei*. Schon seit fast dreißig Jahren gruben meine Eltern in dieser Gegend, um solche fossilen Überreste zu finden. Sie hatten sich auf die Schlucht konzentriert, weil sie wie der Grand Canyon Schicht für Schicht die erdgeschichtliche Vergangenheit offenbart. In diesen Schichten hatten sie zahlreiche fossile Tierknochen gefunden, die meist zu ausgestorbenen Arten gehörten, und auch steinerne Faustkeile, jene Werkzeuge, die von den frühen Menschen (oder »Hominiden«, wie die Wissenschaftler sie nennen) benutzt wurden. Die Knochen dieser ersten Vorfahren selbst jedoch waren ihnen bis zu jenem Sommer weitgehend entgangen.

Die von meiner Mutter ausgegrabenen Schädelbruchstücke erwiesen sich als wahrhaft folgenschwerer Fund. Die hinteren Backenzähne (Molaren) waren im Vergleich zu unseren eigenen riesig, die Wangenknochen waren breit, der Schädel trug oben eine Knochenleiste, und das gesamte Erscheinungsbild war sehr affenähnlich. Auch sein Alter war bemerkenswert – es wurde von Fachleuten auf fast 1,75 Millionen Jahre geschätzt. Damit verlängerte sich die Zeitspanne, in der es unsere frühen Vorfahren bereits gegeben haben muss, auf mehr als das Doppelte. (Mittlerweile verlegt man die ersten Stadien der Menschheitsgeschichte in die Zeit vor über 4 Millionen Jahren.)

Als Louis und Mary ihren großen Fund machten, war ich fast fünfzehn. Ich muss gestehen, dass ich mich an das Ereignis kaum erinnern kann. Meistens war ich entweder damit beschäftigt, kleine wilde Tiere zu beobachten und einzufangen, beispielsweise Buschbabys und Mungos (die ich an einen Tierfotografen verkaufte), oder ich ritt mit meinem Pferd zwischen den Zebras, Giraffen und Antilopen in der Nähe unseres Hauses umher. In die Gegend am Rand der Athi-Ebene waren meine Eltern gezogen, als ich ungefähr fünf war. Ein paar Jahre später hatten sie mir das erste Pony geschenkt, und von nun an sah man mich kaum noch ohne Pferd. Zu jener Zeit standen nur wenige Gebäude zwischen unserem Haus und den gedrungenen Ngong-Bergen, wo die Massai lebten, und nichts machte mir mehr Spaß, als mit

Höchstgeschwindigkeit über die Ebene zu galoppieren, Zebras zu jagen oder schnell hinter einem stampfenden Nashorn aufzutauchen und ihm einen Schlag aufs Hinterteil zu geben.

Mein Interesse galt der freien Natur, und ich fürchte, ich war nicht sonderlich fleißig. Nachdem ich mit 16 Jahren die Schule hinter mir hatte, fing ich eine Zeit lang kleine Tiere für Wissenschaftler, und ich sammelte Tiere und Vögel, um sie dann an Museen zu verkaufen, die Skelette afrikanischer Tierarten für ihre wissenschaftlichen Sammlungen suchten. Als ich 18 wurde, gründete ich mit einem Freund eine Firma für Safarirundfahrten. Mein Vater lieh mir fünfhundert Dollar für die Unternehmensgründung. Vermutlich war er nicht ganz damit einverstanden, dass ich meine Schulausbildung aufgegeben hatte, aber er versuchte nie, mich von meinem Weg abzubringen.

Viele meiner Safarigäste meldeten sich wegen des Namens Leakey bei mir an. Nach der Entdeckung des »Dear Boy« – der Spitzname für den Schädel, den meine Mutter gefunden hatte – berichteten *National Geographic* und das Fernsehen über ihre Arbeit, und mein Vater reiste jedes Jahr zu Vorträgen in die Vereinigten Staaten. Die Leute kannten seine Forschungsarbeiten und bewunderten seine Ideen, seine Hartnäckigkeit und seine Begeisterung. Ich bin überzeugt, dass viele meiner Gäste glaubten, der berühmte Louis Leakey werde sie durch die afrikanische Wildnis führen. Als dann stattdessen ein großer, schlaksiger junger Mann auftauchte, waren sie sicher schockiert. Aber zu diesem Zeitpunkt war daran nichts mehr zu ändern.

Ich machte mit meinen Gästen einige großartige Safaris, aber der Glanz des Reiseleiterdaseins nutzte sich nach einiger Zeit ab. Es war mir zuwider, auf andere zu warten und mich um ihre Bedürfnisse und Wünsche zu kümmern. Im Oktober 1963, wenige Monate vor meinem neunzehnten Geburtstag, erwarb ich den Pilotenschein. Ich hatte Fliegen gelernt, um meine Flugangst zu überwinden, und mein erster Alleinflug führte zur Olduvaischlucht. Auf dem Weg überflog ich zufällig den Natronsee, einen alkalischen See in Tansania, und dort fesselte mich der Anblick der öden, erodierten Sedimente an seinem Westufer. Sie erinnerten mich an die fossilführenden Schichten in der Olduvaischlucht. Sofort entschloss ich mich, eine Expedition zu organisieren und sie zu erkunden.

Eigentlich hatte ich mich noch nicht für einen Berufswechsel entschieden; ich wünschte mir nur ein wenig Abwechslung von meiner Tätigkeit auf den Safaris. Dennoch sollte diese Expedition zum Natronsee mein Leben nachhaltig verändern. Kamoya Kimeu, ein Mann aus meiner Mannschaft, entdeckte den fossilen Unterkiefer eines sehr alten Hominiden; der robuste Australopithecine ähnelte stark dem »Dear Boy« (dessen Unterkiefer nie gefunden wurde). Und diese Entdeckung war nicht das einzig Spannende. Ich merkte, dass es mir Spaß machte, Fossilien zu suchen, auszugraben und mit den Wissenschaftlern darüber zu diskutieren. Natürlich hielt ich mich für einen gleichberechtigten Kollegen der Fachleute, die alle ihren Doktor gemacht hatten. Und das, obwohl ich nach der Oberschule meine Ausbildung abgebrochen hatte.

An anderer Stelle habe ich mich zu jener Zeit als rebellischen jungen Mann beschrieben. Ich war ungeduldig, hektisch, hitzköpfig und voller Ehrgeiz. Ich strebte nach sofortigem Erfolg und gab mir alle Mühe, ihn zu erreichen. Ich machte ein paar Zugeständnisse und pausierte so lange, dass ich in England eine Schule besuchen und diesen lächerlichen Oberschulabschluss machen konnte. Ich unternahm sogar den Versuch, mich an einer Universität zu bewerben, aber ich war nicht mit ganzem Herzen bei der Sache. Etwas Langweiligeres, als den ganzen Tag in einem Hörsaal zu sitzen, konnte ich mir nicht vorstellen. Meine Eltern waren natürlich überzeugt, dass ich meine Karriere als Fossilsammler nicht richtig anging, aber ich konnte ihnen auch so helfen, und sie machten mir deshalb keine Vorwürfe. Vermutlich hoffte mein Vater insgeheim, ich würde schon eine Universität besuchen, wenn ich erst einmal bei der Anthropologie »hängen geblieben« war.

Anfang 1967 schickte mein Vater mich als seinen Vertreter auf eine internationale Expedition. Ihr Ziel war der Fluss Omo im Südosten Äthiopiens, wo sich bekanntermaßen reichhaltige Fossillagerstätten befanden. Durch die Arbeit als Assistent meiner Eltern hatte ich mich immer stärker mit Archäologie befasst, und jetzt bot sich die Gelegenheit zu einer Reise in ein Gebiet, wo alle Aussichten auf außergewöhnliche Funde und spannende Abenteuer bestanden. Ich war begeistert.

Im August 1967 ereignete sich etwas, das ich als einen der glücklichsten Zufälle in meinem Leben betrachte. Ich flog als Passagier in einem Leichtflugzeug von Nairobi zum Treffpunkt der Omo-Expedition, und der Pilot musste vom Kurs abweichen, um ein Schlechtwettergebiet zu umgehen. Da wir uns über einer Gegend befanden, die ich noch nie zuvor überflogen hatte, betrachtete ich sehr aufmerksam die Landschaft, und dabei fiel mir auf, dass sich hier offensichtlich über viele Meilen höchst aussichtsreiche und unerforschte fossilführende Schichten befanden. So begann meine Laufbahn als Fossilsammler am Turkanasee. Bis zum Sommer 1968 hatte ich mir die Zusage der National Geographic Society auf finanzielle Unterstützung gesichert, sodass ich meine eigene Expedition an das Nordostufer des Sees leiten konnte. Schon nach wenigen Wochen war klar, dass wir uns eine großartige Stelle ausgesucht hatten. Jetzt hatte ich mich entschieden: Ich würde meine Laufbahn den Fossilien widmen.

Zufälligerweise hatte ich zur gleichen Zeit auch eine Stellung an den kenianischen Nationalmuseen ausgehandelt, und dort begann ich am 1. Oktober 1968 zu arbeiten. Ich hatte gerade die erste Freilandsaison abgeschlossen – über zwanzig sollten es in den nächsten Jahren werden. Mit fünfundzwanzig war ich Museumsdirektor und Leiter eines Teams junger Wissenschaftler, die den Ursprung des Menschen erforschten.

Ich war für eine solche Stellung noch sehr jung. Aber auch Kenia war damals jung. Fünf Jahre zuvor, 1963, war unser Land unabhängig geworden, und in allen Regierungsbehörden war man eifrig damit beschäftigt, die früheren britischen Mitarbeiter gegen Kenianer auszutauschen. Viele britische Bewohner zögerten, die kenianische Staatsbürgerschaft anzunehmen. Ich hatte in dieser Hinsicht keinerlei Bedenken. Kenia war meine Heimat, und ich freute mich über die Chance, bei seinem Wiederaufbau zu helfen. Genau dafür hatte meine Familie gekämpft, seit sie in das Land gekommen war: für das Recht der einheimischen Bevölkerung, ihr eigenes Land aufzubauen und zu regieren. Meine Großeltern und mein Vater hatten einen großen Teil ihres Lebens diesem Ziel gewidmet und sogar die britische Regierung in Petitionen gebeten, den Kikuyu ihr Land wieder zu geben, das die britischen Farmer ihnen weggenommen hatten. Sie konnten sich in diesen Auseinandersetzungen nicht durchsetzen, aber ihr Kampf wurde zu einem Teil unserer Familiengeschichte, einer Geschichte, die uns mit den farbigen Kenianern enger verband als mit den Weißen. (Nebenbei bemerkt: Ich verwende die Begriffe »schwarz« und »weiß« sehr ungern, und sie kommen in diesem Buch nur selten vor; wenn immer möglich, werde ich die schwarzen Kenianer als »Einheimische« bezeichnen.)

In jungen Jahren war ich mir der Unterschiede zwischen meinem Leben und dem der einheimischen kenianischen Kinder um mich herum immer schmerzlich bewusst, obwohl ich, anders als mein Vater, nicht in einem kenianischen Dorf aufwuchs. Offenbar stand mir meine Zuneigung ins Gesicht geschrieben, denn an der Privatschule, die ich besuchte, hänselte man mich als »Negerfreund«. Ich war zwar noch jung, aber ich wollte in einer Gesellschaft leben, in der die Hautfarbe nicht das Einzige ist, was über den Wert eines Menschen bestimmt, sondern in der alle die gleichen Chancen haben und sich mit vereinten Kräften für das Wohlergehen ihres Landes einsetzen.

Als Kenia unabhängig wurde, teilten nur wenige junge Europäer (darunter allerdings meine Brüder) meine Ansichten, aber junge Afrikaner teilten unseren Patriotismus und Enthusiasmus. Einige von ihnen arbeiteten im Kuratorium des Museums, darunter auch Perez Olindo, der kurz zuvor zum ersten einheimischen Direktor der kenianischen Nationalparks ernannt worden war (eine Stellung, die er bis 1976 innehatte). Olindo wollte auch auf dem Chefsessel des Nationalmuseums einen gebürtigen Kenianer sehen, und sie taten sich zusammen, um meine Bewerbung um den Leitungsposten zu unterstützen. Mein relativ geringes Alter erwähnten sie nie, und obwohl ich weder Erfahrung noch Qualifikation besaß, bilde ich mir gern ein, dass sie meine Familiengeschichte und meine guten Zukunftsaussichten für ausreichende Qualitäten hielten.

Ich verfolgte das Ziel, ein Museum nach dem Vorbild des Smithsonian Institute aufzubauen. Die Hominidenfossilien, die ich zusammen mit meinen Mitarbeitern am Turkanasee fand, verschafften mir die gleiche internationale Aufmerksamkeit wie zuvor meinen Eltern. Das konnte ich mir zunutze machen, um in Nairobi ein größeres, besseres Museum und auch in ganz Kenia eine Reihe kleinerer Museen zu bauen. Noch bekannter wurde ich, nachdem ich in den siebziger Jahren zusammen mit Roger Lewin die beiden Bestseller *Wie der Mensch zum Menschen wurde* und *People of the Lake* herausgebracht und eine Fernsehserie über den Ursprung des Menschen gedreht hatte.

Ironie des Schicksals: Während ich so angestrengt daran arbeitete, mir mein Leben rund um Museen und Fossilien aufzubauen, wäre ich beinahe an einer Nierenerkrankung gestorben – doch darüber später mehr. Vorerst möchte ich es bei dem Hinweis belassen, dass ich 1979 nur durch die Transplantation einer Niere meines jüngeren Bruders Philip überlebte. Die Operation war für mich der Anfang eines neuen Lebens. Als ich in der Klinik lag, legte ich ein Gelübde ab: Wenn ich die Krankheit überlebte, wollte ich mehr Zeit mit meiner Familie verbringen, öfter Segeln gehen, gutes Essen und Wein genießen und mich weniger mit dem kleinkarierten Gezänk herumschlagen, das nur allzu oft die Wissenschaft von der Entstehung des Menschen beherrscht. Meine Bestrebungen, etwas für Kenia zu tun, hatte ich nicht aufgegeben (das hätte dem widersprochen, was meine Mutter als »Missionarsgene« bezeichnete). Ich hatte sogar erste Pläne für ein gesamtafrikanisches Museum entworfen, das in Nairobi gebaut werden sollte, und mit mehreren wichtigen Leuten darüber gesprochen. Mit diesem Projekt war ich gerade eifrig beschäftigt, als Präsident Moi meine Ernennung zum Leiter des Naturschutzes bekannt gab.

Wieder einmal begab ich mich auf einen völlig neuen beruflichen Weg. Und in ein neues Leben.

Normalerweise wechselt man die Stelle, weil man befördert wird, die Nase voll hat oder gefeuert wurde. In allen diesen Fällen haben die eigenen Reaktionen eine gewisse Struktur und Logik – man ist mehr oder weniger darauf vorbereitet. Meine Ernennung dagegen kam, wie ich bereits berichtet habe, aus heiterem Himmel. Sie war eine Beförderung und sicher eine unglaublich gute Gelegenheit – aber vor allem war es für mich eine völlige Überraschung. Es hörte sich eigentlich nicht nach einer Stellung, sondern vielmehr nach einer unlösbaren Aufgabe an. Politik, Korruption und Trägheit waren in der Naturschutzbehörde – und in der gesamten Regierung – so tief verwurzelt, dass es so aussah, als müsste ich zwangsläufig scheitern. Und da ich mich völlig außerhalb meiner Domäne befand, hatte ich auch niemanden, den ich um Rat fragen konnte.

Meine früheren Begegnungen mit dem Präsidenten Kenias waren immer von »einflussreichen Persönlichkeiten« arrangiert worden, und immer hat es eine Weile gedauert, bis in seinem überfüllten Terminkalender ein Platz dafür frei war. Ich bezweifelte, dass vor acht Uhr morgens schon jemand im State House, dem Amtssitz des Präsidenten, zu erreichen war, aber am Tag nach meiner Ernennung entschloss ich mich dennoch, schon um sieben dort anzurufen. »Hier ist Richard Leakey«, sagte ich einfach, »ich hätte gern den Präsidenten gesprochen.« Man forderte mich auf, einen Augenblick am Telefon zu bleiben, und dann wurde ich direkt zu ihm durchgestellt. Damit hatte ich nicht gerechnet, und für kurze Zeit fehlten mir die Worte. Ich sammelte mich, so schnell ich konnte, und erklärte Moi, ich sei zwar geschmeichelt, könne aber die neue Stelle nicht annehmen, wenn er mir nicht Gelegenheit gab, mit ihm über meine Bedenken zu sprechen. Er erwiderte, ich solle sofort zu ihm kommen.

Das State House ist etwa fünfzehn Autominuten vom Museum entfernt. Das weiße, steinerne Gebäude, früher der Sitz des Gouverneurs, liegt auf einem grasbewachsenen Hügel hinter einem bewachten Eisentor. Es ist ein recht großes Bauwerk aus der Kolonialzeit mit höhlenartigen Sälen, langen, mit Teppichen ausgelegten Korridoren und einer Reihe geräumiger Büros im Erdgeschoss. Bevor unser Land unabhängig wurde, war es der Amtssitz des Gouverneurs der Kolonie. Im Jahr 1963 zog Kenyatta hier ein, unser erster Präsident, aber weder er, der 1978 starb, noch sein Nachfolger Moi wohnten hier; beide zogen es vor, in ihren eigenen Häusern zu bleiben.

Das State House ist zwar groß, aber nicht protzig, und die Möblierung ist einfach. Die Wände sind mit Gemälden geschmückt, die Kenianer in traditioneller Kleidung zeigen; sie stammen von der verstorbenen Joy Adamson, die später mit

Frei Geboren, dem Buch über die Löwin Elsa, weltbekannt wurde. Das State House strahlt Sicherheit und nationales Selbstbewusstsein aus, wirkt aber nicht protzig. Am Eingang nahm mich ein Pförtner in Empfang und führte mich in einen kleinen Warteraum vor Mois Arbeitszimmer. Ich musste nicht lange warten. Der Präsident selbst erschien in der Tür seines Büros und begrüßte mich mit einem angedeuteten Lächeln.

»Richard. Ich freue mich, Sie zu sehen«, sagte er, drehte sich um und führte mich hinein.

Ich setzte mich auf einen Sessel, und er nahm gegenüber auf einem üppig gepolsterten Sofa Platz. Er schien sich ein wenig unbehaglich zu fühlen, als wüsste er nicht genau, was ich sagen würde. In Swahili, der Nationalsprache Kenias, tauschten wir ein paar Höflichkeiten aus, und dann fragte ich ihn unverblümt, ob er mich wirklich zum Direktor der Naturschutzbehörde ernennen wolle, obwohl wir möglicherweise in entscheidenden Fragen unterschiedlicher Meinung seien. Ich betonte, ich könne sehr halsstarrig sein und man könne nicht damit rechnen, dass ich für mich selbst oder in meinem neuen Amt auch nur den geringsten Kompromiss eingehen werde.

Präsident Moi hörte aufmerksam zu und nickte gelegentlich. Als ich geendet hatte, erwiderte er, er wolle mir unbedingt diese Aufgabe anvertrauen. Er wisse, dass ich willensstark und entschlossen sei. Genau das seien die Gründe, warum er mich ausgewählt habe. Er wollte jemanden haben, der die Dinge wirklich in die Hand nahm.

»Na gut«, erwiderte ich. »Aber es sind harte Entscheidungen erforderlich, und dafür brauche ich in allen Fällen uneingeschränkte Rückendeckung von Ihnen.«

»Sie haben meine volle Unterstützung«, sagte Moi und sah mich direkt an.

Dann brachte ich das Gespräch auf George Muhoho, mit dem ich mich wegen der Elefantenwilderei öffentlich angelegt hatte. Er war immer noch Minister für Naturschutz und Tourismus und damit mein unmittelbarer Vorgesetzter, aber ich konnte mir nicht vorstellen, mit ihm zusammenzuarbeiten. Wir brauchten eine neue Mannschaft. Moi nickte zustimmend.

»Wir werden eine neue Stelle für ihn finden«, sagte er. (Ein paar Wochen später übertrug Moi ihm die Leitung eines anderen Ministeriums; zum Minister für Naturschutz und Tourismus wurde Katana Ngala ernannt.) Vorerst, so der Präsident, sei ich unmittelbar ihm unterstellt. Er versicherte mir, ich könne mich jederzeit an ihn wenden, und wir vereinbarten, dass wir uns häufig zu Gesprächen treffen wollten.

Anschließend erörterten wir noch weitere Themen, aber es war eine knappe, geschäftsmäßige Diskussion. Als ich aufstand und gehen wollte, schüttelte Präsident Moi mir herzlich die Hand. »Sie haben meine volle Unterstützung. Tun Sie, was getan werden muss«, wiederholte er noch einmal.

Als ich zurück zum Museum fuhr, wusste ich, dass ich nicht nur eine neue Stelle hatte. Ein neuer Lebensabschnitt begann. Meine Zweifel und Bedenken hatten sich völlig zerstreut. Es gab jetzt nur noch eines zu tun: mit der neuen Tätigkeit anfangen.

Zurück in meinem Büro im Museum, rief ich bei der Naturschutzbehörde an und fragte, ob Dr. Olindo zu sprechen sei. Seine Sekretärin verneinte; er werde nicht erwartet. Ihr Tonfall war verständlicherweise kühl. Sie verband mich mit Colonel Cheboi, dem stellvertretenden Direktor. »Ich komme um neun Uhr dreißig«, sagte ich zu ihm. »Lassen Sie um zehn das gesamte Personal in einem Konferenzraum zusammenkommen. Ich möchte mit ihnen sprechen.« Anschließend telefonierte ich mit einigen leitenden Mitarbeitern des Museums und bestätigte, dass ich die Ernennung angenommen hatte. Ich versicherte ihnen, man werde einen qualifizierten Nachfolger finden. Dann wandte ich mich zur Tür.

Mit der Naturschutzbehörde hatte ich einen großen Mitarbeiterstab übernommen: dreihundert Angestellte in der Zentrale und etwa viertausend weitere in den vielen Parks und Schutzgebieten, die sich über das ganze Land verteilten. Von Fiona Alexander und anderen hatte ich schon einiges gehört: Ich wusste, dass sie eine demoralisierte und nicht ganz integre Truppe waren. Meine erste Aufgabe würde darin bestehen, aus ihnen ein Team zu machen, das für die Erhatung der kenianischen Tierwelt kämpfen würde. Und als ersten Schritt zum Aufbau dieser Mannschaft musste ich meinen eigenen Versprechungen treu bleiben.

Die Naturschutzbehörde war damals in mehreren muffigen, heruntergekommenen Gebäuden am Rand des Nairobi National Park untergebracht, der unmittelbar an die Stadt grenzt. An diesem kalten, diesigen Morgen sahen sie besonders erbärmlich aus. Ebenso mürrisch war der Gesichtsausdruck der meisten Menschen, denen ich auf den Korridoren begegnete; fröhlich oder motiviert wirkte kein Einziger. Die Flure waren schmutzig, dunkle Streifen zogen sich über Wände und Fußböden, und der Gestank einer verstopften Toilette hing in der Luft. Ich schüttelte den Kopf, öffnete die Tür zum Vorzimmer des Direktors und stand der Sekretärin von Perez Olindo gegenüber. Sie begrüßte mich mit gerunzelter Stirn. Ich lächelte dennoch, sprach sie auf Swahili an – was ihr ein leichtes Lächeln entlockte – und bat sie, mir mein Büro zu zeigen.

Sie stieß die Tür zu einem kleinen, dunklen Zimmer auf. Von dem Anblick war ich entgeistert: Akten, Akten und noch einmal Akten. Sie stapelten sich auf dem riesigen Schreibtisch (der fast den ganzen Raum einnahm), den Stühlen, jeder nur denkbaren Fläche. Stöße von Ordnern, Landkarten und Papierbündeln hatte man sogar auf die Fensterbretter gehäuft; und noch mehr Papier quoll aus den Schubladen des Schreibtisches.

»Was ist das hier?«, fragte ich die Sekretärin und zeigte auf einen Stapel.

»Die tragen den Vermerk ›Zur Vorlage beim Direktor‹«, erwiderte sie. »Sie müssen sie lesen und Entscheidungen treffen.«

Ich seufzte hörbar und ließ mich auf den Stuhl fallen – zumindest der war frei von Papieren. Ich mochte Olindo, und wir hatten uns früher gegenseitig bei unserer Karriere im öffentlichen Dienst unterstützt. Aber als ich die verstaubten Aktenstapel sah, musste ich mich einfach fragen, was er eigentlich getan hatte. Nach der Höhe der Stapel und der Dicke der Staubschicht zu schließen, lagen manche dieser zur Entscheidung vorgesehenen Vorgänge schon seit Monaten oder vielleicht Jahren hier. Missmutig schob ich sie zur Seite, und dann bat ich die Sekretärin, Joseph Mbuguru anzurufen, einen der Assistenten des Direktors. Joseph war ein alter Freund von mir, und genau den brauchte ich jetzt. Außerdem arbeitete er schon seit fast dreißig Jahren in der Naturschutzbehörde und ihrer Vorgängerbehörde, der aufgelösten Organisation für die Nationalparks, und zwar sowohl im Außendienst als auch in der Zentrale. Wie kaum ein anderer wusste er, wie die Sache wirklich lief.

Joseph ist ein kleiner, stämmiger Mann, der vor Energie fast zu platzen scheint. Er kam mit leuchtenden Augen und einem breiten Lächeln auf dem Gesicht in mein Büro gestürmt und streckte mir die Hand entgegen.

»Willkommen! Willkommen, Richard!«, rief er, wobei er mir fast den Arm auskugelte. »Man kann dir nur gratulieren – und uns auch. Jemanden wie dich brauchen wir hier.«

Ich errötete, musste aber ebenfalls lachen. Wenigstens einer freute sich, mich zu sehen. Bis zu der Personalbesprechung um zehn Uhr blieben nur noch wenige Minuten, und deshalb kam ich unmittelbar zur Sache. Ich sagte Joseph, dass ich einen kurzen Bericht über die Angestellten der Behörde und die allgemeinen internen Probleme brauchte. Meine externen Informanten hatten mir berichtet, es gebe Korruption auf allen Ebenen, und eine ganze Reihe von

Wildhütern und anderen Mitarbeitern sei an der Wilderei und sonstigen Vergehen beteiligt. Das wollte ich mir von einem Kenner bestätigen lassen. Während wir mein Büro verließen und durch den Korridor zu dem Konferenzraum gingen, fragte ich ihn, wie schlimm es wirklich mit der Korruption bestellt sei.

»Sie ist allgegenwärtig, und alles ist davon betroffen«, erwiderte Joseph und zuckte die Schultern. Neben der Korruption gab es eine Fülle von Diebstählen, unentschuldigte Abwesenheit vom Dienst und eine allgemeine Einstellung, die er mit den Worten »das geht mich nichts an« umschrieb. Die Leute kamen spät zur Arbeit, gingen früh und taten während ihrer Anwesenheit wenig. Traurig bestätigte Joseph auch, was ich bereits gehört hatte: Viele Wildhüter und manche Nationalparkwächter hatten enge Verbindungen zum illegalen Elfenbeinhandel. »Ich glaube, die Korruption ist noch schlimmer, als man dir erzählt hat«, sagte er zum Schluss.

Genau um zehn drängten sich die meisten Mitarbeiter der Naturschutzbehörde in den größten Versammlungsraum des Hauses. Um das Podium auf der Stirnseite zu erreichen, musste ich mich zwischen ihnen hindurchzwängen. Der Raum war dunkel, weil nur eine einzige Lampe funktionierte (die defekten Glühbirnen auszuwechseln hatte nie jemand für nötig befunden), und deshalb war die Atmosphäre drinnen genauso düster wie draußen. Ich sah Reihe um Reihe nur finstere Mienen. Einige starrten mich hasserfüllt an. Sie wussten, dass ich die Position bekommen hatte, um in der Behörde Ordnung zu schaffen, und das hieß, dass ich manche von ihnen wahrscheinlich entlassen würde. Ich hatte zwar schon ein gerüttelt Maß an öffentlichen Auftritten hinter mir, aber diese Horde auf meine Seite zu ziehen, war so gut wie unmöglich, das wusste ich. Ich entschloss mich spontan, auf Swahili zu ihnen zu sprechen; es war die Sprache, in der sie sich am wohlsten fühlten, und ich würde ihnen damit weniger fremd erscheinen.

Als Erstes erklärte ich, dass ich mich nicht darum gerissen hätte, Direktor zu werden, und dass mir die Stelle keineswegs willkommen gewesen sei. Aber, so fuhr ich fort, nachdem ich die Aufgabe übernommen hätte, würde ich sie erfüllen. Ich sagte, ich hätte mich heute Morgen bereits mit dem Präsidenten getroffen, und er habe mir völlig freie Hand gelassen, die Dinge in Ordnung zu bringen. Dann sprach ich in Anspielung auf das, was Joseph, Fiona und andere mir erzählt hatten, eine strenge Warnung aus.

»Eines möchte ich von vornherein klarstellen: Hier wird sich einiges ändern. Viele von Ihnen sind korrupt, Sie alle sind faul, und die Schlimmsten von Ihnen werden schon bald nicht mehr hier sein.« Harte Worte, das wusste ich. Aber ich musste immer daran denken, dass sich unter diesen Zuhörern Leute befanden, die die Behörde bestohlen und mit den Wilderern gemeinsame Sache gemacht hatten. Sie sollten sofort begreifen, dass jetzt ein anderer Wind wehte.

Um die Atmosphäre aufzulockern, probierte ich es mit ein paar Witzen. Wie nicht anders zu erwarten, lachte niemand. Sie aufzufordern, jetzt Fragen zu stellen, erschien mir unklug. Ich sagte aber, wer mich über einzelne Dinge in Kenntnis setzen wolle, könne jederzeit in mein Büro kommen.

Ziemlich mutlos begab ich mich wieder in mein mit Akten vollgestopftes Kabuff. Was sollte ich als Nächstes tun? Wie sollte ich das alles in den Griff bekommen – diese »Vorlagen an den Direktor«, diese ganzen unglücklichen Menschen – ohne in dem Durcheinander um mich herum unterzugehen? Ich blieb noch ein wenig und flüchtete mich dann wieder in mein lichtdurchflutetes, aufgeräumtes Museumsbüro. Es fühlte sich so heimatlich an – wie war ich nur auf die Idee gekommen, es zu verlassen?

Ich blieb ein paar angenehme Stunden dort, brachte meine Angelegenheiten in Ordnung, sprach mit meinen Mitarbeitern und konnte mich in der sympathischen, fröhlichen Atmosphäre ein wenig ausruhen. Ich musste einen Weg finden, um das gleiche Gefühl des Vertrauens, dessen ich mich hier erfreute, auch in der Naturschutzbehörde zu erzeugen. Darüber grübelte ich ein wenig nach, und dann machte ich mich auf den Heimweg. Ich wollte auf unserer Veranda sitzen, den Ausblick auf das Rift-Tal genießen und die Sonne untergehen sehen.

Meiner Familie und mir gehört ein Anwesen von gut zwanzig Hektar am Rand des Rift-Tals, jener großartigen geologischen Formation, die sich von der Küste des Roten Meeres in Eritrea bis zu der Ebene von Mosambik erstreckt. Von der Veranda vor unserem Haus können wir nach Westen über das Tal blicken, das etwa dreihundert Meter abfällt und über sechzig Kilometer breit ist. Den Ausblick kann man nur als großartig bezeichnen. Lässt man den Blick bei klarem Wetter nach Südwesten über das Tal schweifen, sieht man mehr als hundertfünfzig Kilometer weit. Sowohl die Hochebene des berühmten Ngorongoro-Kraters in Tansania als auch der Oldonyo Lengai, der letzte aktive Vulkan in dieser Gegend, sind deutlich zu erkennen. Das wechselnde Licht auf den Bergen, die Wolkenformationen, weit entfernte Gewitter, in manchen Nächten auch das Wetterleuchten und in anderen der Vollmond, sind nur einige der Wunder, die dieser besondere Ort zu bieten hat. Es ist das Afrika der unbegrenzten Freiräume, der Ruhe und der großartigen Schönheit. Vor allem aber ist hier unser Zuhause.

Auf den Felsen jenseits eines kleinen Flusstales liegt eine bescheidene Ansammlung von Häusern der Massai. Jeden Abend bei Einbruch der Dunkelheit treiben kleine Jungen ihre Rinder, die im Tal getrunken und gegrast haben, nach Hause. Wenn ich zusehe, wie sie im letzten, schrägen Licht der Sonne in Serpentinen an den trockenen Dornenbüschen vorüber den Abhang hochsteigen, empfinde ich jedes Mal ein Gefühl des Friedens. Manchmal weht von Westen her ein sanfter Abendwind, der die Düfte und Geräusche des Dorflebens über das Tal trägt: das Brüllen der Kühe, die gemolken werden, das Scheppern ihrer Glocken und das Lachen der Kinder, gemischt mit dem Duft des Akazienrauches von den Feuerstellen. Wenn die Sonne jenseits des Rift-Tals untergeht, bin ich gewöhnlich hervorragend gelaunt.

An diesem Abend brauchte ich ein wenig mehr Aufmunterung. Ich koche gern, und meistens bereite ich zu Hause das Abendessen zu. Ich grillte eine Lammkeule, würzte sie mit frischem Rosmarin aus unserem Garten und öffnete eine Flasche Wein. Meave und ich waren allein – unsere Töchter Louise und Samira schlossen in England ihre Ausbildung ab. Sie war neugierig, wie es mir an meinem ersten Tag in der Naturschutzbehörde ergangen war. Ich wollte kein allzu düsteres Bild zeichnen und sagte nur, es gebe natürlich Probleme, aber ich würde sie im Laufe der Zeit schon lösen. Ich erzählte, Moi habe mir seine volle Unterstützung zugesagt, und das werde mir enorm helfen. Ansonsten erzählte ich wenig. Sie drängte mich nicht. In den zwanzig Jahren, die Meave und ich zusammen an dem Museum gearbeitet hatten, war ich stets darauf bedacht gewesen, sie nicht in alle politischen Intrigen und Skandale hineinzuziehen. Ich wollte nicht, dass man einem von uns Begünstigung vorwarf. Dennoch waren das Museum und seine Angelegenheiten immer ein zentraler Bestandteil unseres gemeinsamen Lebens gewesen, und an jenem Abend wurde uns beiden klar, dass wir diese berufliche Verbindung vermissen würden.

Ich hatte Meave 1968 kennen gelernt, einundzwanzig Jahre zuvor. Sie hatte gerade ihre Doktorarbeit über die Anatomie der Primaten abgeschlossen und eine Stelle als Mitarbeiterin meines Vaters an dem Primatenzentrum angenommen, das dem Museum angeschlossen war. Ich war damals vierundzwanzig und – unglücklich – verheiratet. Margaret, meine erste Frau, hatte Archäologie studiert. Wir hatten uns auf ganz ähnliche Weise zusammengetan wie meine Eltern – ich suchte nach Fossilien, sie nach Steinwerkzeugen. Aber in unserer Ehe spiegelten sich auch andere, weniger glückliche Aspekte der Ehe meiner Eltern wider. Wie sie neigten wir zu Streitereien, die in mir sowohl Ängste als auch Depressionen weckten. Vielleicht lag es daran, dass ich in meiner Jugend immer wieder hitzige Wortwechsel zwischen meinen Eltern miterlebt hatte: Ich fand – und finde noch heute – häuslichen Streit entsetzlich. Viel zu spät erkannte ich, dass ich schwer wiegende persönliche Probleme hatte und dass Margaret und ich einfach nicht miteinander zurechtkamen. Wir erwarteten ein Baby, und wenn wir uns schon trennen mussten, taten wir es nach meiner Überzeugung besser, bevor unser Kind durch Gezänk und Streit geschädigt wurde. Trennung und Scheidung sind niemals einfach. Ich werde nie mit Sicherheit sagen können, ob ich zur richtigen Zeit das Richtige tat.

Außerdem hatte ich Meave kennen gelernt und sofort gemocht. Sie war und ist voller Tatkraft, Humor und ungezügelter Abenteuerlust. Außerdem war sie anscheinend beeindruckt von meinen großen Plänen für das Museum und den Expeditionen – ganz anders als Margaret, die solchen Dingen immer kritisch gegenübergestanden hatte. Ich war damals, 1968, gerade von der Expedition zum Ostufer des Turkanasees im Norden Kenias zurückgekehrt. Die National Geographic Society hatte mir Mittel zur Verfügung gestellt – man hatte mein Projekt gegenüber einem anderen bevorzugt, das mein Vater empfohlen hatte –, sodass ich für eine zweite Grabungssaison nach Äthiopien zurückkehren konnte. Heute weiß ich, dass ich mein Ziel damals nicht auf die bestmögliche Weise verfolgte. Aber am Ende wurde ich bestätigt: Wir fanden in der ersten Saison bereits mehrere Hominidenfossilien (meine Eltern hatten bis zu ihrer ersten großen Entdeckung fast dreißig Jahre gebraucht), und damit wurde ich auf dem von heftiger Konkurrenz bestimmten Gebiet der Humanpaläontologie fast über Nacht zu einer Berühmtheit.

Margaret hatte 1968 zu meinem Expeditionsteam gehört. Ein Jahr später fragte ich Meave, ob sie stattdessen mitkommen wolle. Kurz darauf reichte Margaret die Scheidung ein, und ich widersetzte mich nicht. Zwei Jahre später waren Meave und ich verheiratet.

Seit jener ersten gemeinsamen Expedition waren Meave und ich fast jeden Sommer zusammen im Freiland auf Fossilsuche gewesen. Jetzt wusste ich, dass ich nahezu zum ersten Mal seit 20 Jahren nicht mit ihr an den Turkanasee reisen würde. Ich würde einfach keine Zeit dafür haben. Das war uns beiden klar, aber wir sprachen kaum darüber. Die schönen Zeiten am Turkanasee, unsere glücklichen gemeinsamen Tage, waren vorüber. Von jetzt an würde Meave die Expeditionen ohne mich unternehmen.

Sie machte sich große Sorgen um die Tierwelt und war voll und ganz überzeugt, dass etwas gegen das Abschlachten der Elefanten wie auch gegen den allgemeinen Niedergang der kenianischen Nationalparks unternommen werden musste. Präsident Moi hatte mir eine unglaubliche Chance gegeben. Aber wir wussten beide, dass es eine anstrengende und vermutlich auch gefährliche Vollzeitbeschäftigung sein würde.

Kapitel 3

Kenia ist etwas mehr als 580 000 Quadratkilometer groß. Aber nur etwa zwanzig Prozent dieser Fläche sind landwirtschaftlich nutzbar, und die meisten Bauernhöfe sind Kleinbetriebe, die jeweils eine Familie ernähren. Außerdem besitzt Kenia leider kaum Bodenschätze. Nennenswerte Öllagerstätten wurden bisher nicht gefunden, in jüngerer Zeit hat man allerdings wieder Erkundungen gestartet. Neben einem breiten Spektrum von Gartenpflanzen (einschließlich Schnittblumen) sind Kaffee und Tee die wichtigsten Exportartikel. Die Schlüsselbranche Kenias ist aber der Tourismus. Die Naturschönheiten, die Tierwelt und unsere Küste bieten erstklassige Möglichkeiten zu einer ökologisch verträglichen Freizeitgestaltung. Das ist einer der Gründe, warum der Naturschutz für das Land so lebenswichtig ist.

Dass Kenia eine reichhaltige Tierwelt besitzt, fiel schon Anfang des 20. Jahrhunderts den ersten europäischen Siedlern auf. Die Herden der Wildtiere erstreckten sich buchstäblich von der Küste – wo die Elefanten an Sandböschungen hinunterrutschten und im Indischen Ozean badeten – bis zu den bambusbewachsenen Abhängen des Mount Kenya. Das war Kenia, wie mein Vater es kannte. Er reiste in jeden Winkel des Landes, und seinen Beschreibungen zufolge muss das, was er dabei sah, völlig unglaublich gewesen sein. Die riesigen Ebenen waren schwarz von großen Gazellen-, Zebra-,

Gnu-, Giraffen- und Straußenherden. Löwen waren häufig zu sehen, Nashörner ebenso. Die ersten Reisenden schrieben dicke Bücher über das Naturschauspiel, aber leider sind ihre Berichte das Einzige, was davon geblieben ist. Die europäischen Siedler schwelgten in Ostafrika in einer Orgie des Tötens, durch die sowohl die Herden als auch viele Raubtiere stark dezimiert wurden.

Besonders berühmt wurde Kenia als Ziel für Großwildjäger, nachdem Theodore Roosevelt hier 1909 auf Safari gegangen war. Mit einem Gefolge von fünfhundert Helfern und Lastenträgern schoss Roosevelt fast ein Jahr lang Löwen, Nashörner, Antilopen und Elefanten – einige für die Sammlung der Smithsonian Institution, manche aber auch aus rein sportlichen Gründen. Andere Jäger aus den begüterten Schichten, darunter zwei spätere britische Könige (der Herzog von York, später König George VI., und der Prince of Wales, später König Edward VIII.) folgten Roosevelt auf dem Fuße.

Zur gleichen Zeit richteten europäische Siedler in dem Land große Bauernhöfe und Rinderzuchtbetriebe ein. Auch sie töteten zahlreiche wilde Tiere, um das Land zu roden und ihr Vieh zu schützen; unterstützt wurde das Ganze von der 1906 gegründeten Jagdbehörde der Kolonialregierung. Sie hatte unter anderem die Aufgabe, die in bewirtschafteten Gebieten lebenden Tiere zu töten. Ein Berufsjäger, der eine zukünftige Sisalplantage vom Wild befreien sollte, tötete in noch nicht einmal einem Jahr 163 Nashörner. Die Plantage hatte vermutlich eine Fläche von ein paar Quadratkilometern.

Durch dieses ungezügelte Gemetzel dauerte es nicht lange, bis die Zahl der wilden Tiere drastisch zurückging. Glücklicherweise unternahm die Kolonialregierung bereits 1899 erste Schritte, um einen Teil der Naturschönheiten und der Tierwelt Kenias zu erhalten. Man wies zwei große Schutzgebiete aus – ein nördliches und ein südliches, jedes mit rund 34 000 Quadratkilometern. Zwei Jahre später wurde der erste

Wildhüter ernannt, und im Jahr 1906 gründete man die Wildbehörde. Sie hatte nicht nur die Aufgabe, landwirtschaftlich nutzbare Gebiete von Tieren zu befreien, sondern gab auch Jagdlizenzen aus und setzte die einschlägigen Gesetze durch. Bis 1930 war sie zu einer einflussreichen Behörde herangewachsen, in der ein Dutzend Wildhüter für die Überwachung der Tierwelt im ganzen Land verantwortlich war. Die wichtigsten Aufgaben bestanden darin, gefährliche Tiere – Elefanten, Löwen und Büffel, die Menschen töteten und Äcker verwüsteten – unter Kontrolle zu halten.

Viele Raubtiere, insbesondere Löwen, Leoparden und wilde Hunde, galten als Schädlinge und wurden von den weißen Farmern regelmäßig abgeschossen oder vergiftet. Die weißen Farmer waren die einzigen, denen der Staat den Waffenbesitz gestattete. Einen viel kleineren Anteil der Tiere erlegten die einheimischen Kenianer mit ihren Pfeilen und Bogen, Speeren und Fallen. Diese Art des Tötens betrachtete die Regierung vielfach als »Wilderei«.

Im Jahr 1938 schließlich konnte Mervyn Cowie, ein Siedler und leidenschaftlicher Naturschützer, das Gemetzel nicht mehr ertragen. Er hatte auf Reisen in die Vereinigten Staaten den Yellowstone- und Yoshemite-Nationalpark besucht, zwei der schönsten Naturschutzgebiete der Erde, und nun war er so beeindruckt von der Idee, Wildgebiete zum Vergnügen und für die Bedürfnisse zukünftiger Generationen zu bewahren, dass er die Einrichtung ähnlicher Gebiete auch in Kenia vorschlug. Die Regierung stellte sich anfangs gegen seine Idee und behauptete, man brauche das Land für die Landwirtschaft und als Siedlungsgebiet für die wachsende afrikanische Bevölkerung. Aber Cowie und seine Anhänger (unter ihnen mein Vater) blieben hartnäckig, und 1945 verabschiedete man die Gesetze, mit denen Kenias Nationalparks eingerichtet wurden.

Der erste war 1946 der Nairobi National Park, und 1948 folgte der Tsavo-Nationalpark, der ein Jahr später in Tsavo

Ost und West aufgeteilt wurde. Während der beiden nächsten Jahre schuf man die wichtigsten Gebirgsparks des Landes, den Mount Kenya- und den Aberdare-Nationalpark. Nachdem Kenia 1963 unabhängig geworden war, gab es immer wieder Befürchtungen, das Nationalparksystem werde sich auflösen, aber in Wirklichkeit erklärte die neue Regierung noch mehr Flächen zu Schutzgebieten. Innerhalb von fünf Jahren wurden Meru, Mount Elgon und Ol Donyo Sabuk sowie die Meeresparks Malindi und Watamu geschaffen. Marsabit und Simba Hills wurden zu nationalen Schutzgebieten – geschützten Bereichen, welche die Nationalparkverwaltung mit Hilfe der örtlichen Gemeinderäte beaufsichtigte.

Während dieser Zeit und eigentlich während der ersten dreißig Jahre ihrer Existenz arbeiteten die Nationalparks unabhängig von der Wildbehörde. Beide waren durch eigenständige Gesetzesvorhaben geschaffen worden und hatten unterschiedliche Aufgaben. Die Wildbehörde verwaltete weiterhin die Tierwelt außerhalb der Parks, die Nationalparkverwaltung dagegen kümmerte sich um die Tiere innerhalb der Parks und Schutzgebiete. Es war ein ganz ähnliches System wie in den Vereinigten Staaten, wo das Fischerei- und Jagdministerium eine gewisse Verantwortung für die Tiere im ganzen Land trägt, während die Nationalparkverwaltung sich um die Angelegenheiten im Inneren der Parks kümmert.

Ich habe die Selbständigkeit der Nationalparks immer für ein gutes Prinzip gehalten, insbesondere da die Wildbehörde Kenias die Tierbestände in erster Linie durch Töten verwaltete. Die Nationalparkwächter dagegen lassen sich von einer anderen, vorwiegend auf Naturschutz ausgerichteten Haltung gegenüber der Tierwelt und ihrer Bewirtschaftung leiten.

Wie ich bereits erwähnt habe, wurde Dr. Perez Olindo 1967 von der Regierung als erster Kenianer zum Leiter der Nationalparkbehörde ernannt. Ihm ist die Schaffung vieler unserer schönsten Parks zu verdanken. Als die Regierung sich zehn Jahre später entschloss, Wild- und Nationalparkbehörde zu verschmelzen, trat Olindo zurück, was ihm hoch anzurechnen ist. Er erkannte, dass die Zusammenlegung kein Erfolg werden würde. Berater der Weltbank jedoch vertraten ebenso wie viele Fachleute innerhalb Kenias selbst (beispielsweise Dr. David Western) die Ansicht, man könne Geld sparen, wenn Parks und Tierbestände nicht von zwei Behörden, sondern von einer verwaltet würden. Die neue Behörde wurde auf den Namen Department of Conservation and Management getauft.

Um der neuen Naturschutzbehörde auf die Beine zu helfen, bewilligte die Weltbank einen Kredit von 26 Millionen Dollar. Dieses Geld bedeutete das Ende unserer Nationalparks. Ihre Verwaltung war bis 1976 keine staatliche Behörde gewesen, sondern hatte unabhängig von der Beamtenschaft des Landes agiert. Jetzt kam sie unter die Verwaltung der Wildbehörde, die für ihre Bürokratie berüchtigt war, und damit unterstand sie dem bisherigen Direktor dieser Behörde (das war einer der Gründe, warum Dr. Olindo zurücktrat). Parkwächter, die ihr ganzes Leben lang Tiere geschützt hatten, wurden jetzt in Gebiete versetzt, wo sie Tiere erschießen sollten. Und andere, die ihr ganzes Leben lang im Auftrag der Wildbehörde Tiere erschossen hatten, kamen in die Parks, wo sie natürlich weiterhin Tiere erschossen. Daher war es kein Zufall, dass es sich bei vielen Wildhütern, die in die Wilderei verwickelt waren, um frühere Mitarbeiter der Wildbehörde handelte.

Nachdem ich nun auf dem Chefsessel der Naturschutzbehörde saß, erkannte ich sehr deutlich die Ursachen des Durcheinanders, das ich übernommen hatte: Es war entstanden, als die Verwaltung der Nationalparks ihre Unabhängigkeit verloren hatte. Als sie gezwungen wurde, ihre Erlöse in den Staatshaushalt einzubringen – aus dem ich dann erheblich geringere Mittel für die Verwaltung erhielt –, begann in großem Ausmaß die Elefantenwilderei. Da die Naturschutzbehörde nicht mehr in der Lage war, die Wilderer zu bekämpfen, sahen viele ihrer Mitarbeiter hilflos zu, oder sie beteiligten sich an dem lukrativen Elfenbeinhandel.

Schon nachdem ich zwei Tage Leiter der Naturschutzbehörde war, hatte ich eine Entscheidung getroffen: Ich würde in irgendeiner Form wieder die alte Nationalparkverwaltung einsetzen. Sie hatte funktioniert, und zwar gut; mit ein wenig Mühe und Entschlossenheit würde sie auch jetzt funktionieren.

In meinen zwanzig Jahren als Museumsleiter hatte ich eine ganze Menge über Menschenführung und die Handhabung von Verwaltungsvorgängen gelernt. Eine dieser Erkenntnisse lautete: Wenn man schon frühmorgens vor allen anderen Mitarbeitern am Schreibtisch sitzt, kann man etwa eine Stunde lang ununterbrochen und effizient arbeiten. Diese Zeit nutzte ich zur Beantwortung von Briefen, zum Niederschreiben von Aktennotizen oder Handlungsplänen und zum Lesen von Berichten; es war die einzige Möglichkeit, alle dringenden Angelegenheiten vom Schreibtisch zu bekommen. In der Naturschutzbehörde brauchte ich eine ganze Zeit, um die vielen dringenden Angelegenheiten abzuarbeiten und die liegen gebliebene Korrespondenz zu beantworten. Das war zwar eine unangenehme Aufgabe, aber es war das Erste, was getan werden musste. Um es noch schneller hinter mich zu bringen, entschloss ich mich, jeden Tag genau um sechs Uhr morgens ins Büro zu kommen. Zusätzlich hatte ein derart früher Arbeitsbeginn den Vorteil, dass ich damit auch meinen Mitarbeitern etwas signalisierte: Es war mir ernst mit meiner Tätigkeit, und mir war daran gelegen, in ihnen ein ähnliches Gefühl der Dringlichkeit zu erwecken.

Am nächsten Morgen um sechs saß ich wieder in meinem dunklen, voll gestopften Rattenloch. Mich mit der Frage aufzuhalten, wie viele Akten auf mich warteten, hatte keinen

Sinn. Ich musste mich einfach hineinstürzen. Ich nahm mir einen Stapel vor und schlug den obersten Ordner auf. Darin fand ich eine Notiz des Ständigen Sekretärs – seine Position entspricht ungefähr der eines Staatssekretärs im Innenministerium; er untersteht direkt dem Minister für Tourismus und Naturschutz. In dem Schriftstück wurde die Frage gestellt, ob der Direktor am nächsten Tag an einer Besprechung teilnehmen wolle, in der man die Gebote für eine Stoßzahnversteigerung erörtern wollte; zum größten Teil handelte es sich dabei um Zähne, die man entweder bei Wilderern oder bei illegalen Transporten beschlagnahmt hatte. Man hatte eine Versteigerung anberaumt, um möglichst rasch Geld in die Kassen der finanzschwachen Behörde zu bekommen. Bei der Besprechung sollten die Gebote eröffnet werden. Ich hatte sofort den Eindruck, dass irgendetwas an dieser Versteigerung nicht ganz koscher war. Die ganze Sache erschien mir viel zu bürokratisch. *Da stinkt etwas*, dachte ich und blätterte in der Akte. Schnell kritzelte ich eine Antwort: Ich bat das Büro des Ständigen Sekretärs, die Besprechung um zwei Tage zu verschieben, da man mich gerade erst ernannt habe und ich mich erst noch zurechtfinden müsse. Auf diese Weise konnte ich Zeit gewinnen und herausfinden, was wirklich los war.

Während der nächsten Tage arbeitete ich mich durch den größten Teil der Akten, und mein Zimmer leerte sich allmählich. Außerdem traf ich mich mit leitenden Mitarbeitern, darunter mehrere Nationalparkwächter. Viele von ihnen waren tüchtige Leute. Zum Beispiel Joe Kioko: Der große, sanftmütige Mann arbeitete schon seit zwanzig Jahren bei der Naturschutzbehörde und war damals leitender Wächter des Tsavo-Nationalparkes, des größten Schutzgebietes in Kenia. Der Tsavo-Park hatte früher einen der größten Elefantenbestände unseres Landes beherbergt. Ende der sechziger Jahre waren so viele Herden durch seine Savannen gestreift, dass in Biologenkreisen darüber diskutiert wurde, ob man sie nicht ausdünnen solle. Man fürchtete, die Elefanten würden das gesamte Ökosystem des Parks ruinieren und nur eine Sandwüste zurücklassen. Aber dann fielen viele Tiere einer schweren Dürre zum Opfer, und um den Rest kümmerten sich die Wilderer. Im Jahr 1970 hatten rund 40 000 Elefanten im Tsavo-Nationalpark gelebt; 1989 waren es noch knapp 5000. Dennoch legten die Wilderer ihre Waffen nicht nieder. Fast jede Woche gab es Berichte, sie hätten weitere Elefanten abgeschlachtet. Und kurz vor meiner Ernennung hatten sie zum ersten Mal auch Touristen ausgeraubt und ermordet.

»Was ist los im Tsavo-Park?«, fragte ich Joe. Mit seinen hängenden Schultern wirkte er ebenso niedergeschlagen wie viele andere meiner Mitarbeiter. Auf meine Frage seufzte er hörbar. Wie mehrere andere Parkwächter war er Pilot, und er hatte mit täglichen Überwachungsflügen versucht, den Elefanten auf der Spur zu bleiben und Wilderer auszumachen. An vielen Tagen, so erwiderte er, habe er nicht einmal genug Benzin für die Flugzeuge. Auch für die Landrover der Wildhüter gab es keinen Treibstoff – die meisten Wagen waren nur noch Wracks mit fehlenden Teilen und platten Reifen. Da es für Ersatzteile, Reifen und Benzin kein Geld gab, standen die Fahrzeuge nutzlos herum. Sowohl die Zentrale als auch die Parks waren zu Abstellplätzen für ungenutzte Ausrüstung geworden. Das hatte ich selbst gesehen, und so wusste ich, wovon Joe sprach. Die Behörde verfügte angeblich über elf Flugzeuge, aber nur eines davon konnte tägliche Flüge durchführen. Eine der anderen Maschinen hatte ich in dem Hangar am Wilson Airport entdeckt. Sie sah eigentlich ganz gut aus – nur der Motor fehlte. »Was ist mit dem Motor passiert?«, wollte ich von einem Wächter wissen. Der zuckte nur mit den Achseln: »Er ist verloren gegangen.« Ich starrte den Mann an. »Ein Flugzeug verliert keinen Motor.« »Nun ja, Sir, aber er ist verloren.« Der Motor tauchte nie wieder auf.

Mit dem gleichen Problem hatte sich auch Olindo herumgeschlagen. Unter seinen Papieren fand ich einen Bericht, wonach nur knapp fünf Prozent der 574 Autos, Lastwagen,

Kleinbusse, Traktoren und anderen Fahrzeuge der Behörde »einsatzfähig« waren. Und kein einziges bezeichnete er als »straßentauglich« – bei einer Verkehrskontrolle der Polizei wären sie nicht durchgekommen. Wie sollten die Wildhüter mit den Wilderern fertig werden, wenn sie nicht über die nötigen Hilfsmittel verfügten?

Joe war nicht der Einzige, der klagte. Das Gleiche hörte ich von allen Wildhütern, auch von denen, die in der Zentrale in Nairobi arbeiteten. Sie wollten ihre Aufgabe erfüllen, wurden aber durch den Mangel an Geld und Ausrüstung daran gehindert. Außerdem sah es so aus, als schämten sie sich wegen ihrer schlechten Leistungen. Die Zeitungen des Landes berichteten ständig, wie viele Elefanten, Wildhüter oder Polizisten von den Wilderern getötet wurden, aber nur sehr selten gab es einen Bericht, wonach einen Wilderer ein ähnliches Schicksal ereilt hatte. Unsere Wildhüter wussten, dass ihre Landsleute sie für Pappkameraden hielten.

Das musste sich ändern. An meinem dritten Tag im Amt traf ich mich mit den Direktoren aller großen in Nairobi ansässigen Mineralölfirmen – Shell, Esso, Caltex, Agip und Mobil. Ich verlor nicht viele Worte.

»Wie Sie wissen, haben wir in unserem Land ein schreckliches Problem mit der Wilderei«, fing ich an. »Wir müssen das in den Griff bekommen, und unsere Nationalparks müssen wieder funktionieren, sonst ist unsere Wirtschaft am Ende. Meine Leute können ohne Benzin nicht ins Gelände fahren.« Dann bat ich um die sofortige Lieferung von 250 000 Litern Benzin und Diesel und um einen Aufschub von zwei Monaten bis zur Bezahlung der Rechnung.

Die Herren waren sehr höflich, schüttelten aber den Kopf. Der Staat, einschließlich der Naturschutzbehörde, schuldete ihren Unternehmen bereits so viel Geld, dass ich keinen einzigen Liter Benzin auf Kredit erhalten würde.

Daraufhin versuchte ich es mit einer anderen Taktik. Ob sie mir persönlich die 250 000 Liter Brennstoff auf Kredit liefern würden? Es war ein tollkühner, geradezu verzweifelter Vorstoß, und zu meiner Verwunderung erklärten sie sich damit einverstanden. Ich unterzeichnete die Papiere und war nun persönlich für eine Rechnung von mehr als 100 000 Dollar verantwortlich.

Genauso machte ich es bei Cooper Motors, dem kenianischen Importeur für Landrover. Der Vorstandsvorsitzende Martin Foster erklärte ebenfalls, er könne der Naturschutzbehörde keinen Kredit gewähren, aber er sei bereit, mir eine Kreditlinie von 500 000 Dollar einzuräumen, rückzahlbar im Laufe von zwölf Monaten. Sofort bestellte ich achtzehn neue Landrover für die Parks. Ich unterschrieb die Dokumente über den Tausch der 500 000 Dollar gegen achtzehn neue Fahrzeuge. (Zu Martins Ehre muss man hinzufügen, dass es sich um ein zinsloses Darlehen handelte.)

Innerhalb einer Woche war die Naturschutzbehörde wieder handlungsfähig. In den Parks patroullierten die Wildhüter in ihren blitzenden neuen Geländewagen. Ich sah bereits weniger hängende Schultern und mehr lächelnde Gesichter. Natürlich hatte ich mir höhere Schulden aufgeladen, als ich jemals in meinem Leben gehabt hatte. Aber ich hatte auch Freunde, die mir halfen. Margo Walter, eine alte Bekannte aus Amerika, unterstützte mich ebenso wie Nehemiah Rotich, der Vorsitzende der East African Wildlife Society. Beide warben intensiv um Hilfe. Noch bevor ein Monat vergangen war, hatte ich die Rechnungen der Ölfirmen beglichen, was mich (und, so hoffte ich, auch meine Behörde) für die Zukunft kreditwürdiger machte.

Das Benzin und die neuen Fahrzeuge waren ein Signal, dass sich etwas ändern würde. Die kenianische Naturschutzbehörde würde nicht mehr einfach zusehen, wie Wilderer die Kontrolle über die Parks übernahmen. Wenn sie die Konfrontation wollten – na gut. Wir würden mit ihnen kämpfen. Dazu musste ich natürlich zuerst eine Streitmacht aufbauen. Außerdem musste ich mehr über die Wilderer in Erfahrung bringen. Wer waren sie? Wer finanzierte ihre Tätigkeit? In welchem Umfang waren Wildhüter und Regierungsbeamte verwickelt?

Die Notiz über die Elfenbeinversteigerung fiel mir wieder ein. Vielleicht fand ich dort Anhaltspunkte. Ich wandte mich noch einmal an den Ständigen Sekretär. »Ich bin jetzt zu Ihrer Besprechung bereit«, sagte ich zu ihm. »Eröffnen wir die Gebote.«

Kapitel 4

Kenia war nicht das einzige afrikanische Land, das unter der Elefantenwilderei litt. Gegen Ende der achtziger Jahre war sie fast zu einer Seuche des gesamten Kontinents geworden. Auf der Jagd nach Elfenbein schlachteten die Wilderer, viele von ihnen mit Kalaschnikow-AK47-Schnellfeuergewehren ausgerüstet, die Elefanten von Kenia und Tansania bis in die Zentralafrikanische Republik und nach Angola ab. In manchen Ländern, beispielsweise in Uganda und im Sudan, wo in den siebziger Jahren noch über 100 000 Elefanten gelebt hatten, hätte man sich zehn Jahre später große Mühe geben müssen, um noch 10 000 von ihnen zu finden. In Tansania hatte allein das Selous-Schutzgebiet 1976 noch 100 000 Elefanten beherbergt; ein Jahrzehnt später war diese Zahl auf 55 000 zurückgegangen, und jetzt, nach noch einmal drei Jahren, lag sie nur noch bei 27 000. In Kenia waren wir bei weniger als 20 000 Elefanten angelangt – und immer noch verloren wir jeden Tag durchschnittlich drei von ihnen.

Für die Erkenntnis, dass dieses Tempo des Mordens sich nicht ewig fortsetzen konnte, brauchte man kein Genie zu sein. Der Afrikanische Elefant war ganz offensichtlich in großen Teilen seines Verbreitungsgebietes vom Aussterben bedroht. Dies wurde mir eines Morgens, als ich zur Vorbereitung der Besprechung über den Elfenbeinhandel einen Stapel Hintergrundberichte überflog, schlagartig klar.

Ich hatte seit vielen Jahren die Knochen ausgestorbener Tiere untersucht. Vor etwa zwei Millionen Jahren lebten fünf Elefantenarten in den riesigen Savannen Ostafrikas, darunter eine mit gewaltigen, abwärts gerichteten Stoßzähnen. Ihre Zeitgenossen waren ebenso märchenhafte Geschöpfe, beispielsweise Giraffen mit Geweih und Antilopen mit kräftigem Gehörn; die Hörner einer Antilopenart hatten eine Spannweite von über drei Metern. Die meisten dieser Tiere waren – anscheinend durch Klimaveränderungen – ausgestorben. Zwei Abstammungslinien der Elefanten hatten jedoch überlebt, und aus ihnen gingen die Elefanten hervor, die wir heute kennen: der Afrikanische Elefant *Loxodonta africana* und sein asiatischer Vetter *Elephas maximus*.

Das Aussterben ist ein Teil der Evolution. Es ist aber auch ein relativ seltenes Ereignis – oder vielmehr sollte es nach Aussage der Naturschützer, die Berechnungen über das Verschwinden von Arten anstellen, ein seltenes Ereignis sein. Im vergangenen Jahrhundert ging die Zahl der Pflanzen- und Tierarten, die vom Aussterben bedroht waren, drastisch in die Höhe, und das lag vor allem an der Ausbreitung der Menschen und ihrer Gleichgültigkeit. Vom Verstand her hatte ich das alles begriffen, nicht anders wie vermutlich die meisten Menschen, denen ihre natürliche Umwelt etwas bedeutet. Jetzt aber war ich unmittelbar mit der Tatsache konfrontiert, dass eine der verbliebenen Elefantenarten – der Afrikanische Elefant – ernsthaft Gefahr lief, noch zu meinen Lebzeiten im größten Teil seines Verbreitungsgebietes auszusterben. Und wenn die Elefanten aus diesen Lebensräumen verschwanden, würden ihnen mit Sicherheit andere Arten folgen – die biologische Vielfalt, die uns so vertraut war, würde unwiderruflich dezimiert.

Ich bin nicht der Typ, der zum Grübeln neigt. Eigentlich bin ich ein pragmatischer Mensch, der gern Entscheidungen trifft und danach handelt; ich kann nicht einmal längere Zeit ruhig sitzen bleiben, eine Eigenschaft, mit der Freunde und

Angehörige mich häufig aufziehen. Als ich jetzt aber die Zahlen las und mir darüber klar wurde, was sie wirklich bedeuteten, dachte ich lange und intensiv nach. Vielleicht lag es an meiner Vergangenheit als Fossilsucher – jedenfalls hatte ich das Wort »Aussterben« immer mit Dingen in Verbindung gebracht, die sich vor langer Zeit ereignet haben, und nicht mit einem Vorgang, bei dem ich zusehen konnte. Jetzt sah ich zu. Und das lag vor allem an dem illegalen Elfenbeinhandel.

Ich musste mehr darüber in Erfahrung bringen, wie dieser Handel funktionierte. Wie sich herausstellte, war das recht einfach. In Nairobi kursierten viele Gerüchte über beteiligte Personen und darüber, wo und wie das Elfenbein transportiert wurde. Es gab Berichte über eine Riesenzahl von Stoßzähnen, die in speziell dafür gebauten, geheimen Hohlräumen von Lastwagen versteckt und dann über die Grenze nach Somalia gebracht wurden. Südafrikanische Armeeoffiziere beteiligten sich in Mosambik, Angola und anderen Ländern ganz offen an der Tötung von Elefanten. Das Elfenbein galt als Teil der »Kriegsbeute«. Andere Berichte sprachen von Elfenbein, das im Gepäck von Botschaftsangehörigen aus Afrika hinausgeschmuggelt wurde – diese Personen genossen das Vorrecht von Diplomaten und mussten ihre Koffer so gut wie nie vom Zoll durchsuchen lassen. Nur wenige Monate zuvor, im Januar 1989, hatten Zollbeamte in Tansania in den Gepäckstücken des indonesischen Botschafters Dutzende von Elfenbeinschnitzereien gefunden. Er war mit seiner Frau auf dem Weg nach Singapur, wo er die Schmuggelware offenbar verkaufen wollte. In Kenia selbst schließlich gab es hartnäckige (und aus meiner heutigen Sicht durchaus glaubhafte) Gerüchte, wonach hochrangige Regierungsbeamte hinter der Wilderei steckten. Berichte darüber kursierten schon seit den siebziger Jahren, als vielfach der Vorwurf erhoben wurde, die Familie des Präsidenten Kenyatta selbst sei an dem illegalen Elfenbeinhandel beteiligt. Aber immer blieb es bei den Anschuldigungen; es wurde nie Anklage erhoben, und erst recht wurde nie jemand des Verbrechens überführt. In der jetzigen Krise war schwer zu sagen, wie weit die Beziehungen zu Elfenbeinhandel in der Regierungshierarchie reichten, aber ich hatte nie den Verdacht, dass Präsident Moi selbst darin verwickelt war. Dagegen sprachen seine harte Linie gegenüber den Wilderern und die Tatsache, dass er mich unterstützte.

Die Gerüchte und schriftlichen Berichte ließen mich jedoch zu der Überzeugung kommen, dass die Wilderei nur ein Teil des Problems war. Viel größere Schwierigkeiten bereitete der legale Elfenbeinhandel, der durch internationale Handelsabkommen geregelt war. Schmuggel und die Verwendung gefälschter oder »gekaufter« Papiere waren überall in Afrika gang und gäbe, und ein großer Teil des Elfenbeins, das den Kontinent »legal« verließ, stammte in Wirklichkeit von illegal getöteten Elefanten.

Elfenbein war in Afrika seit jeher eine wichtige Säule des Handels. Seit der Römerzeit und vermutlich auch schon davor galt es als Ware, als etwas, das man kaufen und verkaufen konnte. Die Gier der Römer nach Elfenbein führte dazu, dass die Elefanten gegen Ende des Römischen Reiches in der nördlichen Hälfte des Kontinents ausgerottet waren. Schon spätestens seit dem 11. Jahrhundert reisten arabische Kaufleute in das Innere Ostafrikas, um Elfenbein und Sklaven zu beschaffen; Stoßzähne und Menschen wurden auf kleinen Segelschiffen in den Fernen Osten, auf die Arabische Halbinsel und zum Persischen Golf gebracht. Manche Sklaven behielt man auch im Lande und ließ sie auf den Plantagen an der Küste arbeiten.

Die Briten, die Ostafrika Ende des 19. Jahrhunderts zu ihrer Kolonie machten, setzten der Sklaverei ein Ende, betrieben jedoch weiterhin den Elfenbeinhandel. Die meisten Stoßzähne wurden von Mombasa aus verschifft, der Hafenstadt Kenias. Das Elfenbein trug dazu bei, dass die Stadt zu der blühenden Metropole wurde, die sie heute ist. Der größte Teil der Stoßzähne – fast 500 000 Kilo im Jahr – gelangte nach Großbritannien, wo man daraus Billardkugeln, Kämme und Besteckgriffe herstellte. Weitere 250 000 Kilo wurden nach Amerika transportiert, das mittlerweile führend in der Herstellung von Klavieren war; das Elfenbein der Elefanten verarbeitete man zu Tasten.

Damals wurden bereits so viele Elefanten getötet, dass die ersten Naturschützer sich – ganz ähnlich wie wir heute – Sorgen machten, die Tiere könnten völlig ausgerottet werden. Ihre Bedenken hatten zur Folge, dass der englische Gesetzgeber 1890 die ersten Vorschriften zum Schutz der ostafrikanischen Elefanten erließ. Weibchen und alle Tiere, deren Stoßzähne jeweils weniger als zehn englische Pfund wogen, durften nicht mehr geschossen werden. In den folgenden Jahren wurde der Handel mit weiteren Gesetzen reguliert, aber nicht beendet – immerhin brachte er der Kolonialregierung dringend benötigte Einkünfte. Ironie des Schicksals: Das Elfenbein finanzierte im Kenia der Kolonialzeit sogar die erste Naturschutzbehörde. Jetzt waren Naturschützer und Behörden überzeugt, sie würden das Elfenbein nachhaltig bewirtschaften – es wurden gerade so viele Elefanten getötet, dass man den Elfenbeinmarkt beliefern und die eigene Schatulle füllen konnte, aber nicht so viele, dass die Spezies in Gefahr geriet. Vielleicht war die Nachhaltigkeit damals wirklich gegeben.

Dann, vor rund dreißig Jahren, trat eine Veränderung ein. Damals lebten in Kenia mehr als 150 000 Elefanten, ein großer Teil davon außerhalb der Nationalparks und anderer Schutzgebiete. Sie streiften ungehindert durch das Land und bewegten sich dabei auf Wanderungswegen, die es schon seit Jahrhunderten gab. Zu dieser Zeit waren etwa zwölf Millionen Menschen in Kenia zu Hause, viele von ihnen Bauern in den Hochebenen, die in kleinen, ländlichen Gemeinden Mais, Gemüse und andere Produkte anbauten. Auf den ersten Blick mag es so aussehen, als hätten Menschen und Elefanten damals friedlich nebeneinander gelebt, aber in Wirklichkeit gingen sie sich aus dem Weg. Elefanten zertrampelten die Felder und manchmal kam durch sie auch ein Mensch ums Leben, und deshalb mochten die Menschen keine Gebiete bewirtschaften, in denen die Elefanten lebten. Und die Elefanten, die seit Jahrhunderten gejagt wurden, begegneten den Menschen zu Recht mit Misstrauen. Der Elefantenbestand hielt sich bei rund 20000, Kenias Bevölkerung dagegen wuchs exponenziell. Im Jahr 1989 hatte das Land bereits fast zwanzig Millionen Einwohner, und ein wachsender Anteil von ihnen lebte in Gebieten, wo noch in den siebziger Jahren die Elefanten und andere wilde Tiere zu Hause gewesen waren. Die wachsende Bevölkerung (im Jahr 2000 bereits dreißig Millionen) wurde zu einer immer größeren Belastung für das Land und damit auch für die Elefanten und die gesamte Tierwelt.

Gleichzeitig nahmen in den siebziger Jahren auch der internationale Tourismus und Reiseverkehr explosionsartig zu. Eine schlagartig wachsende Zahl von Menschen, insbesondere aus den Ländern des Westens, wollte exotische Ziele wie Kenia besuchen. Und alle wollten Andenken mitnehmen – so entstand ein Markt für Raritäten. Elfenbeinschnitzereien waren ein gutes Geschäft, und zwar nicht nur in Afrika, sondern auch im gesamten Mittleren und Fernen Osten. Die traditionellen Quellen konnten den wachsenden Bedarf an Rohelfenbein nicht decken, und infolgedessen schossen die Preise in die Höhe. Allmählich wurde den Elfenbeinhändlern und Naturschützern gleichermaßen klar, dass die Elefanten keineswegs mehr nachhaltig bewirtschaftet wurden. Wie viele andere Ressourcen waren sie nicht unbegrenzt verfügbar, und ihre Zahl ging zurück.

Gelegentlich wurde die Vermutung geäußert, die Ölkrise der siebziger Jahre und die mit ihr verbundene Unsicherheit der Finanzmärkte auf der ganzen Welt hätten dazu beigetragen, den Preis für Elfenbein noch stärker in die Höhe zu treiben, weil die Menschen nach werthaltigen Waren suchten. Was auch die Ursache sein mag: Die Zahlen sprechen für sich. Im Jahr 1970 lag der Handelspreis für Elfenbein bei nur 2,50 Dollar je Pfund. Zehn Jahre später war er auf sechzig Dollar pro Pfund geklettert. Und 1989 kostete ein Pfund rohes, unbearbeitetes Elfenbein fast hundert Dollar. Heute ist ein Pfund Elfenbein zwanzig Dollar wert (diesen Preis bekommt der Erstverkäufer – mit anderen Worten: der Wilderer; entlang der Handelskette wird es teurer).

Wie nicht anders zu erwarten, wurden die Elefanten für viele Menschen zu einer Art sicherer Einnahmequelle. Im Jahr 1973 starben jeden Monat tausend Elefanten durch Wilderei. Der Bestand in Kenia sank in vier Jahren von 167 000 auf 59 000 Tiere. Zum Teil lag das an der Dürre, aber auch die Wilderei spielte eine immer größere Rolle.

Anfang der siebziger Jahre war der Elfenbeinhandel in Kenia gesetzlich gestattet. Jeder Andenkenladen, jeder Kiosk an den Straßenecken von Nairobi bot Elfenbein feil: Man konnte kleine geschnitzte Tiere kaufen, aber auch Ketten oder sogar einen ganzen Stoßzahn. Ebenso gab es grausige Souvenirs wie Aschenbecher aus der Hand eines Gorillas oder Schemel, die auf Zebrabeinen oder dem Fuß eines Elefanten standen. Dem Inlandshandel mit solchen Tierprodukten machte die kenianische Regierung 1977 glücklicherweise ein Ende, aber der Verkauf von unbearbeitetem Elfenbein war weiterhin gestattet. Jedes Jahr wurde eine große Zahl von Stoßzähnen an Elfenbeinhändler aus den Ländern des Fernen Ostens und des Persischen Golfs versteigert.

Der größte Teil des Elfenbeins aus solchen Auktionen ging nach Japan und Hongkong; dort verarbeitete man die Stoßzähne in ihrer Mehrzahl zu Siegeln (den so genannten hakos), die zur Unterzeichnung von Schecks und Geschäftsverträgen dienten. In Japan wird keine Unterschrift, sondern ein Siegel verlangt, und jeder Angehörige der wachsenden

Mittelschicht wollte sein eigenes Siegel besitzen. Allein im Jahr 1983 importierte Japan eine Million Pfund Elfenbein. Nach einer Berechnung müssen fünfzig Elefanten sterben, damit tausend Pfund Elfenbein hergestellt werden können (dabei geht man davon aus, dass jeder Stoßzahn zehn Pfund wiegt). Demnach wurde in diesem Jahr allein zur Versorgung des japanischen Marktes die atemberaubende Zahl von fünftausend Elefanten umgebracht. Als ich die Leitung der Naturschutzbehörde übernahm, importierten die Japaner immer noch Elfenbein – und wenn die Behörde die vorgesehene Auktion durchführte, würden wir ihnen oder anderen sogar noch mehr verkaufen.

Ein weiterer Aspekt des Elfenbeinhandels, mit dem ich mich vor der Auktion befasste, war die Rolle des Washingtoner Artenschutzabkommens (*Convention for International Trade in Endangered Species* oder kurz CITES). Dieser Vertrag, an dessen Zustandekommen die Vereinten Nationen 1975 mitgewirkt hatten, enthält Vorschriften für den umfangreichen weltweiten Handel mit Pelzen, Häuten, Hörnern, Elfenbein und anderen aus Wildtieren hergestellten Produkten.

Zur Einschränkung dieses Handels enthält das Washingtoner Artenschutzabkommen drei Listen. Arten, die »vom Aussterben bedroht« sind, werden im so genannten Anhang I aufgeführt. Der Handel mit ihnen ist völlig verboten. Im Laufe der Jahre wurden Gorillas, Nashörner, Leoparden, Schneeleoparden, der Kalifornische Kondor, Blau- und Finnwale sowie Hunderte von Pflanzenarten in den Anhang I aufgenommen. Der Anhang II enthält Arten, die noch nicht gefährdet sind, aber bei ungehindertem Handel gefährdet sein könnten. Im Anhang III schließlich sind Arten aufgeführt, deren Handel das Abkommen noch gestattet. Der Elefant stand seit 1977 im Anhang II. Zehn Jahre später forderten immer mehr Naturschützer und Artenschutzorganisationen, ihn in den Anhang I aufzunehmen. Durch einen solchen

Wechsel wäre jeder Kauf und Verkauf von Elfenbein zwischen den Unterzeichnerstaaten des Artenschutzabkommens verboten gewesen.

Als ich mehr über das Washingtoner Artenschutzabkommen las und mich mit Fachleuten darüber unterhielt, begriff ich sehr schnell, warum der Elefant nach Ansicht der Naturschützer den Schutz des Anhangs I brauchte. Das grundlegende Problem bestand darin, dass die Vorschriften, die das Abkommen für den Elfenbeinhandel vorsah, kaum eine Wirkung hatten. Zunächst einmal verfügte die Organisation über keinerlei Mittel, sie durchzusetzen oder Sanktionen zu verhängen. Noch komplizierter wurde die Sache, weil das Abkommen nur für die Unterzeichnerstaaten (im Jahr 1989 waren das 117 Länder) bindend war. Jeder Staat, der das Abkommen nicht unterzeichnet hatte, konnte also als Umschlagplatz dienen, an dem das illegal erworbene Elfenbein aufbewahrt und verkauft wurde. Belgien importierte beispielsweise Anfang der achtziger Jahre insgesamt fünfhundert Tonnen Elfenbein; erst nachdem es diese Menge verkauft hatte, trat es dem Artenschutzabkommen bei. Ähnlich machte es auch Burundi, ein winziger Staat mitten in Afrika. Das Land besitzt keine eigenen Elefanten, exportierte aber dennoch zwischen 1979 und 1987 fast 1500 Tonnen Stoßzähne. Ich habe den Verdacht, dass ein Teil dieser Menge von kenianischen Elefanten stammte.

Im Jahr 1985 hatte die CITES-Kommission versucht, die Sache mit einem Quotensystem in den Griff zu bekommen. Jedes Land, das Elfenbein verkaufen wollte, musste das CITES-Sekretariat einmal im Jahr in Kenntnis setzen, wie viele Stoßzähne es vermarkten wollte. Soweit mir bekannt ist, führte das nur zu noch stärkerem Missbrauch. Somalia beispielsweise legte seine Quote 1986 mit 17000 Stoßzähnen fest. In Wirklichkeit gab es aber in Somalia nur sechstausend Elefanten – wenn überhaupt. Dennoch wurde die Quote erfüllt – mit unseren Elefanten, da bin ich sicher.

So wurde illegal beschafftes Elfenbein – gewildertes Elfenbein – legalisiert. Ganz gleich, woher die Stoßzähne kamen, man musste sie nur in einen Unterzeichnerstaat des Artenschutzabkommens transportieren, der eine Genehmigung zum Verkauf von Elfenbein besaß. Dann konnte man sie im Rahmen der so genannten »Quoten« auf den Markt bringen.

Je mehr ich über das Artenschutzabkommen und den Elfenbeinhandel in Erfahrung brachte, desto weniger war ich überzeugt, dass es überhaupt einen Weg gab, die Elefanten legal zu bewirtschaften. Solange Elfenbein als kostbare Ware galt, würde es einen Schwarzmarkt dafür geben. Trotz des Artenschutzabkommens und seiner gut gemeinten Vorschriften war der Elfenbeinhandel eindeutig ein korruptes Geschäft, und es würde immer korrupt bleiben, ganz gleich, wer es überwachte oder welches System man dafür einrichtete. Dafür sorgte allein der hohe Preis. Auch wenn ein Wilderer nur einen Schnitt von fünfzig Dollar je Stoßzahn machte, konnten schon ein paar Stoßzähne sich in einem armen Land wie Kenia, wo das Pro-Kopf-Einkommen 1989 nur bei 450 Dollar im Jahr lag, zu mehr als einem Jahreseinkommen addieren. Schlecht bezahlte Beamten kamen finanziell über die Runden, indem sie ihren Einfluss zu Gunsten von Freunden und Angehörigen geltend machten, die sie für diesen Gefallen bezahlten. Der Elfenbeinhandel lief in Kenia (und in ganz Afrika) mit Bestechung und Schmiergeld ab; die Elefanten starben in so großer Zahl, weil die Behörden dafür bezahlt wurden, nicht hinzusehen. Solange es noch den legalen Elfenbeinhandel gab, würden wir unsere Elefanten den Wilderern opfern.

Das hieß nicht, dass ich mich schon entschlossen hätte, die vorgesehene Auktion abzusagen. Im Gegenteil: Obwohl ich den Handel immer mehr verabscheute, glaubte ich – wie auch viele Naturschützer in Zimbabwe und Südafrika zu jener Zeit –, man könne den Erlös aus dem Verkauf der Stoßzähne zu nützlichen Zwecken verwenden. Wie ich bereits erwähnt habe, steckte die Naturschutzbehörde, deren Leitung ich gerade übernommen hatte, in schweren Geldnöten. Dies war sogar das erste Mal, dass die Behörde unmittelbar vom Elfenbeinverkauf profitieren sollte. Die Erlöse aller früheren Auktionen waren geradewegs in den Staatshaushalt geflossen. Jetzt aber war die Wilderei so außer Kontrolle geraten, und die Naturschutzbehörde war in einem derart desolaten Zustand, dass Olindo die vorgesetzten Stellen dazu gebracht hatte, eine Ausnahme zu machen.

Anfangs war ich froh, dass Dr. Olindo diese Überzeugungsarbeit geleistet hatte. Ich entschied aber auch, dass es die letzte derartige Auktion sein sollte, und sagte das mehreren Journalisten. Nachdem sie vorüber sei, so erklärte ich in einem Interview, würde ich gemeinsam mit anderen Naturschützern für ein weltweites Verbot des Elfenbeinhandels eintreten.

In der Woche vor der Auktion unterhielt ich mich mit mehreren Personen, die auf unterschiedliche Weise mit dem Elfenbeinhandel zu tun hatten. Insbesondere einer meiner Gesprächspartner, Ian Parker, klärte mich über das Wesen dieser Versteigerungen auf. Parker, ein intelligenter Mann, der heute über sechzig ist und beim Reden kein Blatt vor den Mund nimmt, hatte den Handel von allen Seiten kennen gelernt. Eine Zeit lang war er professioneller Elefantenjäger. Danach war er zum Spezialisten für die Bewirtschaftung von Wildbeständen geworden und hatte in Uganda die Elefantenpopulationen erforscht. Gelegentlich war er bei großen Elfenbeinauktionen der Art, wie wir sie jetzt planten, als Berater tätig gewesen und hatte den Wert der Stoßzähne für die Verkäufer begutachtet. Parker war damals ein ausgesprochener Gegner aller Bemühungen, die Elefanten völlig zu schützen, und die strengen Naturschützer begegneten ihm mit Misstrauen, weil er überzeugt war, die kommerzielle Nutzung müsse ein grundlegender Bestandteil jeder Bewirtschaftung der Elefantenbestände sein.

Ich vermutete, dass Parker mir von Nutzen sein könne. Als ich ihn ganz offen fragte, was von einer solchen Auktion zu erwarten sei, gab er mir eine ebenso unverblümte Antwort.

»Nun ja, wenn Sie glauben, eine solche Auktion würde ablaufen wie bei Sotheby's, sind Sie ein bisschen naiv«, sagte Parker.

Ich bat ihn, ein wenig genauer zu werden.

»Es ist schon entschieden. Alles. Der Preis für das Elfenbein und wer es bekommt. Jemand hat den Preis akzeptiert, und der Käufer wartet jetzt nur darauf, dass die Formalitäten erledigt werden. Wahrscheinlich hat er schon einen Spediteur für das Elfenbein organisiert.«

Eigentlich überraschte mich das nicht im Geringsten; ich hatte selbst einige Informanten, deren Namen ich nicht preisgeben kann. Auch ich wusste schon vor der Versteigerung, wer der Käufer sein würde und wie viel er für das Elfenbein bezahlen wollte.

Offensichtlich hatte der Ständige Sekretär etwas von meinen kleinen Nachforschungen über den Elfenbeinhandel erfahren; ein paar Tage vor unserem Besprechungstermin rief mich seine Sekretärin an.

»Der Ständige Sekretär weiß, wie beschäftigt Sie in der Naturschutzbehörde sind«, sagte sie. »Es ist wirklich nicht nötig, dass Sie an der Besprechung teilnehmen.« Sie fuhr fort, es sei eine Routineangelegenheit der Behörden, und es werde dabei um die bürokratischen Einzelheiten gehen, die man am besten den »untergeordneten Stellen« überlassen solle. Ich versicherte ihr, ich wolle dennoch dabei sein. Ich musste über alle Aspekte meiner neuen Stellung so viel wie möglich in Erfahrung bringen.

Der Anruf machte die Versteigerung für mich nur noch interessanter. Ein paar Minuten vor dem angesetzten Termin fand ich mich im Büro des Ständigen Sekretärs ein. Man führte mich sofort in sein Arbeitszimmer, und wir tauschten ein paar Höflichkeiten aus. Erneut erklärte er mir mit seiner aufgeschlossenen, freundlichen Wesensart, wie ungewöhnlich es sei, dass der Leiter der Naturschutzbehörde sich selbst mit einer Elfenbeinversteigerung abgebe. Er sei froh, so sagte er mit leutseligem Lächeln, dass ich mich derart für untergeordnete Kleinigkeiten meiner Tätigkeit interessierte. Ich lächelte zurück und folgte ihm in das benachbarte Besprechungszimmer, wo bereits einige Beamte des Ministeriums für Tourismus und Naturschutz warteten.

Sehr schnell erkannte ich, dass nichts an dieser Besprechung das war, was es zu sein schien. Ein Beamter verlas die Gebote, die von 2,2 Millionen bis 3,1 Millionen Dollar reichten, und ein anderer hielt sie pflichtschuldigst in einem Notizbuch fest. Wie alle Anwesenden wusste ich, dass ein Geschäftsmann aus Ostasien das höchste Gebot abgegeben hatte. Parker hatte mir gesagt, dass der Mann bereits von seinem Glück wusste und nur darauf wartete, bis wir den Kauf mit unserer Unterschrift genehmigten. Sein Schiff lag bereits in Mombasa, um die Stoßzähne in seine Heimat zu bringen.

Zum Glück – jedenfalls aus meiner Sicht – hatte der ostasiatische Geschäftsmann in seinem Gebot einige formale Fehler begangen, und während die Bürokraten rätselten, wie sie damit umgehen sollten, meldete ich mich zu Wort.

Ich sagte, es sehe für mich nicht so aus, als sei mit dem Kaufvertrag alles in Ordnung, und da unser Präsident mir die strikte Anweisung gegeben habe, in der Naturschutzbehörde aufzuräumen, könne ich dem Geschäft nicht zustimmen, solange es nicht vorschriftsmäßig abgewickelt werde.

»Wenn wir eine Versteigerung abhalten wollen, müssen wir das Elfenbein noch einmal wiegen und vermessen und es dann erneut ausschreiben«, gab ich bekannt. »Ich möchte nicht, dass irgendein Verdacht aufkommt, wir hätten die Sache nicht vorschriftsgemäß gehandhabt.«

Man hätte in dem Zimmer eine Stecknadel fallen hören können. Der Ständige Sekretär starrte mich ungläubig an. Dann setzte er wieder sein freundliches Lächeln auf.

»Natürlich, natürlich, Richard. Wir setzen die Versteigerung neu an und achten darauf, dass es das nächste Mal ordnungsgemäß zugeht.«

Wir schüttelten uns die Hände. Ich sagte, jemand aus meiner Behörde werde ihnen Bescheid geben, sobald wir so weit seien. (Rückblickend betrachtet wäre ich wahrscheinlich nicht befugt gewesen, die Versteigerung infrage zu stellen oder gar zu verbieten. Der Ständige Sekretär stand in der Verwaltungshierarchie zwei große Stufen über mir. Aber zwischen den früheren Inhabern meiner Stellung und mir gab es einen entscheidenden Unterschied. Nicht der Minister für Tourismus und Naturschutz oder der Ständige Sekretär hatte mich ernannt, sondern Moi persönlich. Und ich konnte mich jederzeit an den Präsidenten wenden.)

Sobald ich wieder in meinem Büro war, rief ich Iain Douglas-Hamilton an. Iain, ein hundertprozentiger Wissenschaftler schottischer Abstammung, studierte schon seit Anfang der siebziger Jahre die Elefanten und ihr Verhalten in freier Wildbahn. Er hatte sich in Kenia niedergelassen und eine Familie gegründet. Nach wie vor studierte und zählte er die Elefantenbestände in ganz Ost- und Zentralafrika. Wir waren schon seit vielen Jahren befreundet und hatten uns nach meiner Ernennung zum Direktor ein paar Mal getroffen; ihm verdankte ich mein Hintergrundwissen über den illegalen Elfenbeinhandel und das Washingtoner Artenschutzabkommen. Er war ein führender Befürworter des völligen Verbots der Elefantenjagd.

Ich erzählte ihm von meiner Entscheidung und fragte ihn, ob er die Stoßzähne untersuchen könne. Er stimmte bereitwillig zu, denn es würde ihm die Möglichkeit verschaffen, neue Erkenntnisse über Größe und Alter der von den Wilderern getöteten Elefanten zu gewinnen. Er war sicher, dass sie die meisten Männchen und erwachsenen Weibchen bereits umgebracht hatten und jetzt junge, gerade erwachsene Weibchen und Jungtiere jagten.

Während der nächsten Tage arbeiteten Iain und ein Doktorand im Elfenbein-Lagerhaus der Regierung, um alle Stoßzähne zu vermessen und zu wiegen. Ihre Schlussfolgerung überraschte mich nicht: Es waren mehr Stoßzähne von größerem Gewicht und höherer Qualität, als in den amtlichen Berichten stand. Der Geschäftsmann aus Ostasien hätte zu einem stark reduzierten Preis fast dreizehn Tonnen hochwertiges Elfenbein gekauft. Und irgendjemand – vielleicht auch mehrere Personen – bei einer Regierungsstelle hätte zum Nachteil meiner Behörde eine ansehnliche Zahlung erhalten. Wer das war, erfuhr ich allerdings nie.

Ungefähr zur gleichen Zeit las mir Hilary N'gweno, der Herausgeber und Chefredakteur der Zeitschrift *Weekly Review*, die sich für eine freie Presse in Kenia einsetzte, in einem Leitartikel die Leviten. Er wandte sich gegen meine Pläne, die Auktionen stattfinden zu lassen, insbesondere da ich mich gleichzeitig für ein internationales Verbot des Elfenbeinhandels einsetzte. Es war das erste Mal seit meinem Amtsantritt, dass die Presse mich kritisierte, und es tat weh – vor allem weil die Kritik berechtigt war.

Ich wollte meine Sache gut machen, und Hilary hatte Recht: Der Plan war nicht gut. Andererseits brauchte die Behörde dringend das Geld, das die Versteigerung einbringen würde. Ich las Hilarys Kommentar eines Morgens, kurz nachdem ich ins Büro gekommen war. Eine Stunde später fuhr ich nach Nairobi und stattete dem Elfenbeinlager meinen zweiten und letzten Besuch ab. Jetzt wusste ich, dass ich diese Stoßzähne nicht guten Gewissens verkaufen konnte.

Am gleichen Abend fasste ich den Entschluss, das Elfenbein zu verbrennen.

Damit blieben nur noch zwei Fragen: Würde das Elfenbein – wie Meave sich erkundigt hatte – überhaupt brennen? Und was würde Präsident Moi dazu sagen?

Kapitel 5

Während der ersten drei Wochen im neuen Amt stieß ich jeden Tag auf neue Probleme, und eine sofortige Lösung gab es nur selten. Einmal schrieb ich in mein Tagebuch: *Kein Geld, keine Moral, keine Fahrzeuge, Flugzeuge am Boden, inkompetente leitende Mitarbeiter, kein Benzin, keine Ideen.*

Niemandem – nicht einmal Meave – erzählte ich, wie schlimm die Dinge nach meinem Eindruck standen und wie besorgt ich wegen des fehlenden Geldes war. Ich wachte mitten in der Nacht auf, und mein Magen krampfte sich vor Anspannung zusammen. Ich hatte mich bereit erklärt in die Schlacht zu ziehen, aber wie sollte ich kämpfen, wenn ich nicht über die notwendigen Mittel verfügte? Und angesichts des hohen Handelswertes von Elfenbein wusste ich, dass diese Schlacht nur ein Teil eines kostspieligen, langwierigen Krieges werden würde, der an vielen Fronten ausgefochten wurde: gegen Wilderer, Mittelsmänner und korrupte Beamte. Und Kampf war nicht die einzige Aufgabe meiner Behörde. Wir mussten Straßen reparieren, Landepisten neu planieren, Gebäude und Dächer in Ordnung bringen, neue Uniformen bestellen – die Liste war endlos.

Drei der Parks, die mir unterstanden – Mount Kenya, Mount Elgon und die Aberdares – lagen im Gebirge und zogen zahlreiche Wanderer und Bergsteiger an. Die Bergsteiger hatten es besonders auf den 5194 Meter hohen, felsig-eisigen

Gipfel des Mount Kenya abgesehen, aber die Wege, die hinaufführten, waren schlecht markiert, und das Wetter konnte im Gebirge sehr launisch sein. Ohne einen guten Wanderführer verirrte man sich leicht – so erging es mehreren ausländischen Besuchern kurz nach meinem Amtsantritt. Leider verfügte die Naturschutzbehörde nicht mehr über die Mittel für eine wirksame Rettungsaktion. In der ersten Zeit wurden die Nationalparkwächter in Österreich ausgebildet, und die Behörde konnte sich eines hervorragenden Bergführer- und Bergrettungsdienstes rühmen. Als ich ihre Leitung von Olindo übernahm, hatte sich dieser Dienst jedoch aufgelöst, und seine Ausrüstung war verschwunden. Wir mussten ganz von vorn anfangen. Tatsächlich ereigneten sich während meiner ersten Monate mehrere Bergunfälle. Mein Gefühl der Verzweiflung wurde dadurch nur noch stärker.

Auch die Meeres-Nationalparks waren unzureichend finanziert. Jedes Jahr besichtigten viele tausend Touristen die Korallenriffe vor unserer Küste – in der Regel fuhren sie mit Führern aus der Gegend hinaus, um dann vom Boot aus zu tauchen und zu schwimmen. Wenn dabei jemand in Schwierigkeiten geriet, konnten wir nicht helfen: Wir hatten keine zuverlässigen Boote, und die meisten Nationalparkwächter – sie stammten aus Zentralkenia – konnten nicht schwimmen. Die Sicherheit war auch nicht das einzige Problem; die empfindlichen Riffe wurden zerstört, weil unsere Wächter sie nicht bewachen konnten. Sie waren für einen Park verantwortlich, den sie selbst nie gesehen hatten. Kein einziger Mitarbeiter war im Umgang mit Tauchgerät ausgebildet, und niemand verfügte auch nur über die grundlegenden Hilfsmittel – beispielsweise Schnorchelmasken und Schwimmflossen – zur Überwachung eines Lebensraumes unter Wasser.

Alle diese Probleme wären eigentlich einfach zu lösen gewesen; das Einzige, was wir wirklich brauchten, waren Geld und Ausbildung. Aber fast unser gesamter Etat war für den »Krieg« gegen die Wilderei bestimmt; für alle anderen Erfordernisse blieb kaum etwas übrig. Wo und wie sollte ich das benötigte Geld auftreiben – und dann auch noch so schnell, wie wir es brauchten?

Niemand konnte auch nur annähernd ahnen, wie tief mich das alles bekümmerte. Aber ich war auch entschlossen, meine Zweifel nicht zu zeigen. Ich wollte ein Gefühl der Zuversicht ausstrahlen, auch wenn ich es selber nicht besaß.

Die Idee, das Elfenbein zu verbrennen, gab mir Auftrieb. Seit Wochen suchte ich nach einem Mittel, um meine Mitarbeiter anzufeuern und sie aus ihrer Trägheit und Verzweiflung herauszureißen. Jetzt war ich mir sicher, dass die Verbrennung des Elfenbeins uns mehr Gewinn bringen würde als sein Verkauf. Letztlich glaubte ich, sie werde dem Krieg gegen die Wilderei ein für alle Mal ein Ende machen. Je länger ich darüber nachdachte, desto erpichter wurde ich darauf, die Lunte an das Elfenbein zu liegen.

Als ich Präsident Moi am nächsten Morgen meinen Plan vortrug, sah er mich an, als sei ich verrückt.

»Das Elfenbein verbrennen?«, fragte er entgeistert. »Das ist doch mindestens drei Millionen Dollar wert.« Er dachte daran, wie wütend die Bürger Kenias sein würden, wenn er dieses kostspielige Schauspiel zuließ.

»Ich weiß, dass es schwachsinnig klingt«, räumte ich ein. »Aber wir müssen etwas Mutiges unternehmen. Auf der ganzen Welt glaubt kaum jemand, dass wir wirklich entschlossen sind, unsere Elefanten zu retten. Wenn wir das Elfenbein verbrennen, zeigen wir, dass wir es wirklich wollen. Es verschafft uns eine gewaltige öffentliche Aufmerksamkeit und macht einen guten Eindruck. Da bin ich sicher.«

»Außerdem würde es uns im Kampf gegen die Wilderer helfen«, fuhr ich fort und beugte mich nach vorn, um meinen Worten Nachdruck zu verleihen. Etwa vierzig Prozent des afrikanischen Elfenbeins gelangte zur Herstellung von Schmuck und Nippsachen in die westlichen Länder. Ich erklärte Moi, es müsse für Europäer und Amerikaner gesellschaftlich inakzeptabel werden, Elfenbein zu kaufen und zu tragen; schon damit würden wir fast die Hälfte des Marktes trockenlegen. Und ohne Markt würde es keine Wilderei geben.

Moi lehnte sich in seinem Sessel zurück und schüttelte den Kopf. Er presste die Lippen aufeinander, atmete tief durch und schüttelte noch einmal den Kopf. Wir waren jetzt regelmäßig – zwei- bis dreimal in der Woche – zusammengetroffen, und bisher hatte er alle meine Entscheidungen unterstützt, wie er es versprochen hatte. Mir war klar, dass er mich auch jetzt nicht im Stich lassen wollte, aber andererseits war er keineswegs überzeugt, dass meine neueste Forderung einen Sinn hatte.

Ich wies noch einmal auf die gewaltige Öffentlichkeitswirksamkeit hin – und die betraf nicht nur Kenias Image in den Augen der Naturschützer, sondern auch die Regierung selbst. Wenn die Verbrennung im Rahmen einer offiziellen Zeremonie stattfand, bei der er – der Präsident Kenias – das Feuer anzündete und dann eine Ansprache an die Presse hielt, würde seine Regierung in einer Zeit, in der sie wegen Menschenrechtsfragen zunehmender Kritik des Westens ausgesetzt war, gewaltig an Glaubwürdigkeit gewinnen. (Die Kritik war in meinen Augen voll und ganz berechtigt, aber ich war zu dem Schluss gelangt, dass jetzt weder der richtige Ort noch die richtige Zeit war, diese Ansicht auszusprechen.) Zwischen Tierschutz- und Menschenrechtsorganisationen, das betonte ich ausdrücklich, bestanden enge Verbindungen, und häufig unterstützten sie sich gegenseitig in ihren Anliegen. Wenn man der Tierschutzlobby also eine Freude machte, würde das sicher auch zur Besänftigung der Kritik an Menschenrechtsverletzungen beitragen.

Präsident Moi dachte darüber nach. Dann stellte er mir die gleiche Frage wie Meave. »Brennt Elfenbein überhaupt? Das müssen Sie klären.« Er warnte mich, ich dürfe weder ihn noch das Land der Lächerlichkeit preisgeben.

Bisher hatte ich noch keine Ahnung, wie wir die Stoßzähne in Brand setzen sollten, aber ich war sicher, dass es möglich war. Ich nickte lebhaft. »Ja, es brennt.«

Moi blickte immer noch unbehaglich drein, als ob meine Idee ihm Bauchschmerzen verursachte. Er stieß ein hörbares Seufzen aus. Schließlich wandte er sich zu mir. »Na gut«, sagte er ohne große Begeisterung, »wir werden das Elfenbein verbrennen.«

»Gut«, erwiderte ich mit fester Stimme. Mich überkam das Bedürfnis, strahlend zu lächeln, aber ich unterdrückte es. Die Angelegenheit war ernst.

Dann ließ Präsident Moi seine Sekretärin kommen. Wir mussten für das Ereignis einen Termin aussuchen, an dem der Präsident Zeit hatte. Schließlich einigten wir uns auf den 18. Juli 1989. Damit blieben mir fünf Wochen, um alles vorzubereiten – und um eine Methode zu finden, Elfenbein in Brand zu setzen.

Elefantenstoßzähne sind eigentlich Schneidezähne, die sich in der Evolution zu Werkzeugen und Waffen entwickelt haben. Die Tiere benutzen sie zum Graben, Fressen, Kämpfen, Spielen, Tragen und zur Markierung ihrer Reviere. Wie die Zähne aller Säugetiere bestehen sie aus dem harten Zahnbein (einer Calciumverbindung); nur ihre Spitzen sind mit Zahnschmelz überzogen, der aber meist bereits in den ersten Lebensjahren des Elefanten abgenutzt wird. Die größten Stoßzähne mit einem Gewicht bis zu dreißig Kilo oder mehr findet man in der Regel bei alten Elefantenbullen. Mit ihrer warmen, leuchtenden Oberfläche und ihrer Festigkeit sind die Zähne ein ideales Schnitzmaterial. Elfenbein fühlt sich in der Hand gut an; es wirkt unter der Berührung glatt, ist aber hart und widerstandsfähig.

Die beiden letzten Eigenschaften bereiteten mir Sorge. Gerade weil Elfenbein sich so wunderbar schnitzen und formen ließ, konnte man es wahrscheinlich kaum verbrennen.

Zahnbein ist eine erstaunlich langlebige Substanz – das hatte ich bei meiner Fossilforschung erfahren. Manchmal stößt man auf ein Bruchstück eines Hominidenkiefers, der in der Wüstenluft zu Krümeln zerfallen ist – aber die Zähne sind völlig unversehrt. Auch in der Asche von Krematorien findet man häufig menschliche Zähne, die von Hitze und Flammen kaum angekratzt sind. Genauso unzerstörbar sind auch Elefantenzähne.

Ich musste ein wenig Elfenbein anzünden, um festzustellen, wie es brennt. Die Gelegenheit bot sich einige Tage nach meinem Gespräch mit dem Präsidenten. Ich war zusammen mit Meave für das Wochenende auf die Ranch von Kuki Gallman auf dem Laikipia-Plateau nördlich von Nairobi eingeladen. Wie eine Reihe anderer Viehzüchter europäischer Herkunft bewirtschaftet sie ein großes Gebiet, in dem wilde Tiere neben ihren Rindern und Schafen leben. Auf diesen Ranches gibt es eine Fülle von Elefanten, Nashörnern, Giraffen und Büffeln, und einige haben auch Unterbringungsmöglichkeiten für Touristen. Kurz zuvor waren jedoch Wilderer in der Gegend gewesen und hatten auf dem Anwesen mehrere Elefanten getötet. Die Eigentümer wollten wissen, was ich vorhatte, um sie und ihre Gäste zu schützen. Und ich meinerseits wollte sie als Verbündete gewinnen. Viele Rancher waren wohlhabend und hatten gute Verbindungen nach Übersee. Ich war überzeugt, dass sie mir helfen konnten, ein internationales Verbot des Elfenbeinhandels durchzusetzen.

Kuki ist kenianische Staatsangehörige italienischer Abstammung, eine überschwängliche, temperamentvolle Frau. Ein paar Jahre zuvor hatte sie durch tragische Unfälle ihren Mann und ihren Sohn verloren, aber da sie sich in die Tierwelt und die weite Landschaft Kenias verliebt hatte, war sie geblieben. Wir waren schon seit Jahren befreundet.

Auch Iain Douglas-Hamilton und seine Frau Oria waren zu Besuch bei Kuki. Vor dem Abendessen brachte ich meinen Plan zur Sprache, die Stoßzähne aus dem staatlichen Lagerhaus zu verbrennen. Kuki musste bei dem Gedanken nach Luft schnappen, aber Iain und Oria gaben mit nachdrücklichem Nicken ihre Zustimmung zu erkennen.

»Großartig«, sagte Oria. »Das wird den Leuten zu denken geben.«

»Aber hör mal, Richard«, wandte Kuki ein, »es ist doch so wertvoll. Ist das wirklich der beste Plan?«

»Ich glaube schon«, erwiderte ich. »Aber vielleicht ist es überhaupt kein Plan, wenn es nicht brennt. Was glaubst du, Iain?«

Iain schüttelte den Kopf. »Ich weiß es nicht genau, Richard, das ist eine schwierige Frage.«

»Wir können es ja ausprobieren«, schlug Kuki vor. Sie besaß ein paar zerbrochene Stoßzähne von Elefanten, die auf ihrer Ranch gestorben waren, und legte ein kleines Stück in das Kaminfeuer in ihrem Wohnzimmer. Dünne Flammen leckten an dem Elfenbein. Es brannte nicht. Kuki schürte das Feuer darunter.

Wir sahen eine Zeit lang zu und gingen dann zum Abendessen ins Esszimmer. Zwei Stunden später kehrten wir zurück und begutachteten das Ergebnis. Es war alles andere als viel versprechend. Eine von Kukis Hausangestellten hatte Holz – und zwar ziemlich viel Holz – nachgelegt, und der Stoßzahn sah jetzt wie ein Stück Kohle aus. Aber er war immer noch intakt.

»Ich fürchte, du musst einen ganzen Wald verfeuern, um euer Elfenbein zu verbrennen«, sagte Meave.

»Nun ja, immerhin brennt es«, gab ich zurück. »Es brennt nur nicht sehr gut.«

Es war nicht das Freudenfeuer, das ich mir ausgemalt hatte. Aber unser Experiment hatte Kukis Interesse geweckt. Ein Freund von ihr, Robin Hollister, arbeitete für Filmfirmen aus Hollywood an Spezialeffekten. Nachdem wir wieder gefahren waren, sprach Kuki mit ihm über meine missliche Lage, und ein paar Tage später besuchte er mich.

»Ich kriege euer Elfenbein zum Brennen«, verkündete er.

»Ach ja?«, fragte ich neugierig und zweifelnd zugleich.

»Aber sicher«, erwiderte er. »Du brauchst nur einen gut brennbaren, flüssigen Klebstoff darauf zu streichen, ein bisschen Benzin und ein gutes, heißes Feuer. Dann brennt es ordentlich. Das garantiere ich dir.«

»Na ja, ich will aber nicht das Publikum verbrennen«, erwiderte ich, »sondern nur das Elfenbein.«

Robin lachte. »Nein, nein. Es gibt schon Möglichkeiten, so etwas einzudämmen. Es wird nicht außer Kontrolle geraten. Ihr werdet euren Präsidenten nicht verlieren. Aber es wird ein Aufsehen erregendes Feuer.«

Das klang gut. Ich wollte etwas Aufsehenerregendes, etwas, das den Menschen im Gedächtnis blieb; wenn sie daran dachten, Elfenbein zu kaufen, sollten sie sofort auch an brennendes Elfenbein denken.

Jetzt zögerte ich nicht mehr. Robin konnte im Juli nicht dabei sein, aber Colin Francomce, der Verwalter von Kukis Ranch, übernahm die Aufgabe, das Elfenbein-Freudenfeuer aufzubauen und zu beaufsichtigen. Nach meiner Vermutung riskierten wir eine gewaltige Explosion, wenn wir einen mit Petroleum und Öl angerichteten Scheiterhaufen in Brand setzten, aber die Fachleute versicherten mir, das werde nicht geschehen. In dieser Nacht schlief ich endlich einmal ohne Magendrücken.

Am Morgen nach unserem Abendessen bei Kuki war ich bei Anbruch der Dämmerung bereits in der Luft: Ich flog in nördlicher Richtung zum Sibiloi-Park, einem der abgelegensten Nationalparks Kenias am Ufer des Turkanasees. Unterwegs legten wir in Koobi Fora, wo Meave und ich so viele gute Zeiten erlebt hatten, eine Pause ein. Ich wollte die Zentrale des Sibiloi-Nationalparks aufsuchen und mich den Wildhütern vorstellen, die, wie ich wusste, unter recht ärmlichen Bedingungen lebten. Ich ließ Meave im Lager von

Koobi Fora zurück und flog weiter zu dem Nationalpark. Keiner der früheren Direktoren war jemals hier gewesen. Sie hatten zum Teil die größeren Nationalparks wie den Tsavo-Park aufgesucht, aber kaum einmal jene, die weiter entfernt waren. Damit hatten sie nach meiner Überzeugung bei vielen Wildhütern den Verdacht geweckt, dass ihre Vorgesetzten in Nairobi sich kaum um ihre Arbeit kümmerten. Außerdem wollte ich, dass die Wildhüter mich kennen lernten und mit meinem Namen ein Gesicht verbinden konnten. Ich würde in naher Zukunft eine Menge von diesen Männern verlangen, und ich wollte ihnen das Gefühl vermitteln, mich zu kennen.

Die Wildhüter der Nationalparks stammen aus Stämmen im ganzen Land, und manche von ihnen leben in sehr einsamen Gegenden. Viele besuchen ein Naturschutz-College im Westen Kenias und werden dann in einen unserer vierundfünfzig Parks oder Schutzgebiete versetzt. Aber selbst für diejenigen, die in kleinen Dörfern aufgewachsen sind, kann das Leben als Wildhüter hart und einsam sein. Unter Umständen sind sie an einem Außenposten weit weg von der Zentrale des Parks stationiert, wo sie dann über mehrere Monate hinweg nur einen oder zwei Kollegen als Gesellschaft haben. Als ich die Naturschutzbehörde übernahm, verfügten die meisten von ihnen noch nicht einmal über ein Fahrzeug. Man erwartete von ihnen, dass sie zu Fuß Streife gingen, und ausgerüstet waren sie mit völlig veralteten Gewehren aus dem Ersten Weltkrieg, die nur gelegentlich funktionierten. Für das alles bekamen unsere Wildhüter ein Gehalt von vierzig Dollar im Monat, eine ärmliche Summe, die ich erhöhen wollte – vorausgesetzt, ich würde die Mittel dafür auftreiben. Vorerst konnte ich sie wenigstens besuchen, meine Unterstützung zusichern, sie ermutigen und ihnen für ihre harte Arbeit danken.

Der Sibiloi-Nationalpark liegt weitab von den ausgetretenen Touristenpfaden und zieht nur besonders hartnäckige

Besucher an. Er wird oft als »Wiege der Menschheit« bezeichnet, denn er ist nicht nur die Heimat einer großartigen Vielfalt von Wüstentieren, sondern hier liegen auch die Stellen, wo ich zusammen mit meiner Mannschaft in den sechziger und siebziger Jahren einige der wichtigsten Fossilien von Frühmenschen gefunden hatte. Sogar das Fossil, das eigentlich am Beginn meiner Karriere stand – der schrecklich zerbrochene Schädel eines rund zwei Millionen Jahre alten Hominiden, den wir nach seiner Inventarnummer als »1470« bezeichnen –, fand einer meiner Mitarbeiter 1972 auf einem trockenen, steinigen Hügel des Sibiloi-Parks.

Da Fossilien dort so leicht zu finden sind – sie liegen überall verstreut, allerdings handelt es sich nur selten um die Knochen von Hominiden –, hatten Meave und ich uns immer Sorgen um Leute gemacht, die sich mehr für Souvenirs als für wissenschaftliche Funde interessierten und möglicherweise auf »Schatzsuche« gingen, wenn wir nicht vor Ort waren. Um die Fossilschätze und die Tierwelt des Gebietes zu schützen, hatte ich deshalb der Regierung vorgeschlagen, die Region von der Alia-Bucht des Turkanasees bis zur äthiopischen Grenze zum Nationalpark zu erklären, was 1972 auch geschah.

In dem über 15 000 Quadratkilometer großen Gebiet liegt auch ein Stück Seeufer, an dem das kurze afrikanische Gras gedeiht – die Pflanze, die Wüstenantilopen wie Spießbock und Leierantilope, aber auch das seltene Grevy-Zebra, am liebsten abweiden. Hier findet man auch die schlanke, zimtfarbene Giraffengazelle, eine Antilope, die sich auf die Hinterbeine stellt und so die obersten Blätter der Büsche erreicht, sowie Geparde und Löwen. Am Ufer drängen sich Flamingos, Pelikane, Reiher und Regenpfeifer neben einigen sehr großen Krokodilen. Nach einem harten, heißen Arbeitstag an den Fossilfundstellen rund um den Turkanasee waren Meave und ich gern in dem üppigen Grün zwischen dem alkalischen Wasser des Sees und den öden Hügeln des Sibiloi-

Parks spazieren gegangen. Manchmal sahen wir Löwen, aber häufiger begegneten uns ein paar Spießböcke. Wenn sie uns ausgemacht hatten, stellten sie sich in Alarmbereitschaft auf und richteten ihre grauschwarz gemusterten Gesichter in unsere Richtung, bis einer von ihnen sich umdrehte und davonlief, während die anderen ihm in einem halsbrecherischen Wettrennen in die Wüste folgten. Und jedes Mal freute ich mich darüber, dass diese Tiere, deren Bestände nie sehr groß gewesen waren, wegen unserer Fossilfunde ebenfalls geschützt werden würden.

Die Einrichtung des neuen Parks warf aber auch Probleme auf. Jahrhundertelang war die Wüste um den Turkanasee die Heimat von Nomadenstämmen gewesen, die ihre Kamele, Schafe, Rinder und Ziegen während der Monate extremer Trockenheit zu den Weiden und dem Wasser am Seeufer trieben. Insbesondere waren das die Dassanatch (auch Merille genannt), die vom Nordende des Sees in der Nähe der äthiopischen Grenze kamen, die Gabbra, die normalerweise ein ganzes Stück östlich des Sees leben, in sehr schlechten Jahren aber ebenfalls die Vorteile der grasbewachsenen Ufer nutzten, und die Rendille, die aus dem Süden heraufkamen. Sie alle sind Stämme mit einer alten Kriegertradition, und wenn sich ihre Wege kreuzen, liefern sie sich heftige Kämpfe.

Große Viehherden können eine empfindliche Umwelt wie die in der Sibiloi-Region schnell ruinieren. Früher hatten die Stammesfehden dafür gesorgt, dass die übermäßige Beweidung nicht zu einem größeren Problem wurde. Die Hirten zogen nur vorsichtig in das Gebiet und blieben nicht lange. Nachdem der Park eingerichtet war, änderten sich die Verhältnisse. Jetzt patrouillierten Wildhüter im Auftrag der kenianischen Regierung am Seeufer. Sie versuchten solche Zwischenfälle zu schlichten oder ganz zu verhindern. Jetzt war Sibiloi für die Nomaden keine gefährliche Gegend mehr, sondern eine sichere Zuflucht in einer ansonsten unberechenbaren Welt. Sie kamen mit ihrem Vieh und blieben. Und sofort wurde die empfindliche Wüstenvegetation des Gebietes in Mitleidenschaft gezogen.

Ich würde es einem Nomadenhirten niemals versagen, seine Tiere weiden zu lassen. Fast zwanzig Jahre lang arbeitete ich jeden Sommer unter den Nomadenvölkern am Turkanasee; ich hatte sie eingehend kennen gelernt und bewunderte ihre Fähigkeit, in einer unwirtlichen Umgebung zu überleben. Aber zu gestatten, dass der Sibiloi-Nationalpark zur dauerhaften Heimat für viele tausend Schafe, Ziegen, Rinder und Kamele wurde, war keine Lösung. Das Gebiet hätte sich in kürzester Zeit völlig in Wüste verwandelt, und am Ende hätten dort weder Haus- noch Wildtiere leben können.

Heute wird der Park durch die Bedürfnisse der Menschen so stark strapaziert, dass das langfristige Überleben der Tierwelt, die wir eigentlich schützen wollen, infrage gestellt ist. Schafe und Ziegen werden das Gras abweiden, bis keine Wurzel mehr übrig bleibt; die Nomaden werden Löwen und Geparde töten, um ihre Herden und Familien zu schützen. Sibiloi könnte sich durchaus in eine öde Staubwüste verwandeln.

Der Sibiloi-Park zeigt im kleinen Maßstab, in welchem Dilemma ganz Kenia steckt: Das Land muss ein Gleichgewicht zwischen den Bedürfnissen seiner Bewohner und den Bedürfnissen seiner Tierwelt finden. Wenn es in dieser Gleichung jemals eine Ausgewogenheit geben soll, müssen wir viele energische – und manchmal unangenehme – Entscheidungen treffen. Und als Direktor der Naturschutzbehörde wusste ich, dass viele dieser Entscheidungen in meine Zuständigkeit fielen.

An jenem wolkenlosen Morgen im Mai setzte ich kurz nach acht Uhr auf der unbefestigten Landepiste von Sibiloi auf. Ein leitender Sergeant, der im einzigen Landrover des Parks auf mich gewartet hatte, sprang aus dem Wagen, grüßte mich und stellte mir seinen Stellvertreter vor. Wir gaben uns die Hände und fuhren dann in die Zentrale des Parks, ein traurig aussehendes, ockerfarbenes Gebäude mit heftig abblätternder Farbe und rundum verstreutem Müll. Daneben standen die Wildhüter in einer unordentlichen Reihe in Habachtstellung. Ich warf ihnen einen Blick zu und seufzte. Nur drei der acht Männer hatten Schuhe an, und zwei trugen einen Hut. Alle waren in eine seltsame Mischung aus Uniform und Zivilanzug gekleidet.

Den nervösen Sergeant neben mir, ging ich zu ihnen hinüber.

»Wie sehen Sie denn aus?«, setzte ich an und schüttelte den Kopf. »Können Sie das nicht besser? Wo sind Ihre Stiefel?«, fragte ich einen hageren Burschen.

»Ich habe keine, Sir«, erwiderte er.

Den anderen stellte ich ähnliche Fragen. Manche von ihnen besaßen überhaupt keine Schuhe; andere hatten welche, aber wie sie mehr treuherzig mitteilten, war es ihnen schlicht und einfach nicht eingefallen, sie anzuziehen.

»Nun ja, das muss besser werden«, erklärte ich ihnen auf Swahili. »Sie vertreten Kenia. Wenn Touristen in unsere Parks kommen, sind Sie oft die Ersten, die sie zu sehen bekommen. Wir wollen, dass sie Vertrauen haben, dass sie sich sicher fühlen, damit sie wiederkommen. Ich zähle auf Sie – Kenia zählt auf Sie –, dass Sie dafür sorgen. Es ist unser gemeinsames Anliegen, und ich werde mein Möglichstes tun, um Ihnen zu helfen.«

In diesem Tenor fuhr ich noch ein paar Minuten fort; ich drängte sie, ihre Aufgabe ernst zu nehmen, und versicherte ihnen, es werde sich vieles ändern. Ich würde dafür sorgen, dass sie neue Uniformen und Stiefel bekamen, die sie dann aber auch richtig zu tragen hätten. Außerdem erklärte ich, ich stünde ihnen immer zur Verfügung und sie könnten sich mit allen Problemen und Sorgen an mich wenden.

Mir fiel auf, dass die meisten Männer nur mühsam ein breites Lächeln unterdrückten. Es war das erste Mal, dass überhaupt ein Leiter der Naturschutzbehörde sich um sie gekümmert hatte und zu ihnen in den Park gekommen war.

Obwohl ich über ihre nachlässige Haltung schimpfte, freuten sie sich über die Aufmerksamkeit – und zwar so sehr, dass es mir ein wenig peinlich war. Ich hatte viele Biografien über Führungspersönlichkeiten gelesen, insbesondere über solche, die Militärstreitkräfte befehligt hatten. Eines meiner Lieblingsbücher war die Lebensbeschreibung des verstorbenen Lord Louis Mountbatten, denn daraus hatte ich in gewisser Weise gelernt, die Beziehung zwischen einem Befehlshaber und seinen Leuten zu verstehen. Erfolgreiche Generäle fühlen sich zutiefst für ihre Untergebenen verantwortlich. Sie gehen hart mit ihnen um und verlangen vollen Einsatz – aber sie empfinden auch eine tiefe Sorge. Im Gegenzug geben die Leute ihr Bestes, einschließlich ihres Vertrauens und ihrer Loyalität. Eine Ahnung davon vermittelten mir bereits die Blicke dieser Wildhüter, und das bewegte mich tief. Es war für mich ein neues Gefühl, und ich wusste nicht genau, was es bedeutete. Nur eines wusste ich: Ich würde diesen Wildhütern neue Stiefel besorgen. Von meinen leitenden Mitarbeitern in Nairobi hatte ich schon eine Menge über den desolaten Zustand der meisten Gebäude in unseren Parks gehört. Auch die Zentrale in der Hauptstadt war nichts, worauf man stolz sein konnte; sie sah grauenhaft aus. Aber durch die Häuser im Sibiloi-Park zu gehen, war, gelinde gesagt, deprimierend. Die gesamte Ausrüstung, vom Lastwagen bis zur Schreibmaschine, war abgenutzt, beschädigt oder völlig funktionsunfähig. Ich konnte nur den Kopf schütteln. Eine Liste der reparaturbedürftigen Einzelteile aufzustellen, hätte nicht viel Sinn gehabt; es wäre fast besser gewesen, alles mit einem Bulldozer zu planieren und ganz von vorn anzufangen. Ich sagte dem Parkwächter, mir sei klar, dass sie kein Geld hatten, aber sie sollten versuchen, ein wenig aufzuräumen; vielleicht würden sie ja im Lager des Parks noch ein wenig Farbe finden, sodass sie die Häuser streichen könnten. Noch einmal betonte ich, wie wichtig die Naturschutzbehörde und die Parks für Kenia, sein Image und sein wirtschaftliches Wohlergehen seien. Der Leiter und sein Stellvertreter nickten. Wieder und wieder erklärte er, ich hätte ihm Mut gemacht, und er versprach, wenn ich das nächste Mal käme, würde ich ein neues Sibiloi vorfinden.

Ich hoffte, daran möge ein Körnchen Wahrheit sein. Als ich aber an diesem Abend in meinem Zimmer im Lager von Koobi Fora saß, hielt ich in meinem Tagebuch die düstere Stimmung der ganzen Sache fest: *Die Einrichtungen im Park lassen sich überhaupt nicht beschreiben – es ist grauenvoll, und ich sehe noch nicht einmal ansatzweise, wie wir es in Ordnung bringen sollen.*

Wieder einmal wachte ich mit Magendrücken auf.

Im Tsavo-Nationalpark, in den ich am nächsten Tag flog, war die Lage nicht besser. Dieser Park liegt rund zweihundertvierzig Kilometer östlich von Nairobi.

Der Tsavo-Nationalpark besteht eigentlich aus zwei großen, nebeneinander liegenden Gebieten, die Tsavo Ost und Tsavo West genannt werden. Zusammen bilden sie mit über 20 000 Quadratkilometern das größte Naturschutzgebiet in Kenia. Tsavo West reicht bis an die Grenze nach Tansania; bei klarem Wetter ist der Kilimandscharo, der mit 5895 Metern höchste Gipfel Afrikas, deutlich zu erkennen. Tsavo West hat auch das abwechslungsreichere Gelände der beiden Parks mit zerklüfteten Bergen und sanft gewellten Hügeln, die, wie beispielsweise die Chyulu-Berge, mit lichtem Gehölz bewachsen sind. Tsavo Ost, das größere der beiden Gebiete, besteht vorwiegend aus flachen, trockenen Flächen mit dornigem Buschwerk, die sich nach Norden und Osten bis ins Herz Kenias erstrecken. Jeder der beiden Parks wird durch einen großen Fluss unterteilt: Tsavo Ost durch den Galana, Tsavo West durch den Tsavo River. Neben sehr viel Platz ist es vor allem diese landschaftliche Vielfalt – von bewaldeten Gebieten über Buschlandschaften bis zu Flussauen –, die beide Tsavo-Parks zu einem Paradies für die Tierwelt macht.

Hier leben Löwen, Geparde, Leoparden, Büffel, Flusspferde, fünf verschiedene Antilopenarten, Giraffen und Zebras – und bis heute auch Kenias größter Elefantenbestand. Der Tsavo-Park gehört zu den Dingen, die jeder Tourist unbedingt gesehen haben muss. Ein besonderer Anziehungspunkt sind die Elefanten, denn ihre Herden sind groß, und man findet sie leicht. Aber wie ich bereits erwähnt habe, war Tsavo auch zu einem Lieblingsrevier der Wilderer geworden. Die Elefanten wurden mit erstaunlicher Geschwindigkeit dezimiert. Ehrlich gesagt, wunderte ich mich, dass überhaupt noch fünftausend von ihnen übrig waren. Das mag sich nach einer eindrucksvollen Zahl anhören, aber es war weit entfernt von den Elefantenmassen, die Iain Douglas-Hamilton 1969 bei einer Zählung aus der Luft im Tsavo-Park beobachtet hatte. Damals waren Herden von mehreren tausend Tieren nichts Ungewöhnliches. Einmal erzählte er mir, er habe fast »ununterbrochen Elefanten« gesehen. Tatsächlich war er bis zum Indischen Ozean fast überall auf sie gestoßen.

Welch ein Unterschied zu meinem Flug zwei Jahrzehnte später! Natürlich flog ich nicht so niedrig, dass ich Zählungen hätte vornehmen können, aber Tiere von der Größe eines Elefanten fallen in dem Buschwerk auf; sie aus der Luft auszumachen, ist nicht schwer, insbesondere wenn es viele sind. Sobald ich die Grenze des Nationalparks überflogen hatte, hielt ich nach Herden Ausschau, und ein paar kleinere Gruppen – eine davon mit vielleicht zweihundert Elefanten – sah ich tatsächlich. Aber es war sofort zu erkennen, dass die Zeit, in der sich die Elefanten von der Wildnis des Tsavo-Parks bis zum Meer verteilten, vorbei war.

Ich sah auch ein paar aufgetriebene, graue Kadaver – Körper von Elefanten, die von Wilderern zurückgelassen worden waren. Aus der Luft wirkten sie wie runde Felsbrocken, die den Geiern als Sitzplatz dienten, denn sie waren von Spuren weißer Exkremente bedeckt. Ich flog eine Kurve, um mir die

Sache genauer anzusehen, und dabei kam mir der Gedanke, dass sie noch nicht lange tot sein konnten. Es war das erste Mal, dass ich gewilderte Elefanten sah. Sie lagen über ein größeres Gebiet verstreut: einige ausgewachsene Tiere, andere noch jung – vermutlich eine Familie, die versucht hatte, ihren Peinigern zu entkommen. Selbst aus dieser Höhe hatte die Szene etwas Ruhiges, Schweigendes und unaussprechlich Trauriges. Ich umkreiste die Stelle nicht noch einmal, sondern flog in westlicher Richtung nach Kamboyo, dem Hauptquartier des Nationalparks Tsavo West. Von dort fuhr ich etwa sechzehn Kilometer zu der Touristenlodge Kilangouni.

In der Regel übernachte ich nicht in solchen Touristenhotels; ich bevorzuge ein Zelt, und noch lieber schlafe ich unter den Sternen. Aber nach dem langen Flug und dem deprimierenden Anblick der toten Elefanten war die Lodge mit ihren bunten Bougainvilleen und den hohen Palmen eine willkommene Abwechslung. Ich hatte mich dort mit den leitenden Wächtern des Parks verabredet: mit Joe Kioko, der für Tsavo Ost verantwortlich war, und Bill Woodley, dem Leiter von Tsavo West (der mittlerweile leider verstorben ist). Die beiden waren ganz unterschiedlicher Abstammung: Kioko gehörte zum Stamm der Kamba und war in einem Dorf am Rand der Ngong-Berge aufgewachsen, wo er mit seinem Vater Zebras und Antilopen gejagt hatte; Woodley, ein weißer Afrikaner, war gegen Ende des Zweiten Weltkrieges als britischer Beamter nach Kenia gekommen. Aber beide hatten den größten Teil ihres Lebens bei der Nationalparkverwaltung gearbeitet.

Bill hatte bei der Neugestaltung des Nationalparksystems eine wichtige Rolle gespielt; er hatte im Laufe von fast vierzig Jahren in mehreren berühmten Schutzgebieten gelebt und gearbeitet, unter anderem in den Aberdare-Bergen, am Mount Kenya und am Elgon. Der hagere, nervöse Kettenraucher liebte die kenianische Tierwelt zweifellos sehr, und ich schätzte sein Fachwissen. Er gehörte zur alten Schule der Kolonialherren und hatte den Aufstand der Mau-Mau bekämpft, einer nationalistischen Bewegung, die in den fünfziger Jahren die Unabhängigkeit von der britischen Verwaltung durchsetzen wollte. Er konnte Afrikanern gegenüber herablassend sein, und das wurde manchmal zum Problem.

Joe Kioko war fünfzehn Jahre jünger als Bill und in der Nationalparkverwaltung nicht weniger engagiert. Der sanftmütige, humorvolle, vertrauenswürdige Mann hatte als einer der ersten Studenten das 1968 eröffnete kenianische Moyaka-College für Naturschutzverwaltung besucht. Zwei Jahre später, unmittelbar nach dem Examen, trat er in die Nationalparkverwaltung ein. Joe hatte als junger Beamter unter Bills Leitung in den Aberdare-Bergen gearbeitet, sodass die beiden einander kannten und respektierten. Beide waren auch Piloten und hatten die alltägliche Verwaltungsarbeit in den Parks zu einem großen Teil ihren Stellvertretern übertragen, um selbst mit täglichen Überwachungsflügen gegen die Wilderei vorzugehen.

»Es ist ganz schön hart«, sagte Joe, während er einen Schluck kühles Tusker-Bier nahm. »An manchen Tagen sieht es so aus, als wären überall Kadaver. Ich habe schon zehn bis fünfzehn auf einmal gesehen; die fünf, die Ihnen heute aufgefallen sind, wundern mich überhaupt nicht.«

»Ich glaube, wir haben sie schon vor ein paar Tagen ausgemacht«, fügte Bill hinzu. »Sah nach einer kleinen Wildereraktion aus; vielleicht sechs Leute. Die Stoßzähne waren weg. In der Nähe der Chuylu-Berge habe ich gestern noch einmal drei tote Elefanten gesehen.«

Die Wilderei war nicht das Einzige, was mir Sorgen machte. Kurz bevor ich mein Amt angetreten hatte, waren zwei Touristengruppen überfallen worden; die Zwischenfälle hatten sich auf einer unbefestigten Straße ereignet, die den Park Tsavo Ost mit dem Amboseli-Nationalpark verband und eine beliebte Route zwischen den beiden Schutzgebieten darstellte. In beiden Fällen waren die Wegelagerer am helllichten Tag plötzlich zwischen den Felsen aufgetaucht, hatten mit ihren AK47-Sturmgewehren auf die Kleinbusse geschossen und mehrere Reisende sowie ihre Fahrer verletzt. Dann hatten sie Geld, Schmuck und Kameras verlangt. Das dürfte sich nicht wiederholen – solche Vorfälle waren das Letzte, was Kenia gebrauchen konnte.

Ich fragte Joe und Bill, was sie brauchten, um den Wilderern das Handwerk zu legen. Eine Woche zuvor hatte ich vier der kürzlich erworbenen Landrover zusammen mit einer großen Menge Benzin für die Fahrzeuge und das Flugzeug in den Tsavo-Park geschickt, und das, so versicherten mir die beiden Verwalter, habe der Moral der Wildhüter neuen Auftrieb gegeben. Aber immer noch fehlte ihren Leuten so vieles: Stiefel, Funkgeräte und anständige Gewehre. Sie waren wie die Wildhüter im Sibiloi-Park mit Repetiergewehren ausgerüstet, den gleichen Waffen, mit denen die Briten im Ersten Weltkrieg in Ostafrika gegen die Deutschen zu Felde gezogen waren. Man kann nicht erwarten, dass ein Mann, der eine solche uralte Waffe trägt, sich jemandem mit einem modernen Schnellfeuergewehr entgegenstellt. Außerdem wussten Joe und Bill nicht, was sie gegen die Korruption in der Parkverwaltung unternehmen sollten. Es war allgemein bekannt, dass mehrere Mitarbeiter den Wilderern geholfen hatten. Einige von ihnen hatten sogar mit ihren Dienstwaffen Elefanten getötet. Andere gaben falsche Eintrittskarten aus oder verlangten zu viel von den Touristen und steckten die Differenz in die eigene Tasche. Die beiden erkundigten sich, was ich mit diesen faulen Eiern tun wolle.

»Es wird ein wenig dauern«, erwiderte ich, »aber natürlich werden sie entlassen.« Dass ich das Thema bereits mit Präsident Moi erörtert hatte, sagte ich ihnen nicht. Er war im Prinzip damit einverstanden, die Verwaltung von korrupten Mitarbeitern zu säubern, aber er erklärte auch, es werde schwierig werden, da die Wildhüter den Beamtenstatus hatten. Und dass es nicht einfach ist, einen Beamten zu entlassen, weiß jeder, der einmal im Staatsdienst gearbeitet hat. Mir war aber an ehrlichen, vertrauenswürdigen Leuten gelegen, auf die ich mich verlassen konnte und die auch untereinander loyal waren.

Am Nachmittag unternahm ich eine kurze Rundfahrt durch die Wildhüterstützpunkte und hielt wieder meine »Wir-sitzen-alle-in-einem-Boot«-Aufmunterungsrede. Ich hätte gern selbst geglaubt, was ich da sagte, aber ich wusste auch, dass manche der vor mir aufgereihten Männer mir Knüppel zwischen die Beine werfen würden. Wir hatten Wilderer in unseren eigenen Reihen, und die mussten identifiziert und entlassen werden. Erst dann konnten wir uns um die Banditen kümmern.

Kapitel 6

Nach einem Monat im Amt konnte ich alle Gerüchte nur bestätigen: Die Naturschutzbehörde war eine der korruptesten staatlichen Stellen, ja vielleicht die korrupteste überhaupt. Ich vermutete, dass eine Ursache im beschwerlichen Leben der Wildhüter und Parkwächter zu suchen war – mit langen Arbeitszeiten, Einsamkeit und schlechter Bezahlung. Die Wildhüter verdienten kaum genug, um ihre Familien zu ernähren und zu kleiden, und mit Sicherheit reichte ihr Einkommen nicht, um das Schulgeld für die Kinder zu bezahlen. In Kenia müssen alle Schüler für den Schulbesuch bezahlen. Die Grundschulausbildung ist zwar kostenlos, aber die Eltern müssen für Bücher, Mahlzeiten, Uniformen und besondere Veranstaltungen aufkommen. Weiterführende Schulen verlangen auch Schulgeld, das sich auf mehrere hundert Dollar im Jahr summieren kann. Im Vergleich zum Durchschnittseinkommen ist es sehr teuer, ein Kind zur Schule zu schicken. Viele Schulen sind schlecht mit Büchern und Lernmitteln ausgestattet, und das hat zur Folge, dass immer mehr Kinder keinen Abschluss machen. Da ist es kein Wunder, dass Parkwächter, Wildhüter und viele andere öffentliche Bedienstete nach Wegen suchen, um ihre offiziellen Einkünfte aufzubessern.

Damit will ich nicht sagen, dass das gesamte Personal der Nationalparks sich an illegalen Praktiken beteiligt hätte oder dass ich das Verhalten derer, die es taten, billigte. Ich verstand, warum einige von ihnen in die Irre gegangen waren, aber viel mehr Mitgefühl hatte ich mit jenen Wildhütern, die trotz aller Widrigkeiten ehrlich geblieben waren, und insbesondere mit denen, die selbst Kopf und Kragen riskiert hatten, um die kriminellen Machenschaften ihrer Kollegen zu melden und zu dokumentieren. Zwei leitende Offiziere der beiden Tsavo-Nationalparks hatten beispielsweise eine Liste der Verbrechen zusammengestellt, die ihre Wildhüter- und Parkwächterkollegen Mitte der achtziger Jahre begangen hatten. Die Palette der Übeltaten reichte dabei vom Abschlachten der Elefanten über den Diebstahl staatlichen Eigentums bis zum Mord. Aber obwohl die Berichte über solche Vergehen an die früheren Direktoren und die Polizei weitergeleitet worden waren, hatte man keinen dieser Männer jemals wegen eines Verbrechens angeklagt.

In vielen Fällen hatte man neben den Elefantenkadavern die Spuren von Landrovern der Nationalparkverwaltung gefunden, und neben den toten Tieren hatte man sogar die Patronenhülsen von Repetiergewehren aufgesammelt. Die Wildhüter bezeichneten solche Kadaver als »Straßenrand-Leichen«, denn die Elefanten waren offensichtlich von jemandem getötet worden, der mit einem Auto neben ihnen herfuhr und aus kürzester Entfernung geschossen hatte. Wie viele der tausend gewilderten Elefanten auf diese Weise abgeschlachtet wurden, ist schwer zu sagen, aber ich fürchte, es war eine beträchtliche Zahl. Eine Vorstellung vermittelt ein Bericht vom März 1988: Danach wurden während einer zweitägigen Luftaufklärung im Park Tsavo Ost und seiner Umgebung fünfundzwanzig frische Elefantenkadaver gefunden. Fast alle Tiere waren ganz in der Nähe von Straßen erschossen worden.

Patrick Hamilton, einer der Offiziere, sagte mir: »Das war motorisierte Wilderei – und die Täter waren Angestellte der Naturschutzbehörde. Sie benutzten staatliche Munition, schossen mit staatlichen Waffen von staatlichen Fahrzeugen aus, die von staatlichen Fahrern gelenkt wurden und deren Benzin der Steuerzahler bezahlt hatte. Und die Aufsicht über das Ganze hatten staatlichen Beamte, die leitenden Parkwächter in der Naturschutzbehörde.«

Manche Wildhüter arbeiteten als Wildererbanden zusammen und alarmierten ihre Komplizen mit verschlüsselten Nachrichten, wenn beispielsweise ein Aufklärungsflug stattfinden sollte. »Wenn ich in Voi [einer Kleinstadt in der Nähe des Tsavo-Parks] gestartet bin«, erklärte mir Hamilton, »ging die Nachricht in verschlüsselter Form über den Funk. Ich habe mir bei solchen Durchsagen nichts Böses gedacht. Sie klangen völlig harmlos – meist ging es um das Wetter und darum, ob der Himmel bewölkt oder klar war. In Wirklichkeit war es ein Code, und der besagte, wann das Flugzeug im Einsatz war. Wir stellten oft fest, dass mehr Elefanten getötet wurden, wenn unser Flugzeug am Boden stand – wenn also klarer Himmel war.«

Leider waren Wilderer aus den Reihen der Wildhüter nicht nur in den beiden Tsavo-Parks am Werk, sondern auch in den Nationalparks Meru und Marsabit. Nicht immer betätigten sie selbst den Abzug; manchmal sahen sie einfach nur weg, wenn andere ihr schmutziges Werk taten, und dann bekamen sie einen Anteil von der Beute. Im Meru-Park fand ich zum Beispiel heraus, dass leitende Parkwächter mit ziemlich großer Sicherheit an der Tötung der fünf Weißen Nashörner in ihrem *boma* (einer Art Gehege) beteiligt waren. Bewiesen wurde es zwar nie, aber die Umstände sprechen für sich. Die Wilderer waren am helllichten Tag in den Park eingedrungen und hatten die Tiere (die angeblich von Wildhütern bewacht wurden) rund eineinhalb Kilometer vom Hauptquartier des Parks entfernt erschossen. Niemand hatte Schüsse auf die Wilderer abgegeben, und es wurde nie jemand festgenommen. Ich bin überzeugt, dass einige Beamte des Parks für die Hörner dieser Tiere eine hübsche Summe erhalten haben.

Die Hörner von Nashörnern, die noch seltener sind als Elefantenstoßzähne, unterlagen schon seit einigen Jahren einem internationalen Handelsverbot, erzielten aber auf dem Schwarzmarkt sehr hohe Preise. Ein einziges Horn wechselt unter Umständen schon beim Erstverkauf für mehrere tausend Dollar den Besitzer, und wenn es in Taiwan oder China ankommt, ist es häufig das Zehnfache wert. Der wichtigste Markt war der Nahe Osten. Dort wurden Nashornhörner zu Griffen für traditionelle Stichwaffen verarbeitet; das hat sich allerdings in den letzten Jahren geändert, seit gute Kunststoffnachbildungen an Beliebtheit gewinnen.

Ein neuer Markt eröffnete sich dafür in China und anderen Ländern des Fernen Ostens, wo der Handel mit alternativen medizinischen Produkten floriert. Nashornpulver steht in dem Ruf, ein gutes Mittel gegen viele gesundheitliche Probleme zu sein, und man schätzt es durchaus nicht nur als Aphrodisiakum. Viagra und Kunststoff reichen derzeit nicht aus, um die Nashörner zu retten.

Der Geheimbericht, den man an George Muhoho weitergeleitet hatte, nahm, was die Kumpanei zwischen Staatsbediensteten und Wilderern anging, kein Blatt vor den Mund. Als ich ihn aufforderte, die Beteiligten öffentlich zu benennen, behauptete Muhoho, in dem Papier würden keine wichtigen Namen genannt. Ich glaubte ihm schon damals nicht, und genauso erging es nach meiner Überzeugung auch der Presse und allen anderen, die seine Verlautbarungen in den Zeitungen lasen. Deshalb hatte ich gewisse Vorahnungen, als ich nach meiner Ernennung zum Direktor das Exemplar des Berichtes öffnete, das Dr. Olindo erhalten hatte. Er hatte es rechts oben in einer Schublade zurückgelassen, wo ich es ohne weiteres fand. Ich nahm es heraus und blätterte die Seiten durch, von denen jede einzeln als GEHEIM gekennzeichnet war. Ein Abschnitt enthielt die Namen korrupter Parkwächter, Parkassistenten und Wildhüter einschließlich ihrer Vergehen. Leider stellte der Bericht keine Verbindungen zwischen diesen Männern und höher gestellten Personen in den Behörden her. Aber dass jemand in der Regierung die Übeltäter gedeckt hatte, lag auf der Hand, denn sonst wären sie längst entlassen worden – ihre Verbrechen waren allzu offenkundig.

Dr. Olindo hatte versucht, diese zwielichtigen Gestalten aus der Behörde zu entfernen, aber das war ihm nur teilweise gelungen. Er hatte ein Vorwort zu dem Bericht geschrieben, und darin deutete er an, es sei nicht möglich gewesen, diese Männer zu entlassen. Dabei hatte er ihnen noch nicht einmal irgendwelche Verbrechen vorgeworfen, sondern er hatte nur versucht, sie aus seiner Behörde in andere Bereiche des öffentlichen Dienstes versetzen zu lassen. »Ich habe versucht, das Personal anders zu organisieren«, stand da zu lesen, »aber dabei stieß ich sofort auf den Widerstand starker Kräfte in der Naturschutzbehörde und an anderen Stellen der Regierung.« Dann fuhr er fort, er sei »gezwungen gewesen, die Versetzungen rückgängig zu machen«, die er für die schlimmsten Übeltäter in die Wege geleitet hatte. Wer ihn »gezwungen« hatte, sagte Olindo nicht, aber ganz offensichtlich hatte er bei seiner Säuberung der Behörde nicht die volle Rückendeckung der Regierung (das heißt, des Präsidenten Moi) gehabt.

Bei mir war das – zumindest bisher – anders. Seit meiner ersten Unterredung mit dem Präsidenten hatte er mich stets unterstützt und ohne langes Hin und Her alle meine Forderungen erfüllt, sogar die nach der Verbrennung des Elfenbeins. Jetzt, nachdem ich im Tsavo- und Sibiloi-Park gewesen war, wusste ich, dass ich das Thema der korrupten Bediensteten schnell aufs Tapet bringen musste. Die gleichen Leute, die Dr. Olindos Bemühungen hintertrieben hatten, würden auch meine Handlungen genau beobachten.

Dr. Olindo hatte es geschafft, elf Beamte aus der Behörde zu entfernen, darunter einige der allerschlimmsten Verbrecher. Aber siebzig weitere, so der Bericht, waren ebenso gefährlich, und Olindo hatte vergeblich versucht, sie an die Luft zu setzen. Nach meiner ersten Woche im Amt hatte ich die Liste der Namen dem Ständigen Sekretär zugeleitet; in einer beigehefteten Notiz verlangte ich, diese Männer aufgrund der Ergebnisse einer internen Untersuchung sofort zu entlassen.

Zu meinem Erstaunen geschah es. Sie wurden entweder in den Ruhestand geschickt oder in andere Behörden versetzt, wo sie meiner Tätigkeit – und den Elefanten – nicht mehr gefährlich werden konnten. Einige fragten mich, warum ich keine Strafverfahren angestrengt hätte. Meine Antwort: Ich hatte schlicht keine Zeit. Es gab viel Wichtigeres zu tun, als sich mit Strafverfolgung und Gerichtsverfahren abzugeben. Ich wollte die unehrlichen Mitarbeiter einfach nur loswerden.

Die Entlassungen waren ein Signal, dass ich die staatliche Vollmacht hatte, in der Behörde aufzuräumen, und dass ich entschlossen war, sie zu gebrauchen. Diese siebzig Leute waren nur die offenkundigsten Übeltäter. Es gab in der Hierarchie auch andere, die mir sowie den ehrlichen Wildhütern und Angestellten entgegen arbeiteten. Wie ich sie loswerden sollte, wusste ich noch nicht genau, aber wenn wir eine Streitmacht aufbauen wollten, die es mit den gut bewaffneten Wilderern aufnehmen konnte, mussten sie verschwinden. Wenn ich die Wildhüter mit automatischen Waffen ausrüstete, musste ich mich auf sie verlassen können.

Nachdem die siebzig korrupten Mitarbeiter versetzt waren, stellte ich neue Leute ein, und ich beförderte junge Beamte, die es verdient hatten. Das alles ließ die schwarzen Schafe unter den Wildhütern vorübergehend innehalten: Es gab keine neuen Berichte über »Straßenrand-Leichen«. Das Abflauen dieser Übergriffe verschaffte uns eine Atempause. Jetzt konnten wir uns mit unseren Anstrengungen auf die professionellen Wilderer konzentrieren, die nach wie vor unsere Elefanten niedermetzelten.

Während meiner Tätigkeit in der Naturschutzbehörde erkannte ich schon sehr frühzeitig, dass die Wilderer bei allen als unbesiegbar galten. Wildhüter, Polizei, Journalisten, internationale Naturschutzorganisationen, Durchschnittsbürger – alle hielten diese Banden für hervorragend ausgebildete Gruppen nach Art von Sondereinsatzkommandos. Tatsächlich handelte es sich bei manchen Wilderern um Veteranen der somalischen Streitkräfte, die 1977 bei der Invasion Äthiopiens (dem Versuch, den südlichen Teil des Landes, den Ogaden, zu erobern) oder in dem Bürgerkrieg nach der Niederlage Somalias gekämpft hatten. Daher hatten sie auch ihre AK47-Waffen, Granatwerfer und großkalibrigen Maschinengewehre. Die Bürger Kenias hatten sich an Schlagzeilen von Wilderern gewöhnt, die Wildhüter und Polizisten umbrachten. Im Jahr vor meiner Ernennung waren etwa zwanzig Wildhüter auf Patrouillen im Dienst erschossen worden, während Regierungsbeamte umgekehrt nur fünf Wilderer getötet hatten. Dieses Verhältnis konnten wir nicht über Nacht verändern, aber wir konnten das Bild der Wildererbanden in der Öffentlichkeit beeinflussen.

Nachdem ich ein paar Wochen im Amt war, gab ich der Presse einen kurzen Überblick über unsere Tätigkeit. Dabei betonte ich, dass unsere neuen Landrover und die mittlerweile eintreffenden Spenden sich stark auf unsere Bemühungen auswirken würden. Ein Journalist fragte, ob ich Mitarbeiter aus dem Ausland hinzuziehen wollte, um den Krieg gegen die Wilderer zu gewinnen. Ich ergriff die Gelegenheit beim Schopf.

»Nein«, erwiderte ich, »das ist nicht nötig.« Die Wilderer, fuhr ich fort, seien ein unnützes Pack, und sie hätten es nicht geschafft, die Elefanten auszurotten, obwohl sich ihnen niemand in den Weg stellte und obwohl sie häufig sogar von unseren eigenen Leuten in den Parks unterstützt würden. Jetzt würden wir zurückschlagen, und ich rechnete damit, dass die wenigen Wilderer aus Somalia die Parks für immer verlassen würden; damit sei die Elefantenwilderei schon bald kein Thema mehr.

Ein anderer Reporter fragte, ob ich es einrichten könne, dass die Presse die toten Elefanten fotografierte.

»Nein, denn es wird keine toten Elefanten mehr geben. Die Presse wird schon bald um die Erlaubnis bitten, nicht tote Elefanten, sondern tote Wilderer zu filmen.«

Das war nichts anderes als Bluff und Kraftmeierei, aber die kenianischen Zeitungen verbreiteten meine starken Worte in ihren Schlagzeilen, und plötzlich war fast ein neuer Nationalstolz zu spüren. Wir würden uns diesen kleinen Terroristenbanden nicht einfach ergeben! (Die westliche Presse las aus meinen Äußerungen etwas anderes heraus. Viele Journalisten und Menschenrechtsorganisationen glaubten, es sei mir mit meinen Ankündigungen völlig ernst, und betrachteten mich nun als eine Art afrikanischen Clint Eastwood, der in der Savanne Amok lief. Noch heute greifen mich Menschenrechtler unter Berufung auf dieses Zitat an.)

In Kenia ging es um mehr als die Elefantenwilderei. Allgemein herrschte die Ansicht, die Übergriffe der Somalis seien nur ein erster Schritt zu einer richtigen Invasion, die Somalias Angriff auf Äthiopien ähnelte. Als die europäischen Mächte im 19. Jahrhundert Ostafrika unter sich aufteilten, schlugen sie bei der Grenzziehung zwischen Kenia und Äthiopien auch Gebiete, die Somalia als die seinen betrachtete, diesen beiden Ländern zu. Somalia sah in großen Regionen im Norden Kenias seinen rechtmäßigen Besitz, und die Wilderei galt allgemein als Teil der Bemühungen des somalischen Präsidenten Mohamed Siad Barre, Kenias Wirtschaft zu untergraben und die Regierung unseres Landes zu destabilisieren. Ich wusste nie genau, welchen Glauben ich solchen Gerüchten schenken sollte, aber 1987 erschien in der Londoner Zeitschrift *New African* ein Brief, der angeblich von Barre unterzeichnet war; darin gestattete er den »Kameraden Omer Hassan Khayare und Hussein Barre Hassan,

Elefantenstoßzähne aus Kenia nach Somalia zu bringen«. Die somalische Botschaft in Nairobi stritt die Echtheit des Briefes energisch ab, aber die Redaktion der Zeitschrift beharrte darauf, er sei authentisch und stamme unmittelbar aus Barres Büro. Schon bald machten Gerüchte die Runde, Somalia fülle mit dem Elfenbein seine Kriegskasse auf.

Von meinen leitenden Parkwächtern hielten mehrere die Gerüchte für wahr, und das nicht ohne Grund. Verdeckte Ermittler fanden heraus, dass Angehörige der südafrikanischen und angolanischen Streitkräfte gewildertes Elfenbein und Nashornhörner zur Finanzierung ihrer Kriege verwendeten. In ihren Augen konnte es keinen anderen Grund geben, warum die Wilderer sogar Mörser und schwere Maschinengewehre durch die Wüste schleppten. Ich war mir da nicht so sicher. Sämtliche Strukturen waren in Somalia durch den Bürgerkrieg zerstört. Ich hielt die Wilderer eher für Deserteure oder Aufständische, für Menschen, die nichts mehr zu verlieren hatten. Sie hatten sich immer wieder als skrupellos erwiesen. Wildhüter und Polizei berichteten häufig darüber, was für entschlossene Kämpfer die Wilderer waren: Selbst bei den seltenen Gelegenheiten, wenn sie unterlegen waren, kämpften sie bis zum letzten Mann.

Alle hatten Angst vor ihnen. Auch das wussten die Wilderer. Immer wieder schickten sie kleine Hirtenjungen mit Drohungen zu unseren Wildhütern: »Mohammed sagt, er geht heute in die Berge und tötet Elefanten. Wenn ihr nicht sterben wollt, sollt ihr dort nicht hingehen, sagt Mohammed.«

Die gleiche Taktik probierten sie auch bei mir aus. Kurz nachdem die Berichte mit meinen kühnen Äußerungen über das Ende der Wilderei in den Zeitungen erschienen waren, fand ein Wildhüter einen Zettel, der an einer bekannten Wasserstelle im Park Tsavo Ost in der Astgabel eines Baumes steckte. »Leakey!«, stand darauf. »Wir bringen dich um!«

Als man mir das Papier übergab, drehte ich es um und schrieb auf die Rückseite: »Vielleicht, aber vorher kriegen wir euch!« Dann sagte ich dem Wildhüter, er solle es wieder an den Baum stecken.

Von meiner Seite war es wieder einmal nur Bluff. Die Wilderer sollten denken, ich sei genauso skrupellos wie sie, und meine Leute sollten glauben, dass sie diesen Buschkrieg gewinnen konnten.

Anfang Juni bot sich die erste Gelegenheit, das Blatt zu wenden – allerdings ging es dabei dieses Mal leider nicht nur um tote Elefanten.

Am Nachmittag des 7. Juni war ich an der Küste in Mombasa, um mich mit Präsident Moi und einigen leitenden Regierungsmitarbeitern zu treffen. Sehr engagiert diskutierten wir über die Frage, wie man die Naturschutzbehörde auf Vordermann bringen könnte, und dabei erörterten wir auch, ob man sie zu einer »parastaatlichen« Einrichtung machen solle – zu einer Organisation, die finanziell von der Regierung unabhängig war. Grundsätzlich war das bereits in der Amtszeit von Dr. Olindo gebilligt worden, aber es blieben noch viele Einzelheiten zu klären; so musste beispielsweise eine Ausnahme von den Gesetzen über das Tragen halb automatischer Waffen gemacht werden. Wenn wir die Wildhüter bewaffnen wollten, mussten wir dafür zunächst eine gesetzliche Grundlage schaffen.

Irgendwann nach dem Mittagessen kam ein Assistent des Präsidenten, um mir etwas mitzuteilen. Eine innere Stimme sagte mir, es sei nichts Gutes.

»Ja?«, fragte ich.

Der Assistent sagte, es habe im Tsavo-Nationalpark einen Überfall gegeben. Die Opfer waren Touristen, möglicherweise Amerikaner. Menschen waren beschossen und ausgeraubt worden, vermutlich seien einige ums Leben gekommen.

Ich bat den Assistenten, mir einen Wagen zu besorgen, und machte mich sofort auf den Weg zum Flughafen. Kurze Zeit später saß ich am Steuerknüppel meines Flugzeugs und flog in den Park Tsavo Ost.

Auf der Landepiste erwartete mich Joe Kioko. Er sah sehr zornig aus.

»Dieses Mal haben sie einen umgebracht«, sagte er. »Der Fahrer ist verwundet. Ins Bein geschossen. Aber er wird überleben.«

Joe fügte hinzu, der Fahrer habe großen Mut bewiesen. Die Bande hatte in die Reifen des Touristenfahrzeugs geschossen, aber er hatte es irgendwie geschafft, rund fünfundvierzig Kilometer bis zum nächsten Nationalparkeingang zu fahren, wo die Wildhüter dann Alarm geschlagen und Hilfe geholt hatten. Joe war sofort zu dem Eingang aufgebrochen und hatte von dort einen Funkspruch an mein Büro geschickt; meine Sekretärin hatte sich dann mit dem Assistenten in Mombasa in Verbindung gesetzt.

Joe hatte sich den Vorfall von dem Fahrer so ausführlich wie möglich schildern lassen. Wie viele Rundreisegruppen in Kenia, so hatten auch diese Touristen für ihre Safari einen Kleinbus gemietet. Sie waren schon mehrere Tage gemeinsam in den Wildparks unterwegs gewesen und hatten gerade ihre Besichtigung des Parks Tsavo West beendet. Als Nächstes stand der Amboseli-Park auf ihrem Reiseplan, und um Zeit zu sparen, hatte der Fahrer die unbefestigte Straße zwischen den beiden Parks gewählt. Auf derselben Straße waren schon vor meiner Amtsübernahme zweimal Touristen überfallen worden, und als ich Joes Bericht hörte, entschloss ich mich sofort, sie zu sperren. Ich wollte nicht, dass noch einmal Touristen unter meiner Verantwortung zu Schaden kamen. Ein besonders unangenehmer Abschnitt der Strecke, der sich durch ein schwarzes Band aus Lavagestein zog, war voller Felsbrocken und großer Schlaglöcher. Genau dort waren plötzlich die Bewaffneten hinter den Felsbrocken und Büschen hervorgekommen und hatten aus ihren Schnellfeuergewehren geschossen. Sie hatten eine Frau getötet und den Fahrer verwundet. Ohne auf das Kreischen der entsetzten Touristen zu achten, hatten sie ihre Gewehre durch die Fenster des Kleinbusses gesteckt und geschrien: »Geld! Dollars! Kameras!« Die Touristen hatten sich bereitwillig gefügt und ihnen sogar ihre Schuhe gegeben, als die Banditen darauf zeigten.

Daraufhin hatten die Diebe sich mit ihrer Beute zurückgezogen. Es waren mindestens sieben gewesen, und möglicherweise hatten sich noch weitere hinter den Felsen versteckt gehalten.

»Wir müssen sie finden«, sagte ich, als Joe mit seinem Bericht zu Ende war. »Tut alles, was ihr tun könnt, aber nehmt diese Banditen fest.« Negative Presseberichte in Europa und den Vereinigten Staaten – aus denen der größte Teil unserer Touristen kam – waren das Letzte, was wir jetzt gebrauchen konnten. Um die Öffentlichkeit zu beruhigen, mussten wir unbedingt schnell handeln und Ergebnisse vorweisen; ich musste sofort etwas unternehmen.

Joe nickte. »Ich habe hier jetzt unsere beste Anti-Wilderer-Einheit«, sagte er.

Die zehn Mann starke Einheit stand in Habachtstellung vor der Zentrale des Parks und wartete auf Befehle. Ich hatte dafür gesorgt, dass alle Angehörigen dieser Anti-Wilderer-Patrouillen neue Stiefel bekamen, und auch wenn ihre übrigen Uniformen immer noch abgerissen aussahen, glänzten wenigstens die Schuhe in der Nachmittagssonne. Die meisten Wildhüter waren große, schlanke, kräftige junge Männer aus den Wüstengebieten Kenias – sie kannten die Wüste und waren ebenso zäh wie die Verbrecher, die sie jagten. Das gehörte zu unserer neuen Strategie: Wenn die Mörder den ganzen Tag in der sengenden Wüstensonne herumliefen, würden unsere Wildhüter das auch tun.

Die Schultern zurückgezogen, die Augen geradeaus, standen sie auf einem Exerzierplatz. Ich sagte ihnen, dass ich auf sie zählte – dass Kenia auf sie zählte – und dass sie die *shifta* (das Swahili-Wort für Banditen aus Somalia) finden mussten, die unsere Touristen ausgeraubt hatten. Ich meinerseits hatte dafür zu sorgen, dass alle Voraussetzungen geschaffen wurden, die für ihre neue Aufgabe notwendig waren. Nur eines konnte ich ihnen nicht geben: anständige Waffen. Sie würden Männer jagen, die mit AK47-Gewehren ausgerüstet waren, und wenn sie sich in ein Scharmützel verwickeln ließen, wären sie hoffnungslos unterlegen. Einige von ihnen würden wahrscheinlich verwundet oder sogar getötet werden. Für verletzte Wildhüter hatte es in der Vergangenheit kaum medizinische Versorgung gegeben. Man hatte mir von einem tapferen Mann berichtet, den Wilderer ins Bein geschossen hatten. Es war eine einfache Schusswunde. Aber er musste drei oder vier Tage warten, bevor er fachkundig verarztet wurde. Mittlerweile hatte der Wundbrand eingesetzt, und er hatte beide Beine verloren. Ein solches Unglück durfte nicht noch einmal geschehen. Ich erklärte den Männern, ich wisse, dass sie einen gefährlichen Auftrag hätten, aber wenn einer von ihnen verwundet werde, würde ich ihn sofort mit einem Flugzeug in das beste Krankenhaus von Nairobi bringen lassen.

»Wir werden keinen einzigen Wildhüter an irgendwelche Banditen verlieren«, sagte ich.

Im Gegenzug erwartete ich von ihnen, dass sie die Diebe und Mörder fanden.

»Nehmt sie fest oder beseitigt sie. Ich habe nichts dagegen, wenn ihr in Somalia eindringt. Wenn ihr nach Mombasa kommt und feststellt, dass sie über den Ozean nach Indien gefahren sind, werde ich dafür sorgen, dass ein Schiff auf euch wartet. Wohin sie auch gehen – ihr müsst sie finden.«

Später erzählte mir Peter Leitoro, der Kommandant der Einheit, meine Worte hätten seine Männer aufgestachelt, wie er es noch nie erlebt hatte. Da ihnen bisher anständige Ausbildung, Waffen und Unterstützung gefehlt hatten, waren sie völlig eingeschüchtert gewesen und hatten gedacht, die Wilderer würden immer die Oberhand behalten. Diese Einstellung wollte ich ändern, und dazu musste ich ihnen als Allererstes zeigen, dass ganz oben eine Veränderung eingetreten war.

Es gab nur eine Schwierigkeit. Die kenianische Polizei schickte ebenfalls eine Untersuchungskommission, und auf deren Eintreffen mussten die Wildhüter warten, bevor sie sich selbst auf den Weg machen konnten. Statt also nach meiner Ansprache geradewegs in die Savanne zu marschieren, musste die Einheit erst einmal abtreten. Die Wildhüter galten damals allgemein als unfähig, und die Regierung hatte angeordnet, dass die Polizei in allen ernsthaften Angelegenheiten mitarbeitete. Der Polizeichef Philip Kilonzo vertrat die Ansicht, dass Verbrechen wie Diebstahl und Mord in den Zuständigkeitsbereich seiner Behörde und nicht in meinen fielen. Außerdem besteht die Polizei und ihre paramilitärische »General Services«-Einheit aus gut ausgebildeten, ausreichend bewaffneten Männern, die es mit organisierten Kriminellen aufnehmen können. Dennoch schien es lächerlich, auf diese Weise Wilderer zu jagen. Während die Wildhüter auf die Polizei warteten, ging kostbare Zeit verloren, und noch mehr Zeit wurde vergeudet, als Wildhüter und Polizei gemeinsam einen Aktionsplan ausarbeiteten. Als sich das gemeinsame Team (in dem die Polizei als »leitender« Partner fungierte) endlich auf den Weg machte, hatte die Bande bereits einen großen Vorsprung – in diesem Fall fast einen ganzen Tag.

An alledem würde sich erst dann etwas ändern, wenn unsere Wildhüter besser ausgebildet und ausgerüstet waren. Deshalb hatte ich schon in meiner allerersten Besprechung mit Präsident Moi darauf bestanden, wir müssten eine Lösung für die Frage der Feuerwaffen finden. Wenn er seine »Politik der tödlichen Schüsse« auf Wilderer durchsetzen wollte, mussten unsere Wildhüter moderne Gewehre bekommen. Nach dem kenianischen Waffengesetz sind nur Armee und Polizeikräfte berechtigt, halb automatische und andere hoch entwickelte Waffen zu tragen. Irgendwie musste der Präsident einen Weg finden, um die Wildhüter von dieser Beschränkung zu befreien. Dazu brauchte er eigentlich nur einen Präsidentenerlass herauszugeben. Aber dem widersetzte sich der Präsident, weil es einen Präzedenzfall schaffen würde. Wenn es den Wildhütern erlaubt war, solche Waffen zu tragen, würden auch andere Gruppen sie fordern, und dann, so meinte er, könne es zu einer Eskalation der Gewalt kommen. Dennoch beharrte ich auf unserem Anliegen.

Völlig dagegen war Polizeichef Philip Kilonzo, und auch er fand bei Moi Gehör. Er schlug dem Präsidenten vor, seine Behörde solle eine Polizei-Sondereinheit einrichten, die für den Schutz der Tiere und Touristen in unseren Nationalparks zuständig sei, während die Wildhüter entwaffnet wurden. Kurz nachdem ich mein Amt angetreten hatte, setzte Kilonzo eine Besprechung an, auf der die Vorteile seines Plans erörtert werden sollten. Auch ich nahm daran teil. Mindestens 18 Polizeioffiziere saßen neben ihrem Chef, die Uniformen gestärkt und gebügelt, die Stiefel und Hemdknöpfe glänzend poliert. Kilonzo legte seinen Plan dar und erklärte, es sei eine notwendige Maßnahme, da die Wildhüter nicht diszipliniert seien. Er sagte, sie hätten ihre Waffen missbraucht und damit zahlreiche Verbrechen begangen – Rinderdiebstahl, Raub, sogar Wilderei. Und einen solchen Haufen solle man mit halbautomatischen Waffen ausstatten?

Ich holte tief Luft und ging in die Vollen: In der Polizeibehörde, so entgegnete ich, gebe es ebenfalls ein gerüttelt Maß an Korruption, und sie sei dafür bekannt, dass sie selbst einfache Verbrechen in der Stadt inkompetent handhabe. Nach meiner Überzeugung würden Polizisten auch in unseren Parks keine besseren Leistungen erbringen. Viel besser sei es, in den Einheiten der Wildhüter Ordnung zu schaffen und die Polizei herauszuhalten. Mein Auftrag bestehe ausdrücklich darin, eine leistungsfähige Wildhüterorganisation aufzubauen, und genau das sei auch meine Absicht.

Am Ende meiner Ausführungen sah ich Kilonzo gerade ins Gesicht und sagte: »Ihr Plan ist unrealistisch, kopflastig und kostspielig. Wir sollten den Mut haben, ihn fallen zu lassen.«

Die Temperatur im Raum schien mit jedem meiner Worte zu sinken, und als ich geendet hatte, konnte man fast die Eiszapfen in der Luft hängen sehen. Auf den Gesichtern der Polizeioffiziere hatte sich ein verächtliches Grinsen breit gemacht. Ich wappnete mich innerlich für das, was jetzt kommen würde.

Einer der Offiziere feuerte Fragen auf mich ab wie Pistolenkugeln. Ob ich überhaupt eine Ahnung hätte, wovon ich redete? Welche Erfahrung ich hätte? Ob ich wüsste, wie man bewaffnete Männer befehligt?

Schwierige Fragen. Die Kadetteneinheit, der ich auf der Oberschule zwangsweise beitreten musste, hatte ich nie gemocht. Ich war nie Pfadfinder gewesen, und ich verabscheue Feuerwaffen.

Als die Besprechung zu Ende war, hatte die frostige Stimmung dem Spott Platz gemacht. Man ließ keinen Zweifel daran, dass die kenianische Polizei sich meinen Plänen widersetzen würde, insbesondere wenn es darum ging, die Wildhüter mit halb automatischen Waffen auszurüsten.

Meine erste wichtige Auseinandersetzung mit »großen Leuten«, wie man einflussreiche Beamte und Politikergestalten in Kenia nennt, war vorüber. Ich war nicht bereit, klein beizugeben, und sie waren es auch nicht.

Der Zwischenfall im Tsavo-Park brachte das Thema wieder auf die Tagesordnung. Ein paar Tage nachdem der gemeinsame Einsatz endlich lief, flog ich mit Kilonzo in den Park, um Sicherheitsfragen zu erörtern und mich über den Stand der Mörderjagd zu informieren. Es war das erste und einzige Mal, dass ich die Uniform des Leiters der Naturschutzbehörde trug. Ich wusste, dass Polizisten und Wildhüter nicht auf den Besuch vorbereitet waren, und hatte das Gefühl, mich der Gelegenheit entsprechend kleiden zu müssen. Außerdem dachte ich an die erste Besprechung, und mir fiel ein, wie eindrucksvoll Kilonzo und seine achtzehn Offiziere in ihren makellosen Uniformen ausgesehen hatten. Eine Uniform verbreitet eine ganz andere Atmosphäre der Autorität als Anzug und Krawatte. Also legte ich die entsetzliche, erbsengrüne Dienstkleidung an, die ich nie zuvor getragen hatte, und fühlte mich sofort wie ein Idiot. Ich kam mir vor wie ein junger Rekrut. Aber ich war nicht so vernünftig, sie auszuziehen.

Von dem Augenblick an, als ich das Flugzeug bestieg, fühlte ich mich misstrauisch und befangen. Das zu der Uniform gehörende Barett saß nicht ganz richtig, und statt die lässige, selbstbewusste Aura eines uniformierten Offiziers im Einsatz auszustrahlen, fühlte ich mich nervös und ängstlich. Der Polizeichef Kilonzo war sehr höflich und sagte kein Wort.

Als wir auf der Landepiste des Tsavo-Parks aus der Maschine stiegen, salutierten mehrere Uniformierte. Ich beobachtete den Polizeichef und ahmte seine Reaktionen nach. Dabei war mir aber nicht klar, dass ich meine Offiziere genauso hätte begrüßen müssen wie die Polizei, die ihrem Chef salutierte. Es gab eine Art Durcheinander der Begrüßungen, das ich irgendwie überstand, und dann legten wir die kurze Entfernung zur Kilaguni Lodge zurück, wo die Besprechung stattfinden sollte.

Plötzlich tauchte Mr. Abdul Bashir, der örtliche Einsatzleiter der Polizei, neben mir auf. »Sir«, sagte er.

Ich blieb stehen. »Ja?«

»Darf ich Ihnen behilflich sein, Sir«, erwiderte Bashir. Augenzwinkernd griff er nach meinem Barett und schob es vorsichtig zur Seite, sodass es im richtigen Winkel saß.

»Tut mir Leid, Sir, aber wissen Sie, Sir, wenn Sie ein Barett tragen, dann tragen Sie es so, Sir«, sagte er.

Das alles tat er mit solcher Ehrerbietung, dass ich ihm zutiefst dankbar war, aber in Wirklichkeit hielt er mich mit Sicherheit für einen völligen Idioten. Er äußerte tatsächlich, ihm sei der Gedanke gekommen, dass ich noch nie zuvor eine Uniform getragen hätte – und nach meiner Überzeugung hätte er am liebsten hinzugefügt, ich solle auch besser nie wieder eine anziehen. Ich konnte das Barett nicht abnehmen. Ich wusste, dass ich das blöde Ding nie wieder richtig aufsetzen würde. Noch nie hatte ich mich so nach Anzug und Krawatte gesehnt.

Es war, als ob meine Ungeschicklichkeit die Stimmung auflockerte, und als wir in der Lodge ankamen, waren alle – leitende Wildhüter und Polizisten – guter Laune. Das blieb allerdings nicht lange so, denn schon bald wurde deutlich, dass die Gemeinschaftsaktion zur Verfolgung der Schuldigen nirgendwohin führte. Trotz schmucker Uniformen und Salut mangelte es der Polizei an jeglicher Organisation; sie verfügte weder über das Benzin noch über ausreichend Geld, um eine solche Untersuchung ordnungsgemäß durchzuführen. Später unterhielt ich mich privat mit Peter Leitoro, dem Offizier, der auf unserer Seite für die Operation verantwortlich war. Wie er mir berichtete, hatten einige Angehörige des örtlichen Massaistammes der Polizei gesagt, wo die Bande ihr Versteck hatte, und sie sogar hingeführt. Aber die Polizisten waren zu dem Schluss gelangt, es sei zu gefährlich, die Banditen festzunehmen, und hatten sich zurückgezogen. Am nächsten Tag zog die Bande um. Die Polizei hatte die Verfolgung aufgenommen, für zu schwierig befunden und abgebrochen.

Ich war entsetzt – und sofort war mir eines klar: Wenn wir in unseren Parks die Sicherheit für Tiere und Touristen gewährleisten wollten, waren wir auf uns selbst gestellt. Eine Eliteeinheit zur Bekämpfung der Wilderei aufzustellen, hatte jetzt alleroberste Priorität.

Zwei Tage später bestärkte mich ein weiterer Vorfall in meinem Entschluss. Unsere gemeinsamen Einsatzkräfte hatten die Bande endlich gefunden. Die Folge war eine Schießerei: Ein Polizist und zwei Banditen kamen ums Leben, und viele gestohlene Besitztümer der Touristen wurden sichergestellt. Es war unser erster Erfolg, seit ich mein Amt übernommen hatte, und ich hielt es für richtig, mich sofort zum Schauplatz zu begeben und den Männern persönlich zu gratulieren. Polizeichef Kilonzo war nicht abkömmlich, schickte aber seinen Stellvertreter.

Wir flogen mit einem Polizeihubschrauber hin, landeten und kletterten hinaus auf das trockene Gras der Savannen. Es war heiß, und der faulige Geruch des Todes hing in der Luft. Um mich herum lagen meine Leute auf dem Bauch, die Gewehre in Verteidigungsstellung nach außen gerichtet – das übliche Verfahren, um mich vor einem möglichen Anschlag zu schützen. Sie sahen erschöpft, mürrisch und mitgenommen aus. Das Ganze wirkte wie eine Szene aus einem Kriegsfilm – nur war es Realität. Ich war dieses Mal so klug gewesen, meine Uniform im Schrank zu lassen, aber ich wusste, dass ich bei ihnen den Eindruck des Befehlshabers erwecken musste. Meine Leute beobachteten mich ebenso wie der stellvertretende Polizeichef.

Ich erwiderte den Gruß des Einheitskommandanten. Er führte uns zu der Stelle, wo wir die Toten sehen konnten, und erstattete Bericht über den Vorfall. Zehn Wildhüter und fünf Polizisten waren gegen neun bewaffnete Verbrecher vorgegangen. Unsere Leute hatten die Bande bei Tagesanbruch aufgespürt. Die Reaktion folgte auf dem Fuße: Die Banditen eröffneten in Sekundenschnelle das Feuer, und ein junger Polizist wurde getötet. Seine Leiche lag, in eine Decke gehüllt, im Schatten eines Baumes. Der stellvertretende Polizeichef war offensichtlich ein enger Freund dieses jungen Mannes gewesen und als er neben dem Baum stand, füllten seine Augen sich mit Tränen.

Ich verstand die Trauer des Stellvertreters, aber selbst empfand ich nur noch Wut. Der Tod dieses Mannes war so unnötig gewesen. Es war ein Wunder, dass nicht die ganze Einsatzgruppe ums Leben gekommen war. Ich bat einen meiner Leute um sein Gewehr und sah mir das Datum an, das auf dem Lauf eingeprägt war: 1911. Dann reichte ich es dem stellvertretenden Polizeichef.

»Probieren wir doch mal aus, wie schnell Sie laden und auf diesen Baum schießen können«, forderte ich ihn heraus, wobei ich auf einen Baum in der Nähe zeigte.

Meine Leute versammelten sich hinter uns und sahen zu. Der Stellvertreter gab einen Schuss ab, dann klemmte der Bolzen. Fluchend riss er daran, dann lud er nach.

Ich hinderte ihn daran. »Verschwenden Sie keine Munition. Die Wilderer hätten Sie jetzt ohnehin schon umgebracht.«

»Da haben Sie völlig Recht«, erwiderte er. In diesem Augenblicke wusste ich, dass ich zumindest einen wichtigen Polizeioffizier auf meiner Seite hatte. Auch bei meinen Wildhütern hatte ich Punkte gesammelt, denn ich hatte ihnen gezeigt, wie ernst die Lage war.

Zwei Wochen später erhielt ich die erste Lieferung mit halb automatischen Waffen für meine Leute – dreihundert G-3-Sturmgewehre, der Typ, der ursprünglich für die NATO-Streitkräfte entwickelt worden war. Sie waren uns auf Anordnung des Präsidenten Moi zugeteilt worden.

Kapitel 7

Zwar wusste ich, dass es richtig war, unsere Einheiten zur Bekämpfung der Wilderei mit ein paar halb automatischen Waffen auszurüsten und ihnen achtzehn neue Fahrzeuge für die Patrouillen zur Verfügung zu stellen, aber ich konnte mich des Gefühls nicht erwehren, dass wir eigentlich in einer schlimmen Lage waren. Unsere Nationalparks sollten kein Schlachtfeld für einen kleinen Guerillakrieg gegen Wilderer und Diebe sein, sondern ruhige Orte der Naturschönheiten, wo die Wildhüter als einzige Ausrüstung ein Fernglas und ein Tierbestimmungsbuch bei sich trugen. Bis es so weit war, würde noch einige Zeit vergehen. Vorerst musste ich aus diesen Männern eine Streitmacht formen, die sofort wirksam gegen alle Gewaltverbrechen in unseren Parks vorging. Dazu war zweierlei unbedingt notwendig.

Erstens mussten wir eine Dienstvorschrift einführen, Anweisungen und Richtlinien für alle, die eine Uniform trugen. Sie musste alles Mögliche regeln, von der Frage, wer wann wen zu grüßen hatte bis zu den Vorgehensweisen bei Fehlverhalten. Damit sollte vor allem sichergestellt werden, dass jeder Befehl, den ein vorgesetzter Offizier erteilte, von seinen Leuten ohne Murren ausgeführt wurde. Mehrere Armeeangehörige erklärten mir, ein solches Regelwerk sei unbedingt notwendig, obwohl wir keine militärische Einheit waren. Allgemein herrschte die Ansicht, es werde die Gefahr von Gehorsamsverweigerung stark vermindern.

Und zweitens mussten wir unsere Wildhüter im Gebrauch der neuen Waffen ausbilden. Mit Unterstützung der paramilitärischen Polizeieinheit richteten wir im Park Tsavo West eine Art Schule ein, wo die Männer mehrere Monate lang eine intensive Ausbildung durchliefen. Sie erlernten die allgemeine Handhabung von Waffen, die Taktik von Überraschungsangriffen und Gegenangriffen sowie Strategien des Buschkrieges.

Zur gleichen Zeit erhielt die Naturschutzbehörde immer mehr Unterstützung aus der ganzen Welt. Seit meiner Amtsübernahme hatte ich eine Reihe von Fernsehinterviews in Sendungen wie »Good Morning, America« gegeben und mich auch von mehreren Zeitungsjournalisten befragen lassen. Ich hatte über Kenias Kampf zur Rettung seiner Elefanten gesprochen und unsere Schwierigkeiten geschildert. Immer wieder hatte ich darauf hingewiesen, wie ungerecht es sei, dass ein armes Land wie Kenia die Kosten für den Naturschutz ganz allein tragen solle. Die Erhaltung unserer Tiere war im Interesse der ganzen Welt. Anscheinend rief das bei vielen Menschen Solidarität hervor, sodass sie Geld spendeten oder andere Formen der Hilfe – beispielsweise Fahrzeuge – anboten.

Ende Mai 1989 reiste ich in die Vereinigten Staaten, um mich mit potenziellen Spendern und Vertretern von Spenderorganisationen zu treffen; dabei sammelte ich 250 000 Dollar für den sofortigen Erwerb mehrerer neuer Flugzeuge, Treibstoffe und Ersatzteile.

Eines wusste ich dabei genau: Alle diese Freundlichkeiten konnten sich sofort in Luft auflösen, wenn wir unsere Parks nicht sicherer machten. Und dazu war mehr erforderlich als Spenden.

Nach allen Berichten, die ich erhielt, bestanden die schlimmsten Probleme weiterhin in den beiden Tsavo-Parks und im Meru-Park. Fast immer berichteten die Wildhüter, es seien Menschen – ihre Kollegen, Wilderer oder beide – getötet worden, oder sie hätten tote Elefanten gefunden. (Es gab nur einen Lichtblick: Berichte über »Straßenrand-Leichen« blieben aus.) Wenn überhaupt, gingen die Banditen jetzt noch rücksichtsloser vor. Sie wollten meine Entschlossenheit auf die Probe stellen.

In der Anfangszeit wurden mir verschlüsselte Funksprüche von den Wildhütern telefonisch auch nach Hause durchgegeben. Später wurde bei mir ein kleines Funkgerät installiert, sodass ich zu jeder Tages- und Nachtzeit unmittelbar mit den Einsatzkräften in Kontakt treten konnte. Ein ähnliches Funkgerät war auch in meinem Flugzeug angebracht. Auf allen meinen Reisen begleitete mich ein Assistent, der ein Funkgerät von der Größe eines Aktenkoffers bei sich trug.

Für die Männer im Freiland war es beruhigend, dass sie mich immer erreichen konnten. In meinem häuslichen Leben führte es allerdings zu gewissen Spannungen. Häufig erhielt ich Nachrichten, die als GEHEIM eingestuft waren, sodass ich Meave und meinen Angehörigen nichts darüber sagen durfte. Nur allzu oft kehrte ich mit gequältem, distanziertem Gesichtsausdruck an den Esstisch zurück, und die Atmosphäre war vergiftet. Für Meave war es nicht einfach, die »Außenstehende« zu sein.

Es gab Berichte über unglaubliche, herzzerreißende Unglücksfälle. Einer der schlimmsten ereignete sich im Tsavo-Park. Bevor Präsident Moi die neuen Waffen genehmigt hatte, beteiligten sich unsere Wildhüter immer wieder an gemeinsamen Operationen mit der Polizei. Kurz nach dem Mord an der Touristin hatten sie einen Hinweis auf ein weiteres Wildererversteck erhalten. Eines unserer Flugzeuge kreiste darüber, um die gemeinsamen Einsatzkräfte an den richtigen Ort zu lotsen, aber plötzlich erkannte der Pilot, dass die Wilderer einen Hinterhalt gelegt hatten. Ohne Funkverbindung hatte er keine Möglichkeit, die Wildhüter und Polizisten da unten zu warnen, und er konnte nur hilflos zusehen, wie der kommandierende Polizeioffizier niedergeschossen wurde.

Solche Zwischenfälle erschütterten mich zutiefst – und ich war danach umso energischer entschlossen, unsere Leute anständig auszurüsten.

Trotz derartiger Tragödien lockerten wir den Druck nicht, und schon bald sah es so aus, als würden unsere Anstrengungen sich auszahlen. Am 3. Juli 1989 schrieb ich in mein Tagebuch: *Was die Wilderei angeht, machen wir anscheinend gute Fortschritte. Ich glaube, die Zahl der getöteten [Wilderer] lag im Juni bei 22, und etwa sieben wurden festgenommen oder verwundet. Auch wir haben einige Todesfälle, aber die Lage ist schon viel besser als früher.*

Aber nur zwei Tage später schrieb ich: *Zwei Touristen im Meru-Park erschossen. Verdammter Mist.* Ein junges Paar, Hochzeitsreisende aus Frankreich, war auf seiner ersten Ostafrikareise nach Kenia gekommen. Sie hatten sich entschlossen, alles selbst zu organisieren und die Parks auf eigene Faust zu besichtigen, wie viele auf Unabhängigkeit bedachte Besucher es gern tun. Mit dem Mietwagen waren sie von Nairobi nach Norden zum Meru-Park gefahren, und auf dem Rückweg waren sie auf einer unbefestigten Piste durch ein Waldgebiet auf eine Gruppe von Wilderern gestoßen, die gerade ein Zebra zerlegte, vermutlich um es zu essen. Die Wilderer hatten sofort geschossen und die beiden getötet.

Am nächsten Tag flog ich frühmorgens in den Meru-Park, wo eine gemeinsame Einheit aus Wildhütern und Polizei sich gerade bereit machte, ins Gelände zu fahren und nach den Schuldigen zu suchen. Was rechtzeitige Reaktionen anging, hatten wir uns bereits gebessert, aber immer noch waren sie nicht so schnell aus den Startlöchern, wie ich es mir gewünscht hätte. Trotz einer groß angelegten Fahndung fanden unsere Leute niemanden. Die Mörder waren wie vom Erdboden verschwunden, und wir konnten ihre Fährte nicht aufnehmen.

Diese Mörder waren von anderem Zuschnitt als die im Tsavo-Park. Dort war die Bande hinter dem Geld der Touristen her gewesen. Dieses Mal fehlte im Auto des Paares nichts. Höchstwahrscheinlich handelte es sich um eine Verwechslung: Die Wilderer hatten den Wagen der Touristen kommen hören und angenommen, es seien Wildhüter; deshalb hatten sie sofort das Feuer eröffnet. Das Verbrechen der Wilderer war damit nicht entschuldigt, aber es zeigte, wie entschlossen sie waren, sich nicht festnehmen zu lassen. Ich vermutete, dass wir es nicht zum letzten Mal mit dieser Bande zu tun gehabt hatten, und riet unseren Wildhütern, weiterhin auf der Hut zu sein.

Zwar hatte es auch in anderen Parks – so am Mount Elgon an der Grenze zu Uganda – Feuergefechte mit Wilderern gegeben, aber am gefährlichsten war es nach wie vor in den beiden Tsavo-Parks und im Meru-Park. Alle drei grenzen an Gebiete, die von Nomaden – Somalis, Borans und Oromos – bewohnt sind, und die betrachten das Land nicht als Teil Kenias, sondern als ihr Eigentum. Wie das Gelände aussieht, habe ich bereits beschrieben: weite, offene Flächen, mehr Wüste als Savanne, an manchen Stellen mit dichtem Dornengebüsch, ansonsten aber mit einer kargen Pflanzenwelt. Auch die Besiedlung ist dünn: Unbefestigte Straßen führen zu ein paar Kleinstädten, und dort gibt es in der Regel nicht mehr als eine Moschee, kleine Teehäuser aus Lehm und Erde sowie *dukas* (Läden), die Seife, Speiseöl, Aluminiumtöpfe und Ballen mit grellbunten Stoffen feilbieten. Die Nomadenvölker kommen gelegentlich in diese Ortschaften. Den größten Teil ihres Lebens verbringen sie aber wie seit Jahrhunderten auf der Wanderschaft, auf der Suche nach Gras und Wasser für ihre Tiere.

Die Stämme der Gegend sind wegen ihrer unglaublichen Zähigkeit und ihres heißblütigen, kriegerischen Wesens bekannt. Ihre Großfamilien halten eng zusammen – die verwandtschaftlichen Bande erstrecken sich in vielen Fällen von Nairobi bis nach Mogadischu, der Hauptstadt Somalias. Solche engen Bindungen sind unentbehrlich, wenn eine Familie auf lange Sicht in der unwirtlichen Wüste überleben will. Sie stellen aber auch ein schützendes Netz im Untergrund für die Wilderer dar. Nahrung und Unterkunft finden die Verbrecher auf ihren Raubzügen immer.

Das erschwerte unsere Aufgabe ebenso wie die Tatsache, dass viele Nomadenvölker sich mit ihren Viehbeständen in unseren Parks niedergelassen hatten. Aus dem Holz der dornigen Bäume bauten sie im Norden und Osten der Parks Tsavo Ost und Meru überall *bomas* (Gehege) für ihre Herden mit Höckerrindern, Kamelen und Ziegen. Die Besitzer – in der Regel ein paar Männer, manchmal sind aber auch Frauen und Kinder dabei – leben bei den Tieren in einfachen, ovalen Hütten, die aus einem Gerüst aus Ästen und darüber geworfenen Tierhäuten bestehen. Theoretisch sind die *bomas* und Hütten gesetzlich verboten, aber in schwierigen Zeiten – beispielsweise während einer Dürre – ist es häufig üblich, einfach wegzusehen. Da wir in diesen Grenzgebieten nur wenige Wildhüter hatten und weder über Fahrzeuge noch über Treibstoff verfügten, um sie zu bewachen, waren die einfachen *bomas* zu ganzjährig bewohnten Siedlungen geworden. Als ich das Amt übernahm, wohnten manche Nomaden schon seit fast zehn Jahren in den Parks.

Die Parkwächter klagten, die illegalen Siedlungen verschafften den Wilderern leichten Zugang zu den Elefanten, weil sie sich unter die Hirten (mit denen sie möglicherweise verwandt waren) mischen und unbemerkt in die Parks gelangen konnten. Wilderer von Hirten zu unterscheiden, war nicht ohne weiteres möglich; manche wechselten sogar zwischen beiden Rollen hin und her. »Die führen ein richtiges Doppelleben«, sagte einer meiner Parkwächter einmal zu mir. »Heute hüten sie ihre Rinder, morgen töten sie Elefanten.« Die Hirten selbst waren in der Regel bewaffnet (auch das häufig illegal), weil mehrere Stämme untereinander alte Feindschaften pflegten und regelmäßig Überfälle inszenierten, bei denen Menschen getötet, Frauen entführt und Tiere gestohlen wurden. Kurz gesagt, ähnelte dieser Teil Kenias dem amerikanischen Westen im 19. Jahrhundert – es war ein gesetzloses Gebiet der Gewehre, wo nicht lange gefackelt wurde und die Menschen mehr oder weniger taten, was sie wollten.

Die besten Schilderungen, wie der Widerpart unserer Leute aussah, lieferten die Piloten der Parkverwaltung. Sacha Cook, der damals im Meru-Nationalpark arbeitete, beschrieb einige seiner Erfahrungen so: »Die Hirtengruppen hatten immer bewaffnete Leute dabei. Jedes Mal wenn man niedrig über eine Rinderherde hinweg flog, sah man Männer mit Speeren und Feuerwaffen – AK47- und G3-Gewehre –, aber bei dem vielen Staub konnte man nicht immer sagen, wer bewaffnet war und wer nicht. Deshalb war man nie sicher, wer von ihnen aufstehen und auf einen schießen würde. Aber sie machen das. Sie schießen auf unsere Flugzeuge.«

Als Cook einmal unterhalb der Wolken an der Nordgrenze des Meru-Parks entlangflog, sichtete er drei große Rinderherden aus Somalia. Die Herden wurden von schwer Bewaffneten begleitet; ihre kreuz und quer um den Körper gewundenen Patronengürtel glitzerten in der Sonne.

»Anfangs wusste ich gar nicht, was das für Leute waren«, erzählt er. »Ich hielt sie für Wilderer, und deshalb drehte ich um, um sie mir genauer anzusehen. Sobald ich das tat, schoss jeder Einzelne von ihnen – es waren ungefähr siebzig – eine Salve auf das Flugzeug ab. Ich konnte das Mündungsfeuer ihrer Gewehre sehen.«

Daraufhin hatte Cook genug und stieg wieder zwischen die Wolken auf. »Ich habe nicht lange gezögert – und ich habe mich auch nicht weiter mit ihnen abgegeben: Es waren Rinderdiebe. Vermutlich hatten sie Erfolg gehabt.«

Meist waren die Wilderer in kleineren Gruppen unterwegs, manchmal nur zu dritt. Nicht alle hatten Familienangehörige in Kenia, und dann mussten sie sich alles, was sie brauchten, durch Raub besorgen. Unsere Wildhüter hörten viele Klagen von einsam lebenden Bauern und von Bewohnern winziger Dörfer, die unter ihrem Terror zu leiden hatten.

»Sie belästigen die lokale Bevölkerung«, erklärt mir Moses Lesbit, der Kommandant eine Einsatzgruppe. »Sie machen sich nie ohne Tee auf den Weg, denn der gibt ihnen Kraft. Sie dringen in ein Haus ein, richten ihre Gewehre auf die Bewohner und schreien: ›Wir brauchen *chai*! *chai*!‹ (das Swahili-Wort für Tee).«

Die Wilderer forderten auch Lebensmittel und zwangen die Dorfbewohner, Ziegen zu schlachten und zu braten. Wer sich weigerte, wurde erschossen oder zusammengeschlagen. Und wie zur Zeit des arabischen Sklavenhandels entführten sie junge Männer, die ihnen die Stoßzähne tragen mussten. Die Ärmsten mussten bis zur Küste (wo das Elfenbein auf Dhaus verladen wurde) oder über die Grenze nach Somalia zu Fuß gehen.

»Wenn sie die Elefanten getötet hatten, schnitten sie meistens die Stoßzähne heraus und vergruben sie«, erklärte mir Julius Leperes, ein erfahrener Buschpilot. »Wenn sie Elfenbein schleppen mussten, kamen sie nur langsam voran. Also gruben sie an einer Stelle, die sie gut kannten, ein Loch und versteckten es. Später kamen sie in aller Stille wieder, ohne zu schießen oder ein Tier zu töten, und ließen junge Männer aus den Dörfern das schwere Elfenbein forttragen.«

Bis Gesetz und Ordnung in dieser Gegend wieder Geltung erlangten, würde sicher noch einige Zeit vergehen. Aber die Berichte aus erster Hand brachten mich auf ein paar Ideen. Es musste Dorfbewohner geben, die wütend auf die Wilderer waren. Die mussten wir in abgelegenen Gebieten als unsere Augen und Ohren gewinnen, und sie mussten uns alarmieren, wenn sie von Banden hörten, die durch ihre Region zogen. Sie zu rekrutieren würde anfangs nicht einfach sein, denn ehrlichkeitshalber musste man eingestehen, dass die Naturschutzbehörde bei der Bevölkerung rund um unsere Parks nicht in dem besten Ruf stand. Die Wildhüter, die dort Patrouille fuhren, waren nicht sonderlich gut ausgebildet und ganz allgemein berüchtigt, weil sie irgendwelche Männer in der Nähe der Parks aufgriffen, der Wilderei beschuldigten und zusammenschlugen.

Der Parkwächter Adan Dullo, den ich zum Leiter unserer Ermittlungsarbeit ernannt hatte, erzählte mir: »Sie verprügeln jeden, ob Wilderer oder nicht. Wenn jemand einen Wagen der Naturschutzbehörde oder Wildhüter kommen sieht, muss er weglaufen und sich im Busch verstecken, denn diese Burschen, die angeblich die Wilderei bekämpfen, schlagen ohne Sinn und Verstand auf die Leute ein. Deshalb gibt es eine ganze Menge Vorbehalte.«

Ich bestand darauf, dieses Willkürverhalten sofort zu beenden. Die Dorfbewohner sollten nicht unsere Feinde, sondern unsere Verbündeten sein.

Ebenso war mir klar, in welcher verzweifelten Lage sich die Wilderer befanden; sie besaßen offensichtlich kaum mehr als ihre Gewehre und die Kleider, die sie am Leib trugen. Manche von ihnen hatten mit der Wilderei begonnen, weil sie keine ehrliche Arbeit gefunden hatten. Ich sagte meinen Wildhütern, sie sollten herumerzählen, dass wir Nachsicht mit jedem Wilderer haben würden, der sich an uns wandte und uns nützliche Informationen gab – beispielsweise über ihre Wanderungsrouten, über Leute, die ihnen Unterschlupf gewährten, und über ihre Wasserstellen. Wenn Wildhüter einen Wilderer festnahmen (was leider nur selten vorkam, da die Wilderer häufig bis zum letzten Mann kämpften), sagten wir ihm das Gleiche. Verwundete Wilderer wurden stets medizinisch versorgt, und wir verhörten zwar alle Festgenommenen, aber ich gab den Wildhütern den Befehl, nicht grausam zu diesen Männern zu sein – auch hier hoffte ich, wir könnten sie zu unseren Verbündeten machen.

»Bekehrten« Wilderern bot ich sogar Stellen in der Naturschutzbehörde an; nach meiner Überzeugung konnten sie zu ausgezeichneten Mitgliedern der Wilderer-Bekämpfungseinheiten werden, denn sie kannten sowohl das Gelände als auch die Methoden. Manche nahmen bereitwillig an und waren froh, dass sie nun ein regelmäßiges Einkommen hatten. Einige der schlimmsten Wilderer gehören heute zu unseren besten Leuten.

Letztlich hatte ich das Ziel, ein Nachrichtennetzwerk aufzubauen – Informanten sollten uns mitteilen, wann und wo Banditen und Wildererbanden in die Nationalparks und andere Schutzgebiete eindrangen. Bisher liefen wir ihnen immer hinterher. Das wollte ich ändern. Schon bald würden nicht wir, sondern die Wilderer die Gejagten sein.

Informanten und Schießereien waren nur ein Teil meiner Gesamtstrategie. Noch wichtiger war, dass der Elfenbeinhandel beendet wurde, denn damit würde man den Wilderern ihren Markt verschließen. Wenn niemand mehr Elfenbein kaufte, konnten die Wilderer ihre unrechtmäßig erworbene Beute nirgendwo absetzen. Es würde sich nicht mehr lohnen, durch die Wüste zu ziehen, Elefanten zu töten, mit Wildhütern zu kämpfen und Dorfbewohner zu terrorisieren.

Die Beseitigung des Marktes erschien mir als völlig logischer Schritt, aber zu meiner Überraschung musste ich feststellen, dass die Idee höchst umstritten war. Tatsächlich hatten bis 1988 nur wenige Naturschutzorganisationen ein Verbot des Elfenbeinhandels gefordert. Im Februar jenes Jahres setzte die in Washington ansässige African Wildlife Foundation (AWF) sich an die Spitze des Boykotts: Sie startete eine Kampagne mit dem Motto »Kauft kein Elfenbein« und erklärte 1988 zum »Jahr der Elefanten«. Schmuck und Nippes aus Elfenbein waren in den Vereinigten Staaten noch im Handel, aber durch die Kampagne der AWF wurde das Material allmählich zu etwas Anrüchigem. Die Stiftung schaltete Anzeigen in mehreren überregionalen Zeitungen und zeigte darin die grausige Aufnahme eines Elefanten mit abgehacktem Gesicht. Und ein Armband, das solche Bilder heraufbeschwor, wollte kaum jemand tragen. Gleichzeitig setzte die Organisation sich bei der US-Regierung für ein Verbot von Elfenbeintransporten ein und plädierte dafür, den Elefanten die höchste Stufe des internationalen Schutzes zuzugestehen. Damit war eine veränderte Stellung im Washingtoner Artenschutzabkommen gemeint, das den internationalen Handel mit Wildtierprodukten regelt. Die AWF – und eine immer größere Zahl anderer Naturschutzorganisationen – wollten die Elefanten aus dem Anhang II in den Anhang I übernehmen. Diese Maßnahme hätte das Ende des Elfenbeinhandels bedeutet, und genau das brauchten wir.

Die Idee war aber weder bei allen Naturschützern noch bei den afrikanischen Regierungen, die auf die Erlöse des Elfenbeinhandels angewiesen waren, sonderlich beliebt. Bis zu meiner Ernennung hatte sich auch Kenia dem Verbot widersetzt. Nach Ansicht meines Vorgängers bei der Naturschutzbehörde und vieler anderer, die innerhalb und außerhalb Afrikas mit Naturschutz zu tun hatten, sollten die afrikanischen Staaten ihre natürlichen Ressourcen nach eigenem Ermessen bewirtschaften, und außerdem waren sie sogar der Auffassung, ein Verbot werde die Wilderei verstärken. Da Elfenbein bereits eine knappe Handelsware war, so ihr Gedanke, würde ein Verbot es nur noch seltener und damit teurer machen – was den Wilderern einen noch größeren Anreiz verschaffte, Elefanten zu töten. Zum Teil gründeten sich diese Überlegungen auf die Erfahrungen mit den Nashörnern, die bereits im Anhang I standen. Obwohl der Handel mit ihren Hörnern verboten war, wurden die Tiere weiterhin abgeschlachtet; das Verbot, so die Argumentation, habe nur den Preis in die Höhe getrieben.

Ich hörte mir die Argumente beider Seiten an und wog sie sorgfältig gegeneinander ab. Natürlich wäre jeder Anstieg des Elfenbeinpreises für Kenia eine Katastrophe gewesen – und ebenso für das, was ich mit der Naturschutzbehörde vorhatte. Allerdings hatte ich den Eindruck, dass der Vergleich des Elfenbeins mit den Nashornhörnern nicht ganz richtig war. Bei den Käufern handelte es sich um ganz unterschiedliche Gruppen. Wie ich bereits erwähnt habe, dienen Nashornhörner im Mittleren Osten zur Herstellung von Dolchgriffen, und im Fernen Osten werden sie zu einem Pulver verarbeitet, das zur Behandlung verschiedener Krankheiten (beispielsweise Rückenschmerzen und Krebs) sowie als Aphrodisiakum dient. Diese alten Traditionen – die erste von der kulturellen Bedeutung der Männlichkeit beeinflusst, die zweite im Aberglauben verwurzelt – waren durch eine Medienkampagne westlicher Machart nicht zu verändern. Diesen Handel zu beenden wird sehr schwierig sein.

Ganz anders verhielt es sich mit einem Verbot des Elfenbeinhandels. Den Statistiken zufolge gelangten im Jahr 1988 etwa vierzig Prozent des Elfenbeins, das Afrika verließ, letztlich nach Nordamerika und Europa, und zwar vor allem in Form von Armreifen, Nippsachen und Kunstgewerbe. Weitere vierzig Prozent wurden in Japan verbraucht, und der Rest ging in den Nahen Osten, nach Asien sowie in geringer Menge nach Afrika selbst. Wenn es bei einem erheblichen Anteil des Handels um Dinge ging, mit denen Menschen sich schmückten, und wenn man dieselben Menschen dazu bringen konnte, sich wegen ihrer Souvenirs zu schämen, dann, so glaubte ich, würde die Nachfrage sinken. Und wenn die Nachfrage beispielsweise um fünfundvierzig Prozent sank, würden die Preise schon deshalb zurückgehen, weil es auf dem Markt mehr Elfenbein als Käufer gab. Mit der Kombination aus einem internationalen Handelsverbot und einer Anti-Elfenbein-Bewegung würde der Handel ein für alle Mal beendet werden.

Ich hatte das alles mit Präsident Moi besprochen und ihn schon bei einem unserer ersten Treffen davon überzeugt, dass wir in Kenia eine Führungsrolle bei der Durchsetzung des Verbots übernehmen sollten. Er erteilte mir die Genehmigung, einen formellen Antrag auf die Aufnahme des Afrikanischen Elefanten in den Anhang I des Washingtoner Artenschutzabkommens zu stellen.

Jetzt begann ein Wettlauf mit der Zeit. Die nächste Sitzung des CITES-Gremiums, auf der über die Frage abgestimmt werden konnte, sollte im Oktober stattfinden, und derartige Anträge müssen mindestens fünf Monate vorher beim CITES-Sekretariat eingereicht werden. Bis Mitte Mai mussten wir also unseren Antragstext fertig haben. Von Iain Douglas-Hamilton hatte ich erfahren, dass die Regierung Tansanias ebenfalls einen Antrag plante – gestützt in diesem Fall auf Übersichtsuntersuchungen, die er und andere Artenschutzbiologen an den Elefantenpopulationen ganz Afrikas durchgeführt hatten und die sich mit den schwer wiegenden Auswirkungen der Wilderei auf ihren Zustand und ihre Zahl beschäftigten. Ironie des Schicksals: Iain und die anderen hatten sich mit ihrem Vorschlag zunächst an Dr. Olindo gewandt und gehofft, Kenia werde seine Haltung ändern und das Verbot befürworten; Dr. Olindo hatte sie abgewiesen, denn er war der Ansicht, ein begrenzter, regulierter Handel werde den Interessen Kenias am besten dienen. Dabei hatte er sich sicher von dem großen Vorrat an beschlagnahmten Stoßzähnen beeinflussen lassen, denn der kenianische Naturschutz brauchte damals das Geld. Nach meiner Überzeugung musste Kenia als erster Staat mit einem Antrag vorpreschen, damit wir unsere Führungsrolle in dieser Frage mit der Verbrennung des Elfenbeins unterstreichen konnten. Aber ich kannte niemanden, der ihn hätte formulieren können.

Manchmal kommen glückliche Fügungen von unerwarteter Seite: Wenige Tage, nachdem Iain mir von dem Antrag Tansanias erzählt hatte, bekam ich einen Anruf aus Israel. Ein leidenschaftlicher Naturschützer namens Bill Clark, den ich schon in meiner Zeit als Direktor der Nationalmuseen kennen gelernt habe, erklärte mir, er habe einen Antragsentwurf in der Hand, der »die Mindestanforderungen des CITES-Sekretariats erfüllen würde«, wie er es formulierte. Wir mussten uns nur noch ein paar Stunden zusammensetzen, die richtigen Namen und Adressen in das Dokument einsetzen und ein paar Zahlen über die Entwicklung der Elefantenbestände hinzufügen, die Iain liefern konnte.

Einige Leute waren überrascht, als sie erfuhren, dass ich »Tansania die Show stehlen wollte«, wie ein Freund es formulierte. Aber genau das war meine Absicht, und ich bin noch heute überzeugt, dass ich mich dafür nicht entschuldigen muss. Der Antrag Tansanias stammte zum größten Teil aus der Feder der Elefantenexpertin Joyce Poole und ihres Freundes Jorgen Thomsen, eines Programmleiters bei der Naturschutzorganisation TRAFFIC, die vom World Wildlife Fund und der Internationalen Naturschutzunion unterstützt wurde; dass dieses Papier viel besser war als unseres, stand außer Frage. Viel wichtiger war aber der symbolische Wert, wenn man der Erste war. Diese Aufgabe erfüllte Clarks Antrag, und wir reichten ihn kurz vor den Leuten aus Tansania ein. (Später erzählte mir Joyce Poole, sie habe Costa Mlay, meinen Amtskollegen in Tansania, angerufen und ihm erzählt, dass Kenia sich als erster Staat für die Aufnahme in den Anhang I einsetzen würde. Es gereicht Costa zur Ehre, dass er darauf erwiderte: »Das spielt keine Rolle. Wenn Kenia im Rampenlicht stehen möchte, na gut. Wichtig ist die Heraufstufung.«)

Aber ein Antrag, ein Tier in den Anhang I aufzunehmen, und die tatsächliche Aufnahme sind zwei ganz verschiedene Dinge. Unser Schachzug brachte uns anfangs die erhoffte Aufmerksamkeit der internationalen Öffentlichkeit, und die Unterstützung für die wachsende Anti-Elfenbein-Bewegung verstärkte sich. Anfang Juni gab der amerikanische Präsident George Bush bekannt, der Elfenbeinimport in die Vereinigten Staaten werde verboten, und wenige Wochen später folgte die britische Premierministerin Margaret Thatcher mit der gleichen Maßnahme. Kaufhäuser und Juweliergeschäfte in beiden Ländern stellten den Elfenbeinverkauf ein. Das Auktionshaus Sotheby's teilte offiziell mit, man werde Elefantenstoßzähne und alle aus Elfenbein hergestellten Gegenstände nicht mehr versteigern.

In diesen Ländern hatten wir die öffentliche Meinung auf unserer Seite, aber in Afrika war es anders. Wir mussten uns insbesondere in Südafrika, Zimbabwe und Botswana mit einer ganzen Reihe von Gegnern auseinander setzen. Dort behaupteten Beamte und Naturschützer nach wie vor, sie hätten keine großen Schwierigkeiten mit der Wilderei, sondern ihr Problem sei unserem genau entgegengesetzt: viel zu viele Elefanten. Wenn es ihnen nicht mehr erlaubt sein sollte, ihre Bestände auszudünnen und mit dem Erlös aus dem Elfenbein ihre Nationalparks und Naturschutzprogramme zu finanzieren, könnten sie ihre Elefanten und Parks nicht mehr vernünftig bewirtschaften.

Ich kannte dieses Argument, hielt es aber bis zu einem gewissen Grade für kompromissfähig – immerhin waren wir alle afrikanische Länder, und da war es nur sinnvoll, wenn wir zum Wohl des Kontinents alle an einem Strang zogen. Erst als ich den Verantwortlichen persönlich gegenüberstand, wurde mir klar, mit welcher fast irrationalen Leidenschaft sie ihren Standpunkt verteidigten. Nichts und niemand würde in der Lage sein, sie umzustimmen.

Meinen ersten Zusammenstoß mit der südafrikanischen Elefantenfraktion erlebte ich Anfang Juli 1989, kurz nach dem Mord an den französischen Touristen, bei einem Treffen der CITES-Arbeitsgruppe für Afrikanische Elefanten. Die 1987 gegründete Gruppe sollte sich mit den Auswirkungen des Elfenbeinhandels und den damit verbundenen Problemen befassen. Die Besprechung fand in Gaborone statt, der Hauptstadt Botswanas. Die Delegierten kamen aus den meisten wichtigen Elfenbein produzierenden Staaten Afrikas sowie aus Verbraucherstaaten wie den USA, Japan und Hongkong. Den Vorsitz führte turnusgemäß Kenia, sodass ich diese Funktion übernahm. Die Geschäftsordnung verlangte, dass ich als Vorsitzender unparteiisch blieb; ich durfte zu keinem Thema einen Standpunkt beziehen. Das belustigte mich ein wenig, denn Eugene Lapointe, der CITES-Generalsekretär, hatte Journalisten gegenüber erst kurz zuvor eingeräumt, die Elfenbein-Überwachungseinheit im schweizerischen Lausanne, die angeblich den Elfenbeinhandel beaufsichtigte, habe bereitwillig Spenden über insgesamt 200 000 Dollar von Elfenbeinhändlern aus Hongkong und Japan angenommen. Viele von uns hatten immer stärker den Eindruck, man habe mit CITES, die den Elfenbeinhandel beaufsichtigen und regulieren sollte, gewissermaßen den Bock zum Gärtner gemacht.

Der wichtigste Tagesordnungspunkt war der Antrag, den Afrikanischen Elefanten in den Anhang I aufzunehmen. Eine solche Veränderung forderten mittlerweile fünf afrikanische Länder: Kenia, Tansania, Somalia, Äthiopien und Zaire. Am treffendsten formulierte es Costa Mlay aus Tansania; er sagte den Versammelten: »Jede lohnende Maßnahme erfordert gewisse Opfer. Gewinneinbußen allein sind kein Argument gegen ein Verbot. Wir reden hier über das Überleben einer Spezies, die für die Menschheit und für Afrika von großer Bedeutung ist. Jede Generation wird danach beurteilt werden, ob sie die Moral und den Mut aufbringt, vom Aussterben gefährdete Arten zu schützen.«

Weiter wies Mlay darauf hin, welchen Tribut an Menschenleben der Handel forderte. »Elfenbein«, sagte er am Schluss seiner Rede, »dient nicht dazu, die Gesundheit von Menschen zu schützen oder Arzneimittel herzustellen. Aber in unserem Land und anderen verlieren Menschen heute wegen des Elfenbeins nicht nur ihren Lebensunterhalt, sondern ihr Leben. Dass unsere Bürger sterben sollen, nur damit ein paar andere jenseits unserer Grenzen leben können – das ist ein zu großes Opfer.«

Mir selbst ging der Tod der Touristen, Wildhüter und Polizisten nicht aus dem Kopf, und ich applaudierte Mlay aus vollem Herzen. Ich rechnete damit, dass die anderen afrikanischen Delegierten ihm und unseren Problemen in Ostafrika mit dem gleichen Wohlwollen gegenübertraten. Deshalb war ich zutiefst entsetzt, als die Delegation aus Zimbabwe unter der Leitung eines bulligen, rotgesichtigen weißen Afrikaners namens Rowan Martin sich stattdessen über uns lustig machte. Er war genau der Typ, dem die weißen Rhodesier ihren schlechten Ruf verdankten, und ich mochte ihn vom ersten Augenblick an genauso wenig wie er mich. Es war allgemein bekannt, dass wir in wenigen Tagen in Kenia unser gelagertes Elfenbein verbrennen würden. Martin sah in diesem Ereignis offenbar einen persönlichen Angriff und wusste nichts Besseres, als mich zum »Eintänzer« zu ernennen. Zusammen mit anderen Mitgliedern seiner Delegation hatte er sogar ein Spottgedicht über die Verbrennung des Elfenbeins verfasst.

Wenn Costa Mlay mit seiner Rede den höchsten moralischen Anspruch erhoben hatte, steckte die Haltung der Delegation aus Zimbabwe das andere Ende des Spektrums ab.

Nach meiner Überzeugung machten sie sich selbst zu Narren, als sie während der Besprechung behaupteten, die Elefanten in Zimbabwe hätten eine erstaunlich hohe Fortpflanzungsrate und die Weibchen würden bereits mit neun Jahren Junge zur Welt bringen. Auf diese Behauptung hin brachen mehrere Elefantenfachleute im Raum in lautes, höhnisches Gelächter aus, denn es war allgemein bekannt, dass Afrikanische Elefantenweibchen erst im Alter zwischen zehn und zwanzig Jahren die Geschlechtsreife erreichen. Selbst ich konnte mir ein Lächeln kaum verkneifen und rief die Anwesenden nur halbherzig zur Ordnung.

Im Großen und Ganzen jedoch hielt ich mich an die Regeln. Ich übertrat sie nur einmal, als ein Delegierter aus dem Kongo der Versammlung erklärte: »Dass die Elefanten in

Afrika aussterben, ist unvermeidlich. Sie werden mit Sicherheit in nächster Zeit verschwinden.« Einen solchen fatalistischen Weltuntergangsunsinn konnte ich nicht ertragen, und ich widersprach sofort.

»Als Vorsitzender dieser Tagung habe ich mich bereit erklärt, unparteiisch zu bleiben«, sagte ich, »aber als Fachmann für Evolution muss ich klarstellen, dass das Aussterben des Afrikanischen Elefanten nicht unvermeidlicher ist als das Aussterben der Menschen.«

Ich wollte noch mehr sagen, aber ich bremste mich. Da war er wieder, der passive Zynismus: Es war fast die gleiche Einstellung, die auch Wildhüter und Polizei gegenüber den Wilderern hatten. Sie konnten ihren Kampf gegen die Banditen nicht gewinnen, Afrika konnte seine Elefanten nicht retten. Irgendwie musste sich diese Geisteshaltung ändern.

Die Tagung in Gaborone ging zu Ende, ohne dass Einigkeit darüber erzielt worden wäre, ob man die Elefanten in den Anhang I aufnehmen sollte.

Drei Tage später, am Vormittag des 18. Juli, traf ich auf einer grasbewachsenen Lichtung unmittelbar unterhalb des Hauptquartiers der Naturschutzbehörde am Nairobi National Park mit Präsident Moi zusammen. Vor uns erhob sich wie eine makabre Skulptur eine gewaltige, rund sechs Meter hohe Pyramide aus mehr als zweitausend Elefantenstoßzähnen. Einen großen Teil der Stoßzähne hatte man mit einem durchsichtigen, sehr leicht brennbaren Kunststoff eingepinselt, und dann hatte man sie rund um einen Stapel aus Strohballen und Brennholz aufgetürmt. In die Strohballen würde später unter hohem Druck eine Mischung aus Kerosin und Benzin gepumpt werden. Es werde ein »riesiges, Aufsehen erregendes Feuer« werden, das hatte Robin Hollister, der Fachmann für Spezialeffekte, mir versprochen. Ich hatte schon einige Zeit vorher die Presse alarmiert, und jetzt standen Medienvertreter aus der ganzen Welt bereit, um über das Ereignis zu berichten. Der amerikanische Fernsehsender ABC hatte eine Live-Satellitenverbindung zu den »Good Morning America«-Studios in New York geschaltet.

Zusammen mit Präsident Moi ging ich um den Turm aus Stoßzähnen herum. Außer Hörweite der Journalisten flüsterte er mir zu, er hoffe um unser aller Wohl willen, dass die Flammen das Elfenbein wirklich zerstörten, damit wir hinterher nicht wie begossene Pudel dastünden. Die Frage bereitete ihm offenbar immer noch Sorge, und ich beruhigte ihn, so gut ich konnte. Außerdem fragte er noch einmal mit einem breiten Lächeln, ob ich es wirklich für eine gute Idee hielte. »Ja«, erwiderte ich, »und außerdem ist es jetzt ohnehin zu spät, um einen Rückzieher zu machen. Also bringen wir es besser hinter uns.« Darauf lachte Moi und ging kopfschüttelnd zu einem Podium, das man vor dem Turm aus Elfenbein aufgebaut hatte.

Insgeheim drückte ich die Daumen, dass Robin Recht hatte. Es würde ein riesiges Feuer werden, da war ich mir schon wegen des vielen Benzins, das man hineinpumpen würde, ziemlich sicher. Aber ob der Haufen wirklich zu Asche zusammenfallen oder – noch schlimmer – explodieren und den Präsidenten unter sich begraben würde: das waren Bedenken, die mir immer noch durch den Kopf gingen.

Der Präsident trat auf das Podium. Die Fernsehkameras liefen. Mois Stimme hallte durch den Park und in die ganze Welt.

»Damit den Wilderern Einhalt geboten wird, muss auch den Händlern Einhalt geboten werden. Und damit den Händlern Einhalt geboten wird, muss der Endverbraucher davon überzeugt werden, dass er kein Elfenbein kaufen soll. Ich appelliere an die Menschen in der ganzen Welt, kein Elfenbein mehr zu kaufen.«

Dann gab ich ihm eine brennende Kerze, und wir gingen gemeinsam zu dem Elfenbeinhaufen. Ohne zu zögern, steckte Präsident Moi das kerosingetränkte Stroh an. In

Windeseile loderten Flammen in den Himmel und züngelten rot glühend am Elfenbein. Ein paar junge Leute im Publikum jubelten und riefen: »Brenne, Elfenbein, brenne!« Und zur Verblüffung mehrerer zynischer weißer Naturschützer, die ich aus dem Augenwinkel bemerkte und die prophezeit hatten, das Elfenbein werde niemals brennen, brannte es. Die blitzenden weißen Stoßzähne gingen in Flammen auf wie gut getrocknetes Brennholz. (Später verbreiteten dieselben Leute das Gerücht, ich hätte sie alle betrogen: die Stoßzähne seien Attrappen, die schlaue Techniker aus Kunststoff hergestellt hätten. Angeblich hatte ich mit Präsident Moi ein Abkommen getroffen, das echte Elfenbein zu verkaufen und den Gewinn zwischen uns zu teilen.)

Präsident Moi war mit dem Feuer sehr zufrieden. Er blieb über eine Stunde, bevor er sich zurückzog. Der Haufen brannte fast 72 Stunden lang. Am Ende blieben ein Berg aus weißer und grauer Asche sowie ein paar Splitter aus blauschwarzem Zahnschmelz, nicht größer als eine Münze.

Am nächsten Tag zierten Bilder des brennenden Elfenbeins rund um den Globus die Titelseiten der Zeitungen. Durch die Fernsehberichte und die Fotos in Zeitschriften und Zeitungen hatten schätzungsweise rund 850 Millionen Menschen die Elefantenstoßzähne verglühen sehen. Jetzt wusste die ganze Welt von der Krise der Afrikanischen Elefanten, und Kenia war zum Vorkämpfer gegen den Elfenbeinhandel geworden.

Kapitel 8

Der Elfenbeinpreis brach nach der Verbrennung der Stoßzähne nicht sofort zusammen, aber immer mehr Anzeichen deuten darauf hin, dass wir verstanden worden waren: Mitte August 1989 verbot die Europäische Gemeinschaft offiziell weitere Elfenbeinimporte, und die dortigen Klavierhersteller kündigten ebenso wie die in Japan an, sie würden sich von Elfenbein- auf Kunststofftasten umstellen. Überhaupt erregte das Ereignis eine unglaubliche öffentliche Aufmerksamkeit. Kenia und seine Elefanten waren noch mehrere Wochen lang Thema der Berichterstattung, und das, da war ich sicher, stärkte die Position derer, die den Afrikanischen Elefanten in den Anhang I des Artenschutzabkommens aufnehmen wollten. Ich erhielt jetzt regelmäßig Besuch von Journalisten, und das verschaffte mir immer wieder die Gelegenheit für den Hinweis, die Tiere müssten unter den größtmöglichen Schutz gestellt werden. Natürlich behaupteten viele, Kenia hätte die drei Millionen Dollar besser für Naturschutzprojekte ausgegeben. Ich selbst bin aber felsenfest überzeugt, dass der Aufwand sich gelohnt hat: Wir hatten der Welt eindringlich klargemacht, dass wir den Elfenbeinhandel unbedingt stoppen mussten.

Auch bei den Bürgern Kenias selbst hatte die Naturschutzbehörde mit der Elfenbeinverbrennung Punkte gesammelt. In den großen Tageszeitungen *The Daily Nation* und *The Standard* begrüßten Leitartikel und Leserbriefe unsere Vorgehensweise und ganz allgemein die Veränderungen in der Behörde. Im Zusammenhang mit mehreren Artikeln über die Verbrennung und die Bekämpfung der Wilderei erschien mein Foto, sodass ich in und um Nairobi zu einem bekannten Gesicht wurde.

Auch die kenianische Regierung und Präsident Moi sonnten sich in der weltweiten Anerkennung für die Verbrennung. Privat erzählte mir der Präsident, er habe selbst Spaß an dem Ereignis gehabt, und vielleicht lag es daran, dass er jetzt einer Reform der Naturschutzbehörde aufgeschlossener gegenüberstand als je zuvor. Die wichtigste Maßnahme bestand nach meiner Überzeugung darin, sie zu einer parastaatlichen Organisation zu machen – zu einem staatseigenen Unternehmen, das man wie eine Firma führen konnte und das, wie ich bereits erwähnt habe, in Finanzierung und Führung vom öffentlichen Dienst und seinen endlosen Vorschriften unabhängig war. Diese Veränderung war von entscheidender Bedeutung, damit die Behörde sich von den noch verbliebenen korrupten Mitarbeitern befreien konnte. Außerdem war sie notwendig, damit ich die Leute, die ich mir als Angestellte wünschte, einstellen und ihnen ein konkurrenzfähiges, vom öffentlichen Dienst unabhängiges Gehalt zahlen konnte. Deshalb war ich höchst erfreut, als Präsident Moi mir Mitte August mitteilte, die Regierung habe die Gründung einer neuen Organisation beschlossen und man werde die Entscheidung offiziell im Oktober bekannt geben. Nichts würde die Behörde tief greifender verändern, als wenn man sie von den ganzen »Karteileichen« unter ihren Angestellten befreite und eine neue, energiegeladene Mannschaft einstellte.

Auch die Wilderer waren über die Verbrennung offenbar verblüfft. Fast einen Monat lang gab es keinerlei Berichte über gewilderte Elefanten oder überfallene Touristen mehr. Außerdem kooperierten die Dorfbewohner in der Nähe der Parks jetzt stärker mit uns; unter ihnen waren sogar einige verhaftete Wilderer, mit deren Hilfe wir siebenundachtzig vergrabene Stoßzähne fanden. Allmählich hoffte ich, die

Wilderer hätten vielleicht begriffen, worum es uns ging und dass der Elfenbeinhandel beendet war; vielleicht, so dachte ich, hatten sie ihre Waffen eingepackt und waren zurück nach Somalia gezogen.

Aber das war Wunschdenken. Am 20. August klingelte bei mir zu Hause kurz nach dem Abendessen das Telefon. In der Leitung krachte und summte es, aber ich hörte, wie eine leise Stimme sagte: »Können Sie mich hören? Over.« Es war ein Funktelefonruf, das heißt, das Gespräch musste aus einer abgelegenen Ecke Kenias kommen. »Ja. Sprechen Sie. Over«, schrie ich zurück.

»Ach, Richard, sind Sie es? Ich fürchte, ich habe eine schlechte Nachricht.« Es war ein weißer Kenianer, der im Norden des Landes in der Nähe des Meru-Nationalparks einc private Rinderfarm betrieb. Seinen Namen habe ich vergessen.

Ich drängte ihn, weiterzusprechen.

»George Adamson ist erschossen worden. Ermordet. Es ist um die Mittagszeit passiert. Können Sie dafür sorgen, dass ein paar Sicherheitskräfte in die Gegend kommen? Die Lage ist sehr ernst.«

Die Nachricht erschütterte mich tief. Genaueres wusste der Rancher nicht, aber eines war klar: Uns stand eine Krise bevor – und zwar eine, die sehr schnell internationale Dimensionen annehmen konnte. Ich hatte George Adamson nicht besonders gut gekannt, aber er war eine sagenumwobene Gestalt, ein angesehener Naturschützer und der Held der unglaublich beliebten Bücher, die seine Frau Joy über ihre Arbeit, die Auswilderung von Löwen, geschrieben hatte. Joy war einige Jahre zuvor gestorben, vermutlich ermordet von einem Lagerkoch, dem sie gekündigt hatte. George lebte schon seit zwanzig Jahren in einem Schutzgebiet namens Kora, das sich in der Nähe des Meru-Nationalparks befand. Dort hatte er weiterhin verstoßenen Löwenjungen beigebracht, wie sie in der Wildnis allein zurechtkommen. Da ich wusste, wie schnell »zahme« Löwen zu ihrer natürlichen

Lebensweise zurückkehren können, vermutete ich zunächst, der Anrufer habe sich vielleicht geirrt und George sei in Wirklichkeit einem seiner Tiere zum Opfer gefallen. Aber der Rancher blieb felsenfest dabei: Der Naturschützer sei von einer Verbrecherbande erschossen worden.

George war auf der ganzen Welt ebenso beliebt gewesen wie in Kenia, wo man ihn *Baba Simba*, »Vater der Löwen«, nannte. Als er ums Leben kam, war er dreiundachtzig Jahre alt. Der Mord würde bald überall Schlagzeilen machen, das wusste ich. Er würde Kenia in ein schlechtes Licht rücken, und darauf mussten wir vorbereitet sein. Außerdem mussten wir die Mörder finden.

Ein paar Wochen zuvor hatte Präsident Moi darauf bestanden, dass bei mir zu Hause ein »rotes Telefon« installiert wurde, damit ich ihn jederzeit sofort erreichen konnte. Nachdem der Rancher aufgelegt hatte, rief ich trotz der späten Stunde sofort den Präsidenten an.

Moi war über die Nachricht ebenfalls entsetzt; seine Stimme klang sehr beunruhigt.

»Tun Sie alles, was getan werden muss, Richard«, sagte er.

Mein nächster Anruf galt dem Polizeichef Philip Kilonzo. Er hatte von dem Mord noch nichts gehört und erkundigte sich, warum wir erst so spät am Tag davon erfuhren. Das Gleiche fragte ich mich auch. Wir verabredeten, sofort unsere Einsatzkräfte zu alarmieren, und bereiteten alles vor, damit am nächsten Morgen bei Tagesanbruch hundertfünfzig Leute nach Kora aufbrechen und die Fahndung aufnehmen konnten. Um halb sechs am nächsten Morgen traf ich mich mit Kilonzo und seinen leitenden Offizieren auf dem Stützpunkt der kenianischen Luftwaffe. Dort wartete bereits ein Hubschrauber, der uns nach Kora bringen sollte.

Kora liegt etwa zweihundertdreißig Kilometer nordöstlich von Nairobi. Die Nordgrenze des Schutzgebietes bildet der gewundene Fluss Tana, und sie berührt knapp den Südrand des Meru-Nationalparks. Es wirkte geradezu wie eine Ironie des Schicksals, dass die Regierung erst ein paar Wochen zuvor beschlossen hatte, auch Kora in den Status eines Nationalparks zu erheben. Für diese Veränderung hatte George sich viele Jahre lang nachdrücklich eingesetzt, denn nach seiner Überzeugung würde der Nationalparkstatus es einfacher machen, die Haustierherden fern zu halten, die ständig mit den Löwen und anderen Wildtieren in Konflikt gerieten. Als Leiter der Naturschutzbehörde freute ich mich, dass wir einen neuen Park hatten, aber George und seine »zahmen« Löwen bereiteten mir Sorgen. Ich war sicher, dass es früher oder später Schwierigkeiten mit den Tieren und Touristen geben würde.

Gegen 6 Uhr 45 kreisten wir über Georges Stützpunkt, dem »Löwenlager«, wie er es nannte. Ein Teil unserer Wildhüter- und Polizeieinheiten war bereits vor Ort, und die staubige Ansiedlung sah ein wenig wie ein Armeelager aus. Adamson war 1970 hierher gezogen und hatte für sich und seine Mitarbeiter ein einfaches Lager aus strohgedeckten Hütten sowie größere, hölzerne Einfriedungen für seine Löwenjungen gebaut.

Wir landeten unmittelbar neben der Siedlung und wurden von mehreren Polizeioffizieren sowie von einigen Mitarbeitern Adamsons begrüßt. Man führte Kilonzo in eine Hütte, wo die Leichen von Adamson und zwei ebenfalls ermordeten Assistenten lagen; mich brachte man in eine andere Hütte, und dort warteten die drei Überlebenden. Eine davon war Inge Lediersteil, eine junge Deutsche, die als Georges Oberassistentin tätig gewesen war. Sie war nicht ernsthaft verletzt, aber zutiefst erschüttert, und befand sich vor allem wegen des Mordes, dessen Zeugin sie geworden war, im Schockzustand. Auch Georges Lagerassistent Mohamed Maru und sein Fahrer Abdi Bitatscha hatten überlebt. Mohamed war der Tortur unversehrt entgangen, aber Abdi hatte Schläge mit einem Brecheisen und Schüsse abbekommen. Seine beiden Beine waren zerschmettert, und da es im

Lager keine Schmerzmittel gab, litt er entsetzlich. Inge und Abdi sollten mit uns zurück nach Nairobi fliegen.

Sie schilderten uns den Hergang. George hatte auf eine kleine Besuchergruppe gewartet, die mit dem Flugzeug eintreffen sollte. Als er kurz nach zwölf Uhr mittags das Geräusch einer kreisenden Maschine hörte, hatte er Inge und Abdi zu der rund fünf Kilometer entfernten Landepiste geschickt, damit sie die Gäste in Empfang nahmen. Sie waren ungefähr drei Kilometer auf der von Büschen gesäumten, unbefestigten Piste gefahren, als sie einen lauten Knall hörten; Inge dachte zunächst, ein Reifen sei geplatzt. Aber dann gab es eine weitere heftige Explosion, und plötzlich stürmten drei Männer aus dem Gebüsch mitten auf die Straße. Einer war in eine khakifarbene Uniform gekleidet, die anderen trugen einfache, langärmelige Hemden und die karierten *kikois* (Sarong-ähnliche Röcke), die bei den Männern in Somalia beliebt sind. Alle drei waren mit Sturmgewehren bewaffnet. Sie bedeuteten Abdi, er solle anhalten, zielten dann in aller Ruhe und zerschossen sämtliche Reifen.

Einen Augenblick später hatten die Banditen den Wagen umstellt und schrien Inge und Abdi zu, sie sollten aussteigen. Abdi öffnete die Tür, hob die Hände und flehte sie an: Sie hätten kein Geld und seien nur auf dem Weg zu der Landepiste. Sie stießen ihn beiseite, und einer von ihnen zog Inge aus dem Auto.

»Ich habe meine Taschen umgedreht und ihnen gezeigt, dass ich weder Geld noch Wertsachen dabei habe«, erzählte sie mir leise und mit zitternder Stimme. »Ich habe sie angefleht, aber sie haben mich nicht verstanden. Der eine schrie immer nur ›Geld, Geld, Geld!‹« Dabei stieß er ihr den Gewehrlauf in den Bauch. Sie zog das Hemd hoch und zeigte ihm, dass sie dort kein Geld versteckt hatte, und Abdi öffnete zu dem gleichen Zweck seinen Sarong. Das machte die Männer nur noch wütender. Einer schlug Inge auf Gesicht und Schultern, sodass sie zu Boden ging; der andere prügelte mit einem Brecheisen, das er in dem Landrover gefunden hatte, auf Bitatscha ein.

Adamson schrieb im Lager gerade einen Brief an einen Freund, als die ersten Schüsse zu hören waren. Mohamed stürzte in sein Zimmer und fragte ihn, ob er das Gewehrfeuer gehört habe. Adamson hörte mitten im Satz auf zu schreiben und wies Mohamed an, sein Gewehr – eines der alten Modelle – und zwei weitere Männer zu holen. Er selbst griff ebenfalls nach einem Revolver, und mit dieser Bewaffnung sprang er mit den drei anderen in einen Geländewagen, um schnellstens zur Landepiste zu fahren.

Die Banditen hörten ihn kommen. Einer von ihnen stellte sich mitten auf den Fahrweg. Die beiden anderen ließen vorübergehend von ihren Opfern ab und pflanzten sich ebenfalls auf dem Weg auf.

Im Landrover saß Mohamed mit seiner Waffe auf dem Beifahrersitz neben George. »Wir bogen um eine Kurve, und plötzlich waren die Gangster da«, sagte Mohamed. »Ich rief George zu, er solle anhalten, es seien *shifta*, aber er trat nur aufs Gaspedal.« George hatte offensichtlich gesehen, dass einer der Männer Inge belästigte. Er zog den Revolver, hielt ihn aus dem Fenster und trat aufs Gas. Mit voller Geschwindigkeit hielt er auf den Banditen in der Mitte des Weges zu, vermutlich in der Absicht, ihn zu überfahren. Mohamed jedoch wartete nicht länger; immer noch die Waffe in der Hand, sprang er aus dem Wagen und ließ sich ins Gebüsch rollen. »Ich musste zusehen, wie die Gangster den Landrover überfielen. George hatte nicht angehalten. Er fuhr immer weiter, aber er hatte keine Chance. Ich weiß nicht einmal, ob er überhaupt einen Schuss abgeben konnte.«

Von Kugeln durchlöchert, schleuderte der Landrover neben der Straße in das dornige Gebüsch. George und seine beiden Assistenten waren vermutlich sofort tot. Die Kugeln hatten ihn in den linken Oberschenkel, die Brust und den Rücken getroffen.

Zur gleichen Zeit trafen Adamsons Besucher auf der Landepiste ein, aber als der Pilot die Schüsse hörte, startete er sicherheitshalber durch und kreiste über dem Gebiet. Aus der Luft sah er Georges Landrover und mehrere Leichen, und daraufhin flog er sofort zum Meru-Nationalpark, um Bericht zu erstatten. Die Banditen glaubten offenbar, das Flugzeug habe mit der Polizei oder der Naturschutzbehörde zu tun, denn sobald es auftauchte, ergriffen sie die Flucht. Inge und die anderen liefen weg und versteckten sich; sie wurden erst am späten Abend von Wildhütern, die am Rand des Kora-Schutzgebietes stationiert waren, gefunden.

Eines war – wie so oft in solchen Fällen – besonders frustrierend: Niemand hatte sofort eingegriffen. Der Pilot hatte zwar den Nationalparkwächtern im Meru-Park von seinen Beobachtungen berichtet, und die hatten ihrerseits die Polizei alarmiert, aber sie waren zu dem Schluss gelangt, sie könnten erst reagieren, wenn sie eine Bestätigung erhalten hatten. Jetzt waren seit den Morden schon fast vierundzwanzig Stunden vergangen, und noch immer war niemand den Banditen auf der Spur. Wir mussten unseren Leuten – Wildhütern und Polizisten – beibringen, schneller auf dringende Meldungen zu reagieren; ich versprach mir selbst – und George –, dies von jetzt an zur obersten Priorität zu machen.

Ich ging kurz in Georges Hütte. Sie enthielt ein Feldbett, ein Regal mit Büchern, einen einfachen Holztisch mit seiner alten, mechanischen Schreibmaschine und den halb fertigen Brief. Adamson war ein tapferer Mann gewesen, ein begeisterter Freund wilder Tiere und Naturschützer aus tiefster Seele. In gewisser Hinsicht passte es vielleicht, dass er in der Auseinandersetzung mit Männern gestorben war, die mit Sicherheit zu einer Wildererbande gehörten. Aber sein Tod war tragisch und unnötig.

Draußen erteilte Kilonzo seinen Leuten Befehle. Im Lager befanden sich jetzt eine beträchtliche Zahl von Polizisten und einige Wildhüter. Nach meiner Ansicht hätten sie überhaupt nicht hier sein und auf Befehle warten sollen. Wäre ich ihr Vorgesetzter gewesen, hätten sie sich schon längst im Gelände verteilt und ein großes Netz gebildet, das man um einen Mittelpunkt zusammenziehen konnte. Aber hier war ich nicht derjenige, der die Anweisungen erteilte – jedenfalls noch nicht.

Der Mord an George Adamson machte auf der ganzen Welt Schlagzeilen, und natürlich wurde in vielen Leitartikeln die Frage gestellt, ob Kenia ein sicheres Reiseland sei. In den Vereinigten Staaten wurde für kurze Zeit sogar erwogen, ob man für unser Land eine Reisewarnung ausgeben solle, eine Maßnahme, die unsere Tourismusbranche und die Nationalparks in den Ruin getrieben hätte. Präsident Moi war darüber mindestens ebenso beunruhigt wie ich, und er drängte mich wieder einmal, alles nur Mögliche zu tun, um die Sicherheit unserer Besucher zu gewährleisten.

»Nichts täte ich lieber als das«, erwiderte ich, »aber Sie wissen ebenso gut wie ich, dass wir immer hinter unserem Anspruch zurückbleiben werden, solange die Wildhüter nicht vollständig ausgebildet und ausgerüstet sind und solange wir nicht neue Maßnahmen ergreifen. Wir brauchen die volle Verantwortlichkeit für die Sicherheit in unseren Parks, und wir brauchen die Mittel, um sie herzustellen.«

Gerade über dieses Thema unterhielten wir uns mehrere Male; Präsident Moi hatte zwar gestattet, dass die Wildhüter mit Sturmgewehren ausgerüstet wurden, aber gleichzeitig beharrte er darauf, die Operationen müssten von der Polizei geleitet werden. Allerdings schien mir, als neigte er nach jeder Begegnung ein wenig mehr in meine Richtung; vielleicht mussten wir einfach nur beweisen, was wir konnten, um sein Vertrauen zu erlangen.

»Wir müssen die Sache langsam angehen, Richard«, sagte er – die gleiche Antwort, die er mir auch bei allen anderen Unterhaltungen über das Thema gegeben hatte. »Aber wir können doch sicher noch mehr tun, um unsere Parks sicher zu machen?«

Ich sah ihm offen ins Gesicht. »Ich finde die Vorstellung zwar schrecklich, aber wir könnten die Sicherheit gewaltig verbessern, wenn wir die Nomaden umsiedeln, die sich in den Parks Tsavo und Meru niedergelassen haben. Wir laufen dabei Gefahr, dass Menschenrechtsorganisationen und vielleicht auch der amerikanische Kongress uns Vorwürfe machen«, sagte ich warnend, »aber es würde Menschenleben retten – das Leben unserer Leute und unserer Besucher.«

Moi zögerte keinen Augenblick. »Dann müssen Sie es tun.«

Kurz nach diesem Gespräch wurde der Präsident in der Presse wieder mit der Äußerung zitiert, man werde Wilderer umgehend erschießen. Ob er das wirklich sagte, und wenn ja, wann und wo, wusste ich nicht; vielleicht hatte er einfach die Anweisung wiederholt, die er schon während der Amtszeit von Dr. Olindo gegeben hatte. Aber ob er es nun verkündet hatte oder nicht – die Zeitungsberichte führten für mich zu neuen Schwierigkeiten mit der westlichen Presse und den Menschenrechtsorganisationen. In den Artikeln klang es so, als würden wir jeden armen Teufel erschießen, der mit einem Speer in einem Schutzgebiet herumlief. Mehrfach riefen mich Journalisten an und fragten, ob wir so etwas vorhätten. Keineswegs, erwiderte ich. Wir suchten nur nach »bewaffneten Gangstern« und würden »unschuldigen *wanachi* [Bürgern] kein Haar krümmen«. Allen Touristen und allen Kenianern solle es freistehen, ohne Furcht unsere Tierwelt zu bewundern.

Ich nutzte aber die Gelegenheit, um über die Wilderer noch etwas anderes zu sagen und ihnen klarzumachen, dass es mir nach wie vor ernst war: »Das ist die letzte Warnung für die Plünderer in unseren Nationalparks und Schutzgebieten. Wenn sie klug sind, verlassen sie diese Gebiete – und zwar sofort.«

Ich ließ die leitenden Wächter aller Nationalparks nach Nairobi kommen und erklärte ihnen, wir müssten unsere Anstrengungen zur Bekämpfung der Wilderei verstärken.

»Wir müssen diese Banden unter Druck setzen, dürfen ihnen keine Ruhe mehr lassen, damit sie die Parks verlassen und draußen bleiben«, sagte ich. »Ich will, dass Sie ihnen die Hölle heiß machen.«

Unsere Tierschutzeinheiten, wie wir die Truppe zur Bekämpfung der Wilderer jetzt nannten, waren mittlerweile weit besser ausgebildet, und ich gab die Anweisung, sie regelmäßig ins Gelände zu schicken. Mein Ziel war, dass Fußstreifen auch in den abgelegensten Teilen der Parks beobachteten, lauschten, ihre Spuren hinterließen. »Jeder Fußabdruck eines Wildhüters wird den Wilderern etwas mitteilen«, sagte ich. »Wir werden ihnen sagen: ›Wir sind hier und da und überall; wir suchen euch und wir werden euch finden, und dann seid ihr am Ende.‹ Und wenn dann ein Wilderer das nächste Mal den Fußabdruck eines Wildhüters sieht, wird er wissen, dass es an der Zeit ist abzuhauen.«

Wenige Tage nach dieser Besprechung machte eine unserer Tierschutzeinheiten im Tsavo-Park eine Wildererbande ausfindig und tötete bei der Festnahme im Morgengrauen drei Verbrecher; dabei stellten die Wildhüter zwei G3-Sturmgewehre und dreiundachtzig Schuss Munition sicher. Das waren Nachrichten, wie ich sie hören wollte. Unsere Leute mussten wissen, wie sehr ich mich über ihren Erfolg freute. Als ich den Bericht erhalten hatte, griff ich sofort nach meinem Mantel und verließ mein Büro in Richtung Wilson Airport.

»Sagen Sie alle Termine ab«, wies ich meine Sekretärin im Hinausgehen an. »Wenn jemand fragt, sagen Sie, dass ich im Gelände bin.«

Zwei Stunden später landete ich auf der Piste von Kilanguni im Nationalpark Tsavo West. Wie üblich empfing mich Joe Kioko, der leitende Parkwächter, und erstattete kurz Bericht. Er kannte den Standort der Männer im Gelände, und wir starteten sofort in nördlicher Richtung zu einer der abgelegensten Ecken des Parks Tsavo Ost. Ich hatte mittlerweile dafür gesorgt, dass die Einheiten über Funkgeräte für die Boden-Luft-Kommunikation verfügten, und als wir über ihnen waren, dirigierten Sie uns zu einer nahe gelegenen, einigermaßen ebenen Wiese, wo wir landen konnten. Von dort waren es zu Fuß zehn Minuten zum Schauplatz der Schießerei, und wieder einmal war ich durch die surrealistische Atmosphäre wie vor den Kopf gestoßen. Da standen wir buchstäblich mitten im Niemandsland, in einem Gebiet voller Frieden und Ruhe, und vor uns hatten wir die Überreste eines Schlachtfeldes. Der Geruch des Todes hing schwer in der Luft.

Unsere Wildhüter waren schon eine Woche unterwegs, und so sahen sie auch aus. Sie waren verschwitzt, schmutzig und müde, aber ihre Augen leuchteten vor Stolz. Als ich kam, stellten sie sich in Habachtstellung auf, aber ich sagte ihnen sofort, sie sollten sich rühren; ich sei nur gekommen, um ihnen zu ihrer beachtlichen Leistung zu gratulieren.

»Sie haben genau das getan, was wir tun müssen, um unsere Parks zurückzugewinnen«, sagte ich. »Ich weiß, wie schwer Ihre Arbeit ist – und bald wird es auch ganz Kenia wissen. Sie müssen mir nur sagen, was Sie jetzt sonst noch brauchen.«

Die Männer lächelten schüchtern. Einer fragte, ob wir vielleicht ein paar Zigaretten hätten, und sofort brachte Joe mehrere Päckchen zum Vorschein. Rauchend und am Tee nippend, berichteten sie uns über die Schießerei. Sie hatten von ein paar Hirtenjungen erfahren, dass eine Bande sich in dem Park befand und Elefanten schoss. Ein anderer Wildhüter hatte aus der Luft frische Kadaver in dem Gebiet ausgemacht und seine Kollegen zu der Stelle dirigiert. Sie hatten einen alten Lagerplatz gefunden und sich mehrere Tage lang auf die Spur der Bande begeben. Offensichtlich wussten die Wilderer, dass sie verfolgt wurden, denn sie taten alles, um ihre Spuren zu verwischen: Einmal trugen sie Sandalen, dann gingen sie wieder barfuß; manchmal traten sie nur auf Steine, oder sie gingen auf den Fußballen; oder sie trennten sich und schlugen in kleinen Gruppen drei unterschiedliche Richtungen ein, um sich zwei Tage später wieder zu treffen. Aber diese Wildhüter stammten aus der Wüste im Norden des Landes und kannten alle Tricks. Sie untersuchten die Spuren der Wilderer, enttarnten jeden irreführenden Hinweis und wussten zumindest, dass sie den Gesuchten näher kamen.

Die Wilderer hatten im Schatten eines Busches Rast gemacht, und während einige von ihnen schliefen oder Tee kochten, standen die anderen Wache. Unsere Einheit hatte sie am Abend zuvor ausfindig gemacht, sich ein Stück weit zurückgezogen und zwei Männer zum Beobachten zurückgelassen. Kurz vor Tagesanbruch hatten die Wildhüter angegriffen und die Wilderer aufgefordert, sich zu ergeben. Stattdessen hatten die Männer in dem Lager sofort das Feuer eröffnet. Die Wildhüter mussten zurückschießen, um ihr eigenes Leben zu schützen. Kugeln pfiffen in der Wüste, schlugen klingend auf Felsen und wühlten Spuren im Sand auf. Der Kampf dauerte fast zwei Stunden. Am Ende waren drei Wilderer tot, und zwei waren entkommen; einer hatte noch das Gewehr eines getöteten Komplizen mitgenommen.

»Deshalb haben wir von diesen Wilderern nur zwei Waffen, Sir«, erklärte mir ein Wildhüter.

»Gut gemacht«, sagte ich noch einmal – und dabei ging mir durch den Kopf, wie sich diese Wildhüter im Vergleich zu dem buntscheckigen Haufen, der mir ein paar Monate zuvor gegenübergetreten war, verändert hatten. Ihre Uniformen waren immer noch verschlissen, aber sie verbreiteten nicht mehr jene schüchterne, unsichere Ausstrahlung. Sie waren jetzt Männer, die ein Ziel hatten.

Ich warf einen kurzen Blick auf die drei toten Wilderer. Es waren große, hagere Männer. Ihre scharf geschnittenen Gesichtszüge und die Kleidung – langärmelige Hemden und gemusterte Sarongs – wiesen darauf hin, dass sie aus Somalia stammten. Um die Taille trugen sie dicke, rot gefärbte Ledergürtel, in denen ihre gekrümmten Dolche steckten. Außerdem hatten sie schwere Patronengürtel getragen, die jetzt neben ihnen in der Sonne blinkten. Vermutlich waren sie über tausend Kilometer weit gewandert, bevor sie in dieser Einöde aus Sand der Tod ereilte – und wofür? Für die Gelegenheit, mit einem Stoßzahn aus Elfenbein ein wenig Geld zu verdienen. Wie sehr hätte ich mir gewünscht, dass ein paar »Naturschützer« aus Zimbabwe oder der CITES-Direktor oder sonst irgendjemand, nach dessen Ansicht der Elfenbeinhandel eigentlich keinen Schaden anrichtete, das hier sehen konnte. Dann hätten sie sicher einen ganz anderen Eindruck gehabt.

Als wir wieder im Flugzeug saßen, wandte ich mich an Joe. »Wissen Sie, ich habe mich immer gefragt, ob wir diese Wilderer wirklich aufhalten können. Aber jetzt weiß ich, dass es möglich ist. Die Wilderei wird aufhören, und zwar viel schneller, als wir geglaubt haben.«

Joe lächelte breit. »Sie haben Recht, Richard. Endlich werden wir diesen Krieg gewinnen.«

Entgegen meinen anfänglichen Zweifeln an der gemeinsamen Operation von Polizei und Wildhütern im Kora-Park sah es so aus, als machten wir auch dort Fortschritte. Nur fünf Tage nach Adamsons Tod nahm die Polizei drei Männer fest und klagte sie wegen des Verbrechens an; wie ich befürchtet hatte, waren die Indizien gegen sie allerdings sehr spärlich und unzureichend. (Einer von ihnen hatte beispielsweise eine Waffe bei sich, die George gehört hatte. Der Mann behauptete, er habe sie von einem Händler gekauft, was durchaus glaubwürdig war. In dieser Gegend wechseln Waffen sehr schnell den Besitzer.) Aber wir hatten unsere Leute im Gebiet von Meru-Kora und den beiden Tsavo-Parks auf Vordermann gebracht, und eine Zeit lang waren sie fast täglich in Schießereien verwickelt. Dabei verloren wir ein paar tapfere junge Männer, und andere erlitten schreckliche Verletzungen; aber es gelang uns, viele bewaffnete Banditen festzunehmen. Gleichzeitig vertrieben wir die Nomaden aus dem Norden des Meru-Parks – eine unglückliche, aber notwendige Vorgehensweise. Es war eine mehr als unangenehme Angelegenheit, und ich zerbrach mir immer wieder den Kopf darüber, wie wir sie schnellstmöglich beenden konnten. In den Zeitungen Kenias wurde sie einfach als notwendige Aktion bezeichnet, als gesetzlich abgesicherte Entfernung illegaler Siedler aus einem Nationalpark. Die Siedler wussten, dass sie sich illegal dort aufhielten, und so unerfreulich das Ganze war, so rettete es dennoch Menschenleben.

Nicht alles ging glatt vonstatten. Adamsons Tod lag noch nicht lange zurück, da stießen unsere gemeinsamen Einsatzkräfte auf eine weitere Bande bewaffneter Wilderer. Wie gewöhnlich hatten Polizisten den Oberbefehl, aber sie waren nicht im Guerillakrieg ausgebildet und führten ihre Einheit unabsichtlich in einen Hinterhalt. Was nun folgte, war die bis dahin schlimmste Katastrophe. Mörser und Granaten trafen zwei Lastwagen, wobei sechzehn Wildhüter und Polizisten ums Leben kamen. Nur zwei Wildhüter entkamen. Sie waren gezwungen, ein weiteres Fahrzeug und darin mehr als zwanzig Sturmgewehre sowie mehrere hundert Schuss Munition zurückzulassen. Das gesamte Waffenlager fiel den Banditen in die Hände – nach meiner Überzeugung handelte es sich um dieselbe Bande, die auch die beiden jungen Touristen aus Frankreich ermordet hatte.

Als ich in der Einsatzzentrale des Meru-Parks davon erfuhr, konnte ich vor Entsetzen nur den Kopf schütteln. Der ganze Optimismus, den ich im Tsavo-Park noch gespürt hatte, schwand dahin.

Ein paar Tage später flog ich wieder in den Kora-Park, um an den Beisetzungsfeierlichkeiten für George Adamson teilzunehmen. Er war zwar kein enger Freund gewesen, aber in den vielen Jahren als Wildhüter und leidenschaftlicher Naturschützer war er zu »einem von uns« geworden, und nach meiner Überzeugung sollte er in allen Ehren zur letzten Ruhe gebettet werden. Sechs Wildhüter trugen den Sarg zu einer Stelle bei einigen Hügeln, die Aussicht auf den Tana-Fluss bot und an der sowohl sein Bruder Terrence als auch zwei seiner geliebten Löwen (die einige Jahre zuvor eines natürlichen Todes gestorben waren) bestattet waren. In einer kurzen Ansprache lobte ich Adamsons Mut und den Dienst, den er Kenia erwiesen hatte, dann gelobte ich, wir würden seine Mörder zur Rechenschaft ziehen. Anschließend marschierten zwölf Wildhüter mit militärischer Präzision an das Grab und gaben Salutschüsse in die Luft ab. Ein Trompeter spielte den Zapfenstreich, und während die Töne im Wind verwehten, senkte sich George Adamsons Sarg in die Erde.

An der Beisetzung nahmen über hundert Personen teil, und viele von ihnen waren sichtlich bewegt. Während ich zwischen ihnen stand, kam mir der Gedanke, dass seit dem Mord erst zwei Wochen vergangen waren und dass in dieser kurzen Zeit noch viele andere ehrliche Männer ihr Leben gelassen hatten; weitere Elefanten waren getötet worden; man hatte Hirten und ihre Herden aus Gründen, die sie nicht verstanden, zwangsweise umgesiedelt. Das alles erschien mir entsetzlich sinnlos. Doch dieser Kampf würde weitergehen, das wusste ich.

Aber eine andere Auseinandersetzung konnte ich beenden: die mit der Polizei. Früh am nächsten Morgen rief ich Präsident Moi an und fragte, ob er möglichst bald Zeit für mich habe.

»Auf jeden Fall. Kommen Sie sofort«, sagte er.

Eine halbe Stunde später stand ich in seinem Büro.

»Ich glaube, ich weiß eine Lösung für unser Problem«, verkündete ich.

Präsident Moi sah mich fragend an.

»Wir müssen der Polizei klarmachen, dass unsere bewaffneten Wildhütereinheiten als kontrollierte, disziplinierte Streitmacht vorgehen. Ich glaube, das erreichen wir am besten, wenn wir einen Polizeioffizier zum Befehlshaber der Naturschutzeinheiten ernennen. Geben Sie mir einen Ihrer besten Polizeiführer, einen Mann, zu dem Sie Vertrauen haben.«

Moi lächelte. »Ja. Das könnte funktionieren. Haben Sie an jemand Bestimmtes gedacht?“

Ich hatte tatsächlich jemanden im Sinn: Abdul Bashir, den Burschen mit dem Zwinkern in den Augen, der mir ein paar Monate zuvor im Tsavo-Park das Barett zurechtgesetzt hatte. Er war stellvertretender Kommandant der General Services Unit, der paramilitärischen Einheit der Polizei. Seit dem Vorfall mit dem Barett war ich mehrfach bei Besprechungen mit ihm zusammengetroffen, und dabei hatte mich sein Verhalten ebenso positiv beeindruckt wie der Respekt und die Loyalität, die seine Leute ihm entgegenbrachten; außerdem gefiel mir sein geradliniger Charakter. Er war genau der Mann, den ich brauchte. Ich schrieb dem Präsidenten seinen Namen auf.

»Gut. Ich werde dafür sorgen, dass er sofort zu Ihnen versetzt wird.«

Wieder lächelte Moi, dieses Mal allerdings nur flüchtig. Auf seinem Gesicht machte sich ein Ausdruck der Beunruhigung breit.

»Ich muss Ihnen etwas sagen, Richard«, sagte er und neigte den Kopf dicht zu mir. Halblaut erklärte er: »Sie brauchen einen Leibwächter. Sie brauchen – nein, ich bestehe darauf.« Er hob die Hand, um meinen Protest abzuwehren. »Es gibt Leute, die haben etwas gegen Sie.«

Deutlicher wurde er nicht. Er sagte nur, er werde so gut wie möglich für meine Sicherheit sorgen.

Am Abend erzählte ich Meave nichts von dem Leibwächter; sie machte sich wegen der ganzen Schießereien und der Wilderei schon genug Sorgen. Stattdessen vertraute ich Mois Worte meinem Tagebuch an.

Der Präsident sorgt sich um meine Sicherheit, schrieb ich. *Was mag er wissen?*

Kapitel 9

Politik ist in Kenia ein hartes Geschäft. Vielleicht liegt es daran, dass unser Land jung ist, vielleicht auch an seinen vielen Stämmen, die ständig um Macht und Geld konkurrieren, oder an der Unsicherheit unserer Führungspersönlichkeiten: Jeder, der beim Präsidenten an Einfluss gewinnt oder als Bedrohung für ihn gilt, begibt sich in Gefahr. Durch meine langjährige Tätigkeit im kenianischen Staatsdienst hatte ich gelernt, dass die Nähe zu Präsident Moi selten etwas Langfristiges ist und dass man sich damit in jedem Fall mächtige Feinde schafft. Ich wusste von mehreren tüchtigen Leuten, die heute noch in hoch gestellten Positionen waren und morgen auf der Straße standen. Regierungsbeamte und Politiker waren verprügelt und ins Gefängnis geworfen worden; andere waren auf rätselhafte Weise verschwunden. Auch unter Mois Vorgänger Jomo Kenyatta, dem ersten Präsidenten Kenias, war es nicht anders gewesen. Während seiner Amtszeit hatte man drei beliebte Politiker ermordet – zwei von ihnen wurden in Nairobi auf offener Straße niedergeschossen. In allen drei Fällen sprachen Indizien dafür, dass hohe Regierungsbeamte hinter den Anschlägen steckten, und immer wurde heftig darüber spekuliert, um wen es sich handeln könnte. Keines der Verbrechen wurde jemals aufgeklärt.

Als ich die Leitung der Naturschutzbehörde übernahm, wussten Meave und ich ganz genau, dass mein Leben in Gefahr war – und sei es auch nur, weil ich fest entschlossen war, dem illegalen Elfenbeinhandel Einhalt zu gebieten. Als ich jetzt versuchte, dem Handel insgesamt – dem legalen ebenso wie dem illegalen – ein Ende zu machen, wurde ich noch mehr zur Zielscheibe. Aber ich war mir durchaus nicht sicher, ob Präsident Moi die Elfenbeinhändler meinte, als er mir zuflüsterte, ich brauche Leibwächter. Mit viel größerer Wahrscheinlichkeit stammten die Drohungen von Leuten, die sich über meinen Erfolg bei der Reform der Naturschutzbehörde ärgerten – und über die Tatsache, dass ich die volle Rückendeckung des Präsidenten genoss. Ich hatte die Behörde von einigen ihrer schlimmsten Mitarbeiter befreit und bereitete jetzt eine weitere Welle der Entlassungen und Versetzungen vor. Vielleicht schmiedete jemand ein Komplott, um das zu verhindern.

Auch früher hatte ich mir schon ein paar Feinde gemacht. Der ehemalige Vizepräsident Josephat Karanja zählte sicher nicht zu meinen Freunden. Er hatte versucht, mich aus der Leitung des Museums zu drängen, nachdem ich George Muhoho kritisiert hatte, aber das hatte ihn am Ende seine eigene Stellung gekostet. Ähnliches galt für Muhoho, den der Präsident nach meinem Amtsantritt in ein anderes Ministerium versetzt hatte. Aber konnte einer von ihnen so wütend sein, dass er mich umbringen lassen wollte? Da hatte ich meine Zweifel.

Eher machte ich mir Sorgen, die Drohung könne mit den Versetzungen zu tun haben, für die ich selbst verantwortlich war. Nachdem ich die ersten siebzig korrupten Mitarbeiter entlassen hatte, war es mir gelungen, zweihundert weitere loszuwerden, und ich strebte an, die Behörde von noch mehr Leuten zu befreien. Feinde hatte ich mir nicht nur unter jenen gemacht, die wir versetzt oder in den vorzeitigen Ruhestand geschickt hatten (wirklich entlassen wurde kein Einziger; dazu wäre im öffentlichen Dienst ein umständliches, entsetzlich langwieriges Verfahren erforderlich), sondern auch unter ihren Angehörigen und Freunden, die ihnen vermutlich geholfen hatten, überhaupt erst ihre Stellung zu bekommen. Leider ist das die Art, wie unser Staatsdienst funktioniert. Wer eine einflussreiche Stellung in einer Behörde erlangt hat, ist geradezu verpflichtet, auch seinen Brüdern und Schwestern, Onkeln und Tanten, Vettern und entfernten Cousinen Arbeit zu verschaffen. Dabei spielt es keine Rolle, ob es für diese Leute wirklich etwas zu tun gibt; ist das nicht der Fall, wird eine »Aufgabe« geschaffen. Unter Umständen wird jemand eingestellt, der dem Chef morgens und nachmittags den Tee bringt oder die Morgenzeitung kauft. Hat er den übrigen Tag nichts anderes zu tun, als die Hände in den Schoß zu legen, so tut er es. Das ist der Grund, warum die Büros und Korridore unserer Behörden immer voller gelangweilt dreinblickender Menschen sind und warum die Behörden so ineffizient arbeiten.

Und dann kam ich daher, um dieses gut eingespielte, unproduktive, korrupte System aufzumischen. Natürlich gab es Leute, die mich lieber von hinten gesehen hätten.

Mit dieser Begründung erklärte ich Meave am nächsten Tag, warum ich Leibwächter brauchte. Verständlicherweise war sie zutiefst beunruhigt. Von jetzt an würde stets ein bewaffneter Begleiter mit mir im Auto fahren, und andere würden uns in einem zweiten Wagen folgen. Weitere Sicherheitsbeamte würden Tag und Nacht vor unserem Haus Stellung beziehen. Sie sollten aus der Naturschutzbehörde kommen und regelmäßig abgelöst werden, damit man möglichst keinen von ihnen als Komplizen für einen Angriff auf mein Leben gewinnen konnte. Meave hörte aufmerksam zu, als ich ihr die Veränderungen in unserem Tagesablauf und im häuslichen Leben beschrieb; dann seufzte sie.

»Es gefällt mir nicht«, sagte sie. »So etwas gefällt mir überhaupt nicht. Aber wenn es sein muss ...«

Ihre Stimme erstarb, und sie zwang sich zu einem Lächeln. Dann fügte sie mit mehr Zuversicht, als sie nach meiner

Überzeugung wirklich empfand, hinzu: »Nun ja, immerhin haben sie dich gewarnt.«

Auch wenn es mir schwer fiel, ihr von den mahnenden Worten des Präsidenten zu berichten, so war es für sie noch schwieriger, mir zuzuhören, nachdem sie mich schon früher einmal fast verloren hätte.

Wie ich bereits erwähnt habe, wurde bei mir im Jahr 1969 eine unheilbare Nierenerkrankung festgestellt, die Folge einer Racheninfektion, die auf die Nieren übergegangen war. Ich war damals vierundzwanzig, und die Ärzte gaben mir eine Zeit zwischen sechs Monaten und zehn Jahren. Die Diagnose erschien mir unrealistisch. Ich fühlte mich gesund und kräftig. Kurz zuvor hatte man mich zum Verwaltungsleiter der kenianischen Nationalmuseen ernannt, und ich hatte von der National Geographic Society mein erstes Forschungsstipendium zur Leitung einer eigenen Expedition erhalten. Außerdem war ich frisch in Meave verliebt. Und plötzlich sollte ich todkrank sein? Ich entschloss mich, die Sache zu verdrängen und weiterzumachen, als sei ich völlig gesund – schließlich fühlte ich mich so.

Meave war mit meinem Entschluss einverstanden, und nachdem wir 1971 geheiratet hatten, entschieden wir uns, trotz der schwer wiegenden Prognose der Ärzte eine Familie zu gründen. Unsere beiden Töchter Louise und Samira wurden 1972 und 1974 geboren. Mittlerweile hatten wir zahlreiche großartige Fossilien gefunden, die uns nicht nur in das Magazin *National Geographic* gebracht hatten, sondern auch auf die Titelseiten der Zeitungen in der ganzen Welt. Ich war mittlerweile alleiniger Direktor der kenianischen Nationalmuseen und bemühte mich eifrig, das Museum in Nairobi zu einer führenden Forschungseinrichtung zu machen. Am Ufer des Turkanasees, unserer wichtigsten Fundstätte, hatten wir ein komfortables Lager aufgebaut. Es war ein erfülltes Leben.

Aber ich bemerkte auch eine Reihe von Symptomen, vor denen die Ärzte mich gewarnt hattn. Mein Blutdruck war sehr hoch, sodass ich jeden Tag unter pochenden Kopfschmerzen litt – ein Zeichen, dass es mit meinen Nieren bergab ging. Meine Ärztin konnte kaum etwas dagegen tun; sie erklärte mir nur, dies sei der übliche Verlauf der Krankheit, und ich solle auf bestimmte Lebensmittel verzichten. Auf ihrer Liste standen die meisten Dinge, die mir besonders gut schmeckten – beispielsweise gesalzenes Fleisch und Wein –, und ich entschloss mich, ihren Ratschlag zu ignorieren. Welchen Sinne hatte schließlich das Leben noch, wenn man nicht mehr die Dinge genießen konnte, die man mochte?

Meine Nieren hielten ein wenig länger durch, als die ersten Ärzte prophezeit hatten. Aber im Sommer 1979 mussten Meave und ich dem Unausweichlichen ins Auge sehen. Die Organe funktionierten kaum noch. Wir fuhren nach England, und dort behandelte man mich mit Dialyse. Außer mit Meave hatte ich nie mit meinen Angehörigen über meine Krankheit gesprochen, aber sobald meine drei Brüder von dem Problem erfuhren, bot mir jeder von ihnen eine Niere an. Noch heute bin ich zutiefst gerührt von ihrer Großherzigkeit. Alle schickten Blutproben zur Untersuchung, und wie sich herausstellte, passte die Niere meines jüngeren Bruders Philip am besten. Im November 1979 schenkte Philip mir das Leben: eine neue Niere.

Ganz so einfach war die Sache natürlich nicht. Philip litt gewaltig unter der Operation. Und drei Wochen später hätte ich die Niere fast verloren. Man hatte mich gewarnt, es werde anfangs möglicherweise nach einem erfolgreichen Eingriff aussehen, und später könne mein Körper dennoch das fremde Organ abstoßen. Leider geschah genau das, und ich musste erneut ins Krankenhaus.

Die Ärzte taten ihr Bestes und gaben mir in hoher Dosis Medikamente, die mein Immunsystem unterdrückten. Damit konnten sie der Abstoßung Einhalt gebieten, und glücklicherweise wurde die Niere durch die Behandlung nicht geschädigt. Aber wegen der hoch dosierten Medikamente hatte ich praktisch keine Abwehrkräfte mehr, sodass ich sehr anfällig für Infektionskrankheiten war. Ein paar Tage später bekam ich eine Virusinfektion, die sich schnell zu einer schweren Lungenentzündung entwickelte, verbunden mit Blutvergiftung und einer schmerzhaften Brustfellentzündung. In den frühen Morgenstunden des 20. Januar 1980 wurde ich wieder einmal eilig ins Krankenhaus gebracht, dieses Mal im Rettungswagen.

Die Ärzte hielten meine Genesungsaussichten durchaus nicht für gesichert, aber ich erhielt die bestmögliche medizinische Versorgung und wurde massiv mit Antibiotika behandelt. Dennoch bin ich überzeugt, dass Meave es war, die mich durchhalten ließ. Während der vierundzwanzigstündigen Tortur wäre ich einmal fast gestorben. Es war ein klassisches Out-of-Body-Erlebnis. Ich blickte von oben auf das Krankenzimmer hinab, wo mein Körper ausgestreckt auf dem Bett lag. Krankenschwestern und Ärzte hasteten hin und her. Alle sahen sehr verängstigt aus. Ich selbst dagegen empfand ein Gefühl von Frieden und Ruhe. Dann sah ich Meave neben mir sitzen; sie hatte meine Hand umklammert und redete mir eindringlich zu.

»Richard! Du kannst doch jetzt nicht sterben, Richard«, sagte sie. »Du darfst mich nicht verlassen. Atme, Richard, atme.«

Ihre Worte ließen mich kämpfen. Wie ich in meinen Körper zurückkehrte, weiß ich nicht mehr. Plötzlich spürte ich wieder die Schmerzen, und ich bemühte mich, einen Atemzug zu tun. Dann noch einen.

Dieses Erlebnis knüpfte ein dauerhaftes Band zwischen uns. Und es nahm mir alle Angst, die ich vor dem Tod empfunden hatte.

Jetzt erwähnte keiner von uns mein Nierenversagen oder jene lange Nacht vor vielen Jahren, aber ich erkannte die Sorge auf Meaves Gesicht, als ich ihr von den Leibwächtern erzählte.

»Steigern wir uns nicht hinein«, sagte ich. »Die kriegen mich nicht. Wer ›die‹ auch immer sein mögen.«

Der Gedanke, auf mich könne ein Anschlag verübt werden, ließ uns so nahe zusammenrücken wie seit einiger Zeit nicht mehr. Wie Meave es prophezeit hatte, war unser Leben seit meiner Ernennung ein völlig anderes geworden. Ich war ganz und gar damit beschäftigt, Geld für die Behörde aufzutreiben, die Wildereikrise beizulegen, gute Mitarbeiter zu finden und mich auf die Seite der richtigen Regierungsfraktion zu stellen. Nur selten hatte ich einen Augenblick für mich allein, von ausreichend Zeit für Meave ganz zu schweigen. Zum ersten Mal seit vielen Jahren fuhr sie auch ohne mich an den Turkanasee, um an seinem Westufer ein Team aus Wissenschaftlern und Fossilsammlern zu leiten.

Im Jahr 1984 hatte Kamoya Kimeu, der Obmann unseres Fossilsammlerteams, das Skelett eines vor fast zwei Millionen Jahren verstorbenen Jungen entdeckt. Es war ein Angehöriger der Menschenspezies *Homo erectus*, die unserer eigenen, dem *Homo sapiens*, unmittelbar vorausging. Im Laufe der nächsten Jahre gruben wir fast sämtliche Knochen des Jungen aus, und damit war es das erste nahezu vollständige Skelett eines *Homo erectus*, das jemals entdeckt wurde. Ein bemerkenswerter Fund.

Nicht lange danach konnte Meave mit ihren Entdeckungen weitere Erfolge verzeichnen. Es begann an der Fundstelle Lothagam, einem sehr schönen, aber einsamen Ort am Westufer des Sees; dort arbeitete sie an Fundstätten, die älter waren als jene, mit denen ich mich am Ostufer befasst hatte. Die neuen Funde verschafften ihr die wohl verdiente Anerkennung und Unterstützung. Obwohl ich völlig mit meinen eigenen Problemen und dem Kampf für die Elefanten beschäftigt war, vermisste ich schmerzlich die Arbeit mit den Fossilien, die einen so großen Teil meines Lebens ausgemacht hatte. Ein paar Mal besuchte ich Meaves Lager, aber das war nicht das Gleiche; ich war außen vor und fühlte mich nicht mehr als Teil des Unternehmens.

Wenn meine Feinde geglaubt hatten, sie könnten mich mit Morddrohungen davon abhalten, die Naturschutzbehörde zu säubern, hatten sie sich geirrt. Ungefähr eine Woche nach der Besprechung mit Moi kam ein alter Freund – und einer meiner früheren Vorgesetzten – auf einen kurzen Besuch in meinem Büro vorbei. Er hieß David Mwiraria und war einer der erfahrensten Beamten des Landes. David hatte sich in eine ganze Reihe von Führungspositionen hochgedient und war schließlich Ständiger Sekretär in mehreren wichtigen Ministerien gewesen. In einer dieser Positionen hatten auch die Nationalmuseen zu seinem Zuständigkeitsbereich gehört, und ich war ihm unmittelbar unterstellt. Irgendwann war er auch Vorsitzender des Museumskuratoriums geworden. Ich hatte gerne für ihn gearbeitet, und im Laufe der Jahre hatte sich zwischen uns eine Freundschaft entwickelt. David, ein kleiner, rundlicher, immer zu einem Lachen aufgelegter Mann hat einen schnellen, scharfen Verstand und ein gutes Urteilsvermögen für die Stärken und Schwächen der Menschen. Außerdem war er ein Meister der Technokratie; er wusste, wie die Dinge im öffentlichen Dienst Kenias liefen.

Im Jahr 1987 jedoch fiel David bei der Regierung in Ungnade. Es hatte Meinungsverschiedenheiten mit einem Minister in einer Grundbesitzangelegenheit gegeben, und der Minister hatte offenbar mehr politischen Einfluss als David. Eines Tages erfuhr mein Freund zur gleichen Zeit wie alle übrigen Bürger Kenias aus dem Rundfunk, die Regierung habe seine Stelle mit einem neuen Mann besetzt. Man hatte ihn sang- und klanglos hinausgeworfen.

Ich wusste, dass David ein tüchtiger Mann und loyaler Beamter war, und deshalb war ich über die Maßnahme der Regierung verblüfft. Die Entlassung bestätigte es eindeutig: Das System begünstigte ohne Zweifel jene, die korrupt waren, bereitwillig Bestechungsgelder annahmen und öffentliches Eigentum stahlen. Leute dieser Sorte wurden nur selten entlassen. Es traf immer diejenigen, die im Interesse des Staates ihr Bestes gaben. Außenstehende nahmen allgemein an, es handele sich dabei um einsame Entscheidungen des Präsidenten, aber ich bin sicher, dass er vom engsten Kreis seiner Berater und leitenden Minister absichtlich falsch informiert wurde.

Ich hatte David seit meiner Ernennung nicht mehr gesehen, und deshalb freute ich mich sehr, als er Ende August 1989 in der Tür meines Büros stand. Zu meiner Überraschung stützte er sich auf einen Spazierstock. Wie er mir erklärte, hatte er einen schlimmen Autounfall gehabt, und die Verletzungen waren noch nicht ganz verheilt.

»Um die Wahrheit zu sagen, Richard, das war ein schrecklicher Monat«, erklärte er. »Dauernd habe ich Schmerzen, und ich kann nicht so arbeiten, wie ich es gerne täte. Ich sitze nur zu Hause herum.«

Ich wusste, dass er mich nicht um eine Stelle bat, aber plötzlich kam mir der Gedanke, Davids Erfahrung und Fachkenntnisse könnten sehr nützlich sein.

»Wie wäre es, wenn du bei mir anfangen würdest?«, fragte ich.

David grinste und lachte leise. »Das soll wohl ein Witz sein. Außerdem würde die Regierung ohnehin nicht zulassen, dass du mich einstellst.«

»Das soll überhaupt kein Witz sein. Ich kann dich gut brauchen. Du kannst dir überhaupt nicht vorstellen, was für ein Durcheinander hier herrscht. Wir bekommen es nur sehr langsam in den Griff. Wir wollen eine unabhängige, halbstaatliche Organisation werden, und wenn es so weit ist, brauchen wir einen handfesten, auf fünf Jahre angelegten Entwicklungsplan. Kannst du mir helfen, das auf die Beine zu stellen?«

David zögerte keinen Augenblick. »Wann soll ich anfangen?«

»Morgen. Und wegen der Regierung mach dir keine Sorgen; ich werde ihnen erklären, warum ich dich brauche.«

Ich wollte, dass David sofort eine Beurteilung unserer verbliebenen 4500 Mitarbeiter organisierte. Er kannte das Innenleben des öffentlichen Dienstes und würde einen Weg finden, um uns von den verbliebenen korrupten, faulen Angestellten zu befreien.

Was dabei am wichtigsten war: David und ich wussten, dass wir einander trauen konnten. Als ich noch am Museum arbeitete und er Ständiger Sekretär im Büro des Vizepräsidenten war, hatte ich einmal beim Abendessen in meinem Haus in Lamu gegenüber anderen »Freunden« in der Regierung darüber gesprochen, wie das System einen ihrer Kollegen, einen leitenden Regierungsbeamten, ruiniert hatte. Einer der Anwesenden leitete meine Äußerungen an die Behörden weiter. Zehn Tage später erhielt ich eine schroff formulierte Vorladung in Davids Büro. Die üblichen Höflichkeitsfloskeln waren völlig überflüssig. Ich musste mir eine strenge Strafpredigt anhören. David sah mich kühl an und erklärte, die Regierung habe einen vollständigen Bericht über meine beim Abendessen geäußerten Ansichten erhalten und sei darüber alles andere als erbaut. Ich solle mich solcher Gedanken und Äußerungen völlig enthalten, ansonsten werde man mich ohne viel Federlesens vor die Tür setzen.

Ich reagierte auf Davids Vortrag mit einem Augenzwinkern, wusste ich doch, dass er selbst ähnliche Ansichten hatte wie ich. In dem ernsthaftesten Ton, dessen ich fähig war, erklärte ich, ich würde meine Gedanken in der Gegenwart leitender Regierungsbeamter nicht mehr äußern, was aber die Gedanken selbst angehe, könne ich keinerlei Versprechungen machen. Ich deutete sogar an, meine Meinung über das Thema sei noch viel schlimmer, als ich es bisher zu erkennen gegeben hatte. Daraufhin lächelte David, ging um seinen Schreibtisch herum und schüttelte mir die Hand. Er flüsterte mir zu, er habe nur »auf Befehl« gehandelt, und jetzt sei Zeit für eine Tasse Tee. Anschließend tauschten wir halblaut unsere Gedanken über das Thema aus und stellten dabei fest, dass sie sich stark ähnelten.

In der Naturschutzbehörde würden wir gut zusammenarbeiten, das war mir klar. Ich freute mich darauf, jemanden in meiner Dienststelle zu haben, dem ich voll und ganz vertrauen konnte und der mir auch sagen würde, wann ich Unrecht hatte.

Bei meinem nächsten Zusammentreffen mit Präsident Moi nannte er den Namen David Mwiraria. Er hatte gehört, dass ich ihn eingestellt hatte, und war darüber nicht begeistert.

»Ich würde ihn gern behalten«, erwiderte ich. »Er hat umfangreiche Erfahrung, und ich brauche seine Anleitung. Er wird mir gewaltig helfen.«

Der Präsident sah mich zornig an.

»Ganz im Ernst«, fügte ich hinzu, »ich brauche seine Hilfe wirklich.«

Präsident Moi studierte mich eine ganze Weile. »Sie sind ein schwieriger Mann, Richard«, sagte er. Dann blickte er in die andere Richtung und schwieg; eine lange Minute verstrich.

Auch ich selbst hatte während der zwanzig Jahre, die ich als Museumsdirektor tätig war, eine Menge über das Innenleben der kenianischen Verwaltung gelernt. Mehrfach war ich Gegenstand von Intrigen, und einige Mitarbeiter, die ich selbst eingestellt hatte, hatten sich zusammengetan, um mich loszuwerden. Sie glaubten, meine Position könne ihnen als Sprungbrett zu höheren regierungsamtlichen Ehren dienen, und empfanden keinerlei Verpflichtung gegenüber dem Museum selbst. Ich überlebte diese Krisen, einmal allerdings nur durch unmittelbare Hilfe des Präsidenten. Er hörte sich meine Klagen an und unternahm dann das Richtige, um mein Problem zu lösen. Nach dieser Erfahrung war ich überzeugt, dass Moi in der Regel richtig handelte, wenn er über die richtigen Informationen verfügte, und dass ihm, anders als vielen seiner Kumpane, das Wohl des Landes wirklich am Herzen lag. Dennoch machte mir ein Ereignis unmissverständlich klar, was für eine unsichere Angelegenheit die Politik in Kenia sein kann.

Von 1983 an und bis weit ins Jahr 1984 hinein gab es eine öffentliche Untersuchung über das Verhalten des Ministers für Verfassungsangelegenheiten Charles Njonjo. In Gang gesetzt wurde sie von irgendjemandem aus dem innersten Beraterkreis des Präsidenten, der Moi davon überzeugt hatte, Charles sei eine Gefahr und wolle durch ein Komplott selbst Präsident werden. Die ersten Angriffe gegen den Minister kamen aus dem Parlament, wo Abgeordnete über ein Jahr hinweg immer wieder neue Vorwürfe gegen ihn erhoben. Über jede Anschuldigung wurde in den Zeitungen ausführlich berichtet, seine Verteidigung und Erklärungen dagegen erwähnte man kaum. Offensichtlich war eine Art politischer Krieg in Gang, und Charles war der Verlierer.

Schließlich setzte der Präsident einen Untersuchungsausschuss ein, der die Anschuldigungen prüfen sollte. Es war ein so offensichtlicher Schauprozess, und die Anklage gegen Charles war so offenkundig falsch, dass ich mich kaum überwinden konnte, die Berichte darüber zu lesen. Außerdem war Charles ein alter Freund unserer Familie. Seine Eltern waren in den zwanziger Jahren Schüler an der Missionsschule meiner Großeltern gewesen. Auch Charles selbst hatte eine Missionsschule besucht und dann in England Jura studiert. Er hatte an der Ausarbeitung der Verfassung Kenias mitgewirkt und sowohl unter Kenyatta als auch unter Moi den Posten des Generalstaatsanwalts innegehabt. Er war ein Beamter, wie man ihn sich besser nicht vorstellen konnte, und ich hatte mich während meiner eigenen Laufbahn oft an ihn gewandt, um ihn um Rat zu bitten.

Während die Untersuchung lief, wurde Charles von vielen seiner früheren Freunde geschnitten, aber Meave und ich hielten den Kontakt aufrecht. Wir besuchten ihn und seine Familie weiterhin in ihrem Haus. (Außerdem machte ich nie einen Hehl aus meinem Missfallen an der Untersuchung; über dieses Thema hatte ich mit anderen Kollegen aus der Regierung zu Hause in Lamu gesprochen, und David Mwiraria hatte mich später deswegen gemaßregelt.) Die Special Branch (eine Einheit der Geheimpolizei) hatte an der Straße zu Charles' Haus einen Kontrollposten eingerichtet und beobachtete, wer kam und ging. Dort wurde ich mehrfach gewarnt, wenn ich Direktor der kenianischen Museen bleiben wolle, solle ich die Freundschaft mit ihm beenden. Mein Bruder Philip war damals Parlamentsabgeordneter, und auch er drängte mich, Charles nicht mehr zu sehen. Er war ein treuer Anhänger der Regierungspartei KANU und stellte sich stets hinter die Parteipolitik; und die bestand jetzt darin, Njojo anzugreifen. Philip deutete sogar an, es sei möglicherweise klug, Charles bei der Presse zu denunzieren und sich ebenso gegen ihn zu wenden, wie er, Philip, es im Parlament getan hatte. Ich war deswegen alles andere als stolz auf meinen Bruder, insbesondere da Charles ihm in der Anfangszeit seiner politischen Laufbahn geholfen hatte, und das sagte ich ihm auch. Ich brauche wohl nicht zu betonen, dass unsere unterschiedlichen Ansichten über das Thema unsere Beziehung abkühlen ließen; dennoch war ich insbesondere angesichts der lächerlichen Untersuchung nicht bereit, Charles fallen zu lassen.

In dem »Prozess« wurde nicht das Geringste bewiesen, aber Charles wurde eine Zeit lang zur »Unperson«. Schon vor der Untersuchung war er als Minister und Parlamentsabgeordneter zurückgetreten. Die Behörden nahmen ihm den Pass ab. Es war, als habe es ihn nie gegeben, als habe er seinem Land nie einen Dienst erwiesen.

Auch als ich zum Leiter der Naturschutzbehörde ernannt wurde, war Charles in den Augen der Regierung noch eine *persona non grata*. Dabei lag es ironischerweise teilweise an ihm, dass ich die Stellung erhielt. Charles hatte großes Interesse an der Tier- und Pflanzenwelt unseres Landes; er war derjenige, der mich Jahre zuvor gedrängt hatte, der East African Wildlife Society beizutreten und später den Vorsitz ihres Kuratoriums zu übernehmen. Verständlicherweise freute er sich, als man mir die Verantwortung für die Naturschutzbehörde übertrug, aber er legte mir mehrmals eindringlich nahe, Vorsicht walten zu lassen.

Wie jedes Mal, wenn ich zum State House ging, hallten Charles' Worte mir in den Ohren. Präsident Moi freute sich anscheinend immer, mich zu sehen, und war von allen meinen Maßnahmen angetan, aber einigen seiner Minister ging es nicht so. Den Namen David Mwiraria erwähnte der Präsident nie wieder. Er war begeistert von meinen Leistungen, und wie ich feststellte, konnte ich diese Begeisterung benutzen, um noch mehr zu erreichen. Aber nach dem, was Charles Njojo widerfahren war, hegte ich gegenüber seinem inneren Beraterkreis immer ein gewisses Misstrauen.

Dass die Regierung mich trotz meiner Forderungen und meiner Halsstarrigkeit gewähren ließ, hatte mehrere Gründe. Nach meiner Überzeugung hatten die meisten Inhaber leitender Positionen ein Interesse daran, dass die Wilderei aufhörte und Touristen nach Kenia kamen. Außerdem hatten meine Fossilfunde mich zu einer international bekannten Gestalt gemacht und mir in Regierungs- und Wirtschaftskreisen außerhalb Kenias einen gewissen Einfluss verschafft. Leakey war einer der bekannteren Namen aus Kenia. Er ermöglichte es mir, die Finanzmittel anzuwerben, die wir zum Ausbau der Naturschutzbehörde brauchten. Ich hatte bereits mehrere hunderttausend Dollar aufgetrieben. Aber um die Behörde wirklich umzukrempeln, brauchte ich Millionen.

Anfang Oktober 1989 reiste ich nach Europa und in die Vereinigten Staaten, um zwei Wochen lang um Spenden zu werben. Ich wollte die Weltbank, verschiedene amerikanische Senatoren und Kongressabgeordnete sowie eine Reihe weiterer Führungspersönlichkeiten aufsuchen. Seit der Elfenbeinverbrennung nahm Kenia in den Augen der Weltöffentlichkeit eine andere Stellung ein. Man hielt uns jetzt für ernsthaft entschlossen, unsere Tierwelt zu retten, und die Industrieländer waren bereit, uns dabei zu helfen.

Wegen dieser Reise konnte ich nicht an der nächsten CITES-Tagung im schweizerischen Lausanne teilnehmen, wo die Delegierten über die Aufnahme des Afrikanischen Elefanten in den Anhang I abstimmen sollten. Die internationale Unterstützung für ein Verbot des Elfenbeins wuchs von Tag zu Tag, unterstützt durch unsere Verbrennungsaktion, die Kampagnen verschiedener Naturschutzorganisationen und die vielen Medienberichte. Aber der CITES-Vorsitzende Eugene Lapointe behauptete nach wie vor, der beste Weg zur Rettung der Elefanten sei die Fortsetzung des Handels. Nur wenn die Elefanten Geld brachten, so seine Argumentation, hätten die afrikanischen Länder einen Anreiz, sie zu schützen. Hinter dieser Haltung standen Rowan Martin und seine Leute aus Zimbabwe sowie die Vertreter mehrerer anderer südafrikanischer Länder. Auch von den Elfenbein-Verbraucherstaaten Japan und Hongkong wurde sie unterstützt. Angesichts der Tatsache, dass eine starke Mannschaft ostafrikanischer Elefantenfachleute, unter ihnen Iain Douglas-Hamilton, den Befürwortern des Handels entgegentreten würde, hielt ich meine Anwesenheit nicht für notwendig. Aber ich bemühte mich, ihnen eine gute Ausgangsposition zu verschaffen.

Seit George Adamsons Tod hatten unsere Wildhüter und Polizisten häufig Auseinandersetzungen mit den Wilderern im Meru-Park und den beiden Tsavo-Parks. Wir trieben die Banditen ziemlich in die Enge, und eine Zeit lang wurden kaum noch Elefanten getötet. Ich wollte aber nicht, dass die Befürworter des Handels davon erfuhren. Mir war klar, dass die Wilderer wieder zuschlagen würden, und wenn das geschah, wollte ich den Übergriff für meine Zwecke nutzen.

Ende September taten die Wilderer mir den »Gefallen«: Sie erschossen in den beiden Tsavo-Parks insgesamt elf Elefanten. Ich hielt die Nachricht einige Tage lang zurück und gab sie dann Anfang Oktober an die Presse. Da eine Zeit lang keine Berichte über tote Elefanten mehr erschienen waren, und da elf eine beträchtliche Zahl war, brachten die Zeitungen unsere Mitteilung als Schlagzeile auf der ersten Seite – genau wie ich es mir gewünscht hatte. Der Bericht erschien genau zur Eröffnung der CITES-Tagung. Ich wurde mit den Worten zitiert: »Genau das ist der Grund, warum es so wichtig ist, dass die Elefanten umfassenden internationalen Schutz genießen. Wir können das Gemetzel nur beenden, wenn wir den Elefanten in den Anhang I des Washingtoner Artenschutzabkommens aufnehmen.«

Eines muss ich allerdings gestehen: Ich glaubte damals nicht, dass die Aufnahme in den Anhang I dem Elfenbeinhandel tatsächlich ein Ende bereiten würde. Viel eher, davon war ich überzeugt, konnte man den Handel beenden, indem man die Öffentlichkeit durch Aktionen wie unsere Elfenbeinverbrennung oder Werbekampagnen mobilisierte und den Kauf von Elfenbein zum Tabu erklärte. Doch in dieser Hinsicht hatte ich Unrecht.

Wie ich später von meinen Kollegen erfuhr, kam es auf der CITES-Tagung zu heftigen Auseinandersetzungen mit viel Gerangel zwischen verschiedenen afrikanischen Staaten. Am Ende hatte unsere Partei – und der Afrikanische Elefant – gewonnen. Die Spezies wurde in den Anhang I aufgenommen. Der legale Elfenbeinhandel wurde im Großen und Ganzen verboten, aber der illegale Schmuggel ging leider weiter.

Am Abend der Abstimmung befand ich mich im US-Bundesstaat New York und hielt an der University of Rochester einen Vortrag. Als ich in mein Hotel zurückkam, überreichte der Portier mir eine Nachricht. Jemand hatte angerufen und mir die gute Nachricht übermittelt. Ich hielt es schnell in meinem Tagebuch fest und notierte, die Verlierer würden mit Sicherheit versuchen, das Verbot zu umgehen: *17. Oktober. CITES nimmt den Elefanten in den Anhang I auf. 76 Stimmen dafür, 11 dagegen, vier Enthaltungen. Wir müssen jetzt eine große Kampagne starten, um den öffentlichen Druck aufrechtzuerhalten.*

Manche von denen, die den Elfenbeinhandel aufmerksam verfolgten, müssen gewusst haben, was nun kommen würde. Ich wusste es nicht. Fast über Nacht brach der Preis für Elfenbein zusammen. Am Tag vor der Tagung hatte ein Pfund über hundert Dollar gekostet; am Tag danach hätte ein Verkäufer Glück gehabt, wenn er noch fünf Dollar dafür bekam.

Ich war verblüfft und erfreut zugleich. Das, so hoffte ich, würde die Wilderer aus unseren Parks vertreiben und uns die Gelegenheit verschaffen, die Schutzgebiete neu aufzubauen. Plötzlich sah ich einen Silberstreif am Horizont.

Kapitel 10

Bis das Verbot Wirkung zeigte, sollte noch einige Zeit vergehen. Die südafrikanischen Staaten und insbesondere Zimbabwe erklärten gegenüber der Presse weiterhin, sie würden alles in ihrer Macht Stehende tun, um die Entscheidung auf der nächsten Konferenz in drei Jahren wieder rückgängig zu machen, und sie würden den Handel der Unterzeichnerstaaten des Washingtoner Artenschutzabkommens fortsetzen. Nach wie vor behaupteten sie, sie müssten das Elfenbein verkaufen, um ihre Nationalparks zu finanzieren, und sie seien zu Unrecht für die erfolgreiche Bewirtschaftung ihrer Elefantenbestände bestraft worden.

Nach meiner Überzeugung waren sie in Wirklichkeit nicht sonderlich erfolgreich gewesen. Rowan Martin behauptete beispielsweise, die Zahl der Elefanten in Simbabwe habe von 1987 bis 1989 um 17 000 Tiere zugenommen, ein phänomenaler und völlig unglaublicher Anstieg. Rund neuntausend dieser »neuen« Elefanten hatte man im Hwange-Park gezählt, der an der Grenze zu Botswana liegt.

Dann erfuhren Allan Thornton und Dave Currey von der Londoner Environmental Investigation Agency, die den Elfenbeinhandel untersuchten, dass Zimbabwe im Hwange-Park eine Reihe kleiner Staudämme errichtet hatte. Ob es sich dabei um alte oder neue Dämme handelte, war nicht ganz geklärt, aber wenn in Botswana Dürre herrschte, kamen die Elefanten des Landes über die Grenze nach Zimbabwe, um dort zu trinken. Möglicherweise hatten Botswana und Zimbabwe dieselben neuntausend Elefanten als eigene Bestände gezählt und so den falschen Eindruck erweckt, beide Länder seien von Elefanten überfüllt. Außerdem lieferten Thornton und Currey auch Indizien, wonach die Wilderei in Zimbabwe ein größeres Problem darstellte, als Martin jemals eingeräumt hatte. In einem Nationalpark des Landes an der Grenze zu Mosambik hatte man tausend Elefantenkadaver gefunden, und da die Armee Zimbabwes den Park besetzt hatte, stand außer Frage, wer dafür verantwortlich war.

Aber solche Detektivarbeit half uns nicht viel weiter. Die Vertreter Zimbabwes beharrten darauf, weiterhin Handel zu treiben, und die Wilderei ging in Ostafrika nur geringfügig zurück. Nach meiner Überzeugung zählten die Wilderer darauf, dass die enttäuschten Staaten das Verbot missachten und den Elfenbeinverkauf wieder aufnehmen würden. Deshalb beendete es das Gemetzel an den Elefanten nicht über Nacht. Es würde erst dann aufhören, wenn die Wilderer nach und nach erkannten, dass sie weder jetzt noch irgendwann in der Zukunft ihre gehorteten Stoßzähne verkaufen konnten.

Bis es so weit war, mussten wir die Banden in unseren Parks verfolgen. Wie üblich hatten wir dabei sehr unterschiedliche Erfolge. Aber Ende Oktober griff unsere Wilderei-Bekämpfungseinheit im Meru-Park eine der schlimmsten Wilderergruppen an; es war jene, die im Verdacht stand, die französischen Touristen ermordet zu haben und die später auch Polizisten mit Mörsern angegriffen und umgebracht hatte. Dieses Mal erschossen die Wildhüter mehrere Mitglieder der Bande, darunter ihren Anführer. Das, so schrieb ich an diesem Abend in mein Tagebuch, war eine »hervorragende Nachricht«.

Weitere gute Nachrichten gab es ein paar Tage später. Abdul Bashir, das Musterbeispiel eines paramilitärischen Polizeioffiziers, wurde offiziell als Leiter unserer Sicherheits- und

Wilderei-Bekämpfungseinheit zur Naturschutzbehörde versetzt. Darüber freute ich mich sehr. Aber Bashir (wie ich ihn immer nannte) war bedrückt. Ich erinnere mich noch gut an unser Gespräch an dem Morgen, als er sich zum Dienst meldete.

»Jetzt sind Sie also bei uns«, sagte ich. »Welchen Eindruck haben Sie?«

Bashir blickte niedergeschlagen drein. »Nun ja, ich denke, ich werde mir ansehen, was zu tun ist, und dann werde ich es tun«, sagte er und versuchte, seinen Worten einen positiven Klang zu geben. »Aber ich bin nicht gern hier.«

Ich lächelte. Seine Ehrlichkeit gefiel mir. Ich wusste, dass er seiner Versetzung widersprochen hatte, dass er wie seine Kollegen unter den Polizeioffizieren die Wildhüter für einen erbärmlichen Haufen hielt. Bashir war stellvertretender Kommandant einer gut ausgebildeten Einheit gewesen; er hatte fast den Gipfel seiner beruflichen Laufbahn erklommen und, wie er mir erzählte, ein Auge auf die Führungsposition geworfen. Eine entsprechende Stellung hatte er zwar auch bei der Naturschutzbehörde inne, aber vom Prestige her war sie alles andere als gleichwertig. Das wusste ich, aber ich erklärte ihm, dass ich auf ihn zählte: Er solle die Wilderei-Bekämpfungseinheit zu unserer besten Abteilung machen. Ich wollte ihm das Gefühl vermitteln, dass er freie Hand hatte.

»Sie müssen feststellen, wie der Stand der Dinge ist«, schlug ich vor, »was uns fehlt und was wir brauchen. Ich werde Ihnen ein Flugzeug zur Verfügung stellen. Fliegen Sie in den Park, setzen Sie sich mit den Leuten zusammen und machen Sie eine Bestandsaufnahme. Anschließend sprechen wir darüber.«

Bashir nickte. Er wirkte immer noch nicht begeistert, pflichtete mir aber bei, dass es ein guter Plan sei. In einer Woche wollten wir uns wieder treffen. Nach allem, was ich über Bashir gehört und gelesen hatte, wusste ich, dass er die Dinge gern voranbrachte. Wenn er erst einmal angefangen hatte, würde ihm die Aufgabe Spaß machen, und er würde sein Bestes geben, das war mir klar. Mit seiner Erfahrung und seinem Know-how würde er die Parks wieder sicher machen.

Wie man sich leicht vorstellen kann, gab Bashirs Versetzung auch mir gewaltigen Auftrieb. Mit seiner Ernennung und der Einstellung von David Mwiraria hatte die Naturschutzbehörde zwei hervorragende Profis gewonnen. Ein paar Wochen später, Mitte November, kam ein weiterer Motivationsschub hinzu: Das kenianische Parlament verabschiedete das Gesetz, das die Naturschutzbehörde zu einer halbstaatlichen Einrichtung machte. Wir würden unseren alten Namen »Department of Wildlife and Conservation Management« ablegen und als »Kenya Wildlife Service (KWS)« – »Kenianischer Naturschutzdienst« – wieder geboren werden. Schon das würde für uns einen neuen Anfang bedeuten, denn die alte Abkürzung WCMD verband sich in den Köpfen vieler Leute mit einem Musterbeispiel für Korruption und Missmanagement. Sogar ich selbst gehe bis heute gern über die Tatsache hinweg, dass ich überhaupt für das WCMD gearbeitet habe. Meine Ernennung und meine Stellung verbinden sich stets mit dem KWS.

Wie ich bereits erwähnt habe, war man bereits seit einiger Zeit mit der Ausarbeitung der Pläne für den KWS beschäftigt gewesen. Mein Vorgänger und andere hatten den rechtlichen Rahmen für eine neue Organisation geschaffen, die innerhalb und außerhalb der Parks und Schutzgebiete für die Bewirtschaftung der Tierwelt des Landes zuständig sein sollte. Man hatte schon frühzeitig entschieden, dass der KWS bedeutend mehr Freiheit und Unabhängigkeit vom öffentlichen Dienst genießen sollte als die meisten staatlichen Behörden. Er sollte eher wie ein Wirtschaftsunternehmen geführt werden und seine Tätigkeit durch eigene Einnahmen aus dem Tourismus finanzieren. Und wie ein Wirtschaftsunternehmen sollte der KWS in der Lage sein, Angestellte einzustellen, zu entlassen und zu belohnen, ohne dazu den

Weg durch die zentralen Instanzen des staatlichen Personalwesens einschlagen zu müssen.

Verzögert hatte sich die Genehmigung für den KWS durch zwei heikle Fragen. Erstens: Konnte man einer selbständigen staatlichen Organisation den Befehl über eine bewaffnete Streitmacht anvertrauen? Und zweitens: Würde eine solche Organisation innerhalb eines vernünftigen Zeitraums finanziell auf eigenen Beinen stehen?

Natürlich wirkte ich daran mit, beide Fragen zu beantworten – oder, um es zutreffender zu formulieren: die Regierung davon zu überzeugen, dass der KWS beide Forderungen erfüllen konnte. Das erforderte ziemlich große Anstrengungen. Der KWS war nicht das erste selbständige Staatsunternehmen, und die Erfolgsbilanz der früheren halbstaatlichen Einrichtungen war durchaus gemischt. Post und Telekommunikation, staatliche Banken, Hafenverwaltung und Versicherungen hatten wegen finanziellem Missmanagement keine sehr rühmliche Vergangenheit vorzuweisen und waren sehr unterschiedlich transparent. Sie hatten sich als katastrophal unproduktiv und schlecht geführt erwiesen. Die Weltbank und mehrere westliche Geberländer übten damals sogar Druck auf Kenia aus, diese und andere Einrichtungen völlig zu privatisieren. Verständlicherweise zögerten deshalb die Regierung und nach meiner Vermutung auch der Präsident, eine halbstaatliche Organisation mit einer bewaffneten Streitmacht zu gründen, die nicht der unmittelbaren Aufsicht der Zentralregierung unterstand. Aber es gab auch positive Gegenbeispiele: Die frühere Organisation der kenianischen Nationalparks war bis 1976 halbstaatlich gewesen und ausgezeichnet geführt worden. Der entscheidende Unterschied bestand darin, dass die Mitarbeiter des KWS jetzt über halb automatische Gewehre und andere moderne Waffen verfügten und einen zwar kleinen, aber ernsthaften Buschkrieg führten.

Ich erörterte das Thema mehrmals mit Präsident Moi. Unter anderem betonte ich, es müsse sich bei der KWS-Streitmacht um keine große Truppe handeln, sondern sie müsse nur aus wenigen gut ausgebildeten, beweglichen Einheiten bestehen. Schon jetzt benutzten wir auf Anweisung des Präsidenten rund dreihundert halb automatische Waffen. Sie hatten tatsächlich dazu beigetragen, dass wir der Tätigkeit der Wildererbanden auf ganz andere Weise entgegentreten konnten. Ich wusste, dass einige leitende Berater des Präsidenten sich energisch gegen meine Haltung wandten. Das war der Grund, warum es bis zur endgültigen Entscheidung eine gewisse Zeit dauerte. Glücklicherweise wurde meine Forderung am Ende jedoch erfüllt. Der KWS sollte die alleinige Zuständigkeit für die Sicherheit in den Nationalparks erhalten.

Viel weniger wurde darüber diskutiert, wie der KWS finanziell zurechtkommen würde. Hier war die Regierung anscheinend schneller zum Einlenken bereit. Die Einnahmen der Parks würden mit Sicherheit wachsen, wenn der Tourismus und die Möglichkeiten zur Tierbeobachtung sich in Kenia verbesserten und besser vermarktet wurden – ich hatte vor, zu diesem Zweck Gelder einzusammeln. Schon wenn wir Maßnahmen ergriffen, um die krassen Diebstähle und Betrügereien an den Eingängen unserer Parks zu unterbinden, konnten sich die Einnahmen verdoppeln. Im vorangegangenen Jahr lag der Einnahmeverlust bei schätzungsweise achtzig Prozent der Eintrittsgelder. Außerdem konnte der KWS seine Schatulle füllen, wenn er rückständige Miete von den vielen Unterkünften in den Parks eintrieb, die alle privat betrieben wurden und in ihrer Mehrzahl mit der Zahlung im Verzug waren.

Für das Gesetz, mit dem der KWS eingerichtet werden sollte, stellte ich noch zwei weitere Forderungen. Erstens durfte es nicht in die Zuständigkeit des KWS fallen, Entschädigungen für Verluste an Nutzpflanzen und Vieh zu zahlen, wenn beispielsweise ein Maisfeld von Elefanten zertrampelt oder eine Kuh von einem Löwen gefressen wurde. Auch für Todesfälle oder Verletzungen, die von den wilden Tieren verursacht wurden, sollte er den Familien keine Entschädigung zahlen müssen. In der Vergangenheit hatte das WCMD versucht, den Bauern ihre Sach- und Personenschäden zu ersetzen, aber das Verfahren lief völlig chaotisch ab. Bevor eine Zahlung erfolgen konnte, musste die Entschädigungsforderung mehrere behördliche Genehmigungsinstanzen durchlaufen, und in jeder dieser Instanzen sorgten Angestellte und Beamte des WCMD dafür, dass »ein kleines bisschen« für sie abfiel. Ein Beispiel: Ein Bauer hatte vielleicht den Gegenwert von drei Säcken Mais durch von Elefanten angerichtete Schäden verloren. Der örtliche Naturschutzbeamte erklärte sich häufig einverstanden, einen Antrag auf sechs Säcke Mais weiterzuleiten. Ein anderer auf einer höheren Hierarchiestufe erklärte, der Bauer müsse zehn Säcke verlangen. So ging es weiter. Bis der Antrag beim WCMD einging, waren die Kosten auf das Fünf- bis Sechsfache gestiegen. Und da fast alle Anträge so behandelt wurden, ging der Naturschutzbehörde schon bald das Geld aus. Nur ein Bruchteil der Forderungen wurde jemals erfüllt. Und natürlich wurden daraufhin viele verärgerte Bauern, die Pflanzen oder Vieh verloren hatten, zu Gegnern des Naturschutzes.

Nach dem neuen Gesetz sollten Schadenersatzforderungen aus einem Fonds beglichen werden, den das Parlament eigens für diesen Zweck einrichtete. Die Betroffenen mussten ihre Anträge an ein neues Gremium richten, das unter der Aufsicht der Regierung stand. Der KWS brauchte solche Schäden nicht mehr zu regulieren und war damit von einer gewaltigen, untragbaren finanziellen Belastung befreit.

Als Zweites forderte ich, es müsse dem KWS freistehen, selbst seine Mitarbeiter auszuwählen. Das bedeutete, dass wir nicht das gesamte Personal des alten WCMD übernehmen mussten, zu dem viele untragbare Angestellte gehörten. Wenn das Parlament diese Maßnahme genehmigte, so meine Hoffnung, ließen sich manche Schwierigkeiten umgehen, die 1600 Arbeitslose aufwerfen würden (so viele mussten wir nach David Mwararias Schätzung loswerden). Sie würden nicht einfach entlassen werden; die Regierung würde einige von ihnen in andere Behörden versetzen und die Übrigen in den Ruhestand schicken. Ganz gleich, wie die Regierung das Thema handhabte – diese Leute würden nicht mehr zu meinem Zuständigkeitsbereich gehören, und es würde dem KWS freistehen, bessere Mitarbeiter anzuwerben.

Tatsächlich fanden alle diese Forderungen Eingang in das Gesetz zur Gründung des KWS, das Präsident Moi Ende November 1989 unterzeichnete. Ich konnte mich eines Gefühls der Erleichterung nicht erwehren. Während des Sommers hatte ich mich mehrmals gefragt, ob ich die übernommene Aufgabe jemals würde erfüllen können. Die Menschen mussten ebenso geschützt werden wie ihre Nutzpflanzen und ihr Vieh; das Gleiche galt für die wilden Tiere in den kenianischen Nationalparks. Die Touristen mussten sich sicher fühlen; und Kenias resignierte Bevölkerung musste beruhigt werden. Schnelle Lösungen gab es genauso wenig wie das Geld, um sie zu finden. Oft lag ich nachts wach, grübelte endlos darüber nach und fragte mich, ob ich nicht das Handtuch werfen und den Präsidenten bitten sollte, einen anderen für den Posten zu benennen.

Das neue KWS-Gesetz veränderte meine Perspektiven. Jetzt war ich voll und ganz überzeugt, dass ich Mois rückhaltlose Unterstützung genoss, einschließlich der außerordentlichen Macht, die diese Unterstützung mit sich bringt. Plötzlich gestattete ich mir den Gedanken, dass ich eines meiner wichtigsten Ziele erreichen konnte: die Einrichtung einer Naturschutzorganisation, die sich selbst finanzierte. Die Einrichtung des KWS gab mir grünes Licht für die Schaffung des Naturschutzdienstes, den ich mir immer vorgestellt hatte.

Offiziell nahm der KWS am 15. Januar 1990 seine Arbeit auf. Mit Hilfe des neuen Gesetzes würde ich zeigen können, wie ernst Kenia es mit dem Naturschutz meinte, und dann konnte ich mich für die Beschaffung der beträchtlichen Mittel einsetzen, die wir dazu brauchten.

In den vorangegangenen zehn Jahren war ausländische Hilfe für die Naturschutzbehörde vorwiegend von Nichtregierungsorganisationen gekommen, beispielsweise von der African Wildlife Foundation, der Wildlife Conservation Agency, der Frankfurter Zoologischen Gesellschaft und dem World Wildlife Fund. Diese und andere Naturschutzorganisationen unterhielten Büros in Nairobi, und ihre Fachleute hatten sehr energisch dazu beigetragen, die Pläne für den Naturschutz voranzutreiben. Die Naturschutzbehörde selbst war finanzschwach, und deshalb konnten Spendengelder auf manchen Gebieten Beträchtliches bewirken. Nach meiner Überzeugung sollte Kenia selbst die Wahl treffen. Wir mussten unsere eigenen Bürger als Fachleute heranziehen und uns Zugang zu Mitteln verschaffen, die nicht ausdrücklich zweckgebunden waren. Anerkennung und Wertschätzung für die Hilfe waren ganz etwas anderes, als wenn man den Spendern einfach die Entscheidungen überließ. Kenia war seit so langer Zeit von ausländischen Geldgebern abhängig, dass wir uns die Mentalität mancher Sozialhilfeempfänger zu Eigen gemacht hatten: Wir waren nicht mehr in der Lage, selbst Prioritäten zu setzen oder unsere Angelegenheiten zu regeln, ohne dass ein Außenstehender uns über die Schulter blickte. Und was am wichtigsten war: Wir mussten eine Art »Besitzdenken« für den neuen Naturschutzdienst schaffen; seine Angestellten mussten das Gefühl haben, dass sie zu seiner Gründung und seinem Aufbau beigetragen hatten, dass sein Erfolg auch ihr Erfolg war.

Nach meinem Eindruck waren viele Vertreter der Nichtregierungsorganisationen nicht sonderlich begeistert, als ich die Position bei der Naturschutzbehörde übernahm. Zwar war ich bereits Kuratoriumsvorsitzender der East African Wildlife Society gewesen, aber diese Stellung war in den Augen der meisten Leute kaum mehr als ein Ehrentitel. Ich hatte auch nicht aktiv an Naturschutzkampagnen mitgewirkt. Deshalb war ich für die Verantwortlichen in den

Nichtregierungsorganisationen eine unbekannte Größe, ein Außenseiter in ihrem fest gefügten Kreis; manche von ihnen gaben ihren Kollegen und der Presse gegenüber höhnische Kommentare ab und äußerten die Vermutung, ich sei für das Amt überhaupt nicht qualifiziert. Indirekt hatte ich das Gleiche auch von David Western gehört, einem führenden kenianischen Artenschutzbiologen.

Einige Wochen vor meiner Ernennung, als ich mich bereits öffentlich über die Elefantenwilderei geäußert hatte, aß ich mit Western zu Mittag. Er arbeitete damals bei Wildlife Conservation International, einer in den Vereinigten Staaten ansässigen, internationalen Nichtregierungsorganisation, die in Nairobi ein Programm laufen hatte. Western, ein kleiner, recht schüchterner Mann mit blonden Haaren und grauen Augen, der in Tansania geboren und aufgewachsen war, hatte an der Universität Nairobi Naturschutz und Ökologie studiert. Er hatte mehrere theoretische Abhandlungen über die Bewirtschaftung der ostafrikanischen Tierwelt veröffentlicht und genoss in Naturschützerkreisen einen guten Ruf. Wir kannten uns privat schon seit einigen Jahren, denn die Museen betätigten sich auch in der Erforschung der Tierwelt, und die Zentrale der East African Wildlife Society (EAWS) befand sich auf dem Gelände des Museums. Ich hatte mir damals über Westerns wissenschaftliche Untersuchungen noch keine Meinung gebildet, hielt aber seine Vorstellungen über die Massai-Nomaden, mit denen ihn angeblich eine besondere Beziehung verband, für übertrieben romantisch. Nach seiner Ansicht lebten die Massai noch im Einklang mit den wilden Tieren in ihrer Umgebung, und deshalb, so meinte er, solle man sie wie früher innerhalb der Nationalparkgrenzen kommen und gehen lassen. Harmonisch mit den wilden Tieren hatten die Massai in Wirklichkeit vielleicht Ende des 19. Jahrhunderts gelebt, als es viel weniger Menschen gab und sie weder eingezäunte Weizenfelder besaßen noch ihre Rinder gegen Krankheiten impften.

Aber die Zeiten hatten sich geändert: Westerns Vorstellungen kamen mir unrealistisch und anachronistisch vor.

Zu diesem Mittagessen hatten wir uns getroffen, weil ich vorgeschlagen hatte, alle Nichtregierungsorganisationen sollten sich im Zusammenhang mit der Elefantenproblematik auf eine gemeinsame Position einigen und diese gegenüber Präsident Moi vertreten. Westerns Organisation gehörte zu den besonders einflussreichen Naturschutzverbänden, und ich wollte seine Unterstützung für meinen Plan gewinnen. Er erklärte mir, ich solle mich besser auf Fossilien konzentrieren und die Probleme im Naturschutz denen überlassen, die sich damit auskannten. Er hielt mich nicht für den geeigneten Koordinator von Bemühungen, die zu einer Empfehlung an den Präsidenten führen sollten. Natürlich war ich verletzt und verärgert, aber ich versuchte, meine Gereiztheit für mich zu behalten. Wir trennten uns nicht gerade im besten Einvernehmen.

Damals ahnten wir beide nicht, dass ich zwei Wochen später Leiter der Naturschutzbehörde werden würde. Ich gelangte zu dem Schluss, ich solle mir Westerns Worte am besten aus dem Kopf schlagen. Rachefeldzüge gegen Leute zu führen, die andere Ansichten vertraten als ich oder früher einmal etwas Unerfreuliches gesagt hatten, war alles andere als produktiv. Da er ein hoch angesehener Naturschützer war, wollte ich seine Meinungen über unsere Probleme kennen lernen und lud ihn in der Anfangszeit mehrmals zu unseren Planungsbesprechungen ein. Er kam auch, aber ich wurde das Gefühl nicht los, dass er meine Ernennung missbilligte und dass der Präsident in seinen Augen dem falschen Mann diese Aufgabe übertragen hatte. Während meiner gesamten Tätigkeit beim KWS hatten wir kaum einmal über längere Zeit Kontakt.

Schon bald wurde mir klar, dass auch manche anderen Naturschützer aus den Nichtregierungsorganisationen über meine Ernennung ähnlich dachten wie Western, und manchmal musste ich mir spitze Bemerkungen verkneifen, die ich ihnen am liebsten entgegengehalten hätte. Jedenfalls war ich entschlossen, das Verhältnis zwischen Naturschutzverwaltung und Nichtregierungsorganisationen zu verändern. Ich wollte, dass wir ihnen sagten, was zu tun war, und nicht umgekehrt. Dann konnten sie ihre Finanzmittel nutzen, um unsere Projekte zu unterstützen.

Dieser Wandel vollzog sich jedoch nicht immer reibungslos. Auf einer der ersten Reisen, die ich zur Spendenbeschaffung für den KWS unternahm, wurde ich in Washington, D.C. zu einem Arbeitsfrühstück mit dem Direktor einer bekannten Naturschutzorganisation – den Namen möchte ich lieber nicht nennen – und zwei seiner leitenden Funktionäre eingeladen. Sie boten mir an, die von mir gesammelten Gelder über ihre Organisation verteilen zu lassen, und wollten jede beliebige Summe annehmen, vorausgesetzt, sie würden als diejenige Nichtregierungsorganisation genannt, die den KWS vorwiegend aufbaute.

»Als Vertrauensbeweis würden wir Ihnen gern jetzt sofort hunderttausend Dollar für den KWS geben, gewissermaßen als Vorschuss auf das Geld, das wir zusammen einsammeln werden«, sagte der Direktor und legte einen Scheck über die genannte Summe auf den Tisch.

Ich rührte das Papier nicht an. »Das ist keine Anzahlung auf Exklusivrechte beim KWS«, erwiderte ich. »Mein Etat liegt bei über hundert Millionen Dollar. Vielen Dank, aber als Verteiler für unser Geld brauche ich Sie nicht.«

Die drei Männer starrten mich an, als trauten sie ihren Ohren nicht. Betretenes Schweigen trat ein. Ich bin sicher, dass sie entsetzlich beleidigt waren, aber ich war entschlossen, die Unabhängigkeit des KWS zu erhalten.

Diese Begegnung war nicht dazu angetan, mein Ansehen bei anderen führenden Personen der internationalen Naturschutzszene zu verbessern. Mit Sicherheit beleidigte ich sie kurz darauf noch einmal, als ich Pläne zum Bau eines Zoos außerhalb des Nairobi National Park aussetzte. Bill Conway, der Vorsitzende der New Yorker Zoologischen Gesellschaft (der Mutterorganisation von Wildlife Conservation International) hatte zusammen mit Dr. Perez Olindo die Vorarbeiten geleistet, um aus der Aufzuchtstation des Parks einen didaktisch ausgerichteten Zoo zu machen.

Damit hatte man in den sechziger Jahren mit besten Absichten begonnen, aber jetzt war der Zoo eine Mitleid erregende Ansammlung verwahrloster Gehege und fliegengeplagter Antilopen, Affen, Zebras und anderer Tiere. Die Aufzuchtstation hatte sich ganz von selbst entwickelt: In dem Park stießen die Wildhüter immer wieder einmal auf verstoßene oder verwundete Tiere, die sie mit ins Hauptquartier des Parks brachten, bis sie wieder freigelassen werden konnten. Irgendjemand kam auf die Idee, die Menschen würden gerne die Tiere sehen, die auf ihre Rückkehr in die Wildnis warteten. Für dieses Vorrecht zahlten sie ein kleines Eintrittsgeld. Schon bald wurde die Aufzuchtstation zu einem beliebten Ausflugsziel für die Bewohner von Nairobi, die kein Auto besaßen und nicht in den eigentlichen Park fahren konnten. Da sie so beliebt war, wurde sie erweitert, aber jetzt diente sie nicht mehr als Genesungszentrum, sondern als Zoo. Ihr eigentlicher Zweck bestand mittlerweile darin, Tiere in Gefangenschaft zu halten, und das war nach meiner Überzeugung auch allen Besuchern klar. Mit Sicherheit erkannten es hoch gestellte ausländische Besucher, denn sie brachten häufig Geschenke mit: Tiger aus Nepal, Zwergflusspferde aus Liberia und Schwarzbären aus dem Himalaja. Die Kenianer hatten Spaß daran, diese exotischen Tiere zu besichtigen.

Ich selbst halte Zoos nicht unbedingt für schlechte Einrichtungen; sie können nützlich sein, weil sie der Öffentlichkeit etwas über Tiere und Naturschutz mitteilen. Aber dieser Zoo verfügte über keine der versöhnlichen Eigenschaften oder Einrichtungen, die einen modernen Tierpark auszeichnen. Die Käfige waren winzig, die Lebensbedingungen entsetzlich, und der Zustand der Tiere einfach erschreckend.

Bill Conway, Dr. Olindo und andere hatten das erkannt und sich entschlossen, bessere Bedingungen für die Tiere zu schaffen und aus der ganzen Einrichtung ein modernes didaktisches Zentrum zu machen.

Lobenswerte Ziele. Dennoch kam es mir so vor, als könne das Zentrum, wenn es wie geplant gebaut würde, zu einer großen Gefahr für den Nairobi National Park werden. Es hätte wie die modernen Zoos in den Industrieländern keine sichtbaren Käfige gehabt, sondern Tiere und Besucher wären durch Gräben getrennt gewesen. Ein solcher raffiniert gestalteter Zoo wäre im Unterhalt teuer und problematisch gewesen. Und was noch schlimmer war: Er hätte eine große Bresche für Politiker dargestellt, die gern die kostbaren Ländereien des Parks in die Hand bekommen hätten. Die runderneuerte Aufzuchtstation hätte so stark einem Park geähnelt, dass sie nach meiner Überzeugung mit Sicherheit die Notwendigkeit des eigentlichen Nationalparks in Frage gestellt hätte. Ich sah es schon vor mir, wie sie fragten: »Wozu noch ein Park, wenn wir einen so hervorragenden Zoo haben? Wir brauchen die Flächen des Parks für Wohngebiete, also geben wir ihn auf. Wir lassen genügend Erweiterungsflächen für den Zoo frei, verkaufen den Rest, und alle sind zufrieden.«

Die Voraussetzungen für ein solches Szenario wollte ich nicht schaffen. Ich räumte zwar ein, dass ein echter Bedarf für die Aufklärung der Bevölkerung über den Naturschutz bestand, aber die zum Zoo erweiterte Aufzuchtstation erschien mir nicht als das beste Mittel dazu. Das sagte ich Conway. Er wandte ein, seine Organisation habe bereits 250 000 Dollar für das Projekt gesammelt, und nun beharrte er darauf, den Plan weiterzuverfolgen.

»Tut mir Leid«, erwiderte ich. »Da mache ich nicht mit. Wir haben andere Prioritäten. Es wäre besser, Sie würden das Geld jemand anderem geben.« Ich setzte das Projekt aus. Wenn wir uns um die anderen Prioritäten gekümmert hatten, konnten wir das Konzept vielleicht noch einmal durchdenken.

Auf die gleiche Weise wollte ich von nun an mit allen äußeren Hilfen für den KWS verfahren. Wir würden unsere eigenen Vorstellungen entwickeln und dazu einen koordinierten strategischen Plan für Finanzierung, politische Ziele und Vorgehensweise ausarbeiten. Dann würden wir investitionswillige Spender suchen, die entweder Geld oder Fachkenntnisse beisteuern konnten. Dass dies eine ungewöhnliche Methode war, sich um Hilfe zu bemühen, war mir klar. Allgemein herrscht die Ansicht, der Empfänger solle für alles, was er erhält, dankbar sein. Aber leider führt finanzielle Hilfe nicht immer zu einem eindeutigen Vorteil; in manchen Fällen richtet sie sogar mehr Schaden als Nutzen an. Das gilt insbesondere dann, wenn der Empfängerstaat nicht an der Planung eines Projekts beteiligt war oder für das Endergebnis nicht verantwortlich gemacht wird. Solche stümperhaften Hilfsprojekte hatte ich in unseren Parks zur Genüge kennen gelernt.

Einer der schlimmsten Übeltäter war die Weltbank gewesen. Sie hatte Anfang der siebziger Jahre sehr eifrig Geld in die kenianische Naturschutz- und Tourismusbranche gesteckt, womit sie eigentlich eine durchaus angemessene Priorität gesetzt hatte. Bei der Durchführung beging man jedoch große Fehler, und das führte zu einigen schwer wiegenden Rückschlägen für die kenianische Tierwelt. Das Projekt der Weltbank zwang die kenianische Regierung Mitte der siebziger Jahre, die Nationalparkverwaltung und das frühere Jagdministerium zusammenzulegen. Wie ich bereits erwähnt habe, war das Produkt dieser Verschmelzung, das WCMD, für alle Fragen im Zusammenhang mit der Tierwelt verantwortlich, und es sollte auch die Auszahlung der 27 Millionen Dollar für Ausrüstung, Gebäude und Infrastruktur überwachen. Darunter litten die zuvor gut geführten Nationalparks, die Korruption griff um sich, und die Arbeitsmoral der Angestellten brach zusammen.

Die Vergabe der Gelder wurde so wenig überwacht, dass es zu gewaltigen Betrügereien kam. Für Baumaßnahmen verwendete man das schlechteste Material; die Gebäude waren miserabel geplant, und man verschwendete keinen Gedanken auf ihre Lage. Als ich die Leitung übernommen hatte und einige von der Bank finanzierte Projekte genauer betrachtete, war ich zutiefst entsetzt. Eines der krassesten Beispiele fand ich im Schutzgebiet Maasai Mara. Das Mara, wie es allgemein genannt wird, liegt im Südwesten Kenias dicht an der Grenze zu Tansania in einem Gebiet, das eigentlich die nördliche Fortsetzung der Serengeti-Ebene darstellt. Vom Mara aus gelangt man unmittelbar in den Serengeti-Nationalpark in Tansania. Die beiden Parks zusammen bilden eines der größten Naturschutzgebiete Ostafrikas. Unter Verwaltungsgesichtspunkten ist das Mara ein Sonderfall. Das Land gehört dem Volk der Massai im Kreis Narok, aber die Wildtiere sind juristisch Eigentum des Staates. Die Massai haben den Auftrag, das Schutzgebiet zu überwachen, und verfügen zu diesem Zweck über eigene, von ihrem Kreisrat ernannte Wildhüter.

Viele Jahre lang war das Mara das Juwel unter den Naturschutzgebieten Kenias. Riesige Tierherden – Elefanten, Nashörner, Antilopen, Zebras, Giraffen und eine Fülle von Gnus – bevölkerten seine grünen Ebenen, und auch Löwen und Geparde gab es in großer Zahl. Da nur begrenzt Unterkünfte zur Verfügung standen, blieb auch die Zahl der Touristen begrenzt. Kaum ein Park konnte solche Naturerlebnisse bieten wie das Mara. Aber der Kreisrat von Narok, dem der Park unterstand, wollte den Tourismus ankurbeln und beantragte bei der Regierung finanzielle Unterstützung aus den Mitteln der Weltbank.

Die privaten Investoren griffen schnell zu. Sie bauten neue Hotels, Luxuscamps und andere Unterkünfte, alles in der Erwartung, dass Straßen und Infrastruktur sich verbessern würden. Aber die von der Bank finanzierten Projekte waren leider schlecht geplant und blieben vielfach unvollendet. Durch die neuen Touristenunterkünfte waren die Straßen schon bald überlastet, und die Besucher fuhren, wo es ihnen gefiel. Das hatte zur Folge, dass die einst grünen Ebenen des Mara kreuz und quer von Reifenspuren und Furchen durchzogen waren.

Ich besichtigte das Mara, nachdem ich einige Monate im Amt war, und dabei erschrak ich, wie heruntergekommen es aussah. Anders als früher war es keineswegs der »unberührte« Teil Kenias, und ich malte mir aus, welche Enttäuschung es für die Touristen bedeuten musste. Was sie sich dachten, wenn sie das Eingangstor hinter sich hatten und die mit dem Bankdarlehen errichteten Personalunterkünfte sahen, konnte ich nur raten. Die Quartiere bestanden aus zwanzig schäbigen Betonklötzen, manche davon mit Dächern aus verrostetem Eisen, andere mit Stroh und seltsamen Metall- oder Kunststoffstücken gedeckt. In der Nähe der Häuser lagen unkrautüberwucherte Stapel mit Baumaterial – Betonblöcke, Zementsäcke, verrostete Rohre. In keinem Gebäude gab es Toiletten, und im Hintergrund stand eine Reihe schmutziger Klohäuschen. Auch die Rohrleitungen waren nie fertig gestellt worden, und das Gelände war übersät mit langen Kunststoffrohren. Der erste Eindruck täuschte nicht: Es war wirklich eine Katastrophe. Ich fragte mich, ob irgendjemand von den wohlmeinenden Leuten bei der Weltbank einmal gesehen hatte, was aus ihrem Geld geworden war.

Die Gelegenheit, diese Frage zu stellen, hatte ich im Sommer 1989, als ein Freund mich in Washington mit einigen Beamten der Bank bekannt machte. Ich wollte dort Mittel zur Fertigstellung der Projekte beantragen, die man begonnen und nicht vollendet hatte. Einige meiner Gesprächspartner waren sich der von der Weltbank verursachten Probleme ansatzweise bewusst, andere gaben sich völlig überrascht. Ich erzählte ihnen geradezu genüsslich, welches Durcheinander sie angerichtet hatten, da meldete sich ein Beamter zu Wort.

»Wir wollen das, was wir angefangen haben, auch zu Ende bringen«, sagte er. »Außerdem würden wir Kenia gern bei einem neuen Naturschutzprojekt helfen.«

Ich wusste nicht genau, wie ich reagieren sollte. Ich – das heißt der KWS – brauchte dringend Geld. Hier wurde uns ein Angebot gemacht, aber es kam von einer Organisation, der ich besonders kritisch gegenüberstand.

Im weiteren Verlauf deuteten die Beamten der Bank an, wir könnten das Projekt im Mara mit einem neuen Darlehen zu Ende bringen, und danach könne man uns Mittel zuweisen, mit denen der KWS auf eigenen Beinen stehen werde.

»Wenn Sie neue Mittel bereitstellen wollen«, sagte ich, »müssten wir völlig andere Vereinbarungen über die Aufsicht treffen.« Ich war mir damals absolut nicht sicher, ob ich mich tatsächlich mit der Weltbank einlassen wollte.

Wieder in Kenia, legte ich meinen Mitarbeitern erneut meine Vorstellungen von dem zukünftigen Naturschutzdienst dar, ohne auf mein Gespräch in Washington genauer einzugehen. Seit dem Beginn meiner Amtszeit hatte ich viel über dieses Thema nachgedacht, und mittlerweile hatte ich recht genaue Vorstellungen davon, was zu tun war. Der Ausgangspunkt, was mich betraf, war die Frage der Finanzierung. Von der Zentralregierung staatliche Mittel für den Naturschutz in Kenia zu bekommen, war schlicht und einfach unmöglich; sie hatte kein Geld. Meine Planungen kreisten deshalb um die Schaffung einer selbständigen, sich selbst finanzierenden öffentlichen Einrichtung, die den gesamten Naturschutzbereich (Parks, Reservate, Schutzgebiete und die Flächen außerhalb davon) nicht nur in naher Zukunft, sondern in den kommenden zehn Jahren und darüber hinaus verwalten konnte. Wie schwierig es ist, die Tierwelt in den Nationalparks und anderswo ohne ausreichende Finanzmittel zu erhalten, macht sich kaum jemand klar. Und wenn selbst Kenia – unter wirtschaftlichen Gesichtspunkten einer der erfolgreicheren afrikanischen Staaten – dazu nicht mit staatlichen Mitteln in der Lage war, würde es nach meiner Überzeugung auch kaum ein anderes Land auf dem Kontinent können.

Dieses Problem besprach ich sehr eingehend mit David Mwiraria und anderen Mitarbeitern. Dabei gelangten wir zu einer wichtigen Erkenntnis: Wenn der KWS eigene Erlöse erzielen wollte, brauchte er einen langfristigen Wirtschaftsplan, der die Ziele der Organisation für die nächsten fünf Jahre ebenso festschrieb wie die Mittel, mit denen sie erreicht werden sollten. Mit dieser Aufgabe betraute ich David. Über die Prinzipien, die dem Plan zugrunde liegen sollten, hatten wir bereits häufig diskutiert. Zuallererst mussten wir unsere Naturgebiete schützen: die Nationalparks, Reservate und Schutzgebiete, die das entscheidende Vermögen des KWS darstellten – die wunderschönen Landschaften und die großartigen Tiere. Sie waren gewissermaßen unser Kapital, und ihre Sicherung und Weiterentwicklung waren die Voraussetzung für alle anderen Maßnahmen der Organisation. Deshalb sollte der KWS sein Geld in den ersten fünf Jahren für die Schutzgebiete ausgeben, damit wir Geld mit ihnen verdienen konnten.

Ich bin kein Fachmann für die Theorie des Artenschutzes, aber ich halte Nationalparks und Schutzgebiete insgesamt für wertvoll. Damit meine ich Gebiete, die zum Nutzen der dort lebenden Tiere und Pflanzen verwaltet werden, während Menschen weitgehend ausgeschlossen bleiben oder sich nur eingeschränkt in ihnen bewegen dürfen. Ich kannte aber viele Fachleute wie David Western, die eine andere Ansicht vertraten und die Gemeinschaften der Menschen in der Nachbarschaft der Parks als Teil der natürlichen Landschaft betrachteten. Nach ihrer Meinung sind die Parks in Kenia vom Ausland aufgezwungene Einrichtungen, die das natürliche Ökosystem zerstört haben, und die Zukunft der Pflanzen und Tiere wäre besser gesichert, wenn die Menschen in diesen Gebieten wie seit alter Zeit hin und her wandern könnten. Wenn diese Menschen eines Tages mehr Einfluss gewinnen, so ihre Befürchtung, werden sie die Rückgabe der Parkgebiete verlangen, und irgendwann wird man sie ihnen zwangsläufig auch geben.

Ich stimme solchen Überlegungen nicht zu, denn Kenia befindet sich nicht mehr im 19. Jahrhundert. Wenn behauptet wird, die Parks seien ein Überbleibsel der Kolonialzeit oder etwas Unnatürliches, erwiderte ich: »Ist nicht auch eine Stadt etwas Unnatürliches? Ein Tauchbad für Rinder (mit dem man sie gegen Krankheiten schützen will, die von Zecken übertragen werden)? Impfungen und Elektrizität? Zwingen wir dem Land durch Gebrauch solcher Dinge westliche Werte auf?« Ich glaube nicht, dass irgendein gebildeter Kenianer die Absicht hat, seine langen Hosen oder sein Telefon aufzugeben. Außerdem hat die Bevölkerung Kenias seit dem 19. Jahrhundert stark zugenommen. Wenn in der Nähe eines Schutzgebietes nur sechshundert Menschen wohnen, mag es noch möglich sein, im Einklang mit den Tieren zu leben, aber nicht wenn es 600 000 sind. Die Parks richtiggehend abzugrenzen, ist überall notwendig, ob in Amerika, Europa oder Afrika. Tut man es nicht, wird der Park zerstört. Letztlich würden wir sowohl zukünftigen Generationen der kenianischen Bevölkerung als auch der Tierwelt in den Parks einen Bärendienst erweisen, wenn wir nicht alles in unserer Macht Stehende täten, um Parks und Reservate zu schützen.

Als ich im Dezember 1989 erneut mit den Beamten der Weltbank zusammentraf, wies ich darauf hin, dass der KWS sich in den kommenden fünf Jahren vorwiegend auf die geschützten Gebiete konzentrieren werde. Ich nannte eine Schätzung für die Summe, die wir nach meiner Ansicht brauchen würden, um alle Probleme mit dem Naturschutz zu lösen und seine Parks, Reservate und Schutzgebiete zu sichern: 300 Millionen Dollar, verteilt über einen Zeitraum von zehn Jahren.

»Wenn Sie uns aber diese Summe geben, und wenn sie dann schlecht verwaltet wird, werden Sie der Tierwelt und den Parks in Kenia dauerhaften Schaden zufügen«, sagte ich. »Nur das Geld zu geben, reicht nicht; es muss klug für die Prioritäten und Pläne eingesetzt werden, auf die man sich zuvor geeinigt hat, und die Regierungsseite muss sich strikt an die vereinbarte Vorgehensweise halten.«

Ich fuhr fort, die Finanzierung müsse an bestimmte Bedingungen geknüpft sein, und die Bank müsse sich verpflichten, daran festzuhalten. Wenn der KWS sie nicht einhielt, solle die Finanzierung zurückgezogen werden. Noch einmal erklärte ich, gewaltige Geldsummen würden nicht wirkungslos bleiben, und ich sei besorgt, dass unkontrolliert eingesetzte Mittel die Lage nur verschlimmern könnten – wie es das erste Projekt der Weltbank gezeigt hatte.

In meinen Gesprächen mit den leitenden Beamten der Weltbank gelangte ich zu der Überzeugung, dass wir dieses Mal auf andere Weise vorgehen würden und dass nicht nur die Verwaltung, sondern auch Umweltfragen ganz oben auf der Tagesordnung standen. Ich hatte den Eindruck, dass wir uns auf der gleichen Wellenlänge befanden und dass meine Gesprächspartner den ehrlichen Willen hatten, zu helfen. Die von mir genannte Summe schreckte sie nicht ab, und sie unterstützten nachdrücklich meine Pläne, den KWS zu einer sich selbst tragenden Organisation zu machen.

Wie ich waren sie der Ansicht, Kenia solle sowohl seine Parks und Schutzgebiete sichern als auch seine Naturschutz- und Tourismusbranche ausbauen, da sie unser wichtigstes Mittel zur Beschaffung von Devisen war. Wenn wir die Sicherheit in unseren Parks hergestellt hatten und sie durch Reparatur von Straßen, Brücken und Gebäuden für die Touristen attraktiver machten, würden wir die schönsten Naturschutzgebiete der Welt besitzen. Genau darin bestand letztlich mein Ziel. Dann konnten wir von den Touristen auch höhere Eintrittspreise verlangen. Nach meiner Schätzung würde der KWS schon in fünf Jahren durch Eintrittsgelder und Übernachtungen so viel einnehmen, dass er sich selbst finanzieren konnte.

»In Kenias Parks kommen so viele Touristen, dass wir keine roten Zahlen schreiben müssten«, sagte ich. »Eigentlich sollten wir Gewinn machen. Das ist mein Ziel: Der KWS soll zu einem Gewinn bringenden Unternehmen werden.«

Außerdem betonte ich nachdrücklich, dass wir keinen von außen kommenden Projektleiter haben wollten, der uns Vorschriften machte. Stattdessen wollten wir beim KWS einen Fünfjahresplan ausarbeiten – damit hatten wir sogar schon begonnen –, und die Bank sollte uns mit Beratern und Fachleuten zur Seite stehen. Es war unverzichtbar, dass Mitarbeiter des KWS an dem Projekt beteiligt waren: Sie mussten das Gefühl bekommen, dass sie selbst etwas geschaffen hatten. Auf diese Weise – beispielsweise durch Belegschaftsaktien – werden auch in den Vereinigten Staaten die erfolgreichsten Unternehmen geführt. Wenn Amerikaner durch eine finanzielle Beteiligung motiviert wurden – warum sollte es dann bei Kenianern nicht genauso sein?

Nach mehreren Besprechungen in Nairobi und Washington waren wir uns in groben Zügen einig. Nun mussten die Einzelheiten für einen Weltbankkredit von 60 Millionen Dollar ausgearbeitet werden. Weitere 85 Millionen wollten wir bei anderen Geldgebern (Großbritannien, Japan, den Vereinigten Staaten und den Niederlanden) einwerben. Und wenn KWS und Kenia alle Bedingungen des Darlehens erfüllten, würden wir in fünf Jahren über einen zweiten Kredit von 150 Millionen Dollar verhandeln. Auch die Mittel, die von anderen Geberländern kommen würden, sollte die Weltbank verwalten. Im Gegenzug würde der KWS darauf hinarbeiten, sich selbst zu tragen. Außerdem sollte er sich mit den Konflikten zwischen Menschen und Tierwelt befassen; es mussten Wege gefunden werden, damit die Tiere aus den Parks nicht Felder zertrampelten und Menschen angriffen. Außerdem erwartete man, dass der KWS zu einem schlankeren Unternehmen wurde, das aber andererseits auch die Mitarbeiter einstellte, die es für die geplante professionelle Organisation brauchte. Das war angesichts der großen Summen, die der KWS erhalten und ausgeben sollte, besonders wichtig. Wir brauchten Wirtschaftsberater, die uns in Fragen der Beschaffung, Besoldung und anderen finanziellen Dingen halfen. Darüber hinaus hatte ich vor, den KWS und das Projekt ohne jede Einmischung von außen zu verwalten. Das hatte mir Präsident Moi versprochen, und ich hatte es meinerseits der Weltbank und anderen Geldgebern vorgetragen. Für sie war es ein besonders entscheidender Teil des Abkommens – nur allzu viele Hilfsprojekte waren durch Vetternwirtschaft und Korruption in den Ruin getrieben worden. In den Augen der Bank war der KWS sogar ein Testfall für die Reform.

Auch die kenianische Regierung sollte ihren Part übernehmen und mit eigenen staatlichen Mitteln das Straßennetz reparieren, das Zugang zu den wichtigsten Nationalparks verschaffte. (Es mag unglaublich erscheinen, aber dies war der wichtigste Grund, warum der Tourismus zurückging. Tiefe Spurrillen und Schlaglöcher, in denen ein ganzer Kleinbus verschwinden konnte, waren nichts Ungewöhnliches. Verständlicherweise beklagten sich die Besucher über die knochenbrecherischen Fahrten, die sie auf sich nehmen mussten, um nur den Eingang der Parks zu erreichen.) Es sollte Geld für neue Hauptgebäude in einigen Parks – beispielsweise Sibiloi – und für bessere Personalquartiere in anderen bereitgestellt werden. Weitere Mittel waren für die Unterstützung der kleinen Gemeinden in der Nähe unserer Parks und Schutzgebiete vorgesehen, die damit Tourismusprojekte entwickeln und so vom Naturschutz profitieren sollten. Und schließlich würde Geld zur Verfügung stehen, mit dem wir die Gehälter der Wildhüter und anderer Mitarbeiter erhöhen konnten. Ich wollte meine Angestellten von der Besoldungsordnung des öffentlichen Dienstes befreien, die eine Bezahlung knapp über dem Existenzminimum vorsah, und ihnen Gehälter zahlen, die mit denen in der Privatwirtschaft vergleichbar waren. Mit guten Gehältern würden wir natürlich auch besser qualifizierte Mitarbeiter anlocken.

Ich war mir durchaus bewusst, dass das Geld, welches wir entweder als günstiges Darlehen oder als Subvention erhielten, aus den Taschen hart arbeitender Menschen in anderen Ländern stammte. Ich wollte nicht erleben, dass diese Mittel unnütz ausgegeben wurden oder durch Bestechung verloren gingen. Ich sprach darüber mehrmals mit den Beamten der Bank, und schließlich entwickelten wir einen Plan. Die Mittel für den KWS würden über ein besonderes Konto fließen, das die Regierung einrichtete. Auszahlungen aus diesem Etat sollten nur dann erfolgen, wenn Weltbank und leitende Mitarbeiter des KWS sich auf die Einzelheiten des jeweiligen Projekts und einen Auszahlungsplan geeinigt hatten. Präsident Moi war höchst erfreut über diese Pläne und die großen Geldbeträge, die ich nach Kenia bringen würde, insbesondere zu einer Zeit, als die ausländische Hilfe für das Land insgesamt zurückging. Er lobte mich mehrmals, manchmal auch in Gegenwart von Kabinettsmitgliedern. Diese Männer lächelten ebenfalls, aber ich bemerkte bei ihnen auch düstere Blicke.

Kurz darauf, zu Weihnachten, verbrachte ich zwei Wochen in unserem Haus auf der Insel Lamu im Indischen Ozean. Ich war jetzt seit neun Monaten für den Naturschutz verantwortlich und musste dringend ausspannen. Unser Haus auf Lamu ist im einfachen Stil der Küstenbewohner erbaut: dicke, weiß gekalkte Steinmauern, Strohdach und ein luftiger, offener Grundriss. Es gab dort immer irgendetwas zu reparieren, und darum wollte ich mich kümmern. Außerdem besaß ich ein kleines Segelboot (ein Geschenk an mich selbst, nachdem ich die Nierentransplantation überlebt hatte), und den Vormittag über genoss ich beim Segeln den Frieden des Meeres. Wenigstens auf unserem Boot klingelte kein Telefon, sodass Meave und ich ein wenig gemeinsam ausruhen konnten.

Bei uns waren sowohl Louise und Samira als auch meine damals 76 Jahre alte Mutter. Sie war immer eine Frau mit einem eigenen Kopf gewesen und hatte allen Leuten – auch ihren Söhnen – offen gesagt, was sie von ihnen hielt. Einmal war sie nicht damit einverstanden, wie ich ein besonders verwickeltes Problem im Zusammenhang mit der Datierung eines Hominidenfossils anging. Als andere Wissenschaftler, die ich für unfaire Kritiker hielt, mich und meine Arbeitsgruppe in ihren Augen zu Recht angriffen, sagte sie mir das laut und deutlich.

Wie Meave, so machte sich auch meine Mutter große Sorgen wegen der Morddrohungen und der gesundheitlichen Belastung, die meine neue Tätigkeit mit sich brachte. Mit mir sprach sie nur selten über diese Themen, weil sie wusste, dass es nutzlos war, aber sie äußerte sich gegenüber Freunden und Angehörigen. Um ihre Sorgen nicht noch zu verstärken, hatte ich mich entschlossen, ihr nur noch wenig über meine Arbeit zu erzählen. Deshalb bedeutete es mir umso mehr, als sie eines Abends nach dem Essen das Wort ergriff.

»Richard, du weißt doch, dass deine Arbeit für die Elefanten und die anderen Tiere weit wichtiger ist als alles, was du mit den Fossilien gemacht hast?« Dabei sah sie mich so durchdringend an, wie nur eine Mutter es kann.

»Glaubst du wirklich?«, fragte ich zurück. Ihre Einschätzung überraschte mich, hatten doch Fossilien und Steinwerkzeuge immer im Mittelpunkt ihres Lebens gestanden.

»Allerdings. Viel wichtiger. Die Entdeckung eines Fossils ist mit der Rettung der Elefanten überhaupt nicht zu vergleichen.«

Meine Mutter hatte nie viele Worte gemacht, und nachdem sie ihre Meinung geäußert hatte, verbreitete sie sich nicht weiter darüber. Ihre Zustimmung zu gewinnen, war schwierig – als ich in der Paläontologie arbeitete, hatte sie etwas so Positives nie gesagt –, und deshalb versetzte sie mich jetzt in Hochstimmung.

Am Ende unseres Urlaubs war ich wieder voller Tatendrang und bereit, mich in die Arena zu stürzen. Mit dem KWS, unserer jungen Naturschutzverwaltung, sollte eine neue Ära des Naturschutzes beginnen.

Kapitel 11

Mein alter Freund und Mentor Charles Njojo hat mir oft gute Ratschläge gegeben. Als ich 1974 auf seine Anregung hin der East African Wildlife Society beitrat, war er Vorsitzender der Organisation. Damals gehörten nur wenige gebürtige Kenianer der Gesellschaft an, und ich machte mir große Sorgen, sie werde ohne Wirkung bleiben, weil sie eine Organisation »nur für Weiße« zu sein schien. Deshalb drängte ich Charles, daran etwas zu ändern. Ich war überzeugt, wir sollten das Kuratorium auflösen und ein neues ernennen. Charles, älter und weniger hitzköpfig als ich, meinte dazu: »Wenn du etwas zerschlägst, solltest du absolut sicher sein, dass du es hinterher wieder zusammensetzen kannst – und dass es anschließend besser funktioniert.«

Wir zerschlugen weder die EAWS noch ihr Kuratorium, denn ich erkannte, dass er Recht hatte: Wäre sie aufgelöst worden, hätten wir vermutlich nie wieder alles unter einen Hut bekommen. Dabei war es eine kleine Organisation, die nur wenige Mitglieder und ehrenamtliche Mitarbeiter hatte.

Jetzt stand ich im Begriff, eine viel größere Einrichtung zu zerschlagen: die alte Naturschutzbehörde. Dabei nahm ich mir den Rat meines Freundes sehr zu Herzen. Was ich vorhatte, bezeichnet man am besten als größere Umstrukturierung – eine staatliche Behörde sollte in eine Art Wirtschaftsunternehmen verwandelt werden. Wenn es gelang, würde es vielleicht auch zu einem Wandel der Naturschutzverwaltungen in anderen afrikanischen Staaten beitragen. Ob es so kommen würde, wusste ich nicht, aber der KWS würde mit Sicherheit eine ganz andere Einrichtung sein als sein Vorgänger. Um die neue Organisation nicht nur besser als ihre Vorgängerin zu machen, sondern sogar weitaus besser, engagierte ich – vorwiegend aus der Privatwirtschaft – eine kleine Gruppe von Fachleuten, die Empfehlungen ausarbeiten sollten.

Ganz oben auf der Liste stand natürlich David Mwiraria. Er arbeitete seit September bei mir und hatte sich bis Januar 1990 einen Überblick über die Leistungen unserer 4500 Angestellten verschafft; dann legte er mir die Liste mit 1640 Personen vor, auf deren weitere Mitarbeit wir verzichten konnten. (David hatte in seinem Bericht nicht nur korrupte und leistungsschwache Mitarbeiter benannt, sondern auch jene im Ruhestand lebenden Angestellten, deren Verwandte es auf verschiedenen Wegen geschafft hatten, weiterhin ein Gehalt zu beziehen.) Jetzt beauftragte ich David, sich auf die gesamte Organisation des KWS und ihre Umgestaltung zu konzentrieren. Wir mussten die beste Organisationsstruktur finden: Wie sollten die einzelnen Abteilungen untereinander kommunizieren, und wie sollten die Zuständigkeiten unter ihnen verteilt sein?

Außerdem mussten wir einen großen politischen Rahmen ausarbeiten, der kurz- und langfristige Ziele des KWS ebenso benannte wie die besten Wege, auf denen wir sie erreichen wollten. In dieser Frage würde ich selbst die Führung übernehmen, aber David sollte mir dabei helfen. Wenn der KWS finanziell auf eigenen Füßen stehen sollte, musste er sowohl seine wichtigsten Einnahmequellen (insbesondere die Eintrittsgelder für die Parks) besser kontrollieren als auch neue Einnahmequellen erschließen. Außerdem wollte ich eine Naturschutzstiftung ins Leben rufen, die dem KWS in Zukunft gewisse Mindesteinnahmen sicherte.

Auch Abdul Bashir hatte mittlerweile erkannt, welche großartigen Gelegenheiten und spannenden Aufgaben seine neue Tätigkeit bot. Er würde an der Planung der Ausbildungs- und Sicherheitsprogramme für unsere Wildhüter mitarbeiten, eine Aufgabe, die ihn ebenso reizte wie das Ziel, ein Zusammengehörigkeitsgefühl innerhalb der Organisation zu entwickeln. Unsere Mitarbeiter sollten das Bewusstsein haben, dass sie zum KWS gehörten und dass sie auf die Organisation, für die sie arbeiteten, stolz sein konnten. Außerdem wollte ich alle Spuren des alten WCMD aus unserem »Personalgedächtnis« beseitigen, und deshalb beauftragte ich Bashir, für den KWS neue Uniformen und ein neues Logo zu entwerfen.

Und schließlich betraute ich Jim Else, einen ausgewanderten Tierarzt, der schon am Museum seit fast zwanzig Jahren für mich gearbeitet hatte, mit dem Aufbau einer Abteilung für Wissenschaft und Forschung. Einen solchen Bereich hatte es im WCMD nicht gegeben, obwohl jedes Jahr viele Zoologen und Botaniker zu Forschungsarbeiten in die kenianischen Nationalparks kamen. Für den KWS konnte es von Nutzen sein, wenn er die Tätigkeit solcher Fachleute koordinierte und sie darauf hinwies, welche Untersuchungen unserer Tierwelt helfen könnten. Innerhalb dieser Abteilung brauchten wir ein besonderes Büro für die Betreuung der Elefantenbestände, und als seinen Leiter stellte ich die Elefantenexpertin Joyce Poole ein. Aus einer nichtstaatlichen Organisation warben wir Grace Lusiola an. Die intelligente, gutmütige, mit einem ansteckenden Lachen ausgestattete Grace hatte bereits fünfzehn Jahre lang für verschiedene Nichtregierungsorganisationen gearbeitet und verfügte über beträchtliche Erfahrungen mit Projekten unter Einbeziehung der örtlichen Bevölkerung.

Ich hatte bereits einige Schritte unternommen, um die Beziehungen zwischen dem KWS und den Dörfern in der Nähe der Parks zu verbessern. Als sich beispielsweise herausgestellt hatte, dass der KWS beträchtliche finanzielle Hilfen erhalten würde, teilte ich der Presse mit, wir würden diesen Vorteil mit unseren Nachbarn teilen: Die örtlichen Gemeinden würden einen Prozentsatz von unseren Einkünften erhalten, und wir würden kleinen Unternehmen helfen, von dem wachsenden Tourismus in Kenia zu profitieren. Außerdem erklärte ich, der KWS werde in manchen Parks Zäune aufstellen, beispielsweise in Teilen von Tsavo West, Shimba Hills und den Aberdare-Bergen, wo die Menschen allzu oft in Konflikt mit wilden Tieren gerieten.

Wie wir es erwartet und gewünscht hatten, stellten uns auch die Weltbank und andere Organisationen erfahrene Berater zur Verfügung, die uns bei der Umgestaltung halfen. Die Tätigkeit der Bank koordinierte Agi Kiss, ein ehrlicher, pragmatischer Ökonom und Ökologe. Von der Internationalen Naturschutzunion IUCN kamen die Ökologen Steve Cobb und Robert Bensted-Smith, die dem KWS bei der Planung seiner gesamten Politik und seiner einzelnen Abteilungen helfen sollten.

Jeden Dienstag trafen sich meine leitenden Mitarbeiter pünktlich um sieben Uhr morgens zu einer halbstündigen Besprechung. Länger müssen solche Sitzungen nach meiner Überzeugung nicht dauern, ja ich ziehe es sogar vor, wenn sie noch kürzer sind. Zeit war kostbar – daran erinnerte ich nachdrücklich jeden, der ein paar Minuten zu spät kam. Zurzeit hatten wir das Wohlwollen des Präsidenten und der Bevölkerung auf unserer Seite, aber wenn der KWS nicht schnell auf das richtige Gleis kam, konnten sich solche Sympathien sehr bald verflüchtigen. Ich betonte es immer wieder: Wir hatten die Chance, eine dynamische, tatkräftige staatliche Organisation zu werden – in Kenia eine Seltenheit.

»Der KWS, das sind wir«, sagte ich ihnen in einer meiner ersten aufmunternden Ansprachen, »noch gleicht unsere Organisation einem völlig unbeschriebenen Blatt, aber wir können aus ihr etwas aufbauen, was funktioniert, eine Organisation, in der etwas geleistet wird. Wir können das ganze Land mitreißen.«

Wer nie in Kenia war, kann sich vielleicht nicht vorstellen, welch schlechte Moral damals in allen Bereichen der öffentlichen Verwaltung herrschte. Teilweise war der Missstand durch das Fehlen einer repräsentativen, verlässlichen Regierung zu erklären, zum größten Teil hatte er seine Ursache aber in der allgemein verbreiteten Korruption. Schon etwas so Gewöhnliches wie einen Führerschein zu erhalten, war ohne Bestechung schwierig oder unmöglich, von einer Geschäftslizenz ganz zu schweigen. Viele Staatsdiener betrachteten ihre Stellung als Pfründe und arbeiteten deshalb so wenig wie möglich. Und wegen ihrer geringen Gehälter bemühten sie sich ständig um ein »Zubrot«, indem sie entweder den Staat bestahlen oder die Bürger zur Zahlung von Bestechungsgeldern zwangen.

Ich stellte von Anfang an klar, dass so etwas beim KWS auf keiner Hierarchieebene geduldet würde. Aber ich war nicht dazu da, Vorträge zu halten. Ich wollte den Mitarbeitern das aufregende Gefühl vermitteln, dass Aussichten auf Erfolg bestanden, dass sie ihren Landsleuten zeigen konnten, zu welchen Leistungen Kenianer in der Lage waren.

Von einem Tag zum anderen, so schien es, hatte der Wandel begonnen. Meine engsten Mitarbeiter und ich waren nicht die Einzigen, die morgens um sechs Uhr anfingen; auch fast alle anderen kamen offenbar früh und blieben abends lange. Eine Atmosphäre von Zielstrebigkeit und Energie machte sich breit, und wo es früher nur missmutige Gesichter gegeben hatte, herrschten jetzt Lachen und gute Laune. Auch das gesamte kenianische Volk erkannte, dass sich wichtige Veränderungen abspielten. Die Zeitungen berichteten über unsere Ideen und Fortschritte, und schon bald bekamen wir stetig Stellenbewerbungen zugesandt.

Einmal sah ich eine Gruppe junger Frauen, die auf dem

Weg zu unserem Personalbüro waren. Ich fragte sie, warum sie beim KWS arbeiten wollten.

»Weil der KWS den Weg frei macht, Sir«, sagte eine von ihnen. Die anderen blickten schüchtern zur Seite.

»Welchen Weg?«, hakte ich nach.

»Den Weg zu einem besseren Leben«, erwiderte eine Zweite.

»Es heißt, beim KWS gibt es die besten Stellen«, fügte ihre Bekannte hinzu. »Das sagen jetzt alle.«

Ich hielt das für eine etwas voreilige Behauptung, aber sie ermunterte mich sehr. Ich wollte, dass die Kenianer auf ihren Naturschutz und die Schönheit ihrer Landschaft stolz waren – und auf die Institution, die darüber wachte. Hier war etwas, womit alle Bewohner des Landes sich identifizieren und darüber ihre Stammesunterschiede vergessen konnten. Vor allem aber hoffte ich, dass schon in naher Zukunft alle Kenianer bis hin zum ärmsten Dorfbewohner die Tiere und die Parks als ihr Eigentum betrachten würden. Es waren die Schätze ihres Landes, und die waren das beste Mittel, um die Zukunft zu gestalten. Ich hoffte, die Bürger des Landes würden Tierwelt und Parks als ihre Rettung betrachten – trotz des Ärgers, den die Dorfbewohner so häufig mit den Tieren hatten. Für mich war der KWS genau das, was sein Name besagte: Kenias Naturschutzdienst.

Trotz aller Hilfszusagen der Weltbank und anderer Stellen schwamm der KWS keineswegs plötzlich im Geld. Bis die Mittel tatsächlich flossen, würde einige Zeit vergehen, denn jede Institution und jedes Geberland hatte eigene bürokratische Regeln für die Beantragung und Bewilligung von Hilfen. Um den KWS funktionsfähig zu halten, reiste ich im Februar 1990 noch einmal nach Europa und Amerika, um Gelder aufzutreiben. Meine Vorträge waren ein Mittel, um dem KWS die dringend benötigten Einnahmen zu verschaffen, und gleichzeitig hielten sie die Notlage der Elefanten im Bewusstsein der Weltöffentlichkeit.

Manch einer hatte vielleicht geglaubt, die Aufnahme der Elefanten in den Anhang I würde dem Gemetzel sofort ein Ende bereiten. Aber in den ersten Monaten nach der Heraufstufung wusste nach meiner Überzeugung eigentlich niemand genau, wie es weitergehen würde. Die südafrikanischen Länder behaupteten weiterhin, sie würden einen Weg zur Umgehung des Verbots finden. Mitte Januar 1990 war die britische Premierministerin Margaret Thatcher unserer Sache ebenfalls nicht gerade von Nutzen, als sie von der CITES Forderte, Hongkong solle die Genehmigung zum Verkauf seiner Elfenbeinvorräte erhalten. Fast von einem Tag zum anderen erlebten wir eine neue Welle der Wilderei. Allein im Tsavo-Park wurden noch einmal vierundzwanzig Elefanten getötet. Ich neige normalerweise nicht zu Verzweiflung, aber als ich diese Nachricht hörte, war ich am Tiefpunkt. Verbittert schrieb ich in mein Tagebuch: *Die Lage ist äußerst ernst. Wilderei und Schmuggel leben wieder auf. Wir brauchen dringen Waffen, Munition und Ausrüstung. Unsere Funkgeräte sind nutzlos, und wir haben nicht annähernd genügend Leute. Es gibt so viel zu tun! Ich fühle mich vom schieren Umfang des Problems erdrückt. Geld, Geld, Geld! Betteln, betteln, betteln! Wie lange halte ich das noch durch?*

Zwei Wochen später war ich auf dem Weg nach England, um den Hut herumzureichen. Ich musste weiter betteln; mir blieb keine andere Wahl.

Anfang 1990 bestand mein Leben aus einer schnellen Folge von Konferenzen über die Gründung des KWS und Vorträgen, mit denen ich Gelder sammeln und seinen Betrieb sichern wollte. Das heißt aber nicht, dass die alten Probleme einfach verschwunden wären. Ende März hatten unsere Wildhüter und die Polizei in der Nähe des Kora-Nationalparks, wo George Adamson ums Leben gekommen war, einen weiteren hässlichen Zusammenstoß mit Wilderern.

Mittlerweile verfügten wir dank der Anleitung und Beratung durch Bashir über eine leistungsfähige Einheit zur Bekämpfung der Wilderei. Sie war noch ein wenig unerfahren, kam aber zurecht. Bashir und ich trafen uns einmal in der Woche, um die ständigen Probleme mit Banditen und Wilderern zu besprechen. In unserem Verwaltungsgebäude richteten wir eine Art »Lagezentrum« ein, in dem eine große Landkarte der Nationalparks und Schutzgebiete Kenias hing. Darauf waren mit farbigen Nadeln die Orte markiert, wo unsere Einheiten stationiert waren und wo es zu Zusammenstößen kam. Insbesondere eine Banditengruppe in der Region von Meru und Kora hielt uns auf Trab. In dem betreffenden Teil der Landkarte standen die Nadeln dicht bei dicht, und als ich eines Tages wieder einmal mit Bashir über unsere Tätigkeit sprach, fragte ich ihn, wie wir diese Gegend am besten von Wilderern befreien könnten.

»Warum kommen sie dort immer noch davon?«, wollte ich wissen.

»Sie sind wirklich schwer zu fassen«, stimmte Bashir zu. Er war mittlerweile seit vier Monaten bei uns, und es war leicht zu erkennen, dass ihm die Arbeit Spaß machte. Gelegentlich zog ich ihn damit auf, dass er anfangs geschworen hatte, er werde nie »gern« hier sein. »Nun ja, Richard, du hast mich reingelegt«, hänselte er dann zurück.

So seltsam es erscheinen mag, wo ich doch aus der zivilen Verwaltung kam und Bashir durch und durch Polizist war: Wir wurden Freunde. Wir freuten uns gegenseitig über unsere Gesellschaft, und die Zusammenarbeit machte uns Spaß.

»Was können wir tun, um dieser Bande das Handwerk zu legen?«, beharrte ich noch einmal auf dem Thema.

»Sie gehören zu den schlimmsten *shifta*«, erwiderte Bashir. »Ganz harte Burschen. Aber wir können es versuchen.«

Als die Bande das nächste Mal gesehen wurde, organisierte Bashir eine gemeinsame Operation mit der Spezialeinheit der Polizei.

Nur vierundzwanzig Stunden später erreichte uns die Nachricht, dass die Operation nicht wie geplant verlaufen sei; sie war ein Reinfall. Es war der Bande gelungen, unsere Leute in einen Hinterhalt zu locken und vernichtend zu schlagen, wobei sechs Männer ums Leben kamen und vier weitere schwer verwundet wurden. Wildhüter des KWS waren nicht verletzt, aber mit allen anderen in Panik geflüchtet. Auch ein Lastwagen war verloren gegangen.

Schweren Herzens flog ich mit Bashir zum Schauplatz des Geschehens. Diesmal gab es keine toten Banditen zu besichtigen, sondern nur sechs tote Polizisten, die zu ihren Angehörigen gebracht werden mussten. Bashir hielt unseren Leuten eine strenge Standpauke. Ich hielt eine meiner aufmunternden Ansprachen nach dem Motto »wir müssen es besser machen«. An jenem Abend schrieb ich wieder einmal in mein Tagebuch: *Wir brauchen mehr Leute und mehr Geld.* Es klang allmählich wie eine hohle Beschwörungsformel.

Ich hatte gehofft, das neue Jahr würde völlig anders werden als das vorherige, aber nach Vorfällen wie dem im Kora-Park schien es mir, als habe sich nichts geändert. Ich versuchte, mir meine Enttäuschung und meine sinkende Stimmung nicht anmerken zu lassen, denn ich wusste, dass ich damit meine Mitarbeiter demoralisieren würde. Tagein, tagaus redete ich mir ein, ich müsse zuversichtlich und entschlossen erscheinen, als sei ich mir völlig sicher, dass wir an allen Fronten Erfolg haben würden. In den Nächten jedoch sah die Sache ganz anders aus. Häufig wachte ich auf, wälzte mich im Bett und sagte mir, wir würden unsere Ziele nie erreichen, nie die Wilderer vertreiben, nie genügend Geld zusammenbringen. Ich malte mir meine Erscheinung bei Tageslicht aus – den selbstsicheren Leakey, der aufmunternde Reden hielt – und hatte für die Show, die ich da veranstaltete, nur Verachtung übrig. In diesen trüben Augenblicken fühlte ich mich wie ein Betrüger, und dann fragte ich mich, warum es offenbar niemand bemerkte. Es waren lange Nächte. Bei Tagesanbruch hielt ich mir selbst eine strenge Predigt. Ich hüllte mich in mein Selbstvertrauen wie in einen Mantel – und stellte mir die Frage, wann er wohl löchrig werden würde.

Nur mit wenigen alten Freunden konnte ich über meine Zweifel sprechen. Die meisten von ihnen wussten nicht, wie sie reagieren sollten. Ich erwischte sie mit meinen Bekenntnissen auf dem falschen Fuß, und sie äußerten einerseits zwar Mitgefühl, hielten sich aber andererseits ebenfalls mehr an mein äußeres Image als an meine persönlichen Befürchtungen. Ja, es sei eine anstrengende Tätigkeit, räumten sie ein, aber sie hätten keinen Zweifel, dass ich es schaffen würde. Vielleicht glaubten sie, ich brauche nur ein wenig Ermutigung, um den Kampf weiterzuführen. In der Regel halfen ihre Worte mir tatsächlich, wieder Mut zu fassen, aber seltsamerweise hatten sie auch zur Folge, dass ich mich noch einsamer fühlte. Das alte Sprichwort »Ganz oben bist du immer allein« bekam für mich einen neuen Sinn. Niemand verstand so ganz, unter welchem Druck ich stand.

Niemand, mit einer Ausnahme: Meave. Was sie bereits wusste, brauchte ich ihr nicht zu sagen – meine schlaflosen Nächte waren ihr nicht verborgen geblieben –, aber über die einzelnen Gründe meiner Befürchtungen erzählte ich ihr weiterhin kaum etwas Genaues. Sie sagte mir mehrere Male, ich solle ausspannen, mit ihr zu dem Forschungslager am Turkanasee fliegen und eine Pause machen. Ein Wochenende am Seeufer spazieren gehen, die grasenden Gazellen und Spießböcke in der Savanne beobachten, die Pelikane über das Wasser gleiten sehen – das, so sagte sie, werde mir unglaublich gut tun. Aber ich konnte keine Pause machen, solange unsere Wildhüter ums Leben kamen und die Elefanten abgeschlachtet wurden. Ich weiß, dass es wie eine Ironie des Schicksals wirkt: Da war ich nun der Direktor eines der schönsten Naturschutzgebiete der Welt, und in dieser Position, um die mich sicher viele beneideten, hatte ich keine Zeit, die unter meinem Schutz stehenden Vögel und anderen Tiere so zu beobachten, wie ich es mir gewünscht hätte.

Tatsächlich gibt es für mich kaum etwas Schöneres, als vor der ersten Morgendämmerung in der kenianischen Wildnis aufzuwachen und zuzusehen, wie die ersten Sonnenstrahlen das Rosa des Morgenlichts erst blau und dann golden färben, während die sanften Rufe der afrikanischen Tauben und die energischeren Schreie der Ibisse und Graulärmvögel die Luft erfüllen. In meiner Jugend, als ich mit Touristen auf Fotosafari ging, hatte ich für solche Augenblicke gelebt. Ebenso hatte ich sie genossen, als wir in der Wüste im Norden des Landes nach Fossilien suchten. Auf einigen Expeditionen waren wir auf Kamelen durch die nördliche Wüste geritten. Mir gefiel das einfache Leben an solchen Tagen. Wir schliefen auf der Erde rund um unsere Reittiere, und morgens erhoben wir uns, wenn die Sterne noch am Himmel standen und die Wüstenluft schneidend kalt war. Zum Frühstück reichte eine Tasse starker Tee. Mittags hielten wir gerade lange genug an, um ein paar gekochte Kartoffeln und in Streifen geschnittenes Antilopenfleisch herunterzuschlingen. Den Blick hatten wir stets auf den Horizont gerichtet, auf den nächsten viel versprechenden Hügel oder Graben, wo vielleicht ein Fossil aus der Vorzeit wartete. Zu jener Zeit gab es rund um den Turkanasee eine Fülle von Löwen, und abends, nach einer richtigen Mahlzeit, fachten wir das Feuer an, banden die Kamele ringsherum im Kreis fest, wickelten uns in unsere Decken und legten uns neben sie. In vielen Nächten schlichen Löwen und Hyänen nahe zu unserem kleinen Kreis, sodass die Kamele vor Angst schnaubten. Und wenn ich aufstand, um Holz ins Feuer zu legen, sah ich mehr als einmal die glühend orangefarbenen Augen einer Raubkatze, die mich durchdringend anstarrten.

In der ersten Zeit nach meiner Ernennung zum Direktor des Naturschutzes war ich mir noch sicher, dass diese besonderen Augenblicke weiter zu meinem Leben gehören würden. Irrtum! Mein Leben war jetzt ein brodelnder Eintopf aus Konferenzen, Telefongesprächen und Auslandsreisen. Wenn ich überhaupt in die Parks kam, war ich ständig von Menschen umgeben, deren Probleme meine Aufmerksamkeit erforderten. Zwar fuhren wir manchmal durch einen Park, aber nur um zum Schauplatz eines Verbrechens zu gelangen oder um Gebäude, Brunnen oder Zäune zu besichtigen, die dringend repariert werden mussten. Jene Augenblicke, wenn ich in der Morgendämmerung zugesehen hatte, wie die Tautropfen auf einem Spinnennetz sich golden färbten, oder wenn meine Nackenhaare sich unter dem kalten Blick eines Löwen sträubten, schienen weit in der Vergangenheit zu liegen.

Ende März 1990 unternahm ich eine schnelle Besichtigungsreise durch zwei wichtige Tierschutzgebiete: den Amboseli-Nationalpark und das Maasai Mara Game Reserve. In beiden Parks gibt es eine lange Geschichte der gespannten Beziehungen zwischen Parkverwaltung und den örtlichen Massaivölkern. Ich wollte diese unguten Gefühle ausräumen und die Massai auf unsere Seite ziehen.

Die Probleme, mit denen ich mich dabei auseinander setzen musste, hatten ihre Wurzeln in der Entstehungsgeschichte der beiden Parks. Bevor Kenia zur britischen Kolonie wurde, hatten die Massai, ein Volk von Rinderzüchtern, große Gebiete im südlichen Teil unseres Landes besiedelt; sie waren schon vor über vierhundert Jahren hierher gekommen und hatten eine ältere Bauernbevölkerung verdrängt. Mit ihren Herden waren sie auf der Suche nach Weidegründen und Wasser durch die akazienbestandenen Savannen und Graslandschaften gezogen, die sich vom Rand des Rift-Tals bis zum Kilimandscharo zogen. Dabei hatten sie das Land mit einer Fülle wilder Tiere geteilt – Gazellen, Elenantilopen, Elefanten, Nashörnern, Löwen und Leoparden.

Im Gegensatz zu unserem Wunschbild von alten Zeiten haben Menschen meines Wissens nie einträchtig mit wilden Tieren zusammengelebt, aber die Massai kamen dieser Vorstellung so nahe wie sonst vielleicht kaum jemand. Damit ist nicht gesagt, dass sie die Tiere nicht gejagt hätten – das taten sie sehr wohl. Im Allgemeinen jedoch hinderte sie ein kulturelles Tabu daran, das Fleisch wilder Tiere zu essen, außer unter sehr schwierigen Bedingungen, beispielsweise bei Dürre oder Rinderseuchen.

Manchmal stellten die *moran*, die jungen Krieger der Massai, ihre Tapferkeit unter Beweis, indem sie Löwen und anderes Wild wie Büffel, Elefanten und Nashörner töteten – ich hatte einmal das Glück, eine solche zeremonielle Jagd mitzuerleben. Außerdem wurde erwartet, dass sie ihre Angehörigen vor großen, gefährlichen Tieren schützten. Wurde beispielsweise ein Massai von einem Elefanten getötet, erlegten die Mitglieder seiner Familie mit ihren Speeren mehrere Elefanten. Durch solche »Lektionen« lernten die in der Nähe der Massai heimischen Tiere, die durch die Ebenen ziehenden, rot gewandeten Menschen zu fürchten.

Den ersten Europäern, die Ende des 19. Jahrhunderts nach Ostafrika vordrangen, erschien das Land der Massai mit seiner reichhaltigen Tierwelt wie ein Garten Eden. Die Herden der Antilopen und Zebras erstreckten sich bis zum Horizont, eine Masse von Tieren, die wir uns heute nur noch in unserer Phantasie ausmalen können. »Eine Beschreibung dessen, was wir an Wild sahen, würde heute als Übertreibung abgetan werden«, schrieb Ronald O. Preston, einer der Erbauer der kenianischen Eisenbahn, kurz nach der Jahrhundertwende. »Aber gelinde ausgedrückt, sah man nichts als eine bewegliche Masse von Gnus, Leierantilopen, Zebras und kleineren Antilopenarten, so weit das Auge reichte.«

In diesem Gebiet legte die Kolonialregierung 1899 eines der ersten Naturschutzgebiete in Kenia an, das rund 33 000 Quadratkilometer große Southern Reserve. Die Jagd war dort nicht verboten, aber sie wurde kontrolliert. Tatsächlich erlegten Teddy Roosevelt, der Prinz von Wales und Ernest Hemingway in diesem riesigen Schutzgebiet ihre Trophäen. Auch die Massai erhielten Land in dem Schutzgebiet, weil man ihre einzigartige Lebensweise schützen wollte.

Grundsätzlich war das Reservat eine gute Idee. Aber seine Gründung brachte ein rassistisches Element in den Naturschutz ein. Zur Jagd berechtigt waren in den Augen der Regierung ausschließlich weiße Europäer; Jäger aus den einheimischen Stämmen galten als »Wilderer«. Wie nicht anders zu erwarten, führte dieses Messen mit zweierlei Maß bei der Bevölkerung Kenias zu großer Verbitterung und Widerwillen.

Dies führte im Zusammenhang mit dem Bevölkerungswachstum dazu, dass die Regierung das für die Tiere reservierte Gebiet im Laufe der Zeit immer weiter einschränkte. Im Jahr 1948 wurden etwas über 3000 Quadratkilometer als Amboseli-Schutzgebiet ausgewiesen, und 1961 (zwei Jahre bevor Kenia unabhängig wurde) übertrug man die Verwaltung dem lokalen Kreisrat von Kajiado. Präsident Kenyatta verkleinerte das Schutzgebiet 1974 noch weiter. In einem von ihm herausgegebenen Dekret wurde eine Fläche von rund 375 Quadratkilometern ausschließlich für Tiere und Tourismus reserviert, und damit war der Amboseli-Nationalpark offiziell eingerichtet. Der Kreisrat von Kajiado verwaltete weiterhin ein kleines Gebiet, in dem die Touristenunterkünfte lagen, und erhielt Einnahmen sowohl von diesen Einrichtungen als auch vom Park selbst.

Kenyattas Entscheidung war in Naturschützerkreisen populär, aber die Massai waren erbost. Ihnen war jetzt der Zugang zu ihrem wichtigsten Rückzugsgebiet in Trockenzeiten verwehrt – zu den üppig grünen Sümpfen im Herzen des Parks. Diese hatten ihnen jahrhundertelang als Wasserstellen und Weiden für ihre Rinder gedient, und jetzt sollten sie sie aufgeben. Die Tiere des Parks dagegen streiften weiterhin ungehindert durch das Land der Massai außerhalb des Schutzgebietes. Aus Protest töteten die Massai mehrere Nashörner und Elefanten, und schließlich sagte die Regierung den Bau einer Pipeline zu, die Wasser aus den Sümpfen zu den Massai und ihren Rindern leiten sollte.

Leider vergingen Jahre, bis die Pipeline fertig war, und danach wurde sie nie richtig gewartet. Deshalb war es kein Wunder, dass die Massai den Park verabscheuten und sowohl seine Angestellten als auch die Parkordnung mit Verachtung straften. Sie weigerten sich, außerhalb des Geländes zu bleiben, und kamen weiterhin mit ihren großen Herden, wie sie es immer getan hatten.

Das wäre vielleicht nicht weiter schlimm gewesen, wenn Amboseli die gleiche Größe gehabt hätte wie der Tsavo-Park. Aber das ist nicht der Fall; er gehört zu unseren kleinsten Schutzgebieten. Für Antilopen, Zebras und Elefanten stehen nur begrenzte Weideflächen zur Verfügung – von vielen tausend Rindern ganz zu schweigen. Ein besonderes Problem warfen die Elefanten auf. Bevor in den siebziger und achtziger Jahren die Wilderei um sich griff, waren sie je nach Niederschlägen und frischem Gras in den Park und wieder hinaus gewandert. Innerhalb des Amboseli-Parks wurden zwar nur selten Elefanten getötet – die Massai verabscheuen Wilderer und zeigen sie schnell an –, aber sobald die Tiere das Schutzgebiet verließen, waren sie angreifbar. Elefanten sind hoch intelligente Tiere, und schon nach kurzer Zeit hatten sie herausgefunden, dass sie innerhalb der Parkgrenzen in Sicherheit waren, während außerhalb – insbesondere in Tansania, wo die Jagd gestattet ist – große Gefahr bestand. Statt zu wandern und so der Pflanzenwelt im Amboseli-Park die Gelegenheit zur Erholung zu geben, wurden sie praktisch dort ansässig. Mit ihrer Zahl nahmen auch die negativen Auswirkungen auf das Gebiet zu. Die Naturschützer diskutierten darüber, ob man die Herden dezimieren solle; blieb man untätig, so die Befürchtung, würden die Elefanten den Amboseli-

Park völlig zugrunde richten – sie würden sich selbst und alle anderen Tiere ihrer Lebensgrundlage berauben.

Eine einflussreiche Beschützerin hatten die Elefanten des Amboseli-Parks in der Amerikanerin Cynthia Moss, die seit 1972 ihr Sozialverhalten erforschte. Cynthia war strikt gegen eine Dezimierung der Bestände und hatte erfolgreich alle Versuche abgewehrt, die Herden im Amboseli-Park zu verkleinern. Joyce Poole, die ich kurz zuvor für den KWS angeworben hatte (sie konnte ihre Stelle wegen früherer Verpflichtungen erst im Juni 1990 antreten), gehörte zu Cynthias Wissenschaftlergruppe. Sie unterhielten ein Lager in dem Park – auch dagegen hatten manche Naturschützer Einwände. Es war ein derart heikles Thema, dass ich bereits mit Jim Else, dem Forschungsleiter des KWS, darüber gesprochen hatte. Er war zwar nicht völlig gegen das Forschungslager von Moss und Poole, mochte es aber auch nicht unterstützen. Der Gerechtigkeit halber wollte ich auch die Seite der Wissenschaftler zu Wort kommen lassen, bevor ich darüber entschied, welche Politik der KWS in der Frage der Forschungslager in unseren Nationalparks verfolgen würde.

Im Schutzgebiet von Maasai Mara stellten sich andere Probleme als im Amboseli-Park; ich werde später noch genauer darauf zurückkommen.

Sowohl im Mara als auch im Amboseli wollte ich mit den örtlichen Massai-Häuptlingen zusammentreffen und mit ihnen über ihre Unzufriedenheit sprechen. Ich hoffte, ich könne die Massai zu der Erkenntnis bringen, dass ihre Parks für das Wohlergehen Kenias sehr wichtig waren. Einerseits hatte ich zwar Mitgefühl, weil ihr Volk so viele Verletzungen und Ungerechtigkeiten erduldet hatte, andererseits aber war es nach meiner Überzeugung an der Zeit, dass sowohl das Mara-Schutzgebiet als auch der Amboseli-Park zum Wohle des ganzen Landes und nicht nur der Massai verwaltet wurden.

Ich erstellte wie üblich einen engen Zeitplan. Am ersten Tag wollte ich mich im Amboseli-Park mit meinen Wildhütern, den Massai-Häuptlingen sowie Cynthia und Joyce treffen, um dann am nächsten zu den Besprechungen ins Mara-Schutzgebiet zu fliegen. Bevor ich abreiste, übermittelte Joyce mir die Einladung, in ihrem Lager zu übernachten. Irgendwo musste ich über Nacht bleiben, und, so fragte sie, warum nicht bei ihnen? Außerdem schlug sie vor, ich solle mir die Elefanten ansehen, die sie und Cynthia erforschten. Tatsächlich hatte ich seit meinem Amtsantritt keine Elefanten – lebende Elefanten – mehr gesehen, und der Gedanke erschien mir natürlich sehr reizvoll.

Ein paar Wochen vor meinem Flug in den Amboseli-Park war die lange Regenzeit zu Ende gegangen, und als ich ankam, war der Park üppig grün. Der Kilimandscharo, der sich über dem Park erhebt, ist häufig in Wolken verborgen. An solchen Tagen würde man niemals vermuten, dass sich dort, am Äquator mitten in Afrika, ein riesiger Berg mit verdecktem Gipfel befindet. Aber am Tag meiner Ankunft war der Kilimandscharo in voller Pracht zu sehen: Seine breiten, blauen Abhänge stiegen über den smaragdgrünen Ebenen des Amboseli-Parks auf, wo zahlreiche Antilopen, Zebras und Elefanten weideten. Selbst einem gestressten Naturschutzdirektor konnte dieser atemberaubend schöne Anblick nicht entgehen. Spontan entschloss ich mich, den Besuch bei den Elefanten noch in meinem Terminkalender unterzubringen.

An der Landepiste empfing mich Francis Mukungi, der leitende Wildhüter des Amboseli-Parks. Er arbeitete noch nicht lange hier, begriff aber, wo die Probleme lagen und gab sich große Mühe, Freunde unter den Massai zu gewinnen.

»Gut, dass Sie gekommen sind, Richard«, sagte er. »Die Stammesältesten sind schon gespannt darauf, Sie kennen zu lernen. Sie haben viel von dem Geld gehört, das Sie aufgetrieben haben, und jetzt wollen sie wissen, ob sie davon profitieren können.«

Wir mussten beide lachen. Über das Geld, das die Weltbank dem KWS zur Verfügung stellen wollte, wussten offenbar alle Bescheid. Eines war klar: Ich musste bei der Besprechung ein paar deutliche Erklärungen abgeben, denn wir würden nicht einfach Mittel verteilen.

Francis hatte vorgesehen, dass die Stammesältesten des Kreisrates von Kajiado und andere Massai-Häuptlinge in der Serena Lodge des Parks mit mir zusammentreffen sollten. Die breiten Terrassen dieses hübschen Safarihotels überblicken ein grünes, feuchtes Wiesengebiet, wo Elefanten und Büffel weiden und die Touristen sich versammeln. So sehr ich die Tiere und die Landschaft bewunderte – wir waren zum Arbeiten hier. Ich ging in einen fensterlosen Konferenzraum.

Die Besprechung war gut besucht. Einige Massai waren in traditioneller Kleidung gekommen: mit dem übergeworfenen roten *sukha*, perlenbesetzten Armbändern und Zeremonienstäben in den Händen. Andere trugen Hose und Jackett. Auch mehrere Vertreter kenianischer Reiseveranstalter saßen in der Runde. Ich spürte sofort, dass ich eine Gruppe potenzieller Freunde vor mir hatte. Sie freuten sich, dass ich gekommen war, und waren neugierig, was ich zu sagen hatte; diesen guten Willen wollte ich nicht aufs Spiel setzen.

»Ich schätze solche Konferenzen nicht mehr als jeder andere«, setzte ich an. Ich wusste, dass viele Massai recht weit gereist waren, um mich kennen zu lernen. »Deshalb werde ich mich kurz fassen und sofort zur Sache kommen. Amboseli ist ein kleiner, aber sehr beliebter Park. Wir wollen, dass er auch weiterhin beliebt bleibt, damit Sie mit ihm höhere Einnahmen erzielen können.«

Anschließend erläuterte ich kurz einige Ziele, die wir mit dem Geld der Weltbank erreichen wollten. Ich wollte die Pipeline in Ordnung bringen lassen und außerhalb des Parks weitere Bohrlöcher in Auftrag geben, damit die Massai über ausreichend Wasser und Weidegründe für ihre Rinder ver-

Der Geburtsort meines Vaters in Kabete nördlich von Nairobi
(Mit freundlicher Genehmigung aus dem Leakey-Familienarchiv)

Am Natronsee (Tansania) im Jahr 1964. In der Mitte mein jüngerer Bruder Philip rechts Margaret Cropper. Begleitet wurden wir von einem ortskundigen Einheimischen vom Stamm der Msongo. (Glynn Ll. Isaac)

Kamelritt am Turkanasee 1969 (John Reader)

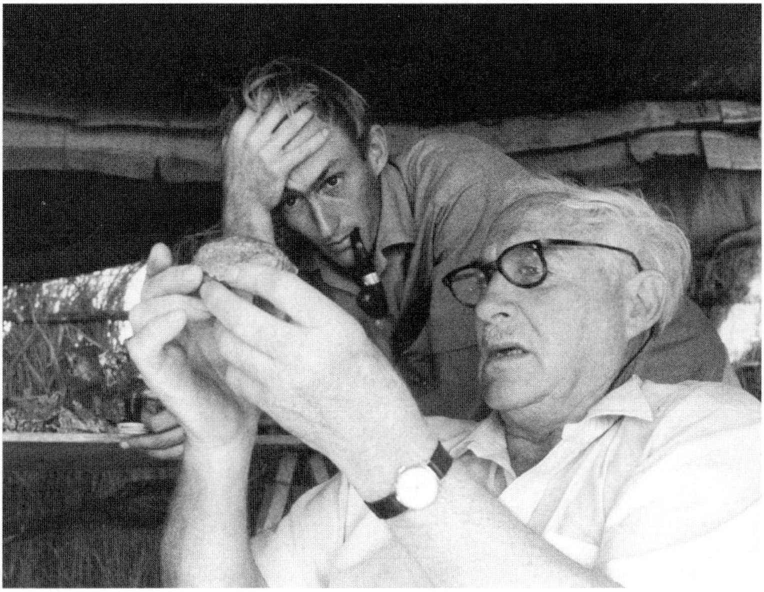

Mit Dr. L. S. B. Leakey bei der Untersuchung eines Affenschädels aus Koobi Fora, Mai 1970. (Gordon Gahan/National Geographic Image Collection)

Mit Meave beim Ausgraben eines Fossils (Bob Campell)

Familientreffen im Dezember 1982
(Mit freundlicher Genehmigung aus dem Leakey-Familienarchiv)

Bei der Untersuchung zweier menschlicher Schädel in Nariokotome am Turkanasee (Nordkenia), 1985. Der linke Schädel gehört zu dem berühmten »Jungen von Turkana«. Der rechte ist ein *Homo erectus* aus Koobi Fora. Die Fossilien sind etwa 1,7 Millionen Jahre alt. (Virginia Morell)

Verleihung der Ehrendoktorwürde an der Universität Aberdeen. (John McIntosh, University of Aberdeen)

Doppelzaun an der Grenze des Nakuru-Nationalparks.
(Mit freundlicher Genehmigung aus dem Leakey-Familienarchiv)

Diesen toten Elefanten mit infiziertem Rüssel fanden wir in einer Drahtschlinge. (Dr. Rottcher)

Wildhüter mit Elfenbein, das wir 1989 in einem Versteck im Tsavo-Nationalpark gefunden haben. (Bob Campbell)

Geborgene Elefantenstoßzähne im Tsavo-Nationalpark. (Bob Campbell)

Der Elfenbein-Scheiterhaufen im Nairobi-Nationalpark, Juli 1989. (Bob Campbell)

Präsident Moi und Minister Katana Ngala besichtigen den Scheiterhaufen aus Elefantenstoßzähnen. (Stephen Jones)

Präsident Moi zündet den Scheiterhaufen an. Hinter ihm stehen Minister Ngala und ich. (Bob Campbell)

Das mit Kerosin in Brand gesteckte Elfenbein.
(Mit freundlicher Genehmigung aus dem Leakey-Familienarchiv)

Meine Tochter Samira (links) und Dudu Douglas Hamilton. (Bob Campbell)

Erklärung für die Presse während der Elfenbeinverbrennung. (Stephen Jones)

George Adamson mit einem seiner Löwenbabys im Lager von Kora, kurz bevor er im August 1989 ermordet wurde. (Mit freundlicher Genehmigung aus dem Leakey-Familienarchiv)

Fahrzeugbesichtigung im Meru-Nationalpark. (O. Douglas Hamilton)

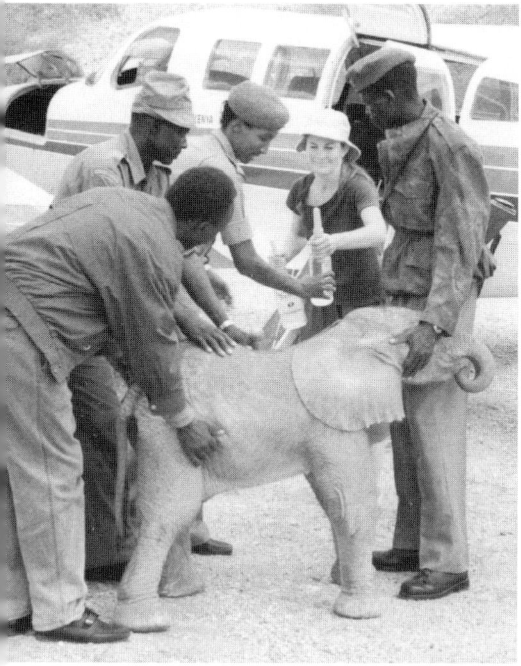

Verladung eines verwaisten Elefantenjungen in ein Flugzeug des KWS.
Die Waisen werden von Daphne Sheldrick aufgezogen und dann in den Herden ausgewildert.
(Fiona Alexander)

Ein durch Wilderer zur Waise gewordenes Elefantenjunges auf dem Weg zum Rettungsflugzeug. (Fiona Alexander)

Besuch bei den Wildhütern des KWS im Tsavo-Nationalpark. (Mit freundlicher Genehmigung des KWS)

Ein Hubschrauber der Wilderer-Bekämpfungseinheiten. Der Pilot (Mitte) ist Ted Goss vom Eden Trust. (Mit freundlicher Genehmigung aus dem Leakey-Familienarchiv)

Meine Cessna nach dem Absturz am 3. Juni 1993. (Rick Mathews)

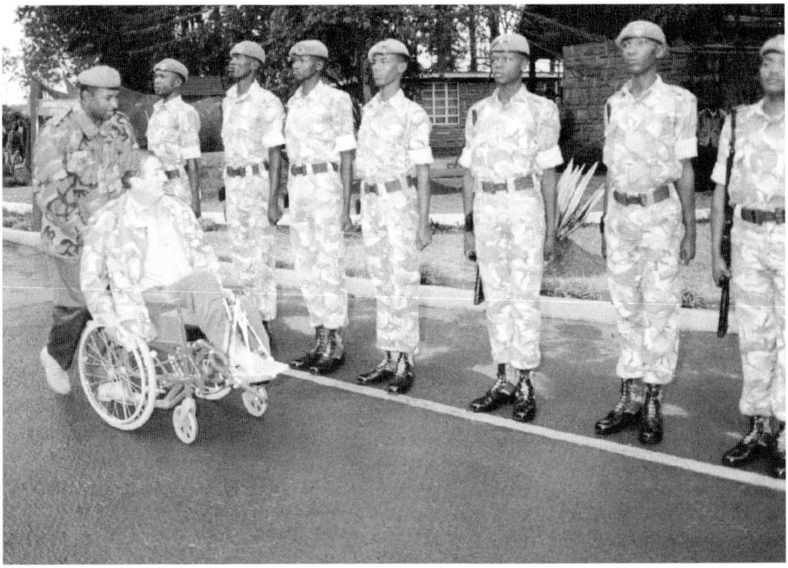

Besuch bei der Wache des KWS-Hauptquartiers im Oktober 1993. Ein Bein ist bereits amputiert; das andere wurde wenige Wochen später ebenfalls in England abgenommen. (Mit freundlicher Genehmigung des KWS)

Besichtigung geborgener Stoßzähne und Tierfelle nach meiner Amputation im November 1993. (Mit freundlicher Genehmigung des KWS)

Mit (von links nach rechts) Präsident Museveni aus Uganda, Präsident Mwinyi aus Tansania und Präsident Moi im KWS-Hauptquartier im Dezember 1993. (Mit freundlicher Genehmigung des KWS)

fügten. Bei diesen Worten ging zustimmendes Murmeln durch das Publikum. Im Gegenzug erwartete ich jedoch, dass die Massai mit ihren Tieren außerhalb des Parks blieben.

»Ich weiß, dass die Regierung Ihnen schon vor langer Zeit Versprechungen wegen des Wassers gemacht und sie bisher nicht gehalten hat«, sagte ich. »Gleichzeitig haben auch die Massai ein Versprechen abgegeben und nicht eingehalten. Aber die Regierung ist der Vater, und der muss als Erster zu seinem Wort stehen.«

Weiter sprach ich darüber, wie ich den Park entlasten wollte, indem ich den Tourismus in seinem Umfeld verstärkte. Das war möglich, wenn die Massai, denen rund um den Park einige große Anwesen gehörten, eigene Miniparks oder Schutzgebiete entwickelten. Ich umriss die Ideen und sagte ihnen, sie könnten in einigen Monaten mit Grace Lusiola zusammentreffen, unserer Projektleiterin für Vorhaben vor Ort. Mit ihr könnten sie dann weitere Einzelheiten klären. Außerdem werde der KWS dafür sorgen, dass die Massai einen größeren Anteil von den Einnahmen des Parks erhielten, sodass sie unmittelbar von den Touristen profitierten.

Je länger ich sprach, desto mehr Interesse weckte ich bei meinen Zuhörern. Die Stammesältesten erkannten, dass ich ihnen die Gelegenheit bot, eine eigene Tourismusbranche zu entwickeln – einen Weg, um Geldströme anzuzapfen, die bisher im Wesentlichen an ihnen vorbeiflossen. Einige wollten noch am gleichen Nachmittag mit Projekten in ihren Gemeinden beginnen.

Gemeinsam lachten wir über ihre Begeisterung. »Genau das brauchen wir in Kenia«, sagte ich. »Unsere Tierwelt ist unsere wichtigste Ressource, und die können wir so entwickeln, dass alle davon profitieren.«

Es war nur eine Ansprache, aber mir schien, als hätte ich schon damit einen Teil der Abneigung beseitigt, die bei den Massai gegenüber dem Park herrschte.

Anschließend machte ich mit Francis einen kurzen Rundgang durch die Unterkünfte der Wildhüter. Sie waren früher äußerst schäbig gewesen, aber jetzt hatte das Personal sie von außen mit frischer weißer Farbe gestrichen und andere Reparaturen durchgeführt. Auch die Wildhüter selbst sahen viel schmucker aus. Alle trugen sowohl eine Uniform als auch Stiefel, und als ich vorüberkam, stellten sie sich ordentlich in Habachtstellung auf.

Natürlich gab es Probleme. Wir hatten immer noch Schwierigkeiten mit dem Diebstahl der Eintrittsgelder, sodass der Park weiterhin Verlust machte. Auch die Gehälter der Wildhüter waren nach wie vor niedrig. Immerhin waren aber keine Touristen mehr auf der Straße zwischen Tsavo Ost und Amboseli den Banditen zum Opfer gefallen, und die Wildhüter lächelten entschlossen.

Als Joyce am späten Nachmittag eintraf, hatte ich das Gefühl, ich hätte mir meinen Besuch bei den Elefanten verdient. Sie kam in einem beigefarbenen Toyota-Geländewagen und schlug mir vor, ich solle mit ihr fahren.

»An mein Auto sind die Elefanten gewöhnt«, erklärte sie, »und deshalb können wir ihnen damit viel näher kommen.«

In diesem Augenblick ahnte ich noch nicht, was sie mit »näher« meinte. Ich dachte wohl, wir würden zu ihnen einen Abstand von ein paar hundert Metern halten, eine sichere Distanz, aus der wir flüchten konnten, wenn ein Elefant losstürmte. Auf der Fahrt erläuterte Joyce kurz, was sie und Cynthia im Einzelnen untersuchten.

»Es ist die längste ununterbrochene Studie an Elefanten überhaupt«, sagte sie. »Cynthias Aufzeichnungen belegen die Sozialgeschichte mehrerer Elefantenfamilien.«

Ich nickte, aber ehrlich gesagt, war mir die Bedeutung ihrer Worte nicht ganz klar. Die Vorstellung von einer Elefanten-»Familie« erschien mir sentimental und bedeutungslos, ein Vorwurf, den auch manche Wissenschaftler gegenüber Cynthia erhoben. Nur aus Sentimentalität, so diese Kritiker, sei sie gegen die Dezimierung der Elefanten. Ich sagte erst einmal nichts. Zwar kannte ich Joyce noch nicht sehr gut, aber sie sollte für mich arbeiten, und ich wollte sie nicht vor den Kopf stoßen. Außerdem war ich ihr Gast.

Nicht weit von der Lodge bog Joyce auf einen Fahrweg ein, und wir gelangten in ein Gebiet mit hohem Gras und kurzen Palmen, das die Massai als *oltukai* bezeichneten. Es war an diesem Nachmittag recht windig, und vor den unteren Abhängen des Kilimandscharo hingen dunkle Wolken. Das wogende Gras leuchtete im nachmittäglichen Licht blau, dunkelrot und golden, und die Luft roch nach wilder Minze und Thymian. Wir fuhren durch eine Herde mit schlanken Zebras und zierlichen Thompson-Gazellen, und in einem Akazienbaum hingen wie Körbe die Nester der goldenen Büffelwebervögel. Plötzlich, hinter einer Kurve, tauchte eine Elefantenherde auf. Es waren ungefähr zwanzig Tiere aller Größen und Altersstufen. Zu meiner Überraschung hielt Joyce nicht an, sondern fuhr langsam mitten in die Herde hinein.

Nach meinen bisherigen Erfahrungen war das äußerst töricht. Als junger Mann hatte ich einige Zusammenstöße mit Elefanten gehabt, und dabei hatte ich gelernt, einen respektvollen Bogen um sie zu machen. Als ich noch keine zwanzig Jahre alt war, sollte ich einmal in der Treetops-Safarilodge in den Aberdare-Bergen für den »Jäger« einspringen, der dort im Wesentlichen die Funktion eines Safariführers erfüllte. Ich musste die Gäste der Lodge im nahe gelegenen Outspan Hotel (wo sie zu Mittag gegessen hatten) in Empfang nehmen und den Konvoi ihrer Kleinbusse zum Parkplatz der Treetop Lodge führen. Von dort sollte ich sie auf einem Fußweg durch den Wald zu der Treppe begleiten, die zu der Lodge hinauf führte – die Unterkunft war, wie ihr Name besagt, in den Baumkronen erbaut. Es sollte ein aufregender Spaziergang sein, sozusagen das »echte« Afrika hautnah erleben machen. Im Wald sind die Tiere ganz allgemein misstrauischer, leichter erregbar und damit auch gefährlicher als in der Savanne.

Zu dem Konvoi gehörten an jenem Tag vier Fahrzeuge. Ich saß am Steuer eines Landrover, und als wir zu dem Waldrand gelangten, gab ich den Wagen hinter mir ein Zeichen, damit alle einen Augenblick lang ruhig waren – ich musste auf Geräusche achten, die in dem Gebiet vor uns möglicherweise auf Gefahren hindeuteten. Da ich nichts hörte, fuhren wir nach einer angemessenen Pause weiter, und schließlich trafen wir auf dem Parkplatz ein. Um meine Schützlinge noch mehr zu beeindrucken, trug ich ein großes Gewehr bei mir. Ich hängte es über die Schulter und erklärte, sie sollten in den Wagen bleiben, während ich vorausging und nachsah, ob keine Gefahr drohte. Zu meiner völligen Verblüffung stieß ich fünfzig Meter weiter auf eine große Elefantenherde, die den Weg versperrte. Was zu tun war, wenn mir tatsächlich gefährliche Tiere begegneten, hatte mir niemand gesagt, und ohnehin hatte ich keine Ahnung, wie ich die Elefanten dazu bewegen sollte, sich zu entfernen. Ziemlich blass im Gesicht ging ich wieder zu der Touristengruppe und sagte: »Ich fürchte, wir müssen eine kleine Pause machen. Da vorn ist es gefährlich.«

Alle lachten, und dann sagten sie: »Nun mal Schluss mit dem Theater, junger Mann. Wir wollen da rein und unseren Tee trinken.« Darauf erwiderte ich: »Nein, nein, ich meine es ernst. Ein Stück weiter stehen eine Menge Elefanten.« Allmählich kam ich mir wie ein Idiot vor. »Na gut, dann erschießen Sie einen und machen Sie den Weg frei«, sagte jemand.

Ich wartete noch ein wenig und schlich mich dann noch einmal an. Ich hoffte, die Elefanten wären weitergezogen. Sie standen aber immer noch da, und es schien, als seien es sogar noch mehr geworden. Dann beging ich einen schweren Fehler. Ich dachte, ich könne ihnen Angst machen, und feuerte einen Schuss in die Luft, wobei ich mir an der Schulter einen beträchtlichen Bluterguss holte. Danach weiß ich nur noch, dass ein sehr großer Elefant sich mit lautem Trompeten auf mich stürzte. Ich lief so schnell wie noch nie in meinem Leben.

Die Fahrer der Kleinbusse fanden es sicher lustig, wie ich keuchend und aschfahl auf den Parkplatz gestürmt kam. Einer von ihnen sagte trocken: »Übrigens, Sir, normalerweise fahren wir in einem solchen Fall mit den Wagen bis zum Lodge.«

Ich wurde knallrot, konnte aber noch erwidern: »Das ist wirklich eine gute Idee.«

Wir stiegen wieder in unsere Fahrzeuge und fuhren bis zu der Unterkunft. Die Touristen hatten den lauten Knall meines Gewehrs und das Trompeten der Herdenmatriarchin gehört, und nun war ihnen klar, dass ich keinen Spaß gemacht hatte – damit war mein Ansehen zumindest bei ihnen wiederhergestellt. Allerdings forderte man mich nie wieder auf, im Treetops Lodge den »Jäger« zu spielen.

Das war bis zu dem Nachmittag mit Joyce mein engster Kontakt mit Elefanten gewesen. Aus dieser Erfahrung wusste ich, wie beweglich und schnell die riesigen Tiere sein können – und wie Furcht erregend. Ich schielte zu der kleinen Frau, die neben mir am Steuer dieses kleinen Toyota saß, und hoffte nur, dass sie wusste, was sie tat.

Als wir uns inmitten der Tiere befanden, wurde mir wieder einmal bewusst, wie unglaublich groß Elefanten tatsächlich sind. Wir saßen etwa einen Meter über dem Erdboden in dem Toyota, aber damit befanden wir uns gerade auf der Bauchhöhe der erwachsenen Elefanten. Trotz ihrer gewaltigen Ausmaße schien es, als seien sie ständig in Bewegung: Ohren wedelten, Schwänze fegten Fliegen weg, Rüssel rissen Grasbüschel ab und untersuchten den Boden oder den Rücken eines anderen Elefanten. Wir waren von mahlenden, kauenden Geräuschen umgeben, und die Luft war durchtränkt vom üppigen Geruch der Erde. Mein Blick fiel auf ein Elefantenweibchen, das an meinem Fenster vorüberschlurfte, und plötzlich wurde mir klar, dass ich sogar die Erdklümpchen sehen konnte, die von dem mittäglichen Schlammbad noch in den Augenwimpern hingen. Sie schien uns keinerlei Aufmerksamkeit zu schenken, aber ich zog die Arme instinktiv dicht an den Körper, als wollte ich mich klein und unsichtbar machen. Sehr steif und still saß ich auf meinem Sitz.

Joyce schien meine unguten Gefühle nicht zu bemerken. Natürlich gab ich mir Mühe, mir die unbehaglichen Empfindungen nicht anmerken zu lassen, denn schließlich konnte ich nicht zugeben, dass ich tatsächlich Angst hatte. Sie erzählte mir eifrig alles Mögliche über die Elefanten.

»Das sind Echo und Elija«, sagte sie, wobei sie auf zwei Elefanten zeigte, »und das große Weibchen da ist Estrella. Sie hat einmal Zwillinge zur Welt gebracht – eine große Überraschung, denn wir wussten nicht, dass Elefanten überhaupt Zwillinge bekommen können. Und das da ist Elfrida, eine ihrer Töchter.«

Alle Elefanten in der Herde, erklärte Joyce, seien verwandt. Sie waren Schwestern und Tanten, Nichten und Cousinen. Meine Begleiterin wusste genau, wer zu wem gehörte, welche Unfälle und Tragödien sich in ihrem Leben ereignet hatten, wann sie Junge zur Welt gebracht und sich gepaart hatten. Es schien, als verstünde sie sogar, was die Elefanten dachten.

»Sehen Sie, wie Elfrida die Ohren nach hinten und unten zieht? Sie überlegt sich gerade, was sie als Nächstes tun will. Sie möchte näher bei Estrella sein, und jetzt geht sie hin.«

Es war geradezu gespenstisch. Joyce konnte jedes Zucken von Ohren und Muskeln übersetzen. Langsam dämmerte bei mir die Erkenntnis, dass Cynthia, Joyce und ihre Mitarbeiter etwas Verblüffendes geschafft hatten: Sie kannten die Elefanten, wie Jane Goodall und andere Primatenforscher die Schimpansen kannten. Jane – das war eine ihrer großartigen Leistungen – hatte uns gezeigt, dass Schimpansen Individuen mit unterschiedlichem Charakter sind. Sie gewöhnte ihre Schützlinge an Menschen, sodass Beobachter sich zu ihnen setzen und ihr tägliches Leben beobachten konnten. Ihre Forschungsarbeiten hatten fast alles verändert, was Wissenschaftler über Schimpansen und ihr Sozialleben wussten – oder vielmehr zu wissen glaubten. Das Gleiche gelang Cynthia, wie mir jetzt klar wurde, mit den Elefanten. Plötzlich sah ich keine großen Brocken aus grauem Fleisch mehr, sondern einzelne Tiere, denkende Individuen, die eine Vergangenheit und familiäre Bindungen hatten. Wurde ich auf einmal »sentimental«?

Plötzlich begann der Toyota von vorn nach hinten zu schwanken. Das Herz schlug mir bis zum Hals. Ich war überzeugt, dass einer der Elefanten den Wagen umstoßen wollte, und warf Joyce einen schnellen, hoffentlich drängenden Blick zu. Sie würde jetzt doch sicher den Motor anlassen und uns hier rausholen. Stattdessen beugte sie sich aus dem Auto und lachte.

»Sehen Sie sich dieses verrückte Baby an«, sagte sie. »Das ist der kleine Eli, der will mit uns spielen!«

Ich wandte mich um. Tatsächlich: Ein sehr kleiner Elefant rüttelte an unserem Auto. Aus seinen Augen strahlte etwas, das man nur als spielerische Ausgelassenheit bezeichnen kann. Er schaukelte uns noch ein wenig und lief dann davon, wobei sein Rüssel wild hin und her schwang. Joyce und ich lachten gemeinsam. Den Possen von Tierbabys zuzusehen macht immer Spaß, aber wie Joyce mir erklärte, wirken die wenigsten Jungtiere so lustig wie kleine Elefanten, was vielleicht an den großen Ohren und den nicht genau kontrollierten Rüsselbewegungen liegt. Meine Angst legte sich allmählich. Während der letzten Augenblicke unserer Begegnung saß ich einfach nur da und nahm Anblick, Geräusche und Gerüche der Elefanten in mich auf.

Abends, in Cynthias Forschungslager, fragte ich Joyce, was sie von solchen Lagern in unseren Nationalparks halten würde. Mir war klar geworden, dass hier sehr wichtige Untersuchungen betrieben wurden und dass das Lager in dem Park erhalten bleiben sollte. Immer noch musste ich an die Elefanten denken. Sie hatten in mir etwas angerührt, aber was es war, wusste ich noch nicht genau. Zum ersten Mal wurde mir jedoch klar, dass meine Aufgabe weit über das Ziel hinausging, einer gewissen Zahl von Elefanten in unseren Parks das Weiterleben zu ermöglichen. Der KWS tat viel mehr: Wir schützten fühlende Geschöpfe mit Babys, Schwestern und Familien. Beim Einschlafen musste ich über mich selbst lachen. Im Laufe von nur einer Stunde war ich zur »Sentimentalität« bekehrt worden.

Kapitel 12

Am nächsten Morgen wachte ich vor Tagesanbruch auf. Ein leichter Wind ließ die Blätter der grünen Palmen vor meinem Zelt rascheln. Ich hatte den Zelteingang auf einer Seite offen gelassen, und die Brise brachte den Duft eines afrikanischen Morgens mit: eine kühle, erdige Mischung aus Pflanzen, Staub und Rauch. Es war eine angenehme Nacht gewesen. Ich hatte tief geschlafen, nur gelegentlich hatte mich der keuchende Ruf einer Hyäne und einmal das mächtige Husten eines Löwen geweckt. Jetzt pfiffen Graulärmvögel, Glanzstare und Webervögel den ersten Sonnenstrahlen ihren Gruß entgegen. Das Erlebnis mit den Elefanten und die Nacht in der Wildnis hatten mir unglaublich gut getan. Auch unsere freimütige Unterhaltung beim Abendessen hatte mir neue Energie gegeben. Ich hatte eine Menge Fragen über Elefanten und die Verwaltung ihrer Lebensräume gestellt, und Joyce hatte die Themen bereitwillig mit mir erörtert.

Mittlerweile überlegte ich, wie wir jetzt, da die Wilderei nachließ, den Elefantenbestand kontrollieren sollten. Die kenianische Bevölkerung wuchs rapide; die Menschen brauchten Ackerland. Hier in der Nähe des Amboseli und rund um die meisten anderen Parks schossen kleine Farmen und Viehzuchtbetriebe aus dem Boden. Es gab kein einfaches Mittel, um die Elefanten in einem bestimmten Gebiet festzuhalten, das heißt, sie würden zunehmend die Felder der Menschen zertrampeln oder kahl fressen – und auch Menschen töten. Wie sollten wir mit diesen Problemen umgehen? Ich konfrontierte Joyce mit der Frage, weil ich wissen wollte, wie sie reagieren würde. Zwar wusste ich, welch tiefe Bindung sie zu den Elefanten empfand, aber sie würde eine Reihe schwerer Entscheidungen treffen müssen. Wir erwogen verschiedene Möglichkeiten: Zäune, Tötung aggressiver Elefanten, Ausdünnung von Herden, die zu groß geworden waren. Joyce war nicht begeistert davon, solche Ansätze weiterzuverfolgen, aber sie wollte sie in Erwägung ziehen, und das gefiel mir. Ich wusste, dass wir gut zusammenarbeiten würden.

Mir ging immer noch unser Gespräch im Kopf herum, da erschien der Lagerkoch im Eingang meines Zeltes und überreichte mir eine Tasse Tee. Ich wollte frühzeitig aufbrechen: Nachdem ich den Tee ausgetrunken hatte, griff ich nach meinem Mantel und begab mich nach draußen. Joyce war ebenfalls schon auf den Beinen. Ich dankte ihr noch einmal, dass sie mir die Elefanten gezeigt und so offen mit mir diskutiert hatte.

»Es hat mir großen Spaß gemacht«, sagte ich, und dabei musste ich denken, wie selten ich nach einem Besuch in einem unserer Parks dieses Gefühl empfand.

»Sie sind uns natürlich jederzeit wieder willkommen«, erwiderte sie. »Manchmal ziehen die Elefanten mitten durch unser Lager.«

Bei dem Gedanken musste ich lächeln. Noch vierundzwanzig Stunden zuvor hätte eine solche Äußerung mich zutiefst beunruhigt. Jetzt kam es mir vor, als täten die Elefanten nur etwas ganz Natürliches: Sie kamen vorbei und besuchten ihre Freunde.

»Ich weiß noch nicht, wann ich wiederkommen kann«, sagte ich. »Ich kann mich nur schwer loseisen, aber mit Sicherheit sehen wir uns im Juni.« In diesem Monat sollte sie nach Nairobi ziehen und beim KWS die Leitung des Elefantenprojekts übernehmen. Ich freute mich schon auf ihre Mitarbeit.

Mein erster echter Einblick in das Leben der Elefanten war ein großartiges Erlebnis gewesen, aber ich erkannte jetzt auch, dass diese Tiere für den KWS viel größere Probleme aufwerfen würden, als ich bis dahin gedacht hatte. Tierbestände zu bewirtschaften ist das eine. Ganz etwas anderes ist die Bewirtschaftung von Tieren, die eindeutig über eine Individualität und beträchtliche Intelligenz verfügen, denn dabei kommt eine ethische und moralische Dimension ins Spiel.

Ich fuhr wieder zu der Landepiste, und eine Stunde später war ich auf dem Weg zum Schutzgebiet Maasai Mara.

Das Maasai Mara liegt wie der Amboseli-Park an der Südgrenze Kenias und stellt eigentlich die nördliche Fortsetzung des riesigen Serengeti-Nationalparks in Tansania dar. Serengeti und Maasai Mara zusammen haben eine Fläche von rund 12500 Quadratkilometern; damit sind sie weltweit eines der größten Tierschutzgebiete – und dennoch reichen sie kaum aus, um den Gnus, Zebras, Thomsongazellen und Elenantilopen ihre jährlichen Wanderungen zu ermöglichen. Schon seit dem Zeitalter des Pleistozän folgen diese Tiere den jahreszeitlichen Niederschlägen: Sie wandern von der Serengeti zum Mara, wenn es in Tansania regnet, und wieder zurück in die Serengeti, wenn der Regen in umgekehrter Richtung zieht. Es ist ein großartiger Anblick und einer der wichtigsten Gründe, warum das Mara einer der beliebtesten Parks in Kenia ist. Hierher kommen jedes Jahr über 100 000 Touristen.

Auch mir gefällt das Mara gut. Als ich mit knapp zwanzig Jahren mein Safariunternehmen betrieb, fuhr ich mit den Gästen regelmäßig hierher. Es war damals noch kein Park, sondern ein Jagdgebiet, und es gab weder Unterkünfte noch Straßen – nur ein unbefestigter Fahrweg schlängelte sich über die grasbewachsenen Ebenen und zwischen den Akaziengehölzen hindurch. Das Gebiet war unglaublich schön und unberührt – der Vorstellung von urtümlicher Wildnis kam es näher als alles andere, was ich kannte. Ich weiß noch, wie ich eines Morgens mit Gästen auf einer Anhöhe saß, die das Mara überblickte. Unter uns erstreckten sich die hügeligen Ebenen wie ein grüner Teppich bis zum Horizont. Es war der Höhepunkt der Gnuwanderung, und die Antilopen zogen in langen, beweglichen Reihen durch die Savanne. Wir konnten ihr an Kühe erinnerndes *maaah* und das rhythmische Klopfen der Hufe auf dem Erdboden hören. So wanderten die Gnus den ganzen Vormittag lang, in Herden, die von unserem Aussichtspunkt aus keinen Anfang und kein Ende zu haben schienen. Und jedes Jahr, seit Hunderttausenden von Jahren, sind Zebras, Gnus und andere Antilopen dieser Route gefolgt. Ich empfand ein Gefühl von Demut und Stolz zugleich: Demut gegenüber der Ausdauer der Tiere, und Stolz, weil die Kenianer beschlossen hatten, sie zu schützen.

Ich war seit damals nicht mehr im Mara gewesen, aber die Erinnerung an jene erste Reise war noch sehr lebendig. Wenn man sagt, der Park habe sich zum Schlechteren verändert, drückt man es noch sehr milde aus. Alles, was ich sah, erschreckte und bedrückte mich. Kreuz und quer durch das Gebiet zog sich ein hässliches Netz von meist schrecklich zerfurchten Straßen, es gab viel zu viele Zeltlager und Unterkünfte, und um jede davon hatte sich eine ungeplante – und ungepflegte – Siedlung gebildet. Viel zu viele Touristen fuhren in zu vielen Kleinbussen und belästigten häufig die Tiere. Mit eigenen Augen musste ich ansehen, wie zwanzig Rundfahrtbusse einen einzigen bedauernswerten Gepard umkreisen. Wie konnte das Tier unter solchen Bedingungen seinem normalen Leben nachgehen?

Diese schlechte Verwaltungspraxis musste sich ändern, und die Richtlinien für die Tierbeobachtung mussten eingehalten werden. Das würde nicht einfach werden: Wie ich bereits erwähnt habe, gehörte das Schutzgebiet den Massai, und verwaltet wurde es durch den lokalen Kreisrat von Narok, dem nicht nur die Eintrittsgelder des Parks zustanden, sondern auch die Einnahmen der Hotels und Zeltlager sowie die Gebühren für Heißluftballon-Safaris. Angesichts der vielen Touristen, die jedes Jahr in den Park kamen, mussten die Einnahmen sich eigentlich auf eine beträchtliche Summe belaufen.

Leider ging aber hier wie anderswo ein großer Teil dieser Beträge auf dem Weg zur Bank »verloren«. Das restliche Geld, das schließlich beim Kreisrat ankam, sollte eigentlich zur Erhaltung des Schutzgebietes sowie zum Bau von Schulen und Krankenhäusern für die Massai der Gegend verwendet werden. Das Schutzgebiet jedoch profitierte so gut wie gar nicht von den Einnahmen, und auch in die Gemeindeprojekte floss nur wenig. Es schien, als lösten sich die Mittel in Luft auf, und schließlich landeten sie in den Taschen weniger, korrupter Personen. Offensichtlich wussten alle, dass es so war, aber offensichtlich war auch niemand bereit, etwas daran zu ändern.

Ich war nicht gekommen, um die Übeltäter anzuklagen. Ohnehin konnte ich nichts tun, um ihrem Treiben Einhalt zu gebieten. Ich wollte nur deutlich machen, dass es in ihrem eigenen Interesse sei, die Vorgehensweise zu verändern. Die Weltbank und andere Geldgeber hatten die Bereitschaft erkennen lassen, Mittel zur Verbesserung von Infrastruktur und Verwaltung des Schutzgebietes zur Verfügung zu stellen. Nach meiner Überzeugung sollte der KWS dem Kreisrat helfen, diesem Juwel der Wildnis einen Teil seines alten Glanzes wiederzugeben – und die Einnahmen zu erhöhen. Damit wäre allen geholfen: den Gemeinschaften der Massai, die in der Nähe des Schutzgebietes zu Hause waren, den Angehörigen des Kreisrates, und – am wichtigsten – dem kenianischen Volk.

In der Keekorok Lodge, einem komfortablen, weitläufigen, weiß getünchten Hotel mit Strohdach, traf ich mit einer Reihe wichtiger Vertreter des Kreisrates von Narok zusammen. Beim Mittagessen sprach ich beiläufig und ganz allgemein über unsere Pläne, die Parks und Schutzgebiete überall in Kenia zu verbessern. Wie ich bereits erwähnt habe, sind die Massai stolze, selbständig denkende Menschen, und ich bemerkte, dass sie auf meine freundliche Einleitung misstrauisch reagierten. Zwar wohnten sie in einer abgelegenen Ecke Kenias, aber die Kreisräte wussten über die Ereignisse der jüngsten Zeit Bescheid und waren über die neuesten politischen Nachrichten aus Nairobi durchaus im Bilde. Während sie elegant ihre perlenbesetzten Fliegenfächer schwangen, fragten mehrere von ihnen mich nach der Neuorganisation des KWS. Vor allem wollten sie wissen, ob ich tatsächlich sowohl Vorsitzender des KWS-Kuratoriums als auch sein Verwaltungsleiter sei – eine Frage, die auf das Ausmaß meines politischen Einflusses abzielte.

»Ja«, erwiderte ich und machte eine Pause, um meine einsilbige Antwort wirken zu lassen. Sie deutete an, dass ich tatsächlich eine Menge zu sagen hatte.

Ich habe keine Beweise dafür, dass einige der an jenem Tag anwesenden Massai-Oberen an dem Diebstahl von Einnahmen beteiligt waren, den es eindeutig gab. Wenn es aber der Fall war, müssen diese Personen gefürchtet haben, dass ich ihnen auf die Schliche kommen könnte. Eines wussten sie allerdings mit Sicherheit: Ich wollte, dass sie das Mara-Schutzgebiet anders verwalteten, und darüber waren sie nicht begeistert. Ich bin überzeugt, dass sie sich anschließend bei William Ntimama beschwerten, ihrem Parlamentsabgeordneten, der später zu einem meiner härtesten Kritiker wurde.

Aber ich wollte die Massai nicht bekämpfen, sondern mit ihnen zusammenarbeiten. Um sie zu überzeugen, dass ich es ehrlich meinte und dass sie von der Zusammenarbeit mit dem KWS profitieren würden, legte ich ihnen die Planung der Weltbank dar: Mit fünf Millionen Dollar sollten Wasserversorgung, Unterkünfte und Projekte für das Personal des Schutzgebietes fertig gestellt und eine der wichtigsten Straßen repariert werden.

Als sie von diesem Betrag hörten, nickten sie zustimmend, aber als ich erklärte, was sie im Gegenzug beisteuern sollten, wurden die Mienen ernster. Ich erwartete, dass der Kreisrat selbst Mittel für die Reparatur anderer Straßen in dem Schutzgebiet aufwandte, dass er die Parkordnung durchsetzte, damit die Touristen nicht nach Belieben überall herumfuhren, und dass die Pläne zum Bau weiterer Unterkünfte einer nochmaligen Überprüfung unterzogen wurden. Wenn sie solche Veränderungen ablehnten, so meine Warnung, würde das Mara-Schutzgebiet seine Besucher vor allem an die Serengeti verlieren, die mit einer aggressiven touristischen Werbekampagne begonnen hatte.

»Es ist, als wenn ihr eine Trinkflasche voller Milch habt«, sagte ich. Absichtlich bediente ich mich eines Vergleichs aus ihrem eigenen Leben – die traditionelle Ernährung der Massai besteht aus geronnener Milch, die mit Rinderblut vermischt wird. »Eine Flasche voller Milch ist etwas Schönes. Sie bedeutet, dass ihr genug zu essen habt, dass eure Zukunft sicher ist. Aber wenn ihr die Flasche nicht in gutem Zustand haltet, geht diese Zukunft verloren. Eure Milch läuft auf die Erde. Und genau das wird mit euren Touristen passieren. Ihr werdet sie an die Serengeti verlieren.«

Die Massai sind sehr geschäftstüchtig, und ich merkte, dass ich mit meinen Worten ins Schwarze getroffen hatte. Einige vertraten allerdings die Ansicht, es sei meine Aufgabe – und die des KWS –, die Flasche zu flicken.

»Ihr müsst alles in Ordnung bringen«, sagte ein Stammesältester.

Ich schüttelte den Kopf. »Zuerst müsst ihr beweisen, dass ihr es mit der Verwaltung des Schutzgebietes ernst meint. Ich möchte ein Zeichen sehen – einen offiziellen Plan –, dass ihr das Mara in Ordnung halten und verantwortungsbewusst mit den Bedürfnissen von Tourismus und Naturschutz umgehen wollt. Legt mir beim KWS einen solchen Plan vor, dann arbeiten wir zusammen.«

Um meiner Aussage Nachdruck zu verleihen, fügte ich hinzu, im anderen Fall würden sie nicht nur keine zusätzlichen Mittel von der Weltbank erhalten, sondern sie müssten die Verwaltung des Parks auch an den KWS abgeben. Das war eine kaum verhüllte Drohung, die sofort mit entrüstetem Gemurmel beantwortet wurde.

»Bisher liegt es an euch, das Land zu schützen«, erklärte ich. »Aber wenn ihr versagt, wenn ihr euren Teil nicht beitragt und das Land nicht zum Wohle Kenias verwaltet, werdet ihr es verlieren. Wir wollen das nicht. Wir brauchen nicht noch einen Park, den wir verwalten müssen. Aber euch ist ein nationales Vermögen – das Mara-Schutzgebiet mit seinen Tieren – anvertraut, und ihr müsst das Eure dazu tun, dass es zur Entwicklung unseres Landes beiträgt.«

Ich spürte, wie die Blicke der Stammesältesten auf mir ruhten und mich noch einmal einzuschätzen versuchten. Konnte ich dem Kreisrat wirklich die Kontrolle über den Park entziehen, wie ich es angedeutet hatte? Da war ich mir selbst nicht völlig sicher, aber sie sollten es glauben. Ein wenig Angst kann zu einem großen Ansporn werden, und nach meiner Überzeugung würden die Massai ihre Probleme mit dem Mara energischer anpacken, wenn sie ernsthaft glaubten, ich wolle den Park übernehmen.

Um dem Gespräch am Ende einen positiven Dreh zu geben, betonte ich, dass das Schutzgebiet – und seine Zukunft – in ihren Händen liege. Sie brauchten es nur besser zu verwalten. Der KWS würde dafür sorgen, dass mehr Geld von der Weltbank für Straßen, Brücken und neue Fahrzeuge zur Verfügung stand. Aber trotz meiner aufmunternden Worte lächelte kaum einer der Zuhörer. Die Massai hier auf meine Seite zu ziehen, würde nicht einfach werden. In Gedanken nahm ich mir vor, das Thema Mara bei der Regierung noch einmal zur Sprache zu bringen.

In allen anderen Parks und ganz allgemein in den kenianischen Behörden standen wir vor ähnlichen Problemen wie im Mara: zu viel Korruption, zu viele Personen, die für ihre Handlungen nicht verantwortlich gemacht wurden. Das Gleiche galt für viele andere afrikanische Staaten. Manchmal fragte ich mich, ob überhaupt irgendeine afrikanische Regierung bereit war, sich mit diesen Problemen auseinander zu setzen und ihre Aufgaben verantwortungsbewusst zu erfüllen. Die Gründung des KWS gab mir Anlass zu der Hoffnung, dass manche der politisch Verantwortlichen tatsächlich an funktionierenden Staaten interessiert waren. Noch spannender – und anfangs völlig unglaublich – waren die Veränderungen, die in Südafrika bevorstanden.

Seit ich als Kind zum ersten Mal von den südafrikanischen Rassengesetzen erfahren hatte, war mir die politische Führung dieses Landes zuwider gewesen. In den ersten Monaten des Jahres 1990 jedoch wurde Nelson Mandela aus dem Gefängnis auf Robben Island entlassen, wo er vierzig Jahre lang inhaftiert war. Ich lasse mich selten zu Tränen rühren, aber als ich von seiner Freilassung erfuhr, musste ich weinen. Ich war von der Nachricht schlicht und einfach überwältigt. Wegen der südafrikanischen Apartheid und der rassistisch-kolonialistischen Vergangenheit meines eigenen Landes hatte ich mich immer ein wenig dafür geschämt, dass ich ein weißer Afrikaner war. Mandelas Freilassung linderte diese Beschämung ein wenig. Ein afrikanischer Staat hatte sich entschlossen, das Richtige zu tun. Als ich im Fernsehen sah, wie er nach seiner Haftentlassung stolz durch sein Land ging, hatte ich keinerlei Zweifel, dass er schon bald der neue Präsident Südafrikas werden würde. Seine Würde und sein Verhalten übermittelten allen korrupten Politikern in Afrika eine eindringliche Botschaft. Da war ein Mann, der fast sein ganzes Leben geopfert hatte, um in seinem Land einen Wandel herbeizuführen; er war Vorbild und Herausforderung für uns alle.

Auch in Kenia setzte ein Wandel ein. Der Kalte Krieg zwischen Amerika und der Sowjetunion war zu Ende, und jetzt drängten die Amerikaner die von ihnen unterstützten Staaten, sich voll und ganz zur Demokratie zu bekennen. Ende 1989 erteilte das US-Außenministerium den amerikanischen Botschaftern in Afrika die Weisung, ihre Gastgeberregierungen zu politischen Reformen aufzufordern. Die US-Botschaft in Kenia wurde damals von Smith Hempstone geleitet, einem kettenrauchenden früheren Journalisten mit unverblümter Redeweise. Ich war mehrere Male mit ihm zusammengetroffen und kann zwar nicht behaupten, dass ich ihn mochte, aber ich bewunderte die Tatsache, dass er die aufkeimende kenianische Demokratiebewegung unterstützte.

Nicht lange nachdem ich aus dem Mara-Schutzgebiet zurückgekehrt war, hielt Botschafter Hempstone einen Vortrag in einem Rotary-Club in Nairobi; darin drängte er den Präsidenten Moi, die repressiven Gesetze des Landes und das Einparteiensystem abzuschaffen. Präsident Moi reagierte darauf sehr ungehalten und sagte der Presse, der Botschafter solle sich nicht in Kenias innere Angelegenheiten einmischen.

Dennoch waren die Veränderungen nicht aufzuhalten. Die Bürger Kenias wurden zunehmend unruhiger und forderten eine bessere Regierung, die sich bei ihrer Arbeit stärker an ihren Bedürfnissen orientierte. Einzelne Personen gründeten bereits politische Parteien, obwohl das nach wie vor verboten war. Ich beobachtete diese Entwicklungen und wurde dabei auch selbst immer unruhiger. Auch ich war der Ansicht, dass Kenia ein demokratisches Zwei- oder Mehrparteiensystem brauchte. Der Einparteienstaat war hoffnungslos veraltet und würde in Zukunft nur noch größere Spannungen heraufbeschwören. Präsident Moi behauptete daraufhin, die Zulassung von zwei oder mehr Parteien werde in Kenia zwangsläufig zu Stammesfehden führen. Die beiden größten Stämme, die Kikuyu und Luo, würden einander sofort an die Gurgel gehen, und in dem nachfolgenden Durcheinander werde nichts anderes mehr die Politik bestimmen. Ich verstand die Sorgen des Präsidenten, war aber andererseits auch überzeugt, dass wir in irgendeiner Form ein offeneres politisches System brauchten. Es war der einzig mögliche Weg, um der überhand nehmenden Korruption ein Ende zu bereiten. *Warum lässt er [Präsident Moi] zu, dass solche Ganoven ihre Arbeit fortsetzen?*, schrieb ich Anfang Mai in mein Tagebuch. *Wie kann ich mich an der [politischen] Diskussion beteiligen?* Auch diese Frage stellte ich mir. Ich wollte mittendrin sein, über Kenias Zukunft mitreden, aber dazu hätte ich von meiner Position beim KWS zurücktreten müssen, ein Schritt, zu dem ich keineswegs bereit war.

Vorerst musste ich den großen politischen Wandel in Kenia anderen überlassen und für diese eine staatliche Institution mein Bestes geben.

Tatsächlich machten wir Fortschritte. Die Gründung des KWS hatte bei Geldgebern und Finanzierungsinstitutionen in Übersee noch mehr Aufmerksamkeit und Interesse für Kenias Nationalparks und Tierwelt geweckt, und den größten Teil des Mai 1990 war ich unterwegs, um mich mit entscheidenden Personen zu treffen, die mir bei der Werbung für Unterstützung der kenianischen Tierwelt helfen konnten. In Washington kam ich mit dem US-Außenminister James Baker zusammen, einem begeisterten Liebhaber wilder Tiere, der sich dringend einen Erfolg der kenianischen Bemühungen zum Schutz der Nationalparks wünschte. Schon ziemlich zu Beginn meiner Amtszeit hatte Baker dafür gesorgt, dass die Sicherheitskräfte unserer Parks einen Zuschuss von 1,5 Millionen Dollar erhielten, und auch meine Pläne zur Gründung des KWS hatte er nachdrücklich befürwortet. Außerdem erhielt der KWS von einem europäischen Waffenhersteller eine Spende von fünfhundert automatischen Waffen, ein Geschenk, das für die Sicherheit unserer Parks von großer Bedeutung war. Darüber hinaus konnte ich einen privaten Spender in den Vereinigten Staaten veranlassen, dem KWS fast eine halbe Million Dollar für den Erwerb von Ausrüstung für die nächtliche Überwachung zur Verfügung zu stellen, vor allem für Nachtsichtgeräte und Zielfernrohre. Damit konnten unsere Einsatzkräfte die Wilderer endlich auch bei Dunkelheit verfolgen.

Alles schien vorwärts zu gehen, und ich machte energisch Druck. Am 19. Mai kam ich um vier Uhr morgens aus den Vereinigten Staaten nach Hause. Vier Stunden später war ich mit einer Gruppe von Naturschutzberatern der Weltbank zu den Nationalparks Amboseli, Tsavo und Meru unterwegs, um mit der Planung unserer lokalen Schutzprojekte zu beginnen. Dass ich müde war, kam mir überhaupt nicht in den Sinn. Vom Flughafen schnell nach Hause und dann zur nächsten Konferenz zu fahren, verschaffte mir nur neue Energie. Nur selten hat jemand eine solche Gelegenheit, eine neue staatliche Institution zu schaffen und aufzubauen, und ich setzte mich voll und ganz dafür ein.

Deshalb fiel ich aus allen Wolken, als ich sechs Tage später einen dringenden Anruf erhielt. Die Regierung war unzufrieden mit der Dienstvorschrift, die der KWS kurz zuvor in dem offiziellen Regierungsanzeiger veröffentlicht hatte. Ich solle sofort einen Widerruf veröffentlichen und weitere Anweisungen abwarten. Offensichtlich war man auf höchster Ebene besorgt, die bewaffneten Einheiten des KWS könnten zu einer Gefahr werden.

Für kurze Zeit war ich wie vor den Kopf gestoßen. Die Vorschrift hatte man bereits lange vor meiner Ernennung entworfen. Der Polizeichef hatte mich gedrängt, sie fertig zu stellen, sobald wir automatische Waffen erhielten, und das hatte ich zusammen mit einem Anwalt und mit umfassender Konsultation der Regierung getan. Der Entwurf hatte allen Mitgliedern des Nationalen Sicherheitskomitees vorgelegen, und erst nachdem sie ihren Segen gegeben hatten, hatte ich sie in dem Mitteilungsblatt veröffentlicht und sie damit rechtskräftig gemacht.

Anscheinend versuchte irgendjemand, Unruhe zu stiften und unsere zunehmend leistungsfähigen Wilderer-Bekämpfungseinheiten zu benutzen, um den Präsidenten in Besorgnis zu stürzen. Ich konnte kaum glauben, dass irgendjemand ernsthaft besorgt über den KWS war oder mir finstere Pläne zur Destabilisierung der Regierung unterstellte.

Das Problem bestand darin, dass man mir befohlen hatte, die Dienstvorschrift zurückzuziehen. Ohne sie konnte es sehr viel schwieriger werden, die bewaffneten Einheiten zu befehligen, und dann bestand vielleicht tatsächlich eine Gefahr. Zum ersten Mal wurde mir klar, dass ich hier Dingen gegenüberstand, die ich nicht ganz verstand, weil Vernunft allein nicht ausreicht, um sie zu begreifen. Der Rücktritt vom Direktorenposten wurde plötzlich zu einer ernsthaften Erwägung.

Kapitel 13

Wie die meisten Staatsoberhäupter, so bedient sich auch der kenianische Präsident eines Beraterstabes, der kompliziert zusammengesetzt ist und alle wichtigen Entscheidungen beeinflusst. Eine Reihe von Einzelpersonen – manche davon Beamte, andere einfach alte Freunde oder Bekannte des Präsidenten – versuchen auf die unterschiedlichste Weise ihren Einfluss geltend zu machen. Um im Programm einer Regierung politische Veränderungen durchzusetzen, muss man Verbündete in diesem Kreis haben. Die Vorgehensweise ist von Fall zu Fall unterschiedlich, aber eine Voraussetzung ist immer, dass man Fürsprecher hat.

Meine Ernennung zum Leiter der Naturschutzbehörde war auf typisch kenianische Weise abgelaufen: Ich hatte mich für den Posten nicht beworben, sondern ich bekam ihn, weil irgendjemand – vermutlich außerhalb der Regierung – es geschafft hatte, eine dem Präsidenten nahe stehende Person zu beeinflussen; daraufhin wurde ich ernannt. Meine eigene Erfahrung und Eignung waren dabei entweder überhaupt nicht in die »Abwägung« eingeflossen, oder es war auf sehr informelle Weise auf Grund der Presseberichte über mich geschehen.

Bis zu einem gewissen Grad werden leitende Stellen in der Verwaltung überall auf diese Weise vergeben, aber vermutlich kommt es häufiger in Ländern vor, die eine starke Zentralgewalt und weniger ausgleichende Gegenstimmen besitzen. Kenia hat zwar ein Parlament, und im Kabinett sitzen Politiker, aber daneben gibt es ein inoffizielles, informelles und unberechenbares »Kabinett«, das im Schatten und außerhalb der offiziellen Institutionen agiert. Bei diesem so genannten Küchenkabinett lag die eigentliche Macht, und ich wusste, dass eine ganze Reihe seiner Mitglieder mich nicht mochten. Ich hatte in ihren Augen keinen »Mannschaftsgeist«. Weder war ich bereit, das Beschaffungsverfahren des KWS außer Kraft zu setzen, noch wollte ich über die Idee von Provisionen oder Anteilen bei größeren Verträgen überhaupt diskutieren. Ich weigerte mich ganz offen, jemanden einzustellen, bloß weil er der Verwandte oder Freund eines anderen war, und stellte mich vor meine Mitarbeiter, wenn sie sich diesem Druck ebenfalls nicht beugten. Einmal fragte mich ein sehr hoch gestellter Regierungsbeamter: »Warum sind Sie so undankbar?« »Warum sollte ich dankbar sein?«, erwiderte ich. »Ich führe ein höchst anstrengendes, gefährliches Leben, und die ganze Zeit bin ich von Leibwächtern umgeben; das ist kaum etwas, wofür man Dankbarkeit empfindet.« »Nein, nein«, sagte der Beamte, »Sie missverstehen das. Man hat Sie in eine ganz besondere Position gebracht, in der Sie für sich selbst und für uns, Ihre Freunde, viel Geld verdienen können.«

Mit meiner Halsstarrigkeit wurde ich offensichtlich vielen Leuten lästig. Jemand – oder vielleicht auch mehrere – hatte sich entschlossen, mein Ansehen beim Präsidenten mit Hilfe des Küchenkabinetts zu demontieren. Hinter vorgehaltener Hand machten Behauptungen, Andeutungen und zynische Bemerkungen die Runde, und so etwas kann sich im Laufe der Zeit als wirksames Gift erweisen. Meine Aufgabe bestand darin, mich gegen unausgesprochene Verdächtigungen und den Vertrauensverlust zur Wehr zu setzen.

Die gesamte Diskussion über die Dienstvorschrift und die Kontrolle über den bewaffneten Teil des KWS wurde hinter den Kulissen manipuliert. Dagegen war ich machtlos, und da ich nicht zu dem Kreis der Einflussreichen gehörte, konnte ich nichts anderes tun, als Geduld zu haben. Mit niemandem konnte ich ehrlich darüber sprechen. Mir war nach Rücktritt zumute, aber gleichzeitig wusste ich, dass damit kein Problem gelöst wäre. Ich war so mit Fragen des Naturschutzes beschäftigt, dass ich meine schwer wiegenden Zweifel selbst Meave kaum erklären konnte, und dabei war sie der einzige Mensch, zu dem ich tiefstes Vertrauen hatte. Diese ganze Phase der Enttäuschung und Selbstzweifel wurde nur allzu oft noch durch andere bedrückende Vorfälle akzentuiert.

An einem Wochenende war ich mit dem Vorsatz, mich endlich zusammenzureißen und mit Meave über meine Handlungsmöglichkeiten zu sprechen, nach Hause gefahren. Am Samstag klingelte während des Mittagessens das Telefon; ein leitender Wildhüter aus dem Tsavo-Park überbrachte mir wieder einmal eine schlechte Nachricht: Eine unserer Patrouillen war im Nordosten in der Nähe des Tana-Flusses in einen Hinterhalt geraten, und der leitende Sergeant, ein freundlicher, viel versprechender junger Mann, war tot. Mit jedem Wort des Wildhüters sank meine Stimmung. Diesen Teil von mir sah in der Öffentlichkeit niemand: deprimiert und entmutigt, unfähig, auch nur darüber nachzudenken, wie wir jemals eine Organisation aufbauen konnten, die mehr tat als eine Krise nach der anderen zu bewältigen.

Als der Beamte mit seinem Bericht zu Ende war, brachte ich irgendwie die Energie auf, eine gewisse Zuversicht in meine Stimme zu legen, obwohl ich sie im Inneren nicht empfand. Wie auswendig gelernt sagte ich: »Ich werde morgen früh in Garsen sein, und wir werden die Bande fassen, die das getan hat.«

Der Tod des Wildhüters raubte mir den Schlaf. Ich warf mich im Bett herum, und um vier Uhr morgens stand ich schließlich auf. Ich kleidete mich an, und eine halbe Stunde später war ich auf dem Weg zum Wilson Airport. Ich wollte möglichst bald in der Luft sein, damit ich nachdenken konnte.

Wie ich bereits erwähnt habe, war meine Jugend durch die Angst vor kleinen Flugzeugen geprägt. Meine Eltern hatten kaum Gelegenheiten zum Fliegen, und mein Vater war überzeugt, solche Maschinen seien unzuverlässig und gefährlich. Meine Mutter dagegen hatte in England als eine der ersten Frauen ein Segelflugzeug gesteuert, und als ich mit knapp zwanzig verkündete, ich wolle den Privatpilotenschein erwerben, ermutigte sie mich sehr. Schon damals hielt ich ein kleines Flugzeug für das bei weitem beste Mittel, um sich in Ostafrika zu bewegen. Dass mir irgendein Aspekt des Fliegens wirklich Spaß gemacht hätte, kann ich nicht behaupten, und ich war mir der Gefahren immer bewusst. Ein tollkühner oder übermäßig wagemutiger Pilot war ich nie. Dennoch hatte ich 1968, mit dreiundzwanzig Jahren, in der Nähe des Lagers meiner Eltern in der Olduvai-Schlucht in Tansania einen Unfall mit meinem Flugzeug, und dabei wären mehrere gute Freunde fast ums Leben gekommen.

Wenn ich an diesen Vorfall denke, kann ich noch heute nicht schlafen. Ich wollte gegen die Sonne des frühen Morgens landen. Es war so hell, dass ich die kleinen Markierungen an den Rändern der grasbewachsenen Landepiste nicht sehen konnte. Nachdem ich die Landung dreimal abgebrochen hatte, beschlich mich langsam das Gefühl, dass meine Selbstachtung auf dem Spiel stand. Beim vierten Versuch drückte ich das Flugzeug absichtlich wie ein Idiot nach unten. Ich setzte zwar noch auf der Landebahn auf, aber zu nahe am Rand, sodass die Räder der Maschine gegen Steine stießen. Das Flugzeug verlor zwei Räder, das Höhenleitwerk und eine halbe Tragfläche. Zum Glück behielt ich die Ruhe und schaltete den Motor aus, bevor ein Feuer ausbrach – alle stiegen unverletzt aus. Der Unfall erschütterte mich tief, und ich setzte mich zwei Jahre lang nicht mehr an den Steuerknüppel.

Erst als ich Expeditionen von Fossilsammlern zum Turkanasee leitete, flog ich wieder. Wir mussten lange Strecken schnell und möglichst unkompliziert zurücklegen, und dazu war das Flugzeug nach wie vor mit Abstand das beste Transportmittel. Da ich auch das Nationalmuseum leitete, musste ich häufig in Nairobi zurückbleiben und Verwaltungsarbeiten erledigen, während meine Mitarbeiter die Hügel nach Fossilien absuchten. Wenn sie eine wichtige Entdeckung machten, flog ich hin und brachte gleichzeitig den notwendigen Nachschub mit.

Aber nach dem Unfall war das Fliegen noch stärker als zuvor zu einer mechanischen Tätigkeit geworden; eigentlich verabscheute ich es sogar. Andererseits verschaffte es mir aber die Gelegenheit, ein paar Stunden lang ohne Unterbrechung allein zu sein.

Es machte mir auch Spaß, Kenia aus der Luft zu sehen. Die weite, offene Landschaft, die sich unter mir erstreckte, die unglaublichen Farben des Landes – verbranntes Orange, dunkles Braun und grünliches Grau – berührten mich jedes Mal tief. Hier oben in der dünnen, blauen Luft konnte ich durchatmen und nachdenken.

Auf dem Flug nach Garsen, einer zusammengewürfelten kleinen Handelsstadt am rechten Ufer des Flusses Tana, grübelte ich über mein erstes Amtsjahr nach. Eigentlich waren seit meiner Ernennung schon dreizehn Monate vergangen, und die hatten zweifellos zu den unruhigsten meines Lebens gehört. Hatte ich mir Ziele gesetzt, die unmöglich zu erreichen waren? Diese Frage war mir schon mehr als einmal in den Sinn gekommen, aber jetzt, nach den Streitereien mit der Regierung, glaubte ich sie mit einem Ja beantworten zu müssen. Und manche Teile meiner Tätigkeit verabscheute ich zutiefst. Es gab nichts Schlimmeres, als den Tod eines viel versprechenden jungen Mannes untersuchen zu müssen. Auch dass viele Leute mir jetzt anscheinend eine übertrieben hohe Position zuschrieben, gefiel mir nicht. Auf den Gesichtern mancher Mitarbeiter und der Vertreter anderer Behörden erkannte ich eine seltsame Mischung aus Respekt, Angst und Bewunderung. Ihre Blicke beunruhigten mich, denn mir schien, als sähen diese Menschen eigentlich nicht mich, sondern ein Abbild oder eine Karikatur dessen, was sie gern sehen wollten. Insbesondere missfiel mir der fast unterwürfige, bewundernde Ausdruck, den man mir gegenüber manchmal aufsetzte. Ich erkannte ihn auf den Gesichtern ganz normaler Menschen in Kenia und bei meinem Publikum in anderen Ländern – eine Art mondsüchtigen Blick. Sie wollten mich zum Helden und Übermenschen machen, aber ehrlich gesagt, fühlte ich mich selbst absolut nicht so. Es war ein Bild, das ich weder mochte noch verdiente. Wenn es dafür noch eines Beweises bedurfte, dann war es die Leiche dieses jungen Mannes, die da im Busch lag.

Ein paar Stunden später landete ich in Garsen. Der leitende Wildhüter holte mich am Flugplatz ab und berichtete mir die letzten Neuigkeiten. Eine Patrouille hatte die Bande verfolgt und am frühen Morgen überrascht.

»Wir haben vier von ihnen erwischt, Sir«, sagte er.

»Verletzt?«

»Nein, tot, Sir.«

Ich nickte. Dass es mir wegen der Toten Leid tat, kann ich nicht behaupten, aber ich hatte immer gehofft, wir könnten einige dieser Wilderer verhören. Gelegentlich gelang uns das. In den meisten Fällen ergaben sie sich aber nicht, und in Situationen wie dieser waren unsere Leute auf Vergeltung aus.

Ich hatte für das Töten nie etwas übrig gehabt, aber ich freute mich, dass unsere Leute der Bande auf der Spur geblieben waren und das Notwendige getan hatten. Jedes Mal, wenn wir einen solchen Kampf gewonnen hatten – ein besseres Wort fällt mir nicht ein –, stieg unser Ansehen bei den Banditen. Sie achteten jetzt viel mehr als früher darauf, den Wildhütern des KWS nicht über den Weg zu laufen, und schickten auch keine Drohbriefe mehr. Wir waren zu einer Macht geworden, mit der sie rechnen mussten.

Wie man auf einer Landkarte Kenias leicht erkennt, liegt Garsen nicht in der Nähe eines großen Nationalparks. Ein wenig nördlich der Stadt am Fluss Tana befinden sich Schutzgebiete für Stummelaffen und die seltenen Hunter-Leierantilopen. Der Zusammenstoß zwischen der KWS-Patrouille und der Wildererbande hatte sich nicht in der Nähe eines dieser Schutzgebiete abgespielt, sondern recht weit westlich von Garsen in der halbtrockenen Buschsavanne, die große Teile Südostkenias bedeckt. Es ist eines der abgelegensten Gebiete des Landes. Dort gibt es keine befestigten Straßen, sondern nur hier und da einen einspurigen Fahrweg. Das Land liegt niedrig – nur etwa hundert Meter über dem Meeresspiegel – und ist flach und trocken. Aus der Luft sieht man kilometerweit nur leeres Buschgelände mit vereinzelten, zerzausten Akazienbäumen und trockenen, erodierten Bachbetten. Außerhalb der Parkgrenzen verteilen sich große Abschnitte des Landes auf riesige Rinderfarmen, die Gruppen aus den Völkern der Wa-Pokomo und Oromo gehören. Die Wildererbanden benutzten das Gelände der Farmen häufig als Rückzugsgebiet für ihre Raubzüge in den Park. Nicht alle Banden wanderten von Somalia aus nach Süden – einige stammten auch aus den Dörfern in der Nähe der Parks –, aber in der Regel bewegten die Wilderer sich auf Routen, die vom Nordrand Kenias an der Grenze nach Somalia über den Tana in das leere Gebiet zwischen dem Fluss und Tsavo Ost und von dort in den eigentlichen Park führten.

Der Wildhüter fuhr mit uns bis fast zum Schauplatz des letzten Kampfes und parkte den Wagen. Wir gingen zu Fuß etwa zwanzig Minuten durch den Busch zu einem heißen, sandigen Graben, wo nur wenige kleine Akazien etwas Schatten spendeten. Peter Leitoro, ein schlanker, gut aussehender Offizier, der zu der Patrouille gehört hatte, salutierte zackig, als ich aus dem Landrover stieg. Er gehörte zum Nomadenvolk der Rendille, das mit seinen Kamelen und Ziegen in einer ganz ähnlichen Landschaft lebt, wie wir sie hier vor uns hatten. Leitoro hatte sich schnell hochgedient und ging jetzt mit einer unserer besten Einheiten, die an einem abgelegenen Außenposten an der Nordostgrenze des Tsavo-Parks tätig war, auf Patrouille. Wie er mir später erklärte, störte ihn das alles nicht.

»Man kann sagen, dass ich das alles schon als Junge geübt habe«, sagte er. »Ich bin es gewohnt, ohne etwas zu essen im Busch zu bleiben und ohne Wasser große Entfernungen zu laufen. Das haben wir schon als Kinder gemacht. Wir sind morgens mit unseren Tieren hinausgegangen und haben nach Weidegründen gesucht, und abends haben wir sie wieder zurückgebracht. Manchmal hat man morgens etwas getrunken, aber dann gab es nichts mehr, bis man abends nach Hause kam.«

Leitoro berichtete, seine Einheit sei ein paar Tage zuvor an der Nordgrenze des Parks Tsavo Ost auf Patrouille gewesen und habe die dünne Rauchfahne eines Lagerfeuers bemerkt. Die Wildhüter kannten diesen Teil des Parks so gut wie die Weiden ihrer Heimat. Sie sahen mit einem Blick, dass das Lagerfeuer sich innerhalb der Parkgrenzen befand, und machten sich sofort auf, es genauer zu untersuchen. Außerdem forderten sie Luftunterstützung an, die ihnen auch gewährt wurde: Ein Wildhüter flog über ihnen und machte die Bande am Boden aus.

Die Wilderer kannten mittlerweile unsere Methoden. Ein kleines Flugzeug bedeutete, dass Wildhüter im Anmarsch waren. Sie verließen ihr Lager und schlugen sich außerhalb des Parks in die Büsche. An ihrem Lagerplatz fanden die Wildhüter die gebratenen Überreste einer gewilderten Giraffe.

»Wir nehmen an, dass sie gekommen sind, um ein paar Stoßzähne abzuholen«, erklärte mir Leitoro. »Wir hatten ein paar Wochen zuvor auch drei Elefantenkadaver entdeckt, und wir vermuten, dass alles auf das Konto derselben Bande ging.«

Nach Leitoros Überzeugung hatten sie die Stoßzähne nicht mitnehmen können, weil die Wildhüter sie vertrieben hatten, bevor sie das Elfenbein ausgraben konnten. Unsere Patrouille hatte sie zwei Tage lang verfolgt und dann eines Abends ihre Spur verloren. Bei dieser Gelegenheit waren sie in den Hinterhalt geraten, und der Leiter der Patrouille war ums Leben gekommen.

»Das hat unsere Entschlossenheit nur noch verstärkt«, sagte Leitoro. »Wir waren sehr wütend und wollten diese Banditen unbedingt kriegen.«

Frühmorgens hatten sie die achtköpfige Bande überrascht, die sich in diesem Graben verkrochen hatte.

»Wir haben uns langsam angeschlichen. Ich sah einen Wachposten und gab einen Warnruf ab. Er drehte sich um und schoss, aber daneben. Dann hat einer von uns ihn erschossen.«

Es gab ein kurzes Feuergefecht. Von unseren Leuten wurde niemand verletzt, aber am Ende der Schießerei waren vier Banditen tot. Ihre Leichen wurden an eine Seite des Grabens in den Schatten einiger Akazien gelegt – weit genug weg, sodass der Übelkeit erregende Geruch des Todes nicht allzu schwer in der Luft hing.

»Gut gemacht«, sagte ich zu Leitoro. »Welche Aussichten haben wir, die anderen zu fassen?“

Darauf erwiderte er, man könne sie wohl finden, aber dazu müsse man den Tana überqueren.

»Dann tun Sie das«, sagte ich. »Wir dürfen ihnen keine Ruhe mehr lassen, sie dürfen niemals denken, dass wir uns mit dem Erreichten zufrieden geben. Daraus werden sie lernen und nicht mehr in unsere Parks kommen – und auch nicht nach Kenia.«

Tatsächlich hatten die Wilderer diese Lektion bereits begriffen. Die Bande, mit der wir es hier zu tun hatten, war nur im abgelegensten Teil von Tsavo Ost tätig. Früher hatten die Banditen diesen Park und auch Tsavo West geradezu als ihr privates Elefanten-Jagdrevier betrachtet.

Während der vergangenen Monate hatten wir gegenüber den Wildererbanden immer aggressivere Methoden angewandt, insbesondere gegen jene, die in dem Hinterhalt zwischen Meru und Tsavo Ost sechzehn Polizisten ermordet hatte. Diese Bande war schwer bewaffnet – sie besaß Granatwerfer und 16-Millimeter-Maschinengewehre. Wir schlugen energisch zurück und erschossen einige Bandenmitglieder einschließlich eines Anführers, aber selbst das schreckte nicht alle ab. Ein paar Wochen später waren sie wieder im Park und töteten Elefanten.

Als es soweit war, bat ich die kenianische Armee um Hilfe. Als das nächste Mal eine unserer Patrouillen auf die Bande traf, kam ein Kampfhubschrauber dazu – und in seiner offenen Türe stand ein Maschinengewehrschütze. Kurz vor Sonnenuntergang ging der Pilot über dem Versteck der Wilderer tiefer, die Rotoren knatterten in der Luft, und der Schütze belegte den Boden mit Schnellfeuer und großkalibriger Leuchtmunition. Die Wilderer hatten sich beim ersten Geräusch eines Hubschraubers in dem dichten Buschwerk verteilt, und ich glaube nicht, dass wir einen von ihnen töteten. Die Leuchtspurmunition machte aber beeindruckend viel Krach und zertrümmerte ein paar Felsbrocken. Augenzeugen berichteten mir, die Landschaft sei erleuchtet gewesen, als habe die ganze Gegend in Flammen gestanden. Ob die Wilderer lange genug in der Nähe blieben und etwas von unserer Show mitbekamen, weiß ich nicht, aber den Lärm hörten sie mit Sicherheit, und das reichte mir schon.

Von nun an stationierte die Armee eine ihrer Hubschrauber-Ausbildungseinheiten in Voi, einer Kleinstadt knapp außerhalb des Parks Tsavo Ost. Während der nächsten vier Monate flogen die Pilotenanwärter mit ihren Hubschraubern fast jeden Tag über dem Park hin und her. Sie waren nicht bewaffnet, aber es war eine weitere Machtdemonstration unsererseits.

Damit war die Wilderei – und die Überfälle auf Touristen – im zentralen Teil der beiden Tsavo-Parks endgültig beendet. Insbesondere nach dem ersten Hubschrauberangriff waren die Banditen sehr vorsichtig geworden. Wie Informanten uns später berichteten, hatte es sich unter den Wildererbanden sehr schnell herumgesprochen, dass es gefährlich war, sich weit in die Parks hineinzuwagen. Es hieß, wenn sie innerhalb der Parkgrenzen angetroffen würden, werde der KWS seine Hubschrauber rufen und sie vertreiben.

Der neue Zusammenstoß war für mich ein Anzeichen, dass die Hubschrauber bei den Wilderern nachdrücklich in Erinnerung geblieben waren und dass wir unser Ziel, die Grenzen der Tsavo-Parks zu sichern, nahezu erreicht hatten.

Ich trank mit unseren Leuten eine Tasse Tee, hielt eine aufmunternde Rede und fuhr dann mit dem Wildhüter wieder nach Garsen. Auf der Fahrt war es heiß und staubig; der Wagen rüttelte durch dichtes Buschwerk und zwischen stacheligen Akazien hindurch, aber sie machte mir dennoch Spaß. Zu sehen, wie die Wildhüter des KWS hier draußen ihre Aufgabe erfüllten und diesen Kampf ausfochten, hob jedes Mal meine Stimmung. Nachdem ich den Stolz und die Entschlossenheit auf ihren Gesichtern gesehen hatte, war es für mich schwer oder unmöglich, zurückzutreten. Ich würde einen Weg finden, um die Meinungsverschiedenheiten mit der Regierung über die Dienstvorschrift beizulegen. Und ich würde dafür sorgen, dass die Angehörigen unseres toten Patrouillenleiters für den Dienst, den er Kenia geleistet hatte, angemessen entschädigt wurden.

Bis die Dienstvorschrift endgültig verabschiedet wurde, verging noch über ein Monat. Mit Präsident Moi erörterte ich das Thema nie. Ich verabredete mich mehrmals mit ihm, aber die Termine wurden entweder aus unterschiedlichen Gründen abgesagt, oder man ließ mich warten, und dann sagte man mir, ich solle an einem anderen Tag wiederkommen. Das verstärkte meine Besorgnis, eine Person oder eine Gruppe könne sich zwischen den Präsidenten und mich gestellt haben. Ich wusste aber auch, dass der Präsident sich um wichtigere Themen kümmern musste. Der US-Botschafter Hempstone Smith hatte von seiner Forderung, Kenia müsse demokratischer werden, keinen Abstand genommen. Er wollte erreichen, dass die Regierung das alte Gesetz abschaffte, das Kenia zu einem Einparteienstaat machte. Die Tageszeitungen kritisierten zwar in ihren Kommentaren die Forderung des Botschafters, aber unter den lokalen Gruppen, die ebenfalls für eine Reform der Regierung eintraten, gewann er an Einfluss. Im Juni verkündeten die Leiter der Episkopalkirche, die mächtigsten Religionsführer des Landes, auch sie wollten Kenia zu einem Mehrparteienstaat machen. Einige von ihnen riefen sogar zu Demonstrationen auf. Präsident Moi hatte damit sicher alle Hände voll zu tun, und im Vergleich dazu erschienen ihm meine Sorgen um den KWS wahrscheinlich unbedeutend.

Ich leitete den Naturschutzdienst weiterhin so, wie ich es für richtig hielt, und niemand aus der Regierung funkte dazwischen. Dann, Mitte Juni, rief der Generalstaatsanwalt an und erklärte, das Kabinett habe Anweisung gegeben, die Dienstvorschrift zurückzuziehen und dies auch im amtlichen Mitteilungsblatt bekannt zu machen. Ich solle sofort die Papiere unterzeichnen; eine Stunde später stand der Generalstaatsanwalt in meinem Büro.

»Richard, die Dienstvorschrift muss aus dem Mitteilungsblatt raus«, sagte er. »Nach unserer Überzeugung wurde bei ihrer Verabschiedung nicht das vorgeschriebene Verfahren eingehalten, und deshalb entspricht sie nicht den Gesetzen Kenias.«

Der Generalstaatsanwalt sprach leise, aber mit Nachdruck. Er versicherte mir, Präsident Moi wolle mich als Leiter des Naturschutzdienstes behalten, aber das Regelwerk müsse noch einmal überarbeitet werden.

Wieder wies ich darauf hin, ohne eine solche Dienstvorschrift habe der KWS keine Rechtsgrundlage, um seine bewaffneten Wildhüter zu disziplinieren und zu kontrollieren.

Der Generalstaatsanwalt nickte.

»Ja, der KWS braucht eine Dienstvorschrift. Aber nicht diese. Nachdem sie im Mitteilungsblatt für ungültig erklärt worden ist, können wir wieder darüber diskutieren. Aber jetzt müssen Sie dieses Papier unterschreiben.«

Er klappte seinen Aktenkoffer auf und nahm das Dokument heraus. Ich überflog es flüchtig. Es war ein Widerruf; wenn ich es unterzeichnete, erkannte ich an, dass die Dienstvorschrift des KWS ungültig war.

Der Generalstaatsanwalt beobachtete mich genau. Ein paar Minuten lang saß ich schweigend da, dann griff ich nach meinem Füllfederhalter. Ein Teil von mir dachte: *Du bist ein Idiot, Leakey. Wenn du jetzt weich wirst, werden sie von dir verlangen, dass du auch in anderen Dingen nachgibst.* Aber ein anderer Teil von mir war optimistischer. Der Generalstaatsanwalt – und vermutlich die gesamte Regierung – wusste genau, dass die Wildhüter des KWS ohne Dienstvorschrift nicht arbeiten konnten. Und wenn es ihnen jetzt noch nicht klar war, würde irgendjemand aus der Armee ihnen sicher erklären, welche Gefahren dann drohten. Vielleicht war es kein großer, sondern nur ein kleiner Stolperstein, und wenn ich die Papiere unterzeichnete, konnten wir gemeinsam ein allseits akzeptiertes Regelwerk ausarbeiten.

Wenn Entscheidungen getroffen werden müssen, zögere ich selten. Ich habe es immer für am besten gehalten, schnelle Entschlüsse zu fassen und dann zu tun, was getan werden muss. Ich unterschrieb.

Der Generalstaatsanwalt lehnte sich zurück und lächelte mich an.

»Danke, Richard.«

Ich gab ihm die Papiere, wir schüttelten uns die Hände, und er ging.

Dann ließ ich Bashir kommen.

»Wir haben jetzt keine Dienstvorschrift mehr«, sagte ich.

Bashir bekam große Augen. »Aber, Sir, das kann äußerst gefährlich werden.«

»Ich weiß«, erwiderte ich, »aber ich nehme an, es ist nur vorübergehend. Wir werden sehen. Bei unseren Leuten sollten wir es nicht an die große Glocke hängen. Ich wollte nur, das Sie es wissen.«

Die Wildhüter bewunderten Bashir und waren ihm treu ergeben. Sie hatten aber auch Angst vor ihm und seinem finsteren Gesichtsausdruck, wenn ihm etwas nicht gefiel. Vorerst würde er die Dienstvorschrift sein.

Hatte ich jetzt eine wichtige Schlacht verloren? Oder hatte ich mich nur in den Gedanken verrannt, es sei wichtig? Ich entschloss mich, vorerst nicht darüber nachzudenken. Der Generalstaatsanwalt hatte anerkannt, dass eine Dienstvorschrift notwendig war, und vermutlich teilte die Regierung seine Meinung. Das war letztlich das Einzige, was zählte, und ich rechnete damit, dass wir früher oder später wieder eine gesetzliche Grundlage haben würden.

Eine innere Stimme sagte mir aber auch, ich solle vorsichtig sein.

Kapitel 14

Schon in dem Augenblick, als ich die Ernennung durch Präsident Moi annahm, war mir eines klar: Wenn ich Erfolg haben wollte, musste ich schnell handeln. Vom ersten Tag an machte ich Druck und arbeitete, so rasch ich konnte; ich rechnete damit, dass ich irgendwann die Privilegien verlieren würde, die mir der Präsident mit der unmittelbaren Ernennung verschafft hatte. Aber dass dieser Verlust schon nach achtzehn Monaten im Amt eintreten würde, hatte ich nicht vorhergesehen. Nun fragte ich mich besorgt, was das für den KWS bedeuten würde.

Wir hatten mittlerweile 1500 bewaffnete Mitarbeiter, und dass die Rechtsgrundlage der Dienstvorschrift aufgegeben wurde, beunruhigte mich zutiefst. Die bewaffneten Einheiten des KWS unterstanden meinem Befehl. Nach den Gesetzen, die zur Begründung des Naturschutzdienstes geführt hatten, war letztlich der Direktor für das Verhalten seiner Offiziere und Mannschaften verantwortlich. Ich hatte den Widerruf der Dienstvorschrift unterschrieben, aber ich war durchaus nicht überzeugt, dass alle die Konsequenzen dieser Maßnahme vollständig überblickten. Deshalb bemühte ich mich weiterhin um ein Zusammentreffen mit Präsident Moi. Schließlich erhielt ich einen Termin. Ich erkannte, dass er sich nicht sonderlich darüber freute, mich zu sehen, und kam sofort zur Sache.

»Sehen Sie, so kann der KWS nicht arbeiten«, sagte ich. »Sie glauben vielleicht, es sei gefährlich für das Land, wenn ich für den KWS eine Dienstvorschrift habe, aber ich kann Ihnen versichern, dass es für das Land viel gefährlicher ist, wenn sie nicht existiert. Kann die Angelegenheit nicht noch einmal geprüft werden?«

Präsident Moi sah mich niedergeschlagen an. »Das wäre eine Möglichkeit«, erwiderte er. »Ich werde dem Generalstaatsanwalt sagen, er soll sich die Sache noch einmal ansehen.«

Ich dankte ihm, schüttelte ihm die Hand und ging. Früher hätten wir nach dem offiziellen Teil unseres Gesprächs noch etwas geplaudert und gelacht, doch jetzt konnte ich sein Misstrauen fast mit den Händen greifen.

Ich wusste, dass es ohne Dienstvorschrift nicht lange dauern würde, bis die Polizei wieder einmal darauf beharrte, sie müsse die ausschließliche Zuständigkeit für die Verfolgung schwerer Verbrechen in den Nationalparks erhalten. Das würde für die Naturschutzeinheiten des KWS das Ende bedeuten und zweifellos zu einer neuen Welle von Wilderei und Überfällen führen. So etwas konnte ich nicht zulassen. Ich musste einen Weg finden, um die Lage zu meinen Gunsten zu wenden – und ich hatte auch schon eine Idee, wie.

Eine der wichtigsten Aufgaben Bashirs beim KWS bestand darin, ein Netz von Informanten aufzubauen. Ich hatte einer Reihe sorgfältig ausgewählter Sicherheitsbeamter eine Sonderausbildung verschafft, und Anfang 1990 funktionierte das System recht gut. In den am stärksten gefährdeten Gebieten – Meru, Tsavo und dem Mount Elgon an der Grenze zu Uganda – hatten wir verdeckte Ermittler stationiert. Sie erhielten Geld, mit dem sie Informanten bezahlen und sich unter die örtlichen Gemeinschaften mischen konnten. Einige von ihnen eröffneten kleine Teestuben oder Zeitungsstände, wo sie Unterhaltungen mithören konnten. Andere tarnten sich als Wilderer und erschossen, um den Schein zu wahren, tatsächlich hier und da einen alten Büffel oder eine Gazelle. Auf diese Weise sammelten wir eine Menge Informationen über die Mitglieder der Banden, aber auch über ihre Kontaktpersonen in den Dörfern und in Nairobi.

Immer noch hoffte ich, uns würde ein »großer Fisch« ins Netz gehen – eine wohlhabende Person, die bei dem Versuch ertappt würde, illegal Elfenbein zu kaufen. Während wir auf den großen Coup warteten, fingen wir ein paar kleinere Übeltäter. Wir erfuhren etwas über Schmuggler, die Elfenbein per Lastwagen von Kenia über die Grenze nach Äthiopien und Uganda transportierten (das war der wichtigste Grund, warum wir eine Nachrichtendiensteinheit am Mount Elgon stationiert hatten) und über solche, die es nach Tansania brachten. Andere Informanten führten unsere Leute zu Säcken voller Elfenbeinklötzchen, aus denen die Japaner ihre Unterschriften-*hankos* herstellten, und größere Stücke wurden auf einem verlassenen Haufen an einer Straße im Rift-Tal gefunden. Telefonisch erhielten wir einen Hinweis über einen Händlerring aus fünf Koreanern und einem Äthiopier, die in der Kleinstadt Kiambu nördlich von Nairobi eine Fabrik für Stoßzahnschnitzereien unterhielten.

Von unseren Informanten und den Festgenommenen erfuhren wir weitere Namen. Schon bald verfügten wir über eine Datenbank mit Wilderern, Mittelsmännern, Lastwagenfahrern und Elfenbeinhändlern. Eine geheime Landkarte in unserem »Lagezentrum« zeigte jedes Zusammentreffen, jede Elfenbein-Razzia, jede Bewegung, die unsere Leute im Untergrund des illegalen Elfenbeinhandels ausmachen konnten. Unsere Agenten beobachteten ständig die Leute, die auf unserer Liste standen, und schon bald konnten manche von ihnen den Druck nicht mehr ertragen.

Im Mai 1990 berichtete einer unserer besten Agenten – ein Somali mit dem Decknamen »Mamba« –, er habe zwei Informanten, die sich offenbaren wollten. Sie befanden sich in Somalia, aber er war zuversichtlich, sie würden zurückkehren und uns als Gegenleistung für eine Amnestie zu einem großen Elfenbeinlager führen, das in der Nähe des Parks Tsavo Ost versteckt war. Ich war sofort einverstanden, bat Mamba aber, noch ein wenig zu warten, bevor sie uns zu dem Elfenbein führten. Ich wollte sicherstellen, dass unsere Leute – und nicht die Polizei – das ausschließliche Verdienst für die Razzia beanspruchen konnten. Es erschien mir als ausgezeichnete Möglichkeit, unsere Glaubwürdigkeit bei Präsident Moi und der Regierung wiederherzustellen.

Ende Juni nahm Mamba Kontakt mit den Wilderern auf und brachte sie in den Tsavo-Park. Dann, am frühen Morgen des 27. Juni, gab Stephen Gichangi, der leitende Wildhüter von Tsavo Ost, telefonisch den Bericht durch, eine der Naturschutzeinheiten habe gerade ein großes Elfenbeinlager entdeckt. Ich wusste, dass dieser Anruf kommen würde, und hatte schon am Tag zuvor eine Verabredung mit einem Filmteam des *National Geographic* getroffen, dem Joyce Poole und ich angeblich die Elefanten im Amboseli-Park zeigen wollten. Deshalb befanden wir uns gerade alle am Wilson Airport, als Stephen anrief. Sofort änderte ich unsere Pläne und erklärte, wir würden lieber in den Park Tsavo Ost fliegen. Das Filmteam war nicht im Mindesten enttäuscht. Sie konnten nun festhalten, wie unsere Wildhüter die Stoßzähne ausgruben – hervorragende Szenen für ihren geplanten Film über die prekäre Lage der Elefanten. Als alle in der zweimotorigen Maschine des KWS saßen und die Gerätschaften des Filmteams sicher verstaut waren, startete unser Chefpilot Phil Matthews in Richtung einer Landepiste unmittelbar hinter der Nordgrenze des Parks.

Theoretisch hätten wir die Polizei hinzuziehen müssen. Sie sollte immer informiert werden, wenn wir gewildertes Elfenbein fanden, insbesondere wenn es sich nicht auf dem Gelände der Parks befand. Wenn wir diese Regel befolgten, nahm die Polizei natürlich stets das Verdienst für sich in Anspruch, und der KWS ging leer aus. Dieses Mal sollte es anders werden.

Das Lager befand sich einige Kilometer östlich der Parkgrenze auf einer großen privaten Ranch namens Wanainchi. Mamba erwartete uns an der Landepiste des Anwesens und begleitete uns zu zwei Geländewagen, während unsere Wildhüter eine stramme Habachtstellung einnahmen. Die Filmleute hielten eifrig jede Szene fest, und ich musste insgeheim darüber lächeln, welch gutes Bild unsere Leute abgaben.

Etwa eine halbe Stunde lang rumpelten wir auf einem Fahrweg durch das dichte Buschwerk. Dann parkte Mamba im Schatten eines kleinen Baumes und führte uns weitere fünfzehn Minuten auf einem schmalen Pfad zu einem großen Akaziengehölz. Dort warteten auf den Boden gekauert mehrere andere Wildhüter und die beiden Wilderer. Wie die meisten Wilderer, die uns begegnet waren, so waren auch diese beiden Burschen groß, schlank und in die traditionellen Baumwollhemden und Ledersandalen gekleidet. Was mich aber überraschte, war ihr jugendliches Alter. In ihren glatten Gesichtern war kein einziges Barthaar zu erkennen – sie waren fast noch Kinder. Einer unserer Leute wies sie an, aufzustehen und auf die Stelle zu zeigen, wo die Stoßzähne vergraben waren. Dann begannen unsere Männer den rostfarbenen Sandboden wegzuschaufeln.

Es dauerte nicht lange, bis sie auf den ersten Zahn stießen. Die Wilderer hatten ihre Beute so dicht wie möglich unter der Oberfläche vergraben, denn sie wollten das Elfenbein bei ihrer Rückkehr schnell herausholen können. Dennoch war es nicht einfach, die langen, schweren Stoßzähne – manche wogen mehr als zwölf Kilo – zu bergen, und als die Sonne am Himmel höher stieg, kamen unsere Wildhüter ganz schön ins Schwitzen.

Es war ein bedrückender Anblick: Vier Männer gruben in der roten Erde, stießen jedes Mal einen Ruf aus, wenn sie einen Stoßzahn fanden, und holten ihn dann mit Hilfe der anderen aus der Grube. Das Elfenbein war schmutzig. Es hatte den rostigen Farbton der Erde angenommen, und mir kam sofort der Gedanke an Blut. Wenigstens hatte es dieses Mal keinen Wildhüter das Leben gekostet, die Wilderer zu fassen. Ich warf ihnen einen kurzen Blick zu. Sie hatten wieder ihre kauernde Haltung eingenommen und reinigten sich lässig die Zähne mit Zweigen, während rechts und links von ihnen zwei bewaffnete Wildhüter standen. Ich fragte mich, wie lange sie und ihre Komplizen gebraucht hatten, um die Elefanten zu töten, die Stoßzähne an diesen gottverlassenen Ort zu bringen und sie hier zu vergraben. Es musste harte Arbeit gewesen sein – und dazu eine Arbeit, die sich nun doch nicht auszahlte.

Tatsächlich gab es in dem Gebiet sogar mehrere Elfenbeinlager. Geduldig führten die beiden Wilderer unsere Leute zu einer Stelle nach der anderen: bei diesem Baum, in der Nähe jenes Busches, unter dem Stein da drüben. Insgesamt bargen wir hundertfünfzig Stoßzähne – die Überreste von fünfundsiebzig Elefanten. Anscheinend hatten sie fast eine ganze Herde getötet, denn wir fanden Stoßzähne von jüngeren Tieren, kleinen Weibchen und alten Matriarchinnen. Als wir sie auf einen Haufen geschichtet hatten, schätzten wir die Menge auf eine Tonne Elfenbein. Die roten, erdfarbenen Flecken wiesen darauf hin, dass es schon seit einiger Zeit vergraben war.

Joyce wandte sich an einen der Wilderer und fragte ihn auf Swahili, wann sie die Elefanten getötet hatten. »1988«, erwiderte er, den Blick zu Boden gerichtet. Und dann fügte er hinzu: »Jetzt können wir das Elfenbein nicht mehr verkaufen. Niemand will es noch. Niemand gibt uns Geld dafür.«

Ich sah den Haufen mit den Stoßzähnen an und schüttelte den Kopf. Nachdem ich mit Joyce die Elefanten des Amboseli-Parks gesehen hatte, konnte ich den Anblick kaum ertragen. Die Zähne sahen so teilnahmslos aus wie ein Stapel Brennholz, und doch stellten sie eine einstmals großartige Elefantenherde dar, eine eng verbundene Gesellschaft von Müttern und Kindern, Schwestern und Tanten. Nur allzu leicht konnte man sich ihren Schrecken und das Entsetzen ausmalen, sich ihre ängstlichen Schreie vorstellen, als diese jungen Burschen und ihre Bande mit Maschinengewehren auf sie feuerten und ihnen dann mit Buschmessern die Gesichter zerhackten, um an das Elfenbein zu gelangen.

Das Filmteam war begeistert über die »überraschende« Entdeckung. Ein Fotograf machte noch ein paar Aufnahmen und versprach, sie an die kenianische Presse weiterzugeben. Unsere Wildhüter fingen an, das Elfenbein zu den Geländewagen zu tragen, und auch ich nahm einen Stoßzahn auf die Schulter. Wir mussten mehrmals gehen, um alles über die kurze Entfernung zu transportieren; am Ende würde das Elfenbein in Nairobi sicher untergebracht werden.

»Es ist eine grausige Arbeit«, sagte ich den Filmleuten. »Aber unsere Wildhüter haben ihre Arbeit getan, und zwar gut. So geht das von jetzt an immer: keine toten Elefanten mehr, sondern nur noch Wilderer, die sich dem KWS stellen. Sie haben keine andere Wahl.«

Am nächsten Tag war unsere Elfenbeinrazzia überall in den Schlagzeilen. *Wildhüter finden riesiges Elfenbeinlager; Gestohlene Stoßzähne bei Wilderern sichergestellt* verkündeten die Zeitungen auf der Titelseite. Die Journalisten schrieben leidenschaftliche Berichte über die Arbeit der KWS-Wildhüter. Sie behaupteten, wir hätten die Wilderei jetzt nahezu unter Kontrolle, und wir hätten dem Elfenbeinhandel ein Ende gemacht.

Das war leichtfertiger Optimismus. Was aber zählte, war das Bild, das die Wildhüter des KWS abgaben: Sie wirkten stolz und leistungsfähig. Die Polizeibehörde wurde dieses Mal überhaupt nicht erwähnt. Jetzt war der KWS an der Reihe zu glänzen, und ich konnte nur hoffen, dass auch die Regierung es sah.

Über die Dienstvorschrift sprach niemand mehr mit mir. Präsident Moi hielt sein Versprechen und beauftragte den Generalstaatsanwalt, sich noch einmal mit dem Thema zu befassen. Anfang September 1990 hatte der oberste Jurist sich immer noch nicht auf eine Haltung festgelegt.

Ich bekam den Präsidenten nicht mehr zu Gesicht. Er stand weiterhin unter starkem Druck mehrerer westlicher Staaten, allen voran der USA und ihres Botschafters Smith Hempstone, die Kenia zu einem Mehrparteienstaat machen wollten. Mehrere Dissidenten im Land hatten Hempstones Anregung aufgegriffen, und während des ganzen Sommers gab es in Nairobi Demonstrationen, die fast an einen Aufstand grenzten. Ich war überzeugt, dass die Regierung sich nicht ewig gegen diese offensichtlich basisdemokratischen Bestrebungen abschotten konnte, hielt mich aber selbst aus der Diskussion heraus. Nur zu Hause grübelten Meave und ich darüber nach, was die Zukunft in Kenia – insbesondere für unsere Töchter – wohl bringen würde. Und zunehmend hegte ich die Hoffnung, der Ruf nach einem Mehrparteienstaat möge Erfolg haben. Es war der beste Weg, um für eine verantwortungsbewusste Regierung und eine gesunde, wachsende Wirtschaft zu sorgen, zwei Dinge, die Kenia dringend brauchte.

Die Aufstände waren für die kenianische Wirtschaft natürlich alles andere als nützlich, denn sie schreckten Touristen ab. Ich reiste immer noch regelmäßig ins Ausland, um Mittel für den KWS einzuwerben, und dabei stellte ich zunehmend fest, dass ich auch als »Über-Botschafter« für ganz Kenia fungieren musste. Immer wieder versicherte ich meinem Publikum, es sei für Touristen völlig ungefährlich, unser Land zu besuchen. Die Angriffe zielten nicht auf Besucher, sondern es waren innere Probleme, und die Sicherheit war in Nairobi ohnehin nach wie vor größer als in New York oder Miami. Vielleicht konnte ich damit diesen oder jenen davon abhalten, Pläne für Safaris zu ändern, und andere wurden vielleicht erst durch meine Äußerungen veranlasst, überhaupt nach Kenia zu kommen. Das hoffte ich jedenfalls, denn Touristen waren nicht nur für die kenianische Wirtschaft unentbehrlich, sondern auch für das, was ich mit dem

KWS vorhatte. Wenn er zu der sich selbst tragenden, profitablen Organisation werden sollte, die ich mir vorstellte und an deren Aufbau meine Mitarbeiter so unermüdlich arbeiteten, brauchten wir einen stetigen Besucherstrom. Deshalb stellte ich Kenia bei jeder sich bietenden Gelegenheit als Ziel für Naturfreunde und Erholungssuchende dar.

Aber allmählich wurde ich des Überschwangs müde. Weder Präsident Moi noch sonst jemand in der Regierung schien von meinen Bemühungen Notiz zu nehmen. Natürlich erwartete ich nicht, dass man mir jedes Mal auf die Schulter klopfte, wenn ich etwas für mein Land getan hatte, aber angesichts des Misstrauens, das die Regierung im Zusammenhang mit der Dienstvorschrift gezeigt hatte, war ich Anfang September besonders reizbar, wenn es um die Wertschätzung meiner Arbeit ging. Das Nationalmuseum bereitete gerade die Feiern zu seinem 60. Gründungsjubiläum vor, und zu meiner Verblüffung und Enttäuschung schien es, als hätten die Verantwortlichen meine Familie und mich dabei völlig vergessen. Mir ist klar, dass solche Klagen vielleicht weinerlich klingen, aber es erschien mir sehr seltsam, dass die Leakeys in dem Festprogramm des Museums überhaupt nicht vorkamen. Während mehr als der Hälfte jener sechzig Jahre hatte ein Angehöriger unserer Familie die Institution geleitet. Mein Vater war von 1941 bis 1961 ihr zweiter Direktor gewesen und hatte sich allen Gewohnheiten und Gesetzen entgegengestellt, um sie auch farbigen Kenianern zugänglich zu machen. Meine Mutter hatte ebenfalls für das Museum gearbeitet und zu seinen archäologischen Schätzen beigetragen. Ich war einundzwanzig Jahre lang sein Direktor gewesen, hatte das Geld für viele seiner Gebäude und Labors beschafft und kleinere Museen im ganzen Land eingerichtet. Und Meave war als Leiterin der paläontologischen Abteilung weiterhin dort tätig. Unsere Familie hatte unschätzbare Beiträge zu den Sammlungen geleistet und Fachpersonal ausgebildet. Nichts davon sollte bei der größten öffentlichen

Zeremonie Ende September erwähnt werden, und ich entschloss mich, nicht daran teilzunehmen.

Präsident Moi war als Gastgeber bei den Feierlichkeiten zugegen, und zu meiner Freude und Überraschung überging er meine Familie nicht. Er lobte die Leakeys sogar so überschwänglich, dass es mir fast peinlich war, als andere mir von seiner Rede erzählten – und gleichzeitig war ich allein aus diesem Grund fast froh, dass ich nicht anwesend gewesen war. Er sprach über meine Karriere an dem Museum sowie über das Jahr an der Spitze des KWS, ja er erwähnte sogar den jüngsten Erfolg meiner Wildhüter, die das vergrabene Elfenbein gefunden hatten. Dann blickte Moi über sein Publikum hinweg und verkündete: »Was Kenia am dringendsten braucht, sind noch drei Richard Leakeys.«

Als ich diese Geschichte hörte, wurde ich rot. Aber ich müsste lügen, wenn ich nicht zugeben würde, dass ich mich über das Lob des Präsidenten freute. Es bedeutete, dass er mich weiterhin unterstützen würde und dass meine Pläne für den KWS nicht völlig unrealistisch waren – jedenfalls hoffte ich das.

Mittlerweile wusste ich, dass die Tätigkeit an der Spitze des KWS niemals ein Spaziergang sein würde. Zu viele politische Interessen standen auf dem Spiel. Irgendjemand würde immer daran arbeiten, mich – und andere wohlmeinende öffentliche Bedienstete – aus dem Weg zu schaffen. Immerhin aber kamen mir die unterstützenden Worte des Präsidenten zugute. Wenige Wochen später gab der Generalstaatsanwalt bekannt, er habe seine Überprüfung abgeschlossen, und die »neue« Dienstvorschrift könne wieder in die staatlichen Gesetzbücher aufgenommen werden. Ich setze das Wort »neu« in Anführungszeichen, weil ich im Vergleich zu dem alten Regelwerk, das dem Präsidenten und mir so viel Ärger eingebracht hatte, nur einen einzigen Unterschied entdecken konnte: In einem Abschnitt dieser Version stand das Wort »Aufständische« an Stelle von »Meuterer“. Offensichtlich waren die Rechtsgelehrten zu dem Schluss gelangt, die Wildhüter des KWS könnten, juristisch betrachtet, nicht meutern, da sie kein Teil der Armee waren. Einen Aufstand konnten sie aber anzetteln. Ich hielt beide Taten für recht unwahrscheinlich und konnte insgeheim über die ganze Sache nur lachen.

Es war für mich eine große Erleichterung, dass die Verantwortlichen unsere Hauptsorge teilten: Der KWS musste eine Dienstvorschrift haben, die unseren bewaffneten Einheiten als Richtlinie diente. Als das Regelwerk wieder in Kraft gesetzt wurde, atmeten Bashir und ich auf.

Aber kaum war diese Krise vorüber, stand die nächste vor der Tür. Allmählich kam ich mir vor wie der griechische Held Herakles, der gegen die Hydra kämpft. Dieses Mal legte ich mich mit zwei mächtigen Kabinettsmitgliedern an.

Die Regierung plante den Bau einer Ölpipeline von der Küste bei Mombasa nach Nairobi, und eines Tages kam der Leiter dieses Projekts mit mehreren Landkarten unter dem Arm in mein Büro. Er war ein umgänglicher Mann und plauderte freundlich darüber, wie die Pipeline den Benzinpreis für die kenianischen Durchschnittsbürger senken werde; dann entrollte er seine Landkarte.

»Sehen Sie, Sir«, erklärte er, »die beste Trasse für die Pipeline läuft hier« – er deutete auf eine Stelle auf der Karte – »genau durch den Nairobi National Park. Wir haben bereits eine Übersichtsuntersuchung angestellt, und das ist die effizienteste, kostengünstigste Linienführung. Aber wir brauchen eine Genehmigung von Ihnen. Ihr stellvertretender Direktor gibt sie mir nicht, und deshalb fürchte ich, ich muss Sie selbst damit belästigen. Wir brauchen nur Ihre Unterschrift.«

Ich studierte die Landkarte und die gestrichelte Linie, die den Verlauf der Pipeline angab. Die Rohrleitung sollte die Ostgrenze des Parks überqueren und sich dann in einer sanften Kurve nach Norden wenden. Sie verlief im Wesentlichen parallel zu der Straße, die der Parkgrenze folgte, lag aber natürlich knapp einen halben Kilometer von ihr entfernt auf dem Parkgelände. Der Beamte zeichnete den Verlauf mit dem Finger nach und erklärte, sie werde die Tiere nicht stören; außerdem werde man alle erforderlichen Maßnahmen treffen, damit kein Öl auslaufen konnte. Ich ließ ihn seinen Vortrag beenden, aber meine Antwort stand fest.

»Bedaure«, sagte ich und blickte ihn durchdringend an, »aber mein stellvertretender Direktor hatte Recht. Die Pipeline kann nicht durch den Nairobi National Park führen. Das widerspricht unseren Zielen. Ich kann Ihnen die Genehmigung nicht erteilen.«

Einen Augenblick lang sah er mich verblüfft an. »Aber, Sir ...«, setzte er an.

»Nein, nein. Wir brauchen nicht weiter darüber zu reden. Es ist nicht möglich. Sie verlegen die Pipeline besser hier.« Ich zeigte auf eine Route, die der bereits vorhandenen Straße folgte.

»Aber die Planung ist schon fertig, Sir«, versuchte er es noch einmal.

»Für das, was schon geschehen ist, kann ich nichts. Ich weiß nur, was nicht geschehen wird. Es wird in unserem Park keine Pipeline geben.«

Ich lehnte mich zurück. »Und jetzt nehmen Sie Ihre Karten bitte wieder mit. Es tut mir Leid, dass ich Ihnen nicht helfen kann.«

Über sein Gesicht huschte ein düsterer Ausdruck. »Na gut«, sagte er. Dann rollte er schnell und geräuschvoll seine Karten zusammen, steckte sie unter den Arm und stapfte verärgert zur Tür hinaus.

Ich wusste, dass ich noch nicht zum letzten Mal von dieser Pipeline gehört hatte – aber mir war auch klar, dass hinter der Geschichte viel mehr steckte als nur die Trassenführung einer Ölleitung. Angesichts der Tatsache, dass wir bei Naturschützern im Ausland viel Geld einwerben wollten, war es natürlich völlig verrückt, den Bau einer Pipeline durch einen Nationalpark überhaupt nur in Erwägung zu ziehen. Aber darum ging es eigentlich nicht. Die Ölleitung erschien mir als Vorwand, mit dem man sich ein Stück des äußerst wertvollen Grundbesitzes im Nairobi National Park unter den Nagel reißen wollte. Das Gelände, das unmittelbar vor den Toren unserer Hauptstadt liegt, ist viele Millionen wert. Ich war überzeugt, dass viele wohlhabende Immobilienmakler jeden Tag daran vorüberfuhren und einen gierigen Blick auf seine freie Flächen warfen. Offensichtlich hatte irgendjemand einen Plan ausgeheckt, mit dem man rund zweihundert Hektar Land in die Hand bekommen wollte, indem man die Pipeline innerhalb der Parkgrenzen verlaufen ließ.

Das war eine kluge Idee. Sie gründete sich auf geheime Pläne (von denen ich ebenfalls erfahren hatte), die parallel zum Park verlaufende Straße irgendwann während der nächsten zehn Jahre zu einer sechsspurigen Autobahn auszubauen. Natürlich dürfen keine wilden Tieren eine derart große Verkehrsader überqueren, und damit wäre sie ganz von selbst zur neuen Nordgrenze des Parks geworden. Theoretisch hätte der Ausbau der Autobahn nur einen schmalen Streifen des Parkgeländes erfordert. Aber die Ölpipeline sollte zuerst gebaut werden. Sie wäre ein Stück innerhalb der Parkgrenzen verlaufen und hätte mit ihrer Wendung nach Norden einen hübschen breiten Halbkreis vom Park abgeschnitten. Man brauchte kein Genie zu sein, um zu erkennen, dass die Autobahn dann entlang der Pipeline geplant würde, sodass der hübsche Halbkreis, der ehemals zum Nairobi National Park gehört hatte, den Grundstücksspekulanten zur Verfügung stand. Irgendjemand hatte vor, einen mehr als schmutzigen Profit einzustreichen.

Etwa eine Woche später traf ich wegen der Pipeline mit dem bereits erwähnten Kabinettsminister zusammen. Er war die Freundlichkeit in Person.

»Richard, wie schön, Sie zu sehen«, strahlte er und griff nach meiner Hand.

Ich erwiderte sein Lächeln und bat meine Sekretärin, uns Tee zu bringen.

Wir tauschten ein paar Höflichkeiten aus, und dann erklärte der Minister, er wolle gleich zur Sache kommen. »Warum machen Sie so große Schwierigkeiten wegen unserer Pipeline? Wir werden sie im Boden vergraben. Die Touristen werden sie nicht sehen. Sie wird Ihre Tiere nicht beeinträchtigen. Sie verschwindet völlig aus dem Blickfeld. Damit können Sie sich doch sicher einverstanden erklären?«

Ich lächelte zurück. »Das klingt plausibel«, erwiderte ich, »und ich mache wirklich nicht gern Schwierigkeiten. Aber wissen Sie, wir müssen hier an die Meinung der internationalen Öffentlichkeit denken. Ölpipelines haben nicht gerade den besten Ruf. Es lässt sich nur schwer gewährleisten, dass sie nicht undicht werden. Sie wissen, dass die Geldgeber jetzt große Summen in die kenianischen Nationalparks investieren, und ich bin sicher, dass die mit so etwas überhaupt nicht einverstanden wären.«

Keiner von uns erwähnte den Ausbau der Autobahn. Ich war sicher, dass er von diesen Plänen wusste, und ich war ebenso sicher, dass er nicht wusste, was ich wusste. Es war ein politisches Pokerspiel, und ich saß ihm mit unbewegter Miene gegenüber.

»Nun ja, Richard, ich verstehe nicht ganz«, sagte der Minister, der allmählich verärgert wirkte. »Sie sind schrecklich unvernünftig, glauben Sie nicht? Sehen Sie es doch einmal aus der Sicht der Steuerzahler. Die Pipeline wurde auf ihre Kosten geplant. Wir müssen viel Geld aufwenden, um eine neue Trassenführung festzulegen und diese Pläne zu ändern. Ich glaube, Sie machen einen großen Fehler.«

»Ich fürchte, da bin ich anderer Meinung«, sagte ich. »Ich denke ebenfalls an die Steuerzahler und daran, was das Beste für Kenia ist. Eine Ölpipeline in einem unserer beliebtesten Parks dient keinem von beiden. Sie könnte doch in der anderen Richtung verlaufen, sodass sie der Straße folgt«, schlug ich vor.

»Sie erteilen also keine Genehmigung?«

»Nein.«

Das lächelnde Gesicht des Ministers wurde zu Eis. Er starrte mich verärgert und ungeduldig an, wobei er mit den Fingern auf meinen Schreibtisch klopfte. »Alle haben mir gesagt, dass man mit Ihnen unmöglich zusammenarbeiten kann«, sagte er. »Wissen Sie, es ist wirklich nicht Ihre Angelegenheit, wo diese Pipeline verläuft. Das ist ein nationales Projekt, und es hat höchste Priorität.«

»Mag sein, aber ich gebe nicht klein bei«, sagte ich und erwiderte seinen starren Blick. »Sie können einen anderen Leiter des Naturschutzdienstes ernennen, der es genehmigt. Ich tue es nicht.«

Daraufhin stand der Minister unvermittelt auf, wandte sich auf dem Absatz um und ging.

Am nächsten Tag rief Präsident Moi mich an. Er nahm kein Blatt vor den Mund.

»Was höre ich da? Sie wollen unsere Pipeline verhindern?«, schimpfte er. »Was glauben Sie eigentlich, wer Sie sind?"

»Der Direktor des KWS, Sir«, erwiderte ich. »Es ist meine Aufgabe ...«

»Es ist Ihre Aufgabe, sich um die Tiere zu kümmern, Richard. Aber jetzt überschreiten Sie Ihre Kompetenzen. Die Pipeline ist ein nationales Projekt, und diese ganzen Verzögerungen kosten Kenia viel Geld. Warum sind Sie immer so unvernünftig?«

Ich holte tief Luft. »Wissen Sie, Herr Präsident, ich bin nicht unvernünftig. Die Pipeline sollte besser dem Straßenverlauf folgen, wie ich es dem Minister vorgeschlagen habe.«

»Niemand hat Sie um Vorschläge gebeten. Wir sagen Ihnen, wo die Pipeline verläuft.«

»Nicht solange ich Direktor bin«, erwiderte ich. »Es geht einfach nicht.« Ich wiederholte, was ich schon dem Minister gesagt hatte: Wir seien mitten in Verhandlungen mit der Weltbank über ein Projekt von 150 Millionen Dollar zum Wiederaufbau unserer Parks. Man werde Naturschützer im

Ausland fragen, ob sie unseren Plänen zustimmten, und die wären überhaupt nicht begeistert von einer Ölpipeline quer durch diesen winzigen Park. »Ich garantiere Ihnen, dass die Angelegenheit sehr umstritten sein wird und uns eine Menge negative Presseberichte einbringt. Sie könnte die Finanzierung durch die Weltbank und alle ausländischen Naturschutzorganisationen gefährden.«

Moi war anderer Ansicht. Der Minister hatte ihm versichert, die internationale Gemeinschaft werde nichts dagegen haben.

»Ich möchte dem Minister keinesfalls zu nahe treten«, sagte ich, »aber ich glaube nicht, dass er diese ausländischen Geldgeber so gut kennt wie ich, und sie *werden* etwas dagegen haben. Da können Sie sicher sein.«

Moi wurde ein wenig ruhiger. Ich sprach weiter und erklärte ihm, wie empfindlich die Naturschützer in Übersee im Zusammenhang mit solchen Ölleitungen seien, dass es verschiedene Katastrophen gegeben hätte, dass Tiere durch Ölpest zu Schaden gekommen seien, dass Pipelines deshalb entschieden einen schlechten Ruf hätten.

»Wir wollen doch sicher nicht in eine Sache verwickelt werden, deretwegen sich möglicherweise die ganze internationale Naturschutzbewegung gegen uns stellt?«

»Nein, nein.« Er seufzte deutlich vernehmbar. »Wissen Sie, Richard, Sie können wirklich hartnäckig sein. Aber ich verstehe, was Sie sagen wollen. Ich werde es dem Minister erklären. Er soll für die Pipeline eine neue Planung in Auftrag geben. Sie wird nicht durch Ihren Park verlaufen.«

»Kenias Park, Sir«, sagte ich mit einem leisen Lachen.

»Ja, Kenias Park.«

Wir legten auf. Ich holte tief Luft und sah auf meinen Kalender. 30. November. Das neue Jahr war nur wenig mehr als einen Monat entfernt. Ich fragte mich, ob ich bis dahin noch im Amt sein würde.

Kapitel 15

Ich habe mir immer etwas auf meine Entscheidungsstärke eingebildet: Wenn ich erkannt hatte, was zu tun war, tat ich es auch. Es ist eine Fähigkeit, die man in leitender Position braucht, und für mich zumindest war es eine Begabung, die Schwächen in anderen Bereichen – beispielsweise den Mangel an formeller Ausbildung – wettmachte. Ich wusste, welchen Weg ich beschreiten musste, um den KWS zu einem Erfolg zu machen, und ich gab mir alle Mühe, ihn einzuschlagen. Auch im Privatleben war ich mir meist im Klaren darüber, was ich wollte, und ich hatte immer wieder schwierige Entscheidungen getroffen, wenn ich sie für notwendig hielt. Als aber das Jahr 1990 seinem Ende entgegenging, befielen mich zunehmend Zweifel, ob ich überhaupt etwas Bedeutsames erreicht hatte; auch meine zwischenmenschlichen Beziehungen und mein Privatleben erschienen mir immer verworrener.

Am 19. Dezember wurde ich 46, und in den frühen Morgenstunden nach meinem Geburtstag dämmerte mir plötzlich, dass ich jetzt dem gegenüberstand, was ich immer verspottet hatte: der Midlife-Crisis.

Mit 46 Jahren, schrieb ich in mein Tagebuch, *bin ich bei weitem nicht so, wie ich gerne wäre ... ich weiß nicht einmal genau, ob ich ein guter Familienvater bin, und ich zweifle an meiner Beziehungsfähigkeit gegenüber den Kindern und vermutlich auch MGL [Meave] ... ehrlich gesagt, bin ich sehr betrübt, wenn ich über solche Dinge nachdenke, aber ich weiß nicht genau, wie ich daran etwas ändern kann. Ich hatte nie damit gerechnet, dass ich mit 46 noch am Leben sein würde, und ich nehme an, auch das ist Teil des Problems.*

Schon im Alter zwischen zwanzig und dreißig hatte ich davon gehört, dass es in mittleren Jahren eine Phase der Selbstzweifel und Unsicherheit gibt. Das war mir damals töricht und selbstmitleidig erschienen. Ich hatte zu jener Zeit bereits eine eigentlich tödliche Erkrankung hinter mich gebracht, und die Vorstellung, ich würde mich im mittleren Alter selbst bedauern (darin schien mir damals die »Midlife-Crisis« zu bestehen), kam mir lächerlich vor. Wie ich in meinem Tagebuch erwähnt habe, glaubte ich zu jener Zeit nicht, dass ich meinen vierzigsten Geburtstag überhaupt feiern würde. Und wenn ich durch irgendeine Wendung des Schicksals doch bis zum mittleren Alter leben würde, so glaubte ich, würde ich nicht so dumm oder egozentrisch sein, dass mich eine »Krise« befiel.

Aber das Schicksal war freundlicher zu mir, als ich es mir jemals ausgemalt hatte: Ich war alt genug geworden, um dieses demütigende Phänomen selbst zu erleben. Und ich fühlte mich ebenso kläglich wie alle anderen, die in ihren mittleren Jahren nicht mehr ein noch aus wissen.

Meine Familie hatte sich aus Anlass meines Geburtstages und der Weihnachtsferien in unserem Haus auf Lamu versammelt, und obwohl ich mir alle Mühe gab, meine schlechte Stimmung zu verbergen, wirkte ich vermutlich bedrückt und ein wenig geistesabwesend. Auch eine Nachricht der KWS-Zentrale, dass Wilderer im Meru-Park einen Wildhüter erschossen und drei andere verwundet hatten, trug nicht gerade zur Verbesserung meines Zustandes bei. Solche Meldungen machten mich immer todunglücklich. Meave, meine drei Töchter und andere Mitglieder der Leakey-Sippe waren wahrscheinlich der Ansicht, diese Nachricht in Verbindung mit dem ganzen Auf und Ab meiner Tätigkeit in den letzten Monaten sei die Ursache meines Unglücks. Sie bedrängten mich nicht mit Fragen, und ich gab mir alle Mühe, in Ferienlaune zu kommen. Wir nahmen an Segelregatten teil, aßen gut, lachten und redeten, aber der dunklen Wolke des Selbstzweifels, die über mir hing, konnte ich nicht entkommen.

Am Neujahrstag schrieb ich in mein Tagebuch: *Ich glaube, 1991 wird ein sehr anstrengendes Jahr, und das Schlimmste daran ist wahrscheinlich diese »Midlife-Crisis«! Ich muss die Dinge in den Griff bekommen und nach vorn schauen.*

Harte Arbeit hat mir immer geholfen, klarer zu sehen, und als ich wieder in der KWS-Zentrale war, stürzte ich mich hinein. Ich stellte fest, dass mir jedes Problem, jede Krise willkommen war – alles, was die Stimme des Unglücks und der Selbstvorwürfe in meinem Kopf verdrängte. Ich hatte seit dem letzten Gespräch über die Ölpipeline nichts mehr von Präsident Moi gehört und nahm sein Schweigen als Zeichen des Einverständnisses, meine Arbeit nach meinem Ermessen fortzusetzen.

Wie immer gab es viel zu tun. Der Januar verging zum größten Teil damit, dem Fünfjahresplan und den Richtlinien des KWS den letzten Schliff zu geben. Das »Zebrabuch«, wie wir es nannten, würde ich am Monatsende unserem Direktorium vorstellen. Wenige Tage danach ließ die Weltbank mich wissen, dass sie unsere Pläne nachdrücklich unterstützte, und gleichzeitig wurde noch einmal bestätigt, dass der KWS im Laufe der nächsten fünf Jahre sechzig Millionen Dollar von der Bank und weitere neunzig Millionen von anderen Institutionen erhalten würde.

Damit waren alle Voraussetzungen geschaffen, und wir konnten die sich selbst tragende, profitable Organisation aufbauen, die ich im Sinn hatte.

Allerdings gab es in der Suppe ein dickes Haar, dem wir in Kenia hilflos gegenüberstanden: den Golfkrieg. Er begann Mitte Januar 1991, zwei Wochen bevor wir die ganzen guten

Nachrichten erhielten. Vom Augenblick des Kriegsausbruchs an wusste ich, dass der Konflikt für die kenianische Wirtschaft und meine Pläne mit dem KWS eine Katastrophe bedeutete. Ich teilte durchaus die amerikanische und europäische Einschätzung, dass der Irak unrechtmäßig in Kuwait einmarschiert war und dafür bestraft werden musste. Und ich war auch keineswegs überrascht, als die Staaten des Westens sich zusammentaten, um die Irakis zu vertreiben. Aber für unsere in den Anfängen steckende Naturschutzorganisation war es die schlechteste Nachricht, die man sich vorstellen konnte. Die Touristenbuchungen für Kenia gingen fast über Nacht um achtzig Prozent zurück. Touristen reisen ganz allgemein nicht gern, wenn irgendwo ein Krieg ausbricht, und Ostafrika ist geografisch nicht weit vom Nahen Osten entfernt; deshalb wunderte es mich nicht, dass viele Gäste ihre Safaris stornierten. Aber der Umfang des Rückganges – im Jahr zuvor waren fast eine Million Besucher nach Kenia gekommen, Anfang 1991 war es nur eine Hand voll – ernüchterte mich. Ich war froh, dass wir fünf Jahre Zeit hatten, um die Grundlagen für eigene Einnahmen zu schaffen. Wir würden sie brauchen.

Vorerst trieb ich unsere Pläne weiter voran. Mit den Mitteln der Weltbank konnten wir zusätzliche Mitarbeiter und kurzfristig Berater einstellen, die uns halfen, den KWS auf den Weg zu bringen. Es gab keine Zeit zu verlieren; der Golfkrieg warf uns ohnehin bereits zurück. Wenn er zu Ende war und der Tourismus wieder zunahm, wollte ich sichere Parks, gepflegte Straßen und Gebäude sowie eine intakte Tierwelt vorweisen können.

Manch einer war nicht begeistert darüber, dass ich Berater beschäftigte – einige davon weiße Auswanderer – und ihnen auch die Honorare bezahlte, die solche Leute erwarten. Ich wusste, dass früher oder später jemand die Rassenfrage aufwerfen und mir vorwerfen würde, ich hätte diese Leute eingestellt, weil ich selbst europäischer Abstammung sei. Mit demselben Problem hatte ich schon am Nationalmuseum gekämpft. Immer wieder hatte sich ein Angestellter, der mich aus meiner Position verdrängen wollte, eine Geschichte über »ungehemmten Rassismus« an dem Museum ausgedacht, die dann mit meinen angelsächsischen Wurzeln begründet wurde. Es war mir niemals schwer gefallen, solche Anschuldigungen zu entkräften – sie stimmten einfach nicht.

Rassenvorurteile sind in Kenia kein derart explosives gesellschaftliches Thema wie beispielsweise in den Vereinigten Staaten oder Südafrika. Während der Kolonialzeit litt die einheimische kenianische Bevölkerung unter großen Ungerechtigkeiten von Seiten der weißen Siedler. Wäre es nach den Weißen gegangen, hätten sie wie in Südafrika ein Apartheidsystem errichtet, aber das ließ die britische Regierung nicht zu. Aber auch hier war eine Volkserhebung – der Mau-Mau-Aufstand – notwendig, damit Kenia die Unabhängigkeit erlangte. In dem neuen, selbständigen Staat verlor die weiße Bevölkerung ihre beherrschende Rolle und wurde stattdessen zur kleinsten Minderheit. Nur rund ein Prozent der Kenianer sind europäischer Abstammung. Die meisten Weißen im Land sind Farmer oder Geschäftsleute; in Verwaltung oder Politik haben sich nur sehr wenige gewagt.

Damit ist nicht gesagt, dass Rassismus – die Vorstellung, Weiße seien etwas Besseres – in Kenia nicht existiert. Viele weiße Kenianer können ihr koloniales Erbe nicht abschütteln, und ihr einziger Beitrag zum Wohlergehen unseres Landes besteht darin, dass sie sich über die schlechten Zustände beklagen. Diese Einstellung hatten zu Beginn meiner Tätigkeit für den KWS auch einige weiße Wildhüter, die für die Behörde arbeiteten. Nach und nach entließ ich sie; es waren ältere Männer, die sich leider nicht mehr ändern konnten oder wollten. Ob sie jemals an Wahlen teilnahmen, weiß ich nicht. Die Mehrheit der weißen Kenianer tut es nicht, und ich frage mich oft, warum sie überhaupt im Land bleiben. Diese Leute stiften nur Verwirrung; da sie aber keinen politischen Einfluss haben und fürchten, die Bevölkerungsmehrheit werde sich gegen sie wenden, halten sie sich im Allgemeinen im Hintergrund.

Beunruhigender für den kenianischen Durchschnittsbürger sind jedoch die Stammesgegensätze in unserem Land. In seinen Grenzen leben rund vierzig verschiedene Stämme; die größten, die auch den stärksten politischen Einfluss haben, sind die Kikuyu, Luo und Kalenjin. Seit 1963, als Kenia unabhängig wurde, waren Stammesfehden unsere größte Sorge. Immer fürchteten die kleineren Stämme, die Größeren wie die Kikuyu würden das Land beherrschen, insbesondere wenn alle Entscheidungen einfach nach dem Mehrheitsprinzip gefällt würden. Jomo Kenyatta, der erste Präsident Kenias, war ein Kikuyu. Aber er war klug genug zu erkennen, dass sein Land schon bald von einem Bürgerkrieg zu Grunde gerichtet werden würde, wenn sein Stamm die allein beherrschende Rolle spielte. Der charismatische Politiker Kenyatta schmiedete clevere Bündnisse mit anderen Stammesführern und nutzte seine Position als Staatsoberhaupt, um für die Überwindung der Stammesgrenzen einzutreten – alle Kenianer, so betonte er immer wieder, müssten sich im Interesse Kenias als ein Volk verstehen. Auch Präsident Moi handelte weitgehend nach den gleichen Prinzipien. Hinter dem von Moi mitbegründeten Einparteienstaat stand ursprünglich der Gedanke, den politischen Einfluss des Stammesdenkens zurückzudrängen.

Verfassung und Gesetze Kenias verbieten zwar ausdrücklich jegliche Diskriminierung, aber die Bemühungen um Ausgewogenheit führten in manchen Fällen zu Problemen. Die Verbundenheit mit dem eigenen Stamm ist tief verwurzelt; es wird erwartet, dass einflussreiche Personen auch anderen aus ihrer Sippe eine Stelle verschaffen. Maßnahmen, die sich gegen die Diskriminierung richteten und bestimmten Gruppen mehr Einfluss garantieren sollten, führten in manchen Fällen zu einem niedrigeren Leistungsstandard, und die Bindungen innerhalb von Dorfgemeinschaften hatten Vetternwirtschaft und Korruption in den Führungsetagen zur Folge. Als Direktor der Nationalmuseen erlebte ich einmal, wie disziplinarische Maßnahmen, die ich ergriff, als Ausdruck von Vorurteilen gegen einen bestimmten Stamm interpretiert wurden.

Beim KWS waren Mitarbeiter aus fast allen Stämmen beschäftigt. Ich hatte sogar einige Angehörige der kleinsten Minderheit des Landes eingestellt, des »Stammes der Weißen«, denn ich hielt es für wichtig, dass sich mehr weiße Kenianer für ihr Land einsetzten. In meinen Augen war es beschämend, dass die meisten jungen Weißen in Kenia nie auf die Idee kamen, ihrem Land zu dienen und in den öffentlichen Dienst einzutreten; für viele von ihnen war es unvorstellbar, bei Behörden, Militär oder Polizei zu arbeiten oder sich für politische Reformen einzusetzen. Meist hatten sie, abgesehen von Hausangestellten und ein paar Bekannten in den Eliteschulen, in ihrer Jugend kaum Kontakt zu ihren Mitbürgern. Nach meiner Überzeugung konnte der KWS jedoch manchen von ihnen hervorragende Berufsperspektiven bieten. Viele weiße Kenianer lieben das Leben in der Wildnis und sind leidenschaftliche Naturschützer. Seit Beginn meiner Amtszeit ermutigte ich junge Weiße mit solchen Interessen, sich bei uns zu bewerben. Dabei betonte ich ausdrücklich, dass sie keine Sonderbehandlung erwarten konnten, und als ich ein paar von ihnen als Wildhüter einstellte, schickte ich sie zusammen mit ihren Landsleuten ins Ausbildungslager. Dort wurden sie von denselben Vorgesetzten angebrüllt, sie schliefen in den gleichen unbequemen Betten, gingen um drei Uhr morgens auf die gleichen Gewaltmärsche und lernten im Team zu arbeiten. Bongo Woodley, der beim KWS zum Piloten und Assistenzparkwächter ausgebildet wurde, beschreibt diese Zeit so:

»Ich war in Kenia geboren und aufgewachsen, aber wie die meisten weißen Kenianer hatte ich mehr mit Weißen als mit Schwarzen zu tun. Und jetzt war ich in der Kaserne – lauter schwarze Kenianer und zwei weiße, mein Bruder Danny und ich. Am Anfang war es ganz schön hart; mit wem außer Danny sollte ich reden? Aber dann stellte ich fest, dass wir alle die gleichen grundsätzlichen Themen hatten: Sehnsucht nach Zuhause und unseren Familien; Sorgen über Kranke und Trauer über Verstorbene. Und wir hatten auch gemeinsame Ziele: die Parks zu schützen, den KWS aufzubauen, die Ausbildung zu überleben. Das vermittelte mir ein ganz neues Gefühl dafür, worum es in Kenia geht.«

Dass ich diese jungen Leute einstellte, nahm mir in der Regierung keiner übel.

Umstrittener war die Beschäftigung ausländischer Berater, denn damit wurde angeblich unausgesprochen gesagt, dass Kenianer selbst – weiße oder schwarze – nicht für anspruchsvollere Managertätigkeiten geeignet waren. So ist es natürlich nicht, aber die Kenianer, die ich gern gehabt hätte – intelligente, begabte Männer und Frauen aus der Privatwirtschaft – wären dann Angestellte des öffentlichen Dienstes gewesen, und angesichts der niedrigen staatlichen Gehälter lehnten die meisten von ihnen dankend ab. Es wäre auch nicht in meinem Sinn gewesen, wenn sie ihre hoch bezahlten Tätigkeiten aufgegeben hätten, um beim KWS für ein Trinkgeld zu arbeiten. Viel vernünftiger war es, Berater für kurze Zeit zu beschäftigen, bis der KWS funktionierte, und sie dann durch qualifizierte Kenianer zu ersetzen, wenn wir genügend Geld hatten, um sie angemessen zu bezahlen – was nach meinen Berechnungen in drei oder vier Jahren der Fall sein würde.

Zuvor aber, das war mir klar, würde früher oder später irgendjemand versuchen, politisch Punkte zu sammeln und sich zu diesem Zweck wieder den Vorwurf des »Rassismus«

auf die Fahne schreiben. Und ich würde diese Fahne herunterholen, wie ich es schon früher getan hatte.

Wenn ich mich nicht gerade meiner Midlife-Crisis hingab, konnte ich erkennen, dass wir mit dem KWS tatsächlich vorankamen. Arbeitsmoral und Motivation der Mitarbeiter waren großartig; unsere Pläne, die Parks zu verbessern und zu modernisieren, nahmen Gestalt an; ich hatte durch Abmachungen mit anderen Naturschützern dazu beigetragen, dass der Elefant weiterhin im Anhang I des Washingtoner Artenschutzabkommens aufgeführt wurde; wir entwickelten Pläne zur Unterstützung der Menschen, die entlang unserer Parkgrenzen wohnten; und der Führer der schlimmsten Orma-Banditengruppe hatte sich gestellt – dem KWS. Dieses Ereignis war ein echtes Bravourstück. Der Bursche kam im April 1991 einfach ins Büro des KWS-Parkwächters auf Lamu, nannte seinen Namen und erklärte, er wolle sich ergeben.

Der Parkwächter zitierte ihn mit den Worten: »Ich bin zu euch und nicht zur Polizei gekommen, weil ich über den KWS viel Gutes gehört habe. Ihr werdet mich nicht verprügeln und mir Amnestie gewähren.«

Ich hatte das Motto ausgegeben, mit festgenommenen Banditen und Wilderern gnädig und großzügig umzugehen, insbesondere wenn sie sich selbst stellten. Bashir schüttelte jedes Mal den Kopf, wenn ich darauf bestand, solche Leute gut zu behandeln; er sagte, unsere Leute wollten sich rächen. Ich hatte Verständnis für ihre Gefühle, aber es war nicht unsere Aufgabe, Recht zu sprechen. Dafür waren die Gerichte da, und wir würden niemanden foltern oder misshandeln. Ich wollte nicht, dass gegen den KWS der Vorwurf der Menschenrechtsverletzung erhoben wurde. Unsere Methoden hatten sich herumgesprochen, und das zahlte sich jetzt aus. Wir profitierten nicht nur davon, dass der Banditenführer sich gestellt hatte, sondern auch von seinen detaillierten Aussagen über Elfenbeinverstecke, geplante Raubzüge der Wilderer im Tsavo-Park und Räuber, die kurz zuvor am Fluss Tana mehrere Busse angehalten hatten. Als wir Näheres über seine Vergangenheit erfuhren, mussten wir allerdings feststellen, dass wir ihm nicht für alle seine Verbrechen Amnestie gewähren konnten. Er hatte so viele Morde auf dem Kerbholz, dass wir ihn letztlich der Polizei übergeben mussten.

Neben anderen wichtigen Aussagen erfuhren wir von dem Banditenführer, dass viele seiner Kumpane mittlerweile überzeugt waren, der KWS werde im Krieg um die Tiere die Oberhand behalten, und dass deshalb auch andere Wilderer ans Aufhören dachten. Ich hoffte, dass er Recht hatte. Ich war mir nicht sicher, ob unser Sieg so nahe bevorstand, wie er meinte, aber dass manche Wilderer es glaubten, war eine erfreuliche Nachricht.

Die Informationen, die dieser Bandit über Wilderer und illegale Händler geliefert hatte, nahmen wir in unsere entstehende Datenbank über den Elfenbein-Schwarzmarkt auf. Seit Jahresanfang häuften sich die Berichte über geheime Elfenbeinvorräte, die Wilderer und Händler abtransportieren wollten. Zimbabwe hatte kurz zuvor bekannt gegeben, es werde den Elfenbeinhandel fortsetzen, und das hatte den Schwarzmarkt sofort wieder belebt. Die Vertreter des Landes behaupteten steif und fest, sie verkauften ausschließlich Elfenbein aus der kontrollierten Dezimierung der Bestände in ihren eigenen Parks, aber das glaubte ich ihnen nie – und andere in der Branche offenbar auch nicht. Einige Wilderer spekulierten darauf, dass sie ihr altes Elfenbein unter das aus Zimbabwe mischen konnten, und nach meiner Überzeugung wären sie ein solches Risiko niemals eingegangen, wenn sie sich des Ergebnisses nicht ziemlich sicher gewesen wären.

Aber unsere Geheimdiensteinheit bekam jetzt regelmäßig Tipps, wenn jemand vergrabenes Elfenbein abholte oder Stoßzähne zu schmuggeln versuchte. Wir verfolgten mehrere Ladungen, die im doppelten Boden von Lastwagen aus Tansania nach Kenia transportiert wurden. Es handelte sich um größere Mengen, und deshalb waren wir überzeugt, wir könnten im Zusammenhang mit dem Elfenbein eine größere Razzia veranstalten und eine hoch gestellte Regierungspersönlichkeit in Schwierigkeiten bringen. Aber wie früher stellte sich heraus, dass ein kleiner Geschäftsmann in Nairobi der Käufer war. Ich wunderte mich, dass es überhaupt noch einen Markt für Elfenbein gab, denn trotz der egoistischen Ankündigung aus Zimbabwe erbrachten Stoßzähne noch nicht einmal mehr fünf Dollar je Pfund.

Dass dieser Händler allein arbeitete oder dass Nairobi die Endstation für das Elfenbein war, erschien unwahrscheinlich. Vermutlich war es für Ägypten oder den Nahen Osten bestimmt. Man hörte häufig Gerüchte über ehemalige südafrikanische Armeeoffiziere, die Elfenbein und Nashornhörner aus Angola kauften, um damit den Aufstand von Jonas Sawimbi zu unterstützen. Die Einzelheiten dieser Geschäfte waren stets undurchsichtig – aber dass Waffen- und Elfenbeinhändler zusammenarbeiteten, um mit einem Buschkrieg in Angola Geld zu verdienen, wunderte mich überhaupt nicht. Wenn das stimmte – und wenn wir es beweisen konnten –, hatten wir ein wirksames Mittel in der Hand, um den Elfenbeinhandel ein für alle Mal zu beenden.

Um dem Elfenbein auf der Spur zu bleiben, ließ ich verdeckte Ermittler des KWS als korrupte Wildhüter auftreten, die einige Stoßzähne in Dienstfahrzeugen des Naturschutzdienstes über die Grenze mitnahmen. Ich sorgte dafür, dass man sie an den staatlichen Straßensperren, wo manchmal Fahrzeuge nach Schmuggel- oder Diebesgut durchsucht werden, nicht aufhielt. Aber wie zuvor verlief die Spur schnell im Sande; als Käufer des Elfenbeins erwies sich ein kleiner Händler, und es gab keine Indizien, dass er die Stoßzähne nach Südafrika schickte.

Genauere Vorstellungen hatten wir davon, wohin das Elfenbein aus den Wüsten im Norden des Landes gelangte: nach Somalia. Jeder Stoßzahn, der im Meru-Park, entlang des Tana und in Tsavo Nord gewildert wurde, wurde entweder durch die Wüste nach Somalia getragen oder auf dem Seeweg dorthin gebracht. Anschließend fiel das Elfenbein schnell in die Hände der habgierigen Kumpane des damaligen somalischen Präsidenten Siad Barre. Das Land verfügte kaum über Bodenschätze, und der Verkauf gewilderten Elfenbeins war für die Herrschenden eine lukrative Einnahmequelle. Wie in Südafrika, so wurden auch hier viele Stoßzähne zum Erwerb von Waffen benutzt, die später im somalischen Bürgerkrieg zum Einsatz kamen.

Gegen einen somalischen Händler in der kenianischen Kleinstadt Isiolo wurde der Vorwurf erhoben, er kontrolliere in unserem Land das Ende der Handelskette. Daraufhin behielten wir ihn genau im Auge. Er kaufte alles Elfenbein auf, das rund um Isiolo und die in der nördlichen Wüste gelegenen Orte Marsabit und Maralal angeboten wurde, und ließ es dann in Lastwagen mit doppeltem Boden in südlicher Richtung nach Mombasa transportieren – manchmal sogar unter dem Schutz einer Polizeieskorte. In der Hafenstadt wurde das Elfenbein in ein Frachtschiff namens *Idris* umgeladen. Der Kaufmann war auch ein großer Viehhändler und nahm in der Regel bis zu zweitausend Rinder an Bord, um sie im Nahen Osten zu verkaufen. Die Decks waren voller Heuballen, und in ihnen sollte den Behauptungen zufolge das Elfenbein versteckt sein. Ich ließ das Schiff mehrere Male durchsuchen. Wir waren fest überzeugt, dass Elfenbein an Bord war, aber wir fanden es nie.

Ein Bruder des Händlers bekleidete einen höheren Posten in der kenianischen Armee, und ich hatte den Verdacht, dass das der Grund war, warum der Kaufmann sein Elfenbein unter Polizeischutz transportieren konnte. Wenigstens hier hatten wir einen dicken Fisch an der Angel. Allerdings bezweifelte ich, dass der Polizeioffizier finanziell von dem Handel profitierte. Wahrscheinlich beschützte er einfach einen engen Angehörigen, wie seine Stammestradition es von ihm verlangte.

Anfang April bot sich eine Riesenchance: Uns wurde berichtet, der somalische Händler wolle einen großen Elfenbeinvorrat abtransportieren, den er im Garten seines Anwesens in Isiolo vergraben hatte. Ein paar als Mechaniker verkleidete Wildhüter postierten sich nicht weit davon auf einer Straße neben einem liegen gebliebenen Lastwagen. Sie beobachteten und warteten und warteten ... Mehrere Tage vergingen, dann kam ein neuer Bericht. Das Elfenbein würde nicht abtransportiert werden. Offensichtlich hatte der Offizier von unseren Plänen erfahren und seinen Bruder gewarnt. Kurz nach dieser Beinahe-Abrechnung traf ich bei einer offiziellen Besprechung, auf der es um ein ganz anderes Thema ging, mit dem Offizier zusammen. Wir lächelten und nickten einander zu. Er wusste, was ich wusste, und wir beließen es dabei. Ohne Beweise konnte ich ihn nicht festnehmen lassen, und angesichts seiner hochrangigen Stellung wollte ich das eigentlich auch nicht. Ich hatte keine Ahnung, welche Auswirkungen es gehabt hätte, aber mit Sicherheit hätte es die Armee – und vielleicht auch die ganze Regierung – bis in ihre Grundfesten erschüttert.

Andere Spuren des Elfenbeins führten zu einigen Parlamentsabgeordneten und sogar zu einem Ständigen Sekretär, aber auch hier fehlten die handfesten Beweise, die wir für eine Festnahme gebraucht hätten. Stattdessen gaben wir ihre Namen nur in unserer Datenbank ein, und dann warteten wir. Früher oder später würde einer von ihnen zu habgierig werden oder einen Fehler begehen. Durch die Aufnahme in den Anhang I und die Anstrengungen unserer Wildhüter war der Elfenbeinhandel zu einem Rinnsal zusammengeschmolzen, aber es gab ihn noch – Wilderer, Händler und Käufer waren noch da und warteten auf ihre Gelegenheit. Dazu musste nur irgendein anderes afrikanisches Land sich entschließen, das Verbot zu missachten.

Damit der KWS ein Erfolg würde, mussten nach meiner Überzeugung zwei entscheidende Voraussetzungen gegeben sein: Die Elefanten mussten weiterhin im Anhang I aufgeführt werden, damit die Wilderei nicht wieder anfing, und die Organisation musste von korrupten Mitarbeitern befreit werden. Unser erstes Ziel durchzusetzen, gelang uns trotz aller Drohungen und Proteste aus Zimbabwe recht gut, und Ende Mai 1991, nach mehreren Gesprächen, gab Präsident Moi mir auch grünes Licht für die Arbeit an dem zweiten.

»Wenn es das einzige Mittel ist, um den KWS auf Vordermann zu bringen, müssen Sie es tun, Richard«, sagte er mir in einem Telefongespräch. »Die Regierung steht hinter Ihnen.«

Zuvor hatte er immer gezögert, meiner Forderung nachzugeben, aber ich hatte betont, dass ich den KWS nicht neu organisieren könne, wenn ich vorher nicht Tabula rasa machte. Außerdem verließ die Weltbank sich darauf, dass die kenianische Regierung dem Management des KWS freie Hand ließ, und das bedeutete, dass ich Mitarbeiter je nach Bedarf einstellen und kündigen konnte. Wie ich bereits erwähnt habe, unterlagen die Angestellten der Naturschutzbehörde traditionell den schwerfälligen Regelungen des öffentlichen Dienstes. Leistungsbeurteilungen und bei guten Leistungen entsprechend schnelle Beförderung, wie sie für die Privatwirtschaft typisch sind, waren kein Teil der staatlichen Dienstleistungskultur.

Im vorangegangenen Jahr hatte ich die Regierung gebeten, 220 Mitarbeiter der Naturschutzbehörde zu anderen Regierungsstellen zu versetzen. Jetzt war ich in einer schwierigeren Lage: Ich wollte 1640 Angestellte loswerden, von denen jeder Einzelne als unfähig eingestuft worden war. Ich hoffte, die Regierung werde auch für sie andere Stellen finden, sodass wir ihnen nicht kündigen mussten. Aber – und das war die Schwierigkeit – es hatte sich herumgesprochen, dass die Angestellten des KWS bessere Bezahlung und Prämien erhalten würden, und deshalb wollte niemand freiwillig gehen. Ich wappnete mich für den Aufschrei der Entrüstung, der schon bald einsetzen würde. Für alle diese Leute neue Aufgaben bei staatlichen Einrichtungen zu finden, war nicht einfach; einige mussten wahrscheinlich zwangsweise aus dem öffentlichen Dienst entfernt werden. Und in einem Land mit einer Arbeitslosenquote von fast vierzig Prozent war der Verlust des Arbeitsplatzes eine üble Sache. Obwohl ich für viele dieser Angestellten nur Abscheu und Misstrauen empfand, hatte ich doch Mitgefühl wegen des Elends, das ihnen und ihren Familien bevorstand.

Ich gab den schwarzen Peter nicht weiter, sondern übernahm die Ankündigung selbst. Außerdem berief ich eine Sonderkonferenz der leitenden Mitarbeiter des KWS – insgesamt etwa 150 Personen – ein und erklärte, dass etwa die Hälfte von ihnen gehen musste. Viele wirkten zutiefst erschüttert. Einige kamen danach in mein Büro und fragten nach weiteren Begründungen. Ich konnte ihnen kaum mehr sagen – ihre Verbrechen waren unter den anderen Kollegen bekannt, und wenn ich ihnen erlaubt hätte zu bleiben, hätte ihre Gegenwart sich negativ auf die Arbeitsmoral ausgewirkt. Aber ihnen mitzuteilen, dass sie entlassen würden, war dennoch schwierig. Es war einer der unangenehmsten Tage, die ich bis dahin durchlebt hatte.

Es muss sein, sagte ich mir immer wieder. Als ich ihnen die Tür wies, empfand ich keinerlei Hochgefühl. Und doch hatte die Sache auch eine positive Seite. Wenn die personellen Veränderungen hinter mir lagen, konnte ich mir eine neue Mannschaft motivierter Wildhüter und Parkwächter vorstellen, unter denen Korruption nicht die Regel, sondern die Ausnahme war und die sich auf koordinierte, wirksame Weise um den Naturschutz bemühen würden. Nach meiner Überzeugung standen wir im Begriff, endlich eine solche Mannschaft aufzubauen.

Kapitel 16

Eigentlich war mir nie ganz klar, wie Präsident Moi zu seinen Entscheidungen gelangte. Manchmal schien er bereit zu sein, auf alle meine Forderungen einzugehen; bei anderen Gelegenheiten zögerte er, auch nur der einfachsten Bitte zuzustimmen, und stattdessen beobachtete er mich misstrauisch. Ich wusste nicht, wie ich dieses Auf und Ab in seinem Verhalten deuten sollte, aber schließlich gelangte ich zu dem Schluss, es müsse mehr mit den Mitgliedern seines Kabinetts und ihren Ratschlägen als mit ihm oder mir zu tun haben.

Wie ich bereits angedeutet habe, war Moi in einer besonders unangenehmen Lage. Nach dem Ende des Kalten Krieges nahmen die Staaten des Westens alle von ihnen unterstützten Nationen genauer unter die Lupe. Immer weniger waren sie zur Unterstützung von Regierungen bereit, die sie als autoritär definierten, selbst wenn sie mit den betreffenden Staaten seit langer Zeit freundschaftliche Beziehungen pflegten, wie es in Kenia der Fall war. Die Presse und mehrere führende Politiker des Westens forderten mehr Demokratie und die Untersuchung von Menschenrechtsverletzungen. Wenn Kenia nicht in allen Punkten ihren Ansprüchen genügte, wurde die Finanzierung gekürzt oder eingefroren. Diese Vorgehensweise, durch die man Kenia und andere afrikanische Staaten mit Zuckerbrot und Peitsche voranbringen wollte, war zwar gut gemeint, sie verbesserte aber die

Lebenssituation für den kenianischen Durchschnittsbürger nicht. Außerdem wusste Präsident Moi jetzt noch weniger, auf wessen Ratschläge er sich verlassen sollte. Von allen Seiten wurden Interessen an ihn herangetragen, und manch einer bewegte ihn sogar zu einem nachträglichen Sinneswandel bei bereits getroffenen Entscheidungen. Ich war überzeugt, dass er unter großem Druck stand, mich bei der Versetzung der korrupten Mitarbeiter nicht mehr zu unterstützen, weil Personen aus vielen verschiedenen Stämmen betroffen waren. Ich konnte nur hoffen, dass die Regierung genügend Standvermögen besaß, um ihren Kurs beizubehalten.

Auch der große politische Kurs Kenias war alles andere als eindeutig. Der Golfkrieg war glücklicherweise schon nach erstaunlich kurzer Zeit zu Ende. Daraufhin schöpfte unsere in Bedrängnis geratene Tourismusbranche neue Hoffnung, aber ich hatte meine Zweifel, ob die Besucherzahlen ebenso schnell wieder in die Höhe gehen würden, wie sie gesunken waren. Immerhin hörte man von Wilderei und Banditenüberfällen in den kenianischen Nationalparks jetzt praktisch nichts mehr. Auch das US-Außenministerium hob seine Warnung vor Touristenreisen nach Kenia auf, die es im Sommer 1990 nach den prodemokratischen Unruhen in Nairobi verhängt hatte. Aber dafür drängten sich andere Probleme in den Vordergrund.

Am schlimmsten war eine schwere Dürre, die den Nordosten Kenias sowie den Süden Somalias heimsuchte und sowohl Menschen als auch Vieh das Leben kostete. Somalia versank im Bürgerkrieg. Siad Barre, der autoritäre Führer des Landes, wurde abgesetzt; eine Regierung war danach nicht mehr vorhanden, und die Anführer der einzelnen Stämme verstrickten sich in einen brutalen, blutigen Machtkampf. Die Bevölkerung hungerte. Menschen strömten über Kenias Nordgrenze, wo es unseren eigenen Nomadenstämmen kaum besser ging. Manche Flüchtlinge hatten auch vor den Kämpfen in der somalischen Hauptstadt Mogadischu das Weite gesucht und brachten ihre Kalaschnikows mit. Diese und andere Waffen überschwemmten in kürzester Zeit den Schwarzmarkt in Nairobi. Eine AK-47 konnte man angeblich schon für hundert Dollar erwerben. Bei derart niedrigen Preisen fürchtete ich, die früheren Wilderer könnten versucht sein, ihre alten Geschäfte wieder aufzunehmen. Die Polizei hatte zwar angesichts einer wachsenden Zahl von Überfällen im Nordosten Kenias alle Hände voll zu tun, aber das Verbot des Elfenbeinhandels blieb glücklicherweise bestehen, und wir bemerkten keine nennenswerte Zunahme der Wilderei.

Ich hatte andere Sorgen. Nachdem wir mittlerweile die korrupten Mitarbeiter versetzt und die Wilderei unterbunden hatten, bestand mein größtes Problem in der Frage, wie wir den Elefantenbestand in unseren Nationalparks und Schutzgebieten unter Kontrolle halten konnten. Während des ganzen Jahres 1990 verloren wir nur 58 Elefanten durch Wilderei, im Vergleich zu mehreren hundert im Jahr 1989 und einigen tausend ein Jahr zuvor. Aber dieser Erfolg hatte seinen Preis. Elefanten sind kluge Tiere, und sie hatten schon nach kurzer Zeit herausgefunden, dass die Menschen nicht mehr auf sie schossen. Sie verloren schnell ihre Angst und zogen nun mutig durch die Gebiete außerhalb unserer Parkgrenzen. Wenn sie wieder in die Gegenden kamen, wo sie in den achtziger Jahren zu Hause waren, als die Wilderei noch kein großes Problem darstellte, trafen sie jetzt auf Bauern und Dorfbewohner, Menschen, die sich da angesiedelt hatten, wo die Elefanten verschwunden waren. Zwangsläufig kam es zur Konfrontation zwischen Menschen und Elefanten, und nur allzu oft zogen die Menschen dabei den Kürzeren.

Ein wütender Elefant wirkt beängstigend. Er kann sich viel schneller bewegen, als seine Größe vermuten lässt, und in Sekundenbruchteilen mit voller Geschwindigkeit loslaufen. Dabei spreizt er die Ohren ab und stößt mit dem erhobenen Rüssel ein ohrenbetäubendes Trompeten aus – ein wilder, Ehrfurcht gebietender Anblick. Ein kleiner, dünner Zweibeiner kann da kaum etwas anderes tun als wegzulaufen. Und ein entschlossener Elefant wird den Menschen verfolgen, zu Boden schlagen, mit den Knien zermalmen oder mit dem Rüssel töten.

Beim KWS wollten wir die Elefanten nicht kontrollieren, indem wir sie erschossen. Dies sollte nur das allerletzte Mittel sein. Den Wildhütern, mit deren Hilfe Joyce Poole den Tieren auf der Spur blieb, nachdem sie Äcker verwüstet hatten, gefiel die Vorstellung, einen Elefanten zu erschießen, überhaupt nicht, einerseits weil korrupte Wildhüter sich früher an der Wilderei beteiligt hatten, andererseits aber auch weil ich von Anfang an betont hatte, der KWS habe die Aufgabe, die uns anvertrauten Tiere zu schützen. Die Tötung problematischer Tiere schien keine Lösung zu sein – gelegentlich allerdings hatten wir keine andere Wahl. Nur allzu oft wurde am Ende der falsche Elefant erschossen oder – noch schlimmer – verwundet.

Nicht nur die Elefanten warfen Probleme auf. Auch Büffel, Löwen, Krokodile, Paviane und wilde Schweine belästigten die Dorfbewohner. Nach den gesetzlichen Vorschriften fielen alle Tiere, ob sie innerhalb oder außerhalb der Parks und Schutzgebiete lebten, in die Zuständigkeit des KWS. Menschen, Äcker und Viehbestände brauchten Schutz; und die Wildtiere brauchten ebenfalls Schutz. Für solche vielschichtigen Probleme gibt es niemals einfache Lösungen, aber ich hoffte, wir könnten einen Teil der Konflikte zwischen Menschen und Tieren vermeiden, wenn wir Zäune um die Teile der Parks errichteten, in denen die wilden Tiere die meisten Schwierigkeiten verursachten.

Die Idee mit den Zäunen stammte eigentlich von Präsident Moi. Ein halbes Jahr bevor er mich zum Verantwortlichen für den Naturschutz ernannte, hatte er in einer Rede den Vorschlag geäußert, Menschen und Tiere auf diese Weise zu trennen. Ich hielt es für eine gute Idee und nahm mir zu Beginn meiner Amtszeit vor, einige Parks einzuzäunen, aber damit löste ich bei vielen Naturschützern eine Welle der Kritik aus. (Ich hatte auch darüber nachgedacht, ob man die Jagd in sehr begrenztem Umfang wieder zulassen sollte. Die Gebühren, die ich dafür erheben wollte, hätten nur sehr reiche Personen bezahlen können, und sie hätten dann nur bestimmte Arten von Antilopen und Büffeln jagen dürfen. Später ließ ich die Idee fallen: Wie sich herausstellte, wäre die Überwachung eines solchen Programms äußerst schwierig geworden, und es hätte zweifellos einen Vorwand geliefert, um noch mehr Waffen nach Kenia zu bringen.)

Im Zusammenhang mit den Zäunen lautete der wichtigste Kritikpunkt, ich wolle Kenia zu einem Zoo machen. Zäune, so hieß es, würden die Wanderungen der Tiere beeinträchtigen und riesige Kosten verursachen; außerdem sei es unmöglich, sie instand zu halten. In solchen Angriffen lag ein gerüttelt Maß an Gehässigkeit, und immer wieder wurde angedeutet, ich verstünde nichts vom Verhalten wilder Tiere. Manchmal wunderte ich mich über solche Kritiker. Sie konnten ebenso gut wie ich erkennen, dass die wilde Tierwelt Kenias irgendwann verschwinden würde, wenn es nicht gelang, den Konflikt zwischen Tieren und Menschen zu entschärfen. Die Dorfbewohner würden die Tiere nicht allzu lange ertragen und die Sache dann selbst in die Hand nehmen. Aber konkrete Vorschläge, wie man mit diesem Problem umgehen solle, äußerten nur die wenigsten Kritiker.

In Wirklichkeit waren einige Nationalparks in Kenia ohnehin schon teilweise eingezäunt. Der Nairobi National Park ist zum größten Teil gegen die Umgebung abgegrenzt, der Lake Nakuru National Park sogar vollständig. Letzterer liegt vor den Toren der landwirtschaftlich geprägten Kleinstadt Nakuru und beherbergt Büffel, Giraffen, Löwen, Leoparden, Paviane und viele Antilopenarten – allerdings keine Elefanten. Aber die anderen Tiere, insbesondere die Paviane, bereiteten den Bauern so viel Verdruss, dass es nur eine Lösung gab: In den siebziger Jahren errichtete man Elektrozäune. Sie sind kein Allheilmittel – immer noch brechen Tiere aus, und Felder werden verwüstet –, aber sie verringern den Schaden.

Nach meiner Überzeugung konnte Kenia seine großen Herden wilder Tiere auf lange Sicht eher erhalten, wenn sie in Gebieten, wo es häufig schwere Konflikte gab, von den Menschen getrennt wurden. Deshalb erklärten wir den Bau von Barrieren zu einem der wichtigsten Ziele des KWS. Die Weltbank und andere Geldgeber waren einverstanden und finanzierten unsere Experimente mit unterschiedlich konstruierten Zäunen.

Ich hatte nie vor, alle Parks einzuzäunen oder einen Park ganz und gar mit Elektrozäunen zu umgeben. In manchen Gebieten, beispielsweise im Maasai Mara, wären solche Barrieren eine Katastrophe gewesen. Die großen Gnu-, Zebra- und Antilopenherden können nur überleben, wenn sie ihre jährlichen Wanderungen vollziehen. Aber Büffel, Giraffen und viele andere Pflanzenfresser wandern nicht. In Gebieten, wo diese Tiere regelmäßig in Konflikt mit den Menschen gerieten, wie im Shimba Hills-Schutzgebiet an der Küste oder auf der Laikipia-Hochebene in der Nähe des Mount Kenya National Park, konnten Zäune durchaus von Nutzen sein.

Wir wollten die Zäune nicht über Nacht errichten. Bevor sie aufgebaut wurden, mussten sie entworfen und geprüft werden. (Wie wir schon gleich zu Anfang feststellten, standen kaum Informationen zur Verfügung, an denen wir uns hätten orientieren können; das Konzept, große Parkgebiete einzuzäunen, war völlig neu.) Und vor dem Entwurfsstadium mussten wir feststellen, in welchen Gebieten die Barrieren den meisten Nutzen bringen würden. Joyces Arbeitsgruppe war bereits eifrig mit dem Sammeln solcher Daten beschäftigt und hielt jeden Bericht über Begegnungen zwischen Tieren und Menschen fest. Damit die Zäune ihren Zweck erfüllten, mussten wir auch dafür sorgen, dass die nördliche Bevölkerung sie als ihr Eigentum betrachtete, und dazu mussten wir sie durch Bürgerversammlungen und Vorträge in die Planung einbeziehen. Das war mit zusätzlichem Aufwand und Kosten verbunden, aber es war der beste Weg, um Vandalismus und den Diebstahl des Baumaterials so weit wie möglich zu verhüten.

Dass wir den Dorfbewohnern unsere Pläne zu ihrem Schutz erläuterten, linderte kaum die Schwere des Schicksalsschlages, den sie durch den Verlust eines Angehörigen erlitten hatten. Solange die Zäune nicht aufgebaut waren, konnten wir kaum etwas anderes tun als die Betroffenen an das Finanzministerium zu verweisen, das nach solchen tödlichen Konfrontationen mit Wildtieren für die Entschädigung zuständig war.

Wir wollten zu den Dorfbewohnern, die in der unmittelbaren Nachbarschaft unserer Parks wohnten, gute Beziehungen unterhalten. Damals schlugen sich die Naturschützer auf der ganzen Welt mit den gleichen Themen herum wie wir, denn viele Gebiete, die eine besonders üppige, vielfältige Pflanzen- und Tierwelt beherbergen, liegen in einigen der ärmsten Länder der Welt. Den Naturschützern wurde klar, dass die Bewohner der Wälder, Wüsten und Savannen – ob sie nun im Amazonasgebiet oder in der Serengeti lagen – die natürlichen Ressourcen in ihrer Umgebung nutzen würden. Wenn eine Holzfirma beispielsweise bereit war, für Teakholz einen höheren Preis zu zahlen, würden die Dorfbewohner verständlicherweise so viele Tropenholzbäume wie möglich fällen. Wenn es Käufer für Antilopen- oder Affenfleisch gab, gerieten Menschen, die ihren Lebensunterhalt auf keine andere Weise verdienen konnten, nur allzu leicht in Versuchung, diese Tiere zu jagen. Deshalb gelangten viele Naturschützer zu dem Schluss, Nationalparks würden die Suche nach einem Weg zur friedlichen Koexistenz von Menschen und wilden Tieren nur erschweren. In manchen Gebieten, so auch in Kenia, wurden die Parks ursprünglich von einer Kolonialregierung eingerichtet. Die örtliche Bevölkerung wurde mit Gewalt von ihrem Land vertrieben, und dann verwehrte man ihr den Zugang zu den natürlichen Rohstoffen in den Parks. Da war es nur verständlich, dass sie einen Widerwillen gegen die Parks und ihre Verwalter empfanden. Und mit der menschlichen Bevölkerung wuchs auch der Druck, die Parks weiterzuentwickeln.

Es war ein sehr düsteres Szenario. Um ihm zu begegnen, schlugen manche Naturschützer vor, man solle den örtlichen Gemeinden die Einnahmen aus dem Tourismus zur Verfügung stellen, eine Idee, die unter der Überschrift »gemeindenaher Naturschutz« (*community-based conservation* oder kurz CBC) bekannt wurde. Einige meiner Mitarbeiter, beispielsweise Robert Bensted-Smith, waren große Befürworter des CBC. Anfangs gehörte auch ich zu ihnen. Mir ging menschliches Leid immer nah, und ich hatte in Kenia viel zu viel davon gesehen. Wo es möglich war, versuchte ich die Lebensumstände der Menschen zu verbessern, und sei es nur im kleinen Maßstab. So hatten wir es uns bei unseren Fossilsucher-Expeditionen zum Turkanasee stets zur Gewohnheit gemacht, Lagerhelfer aus der örtlichen Bevölkerung anzuwerben und ihnen mit Medikamenten oder Nahrungsmitteln zu helfen, wenn sie in Not waren. Außerdem unterstützten Meave und ich zahlreiche Kinder aus der Turkana-Region: Wir schickten sie zur Grundschule und, wenn sie dort gut zurechtkamen, später zur Oberschule. Das CBC-Konzept schien mir in die gleiche Richtung zu weisen. Es wirkte gerecht, und wenn es den Menschen der Gegend ein besseres Gespür dafür vermittelte, warum die Erhaltung der Parks wichtig war, lohnte es den Aufwand in jedem Fall. (Später gelangte ich zu der Erkenntnis, dass es in Wirklichkeit kaum zum Schutz der Pflanzen und Tiere beiträgt, dafür aber die Gefahr birgt, die Dorfbewohner zu Sozialhilfeempfängern zu machen – später mehr darüber.)

Den Community Wildlife Service, die für CBC zuständige Abteilung des KWS, leitete Grace Lusiola. Sie hatte im Juni

1991 bereits einige entscheidende Gemeinden rund um den Amboseli-Park benannt, wo sie mit Projekten beginnen wollte, die den Bewohnern halfen und ihr Bewusstsein für die Bedeutung des Parks stärkten. Außerdem wollten wir die gemeindenahen Projekte auf Gebiete ausweiten, wo wir keine Zäune bauen konnten und wo die Tiere deshalb nicht von Privatgrund fernzuhalten waren. Anfangs hatten wir vor, fünfundzwanzig Prozent der Park-Eintrittsgelder für die Finanzierung kleiner Entwicklungsprojekte in solchen Orten zu reservieren. Aber schon als wir die Pläne entwarfen, erwies sich das Ganze als hochpolitische Angelegenheit. Alle möglichen Leute, von Kommunalpolitikern bis zu Parlamentsabgeordneten, wollten sich an den Maßnahmen beteiligen – das heißt, sie wollten einen Anteil an den versprochenen Einnahmen. Ebenso deutlich zeigte sich noch etwas anderes: Wir würden die Dorfbewohner nur schwer davon überzeugen können, dass sie dieses Geld der Tierwelt in den Parks zu verdanken hatten – ein wichtiger Zusammenhang, wenn ein gemeindenahes Projekt funktionieren sollte – und nicht einem Politiker, der auf Stimmenfang war.

Ich habe mich immer gewundert, wie kurz das Gedächtnis vieler Menschen ist. Im Sommer 1991 war ich etwa zwei Jahre im Amt. Das erste Jahr hatte ich fast ausschließlich darauf verwendet, der Wilderei ein Ende zu machen; im zweiten hatte ich Gelder gesammelt und Lobbyarbeit für die neue Organisation geleistet. Jetzt waren wir endlich so weit, dass wir sie aufbauen konnten. Aber alle erwarteten, dass der KWS über Nacht fertig war und funktionierte. Nachdem wir die Wilderei im Wesentlichen unter Kontrolle hatten, galten die Elefanten nicht mehr als gefährdet. Die Dorfbewohner zeigten immer weniger Nachsicht mit ihnen und allen anderen Tieren, die ihnen Probleme bereiteten; gleichzeitig wuchs ihre Ungeduld mit einer staatlichen Institution, die in ihren Augen sehr reich war. Wenn wir uns um diese Bedenken nicht kümmerten, konnten wir uns in kurzer Zeit den gesamten guten Willen verscherzen, den die Kenianer uns bis dahin entgegengebracht hatten. Es war, als sähen wir einen Sturm heraufziehen, während wir noch an den Fundamenten für unsere Schutzhütte bauten.

Ich rechnete damit, dass es nach der Versetzung der korrupten KWS-Mitarbeiter einen politischen Rückschlag geben würde. Wir wiesen über 1600 Menschen die Tür – und alle waren Angestellte des öffentlichen Dienstes, die ihre Arbeitsplätze für eine Lebensstellung hielten, ganz gleich, wie schlecht sie sich benahmen. Mir war klar, dass manche Politiker in jedem Fall versuchen würden, diese Ressentiments zu ihrem Vorteil auszunutzen. Dennoch konnte ich Ende Mai 1991 in mein Tagebuch schreiben: *Mit Unterstützung von ganz oben … können wir die notwendige Säuberung bewerkstelligen.*

Während des Sommers 1991 hatte ich die meiste Zeit das Gefühl, die Zukunft habe schon begonnen. Die Angestellten, die wir nicht mehr brauchen konnten, wurden zum Tourismusministerium versetzt, wo sie entweder neue Aufgaben erhielten oder in den Ruhestand geschickt wurden. Nachdem sie weg waren, stieg die Arbeitsmoral wieder an, und wir starteten eine neue Einstellungswelle. Beim KWS herrschte eine Atmosphäre von geradezu greifbarer Vorfreude und Spannung. Viele meiner Mitarbeiter berichteten, wie motiviert sie sich fühlten. Wir waren ein Vorbild für das ganze Land.

Ich hatte erwartet, dass uns mindestens ein Jahr bleiben würde, um die Dinge zum Laufen zu bringen, dass die Politiker sich zurückhalten und uns ein wenig Spielraum lassen würden, denn immerhin lag das, was wir erreichen wollten, im nationalen Interesse. Aber ich hatte mich geirrt.

Anfang August, nur sechs Wochen nach der Versetzung der Mitarbeiter, erfuhr ich vom Leiter des öffentlichen Dienstes, dass sich eine Krise zusammenbraute. Irgendjemand hatte den Vorwurf erhoben, ich hätte die korrupten KWS-Mitarbeiter hinausgeworfen, weil ich sie durch Angehörige des Stammes der Kikuyu ersetzen wolle. Angeblich gab es keine Belege, dass diese Angestellten tatsächlich korrupt waren, und die Gründe, warum ich ihre Versetzung verlangt hätte, seien nur ein Vorwand für meine wirklichen Ziele: die Errichtung einer Kikuyu-Dynastie beim KWS. Die Regierung erwog, eine Untersuchung vorzunehmen.

Ich war von den Vorwürfen wie vor den Kopf gestoßen und rief sofort Präsident Moi an. Er antwortete sehr zurückhaltend. Natürlich, so meinte er, seien die Menschen immer besorgt, dass ein Stamm gegenüber einem anderen bevorzugt würde, aber er habe keine Zeit für ein persönliches Zusammentreffen mit mir. Stattdessen verabredete ich mich mit dem Leiter des öffentlichen Dienstes; wenn er schon nicht auf meiner Seite stand, so dachte ich, könnte ich von ihm zumindest Hinweise auf die Person – oder Personen – bekommen, die hinter dem Gerücht standen.

Wir trafen uns in seinem Büro im Zentrum von Nairobi. Ich hatte nicht die Absicht, vorsichtig auf den Busch zu klopfen, sondern sprach das Thema direkt an.

»Das sind schwer wiegende Anschuldigungen – und sie sind absolut empörend. Das wissen Sie so gut wie ich«, begann ich.

Er verzog den Mund und machte ein mitfühlendes Gesicht. »Ja, es sind sehr unglückselige Behauptungen«, pflichtete er mir bei.

»Und sie sind völlig falsch«, sagte ich.

Statt zu antworten, legte er nur den Kopf auf die Seite. Ich ließ mich nicht beirren.

»Da will mich eindeutig jemand zum Rücktritt bewegen – oder die Regierung zwingen, meine Ernennung rückgängig zu machen. Es würde mir gewaltig helfen, wenn ich eine bessere Vorstellung davon hätte, warum solche Lügen verbreitet werden.«

»Nein, nein, Richard. Die Regierung steht hundertprozentig hinter Ihnen«, behauptete er. »Niemand will, dass Sie zurücktreten. Aber vielleicht ist es notwendig, dass Sie es mit den Versetzungen ein wenig langsamer angehen lassen.«

»Wir können nichts langsam angehen lassen. Die Versetzungen sind schon geschehen. Diese Leute sind weg, und wir stellen neue ein. Wenn der KWS Erfolg haben soll, können wir korrupte Mitarbeiter nicht gebrauchen. Jetzt können sich alle Angehörigen aller Stämme um die neuen Stellen bewerben, und die besten werden wir nehmen.«

»Nun ja, Richard, vielleicht hilft es, wenn Sie für einige Stämme mehr offene Stellen ausschreiben«, schlug er vor. »Vielleicht sollten Sie in Erwägung ziehen, mehr Massai und Kalenjin einzustellen. Ich habe gehört, die seien beim KWS unterrepräsentiert – insbesondere im Vergleich zur Zahl der Kikuyu.« Er lächelte leutselig.

Das war der Hinweis, nachdem ich gesucht hatte: Jemand, der mit diesen beiden Stämmen in Verbindung stand, hatte sich bei der Regierung beklagt. Höchstwahrscheinlich war das »Teekränzchen« – so nannte ich das Küchenkabinett – wieder einmal dabei, mir die Erfüllung meiner Aufgaben unmöglich zu machen. Vermutlich hatte auch William Ntimama, ein Massai und Parlamentsabgeordneter aus dem Distrikt Narok, die Dinge angezettelt, vielleicht indem er sich bei Freunden, die zu Mois Beratern gehörten, beschwert hatte. Ich war mit ihm bereits wegen der Verwaltung des Maasai Mara-Schutzgebietes aneinander geraten, und er war verärgert, weil ich das Mara nicht auf die Liste der Schutzgebiete gesetzt hatte, die in der ersten Runde Projektmittel der Weltbank erhalten sollten.

»Der KWS ist keine Wohlfahrtseinrichtung«, entgegnete ich. »Und ich glaube nicht, dass man eine gute, straff geführte Organisation aufbauen kann, wenn man den Launen einzelner Parlamentsabgeordneter nachgibt oder gute Leute diskriminiert, nur weil man eine bestimmte Zahl von Massai oder Samburu oder sonst jemanden einstellen soll. Es muss dem KWS freistehen, die richtigen Leute für die richtigen Aufgaben auszuwählen, ganz gleich, zu welchem Stamm sie gehören. Wir beschäftigen Kenianer. Nur das sollte zählen.«

»Ja, natürlich, Richard«, sagte der Leiter des öffentlichen Dienstes. »Aber die Öffentlichkeit ist in solchen Stammesfragen sehr sensibel. Das können Sie nicht außer Acht lassen.«

»Da bin ich anderer Ansicht. Die Öffentlichkeit hat nur deshalb den Eindruck, dass Stammesfragen eine Rolle spielen, weil die Politiker es ihr sagen. Sie nutzen die Stammeszugehörigkeit als Vorwand, um ihre eigenen Ziele zu erreichen. Aber ich denke, das haben unsere Bürger nicht verdient. Nach meiner Überzeugung wollen sie, dass das Interesse Kenias für den öffentlichen Dienst an erster Stelle steht – und genau das will ich erreichen.«

»Ich weiß, Richard«, erwiderte er. »Und die Regierung weiß es auch. Vielleicht können Sie dennoch überlegen, ob Sie nicht ein paar Massai einstellen wollen.«

»So geht das nicht«, sagte ich und schüttelte den Kopf. »Es ist nicht das übliche Verfahren beim KWS, und ich werde mich nicht über die Vorschriften hinwegsetzen.«

»Ach, Richard, Sie sind wirklich hartnäckig«, lachte er. »Aber wir brauchen einen hartnäckigen Mann, der unsere wilden Tiere und die Parks verwaltet. Ich bin sicher, dass Sie keinen Kikuyu einstellen werden, wenn Sie auch einen Massai für die Stelle haben. Da wächst bald Gras drüber. Ich glaube, es braucht kein großes Thema zu werden.«

Wir gaben uns die Hand, und ich ging. Ich hatte erfahren, was ich wissen wollte, aber anscheinend konnte ich kaum etwas dagegen unternehmen. Ich würde die Personalpolitik des KWS nicht ändern, und mit Sicherheit würde ich nicht einen Stamm gegenüber einem anderen bevorzugen. Durch das Gespräch hatte ich in einigen Fragen Klarheit gewonnen, aber ich war anschließend auch ein wenig bedrückt. Vielleicht war ich für den öffentlichen Dienst – oder zumindest für eine solche Position – einfach nicht geeignet. Abends schrieb ich in mein Tagebuch: *Ich muss ernsthaft darüber nachdenken, ob ich aus dem öffentlichen Dienst ausscheiden will. Ich bin nicht bereit, mich zu beugen, und meine Sturheit verursacht eine Menge Stress.*

Mein Gespräch mit dem Leiter des öffentlichen Dienstes hatte offenbar eine gewisse Wirkung: Die Gerüchte verstummten fast über Nacht. Meine Motivation und die Begeisterung für die Arbeit kehrten wieder. *Wenn die Politiker den KWS nur in Ruhe lassen würden*, sagte ich mir, *könnten wir alles erreichen, was wir uns vorgenommen haben.* In den kurzen acht Monaten, seit der KWS die Arbeit aufgenommen hatte, waren bereits überall gewaltige Verbesserungen zu beobachten. Im Amboseli-Park zum Beispiel, dem ich einen kurzen Besuch abstattete, waren neue Straßen im Bau, und Fahrten abseits der befestigten Wege gehörten der Vergangenheit an. Frisch gestrichene Gebäude und Wegweiser gaben dem Park ein schmuckes Erscheinungsbild.

Solche Erfolge mussten wir in der Öffentlichkeit bekannt machen. Ich sprach den Chefredakteur der Tageszeitung *Nation* an und schlug ihm vor, einmal in der Woche eine ganze Seite der Berichterstattung über einen Nationalpark des Landes zu widmen. Die Idee gefiel ihm sofort, und er fügte jedes Mal noch den Lebenslauf eines KWS-Mitarbeiters hinzu, beispielsweise eines Wildhüters oder Freilandbiologen. Ich glaube nicht, dass zuvor schon einmal eine Zeitung über diese Männer und Frauen berichtet hatte; die Kolumne wurde ein großer Erfolg.

Obwohl die Gerüchte über die Einstellungspraxis des KWS verstummt waren, beunruhigte mich nach wie vor die Tatsache, dass man sie überhaupt verbreitet und geglaubt hatte. Ich grübelte nachts über die Anschuldigungen nach und fragte mich, wann und wie sie wieder auftauchen würden. Um mich zu beruhigen – und als Beweis, falls ich ihn einmal brauchen sollte – notierte ich in meinem Tagebuch alle Stämme des Landes und die Zahl ihrer Angehörigen in Diensten des KWS. Wir hatten aus dem alten Personalbestand 2867 Personen übernommen, die 26 verschiedenen Stämmen angehörten. Den größten Anteil (503) stellten tatsächlich die Kikuyu, aber ebenso hatten wir 225 Kalenjin, 260 Luhya und 336 Luo. Die Zahl der Massai lag bei 60. Von den 333 neu eingestellten Mitarbeitern kam der größte Anteil, 48 Personen, aus dem Stamm der Samburu. Weiter waren 25 Kikuyu, 41 Massai und elf Kalenjin darunter. *Meines Erachtens kann sich niemand über die Liste beklagen*, schrieb ich in mein Tagebuch. *Irritierend ist aber, dass man überhaupt auf solche Empfindlichkeiten eingehen muss.*

Dass man bei mir überhaupt Stammesvorurteile vermutete, war fast komisch. Man warf mir nicht etwa vor, ich hätte Weiße bevorzugt, sondern einen schwarzen Stamm gegenüber einem anderen. Die Leute stellten sich vor, es liege daran, dass meine Großeltern bei den Kikuyu als Missionare tätig gewesen waren und dass der Stamm meinen Vater als vollwertiges Mitglied und Ältesten aufgenommen hatte. Aber ich war nicht unter den Kikuyu aufgewachsen, ich sprach ihre Sprache nicht, und ich war nicht zum Stammesmitglied geworden. Ich habe zwar tatsächlich viele Freunde unter den Kikuyu, darunter meinen Lehrer Charles Njojo. Aber ich habe auch Freunde und Berater aus anderen Stämmen, beispielsweise David Mwiraria, der zu den Meru gehört. Dass man meine freundschaftlichen Beziehungen zu bestimmten führenden Kikuyu gegen mich verwendete, zeigte eigentlich nur, wie viel Angst der innere Kreis der Regierung offensichtlich vor diesem Stamm hatte.

Jomo Kenyatta, der erste Präsident unseres Landes, war Kikuyu gewesen, und während seiner Amtszeit hatten Angehörige seines Stammes viele führende Regierungspositionen besetzt. Kenyatta, der sich der Problematik durchaus bewusst war, hatte Moi zum Vizepräsidenten ernannt. Nach der kenianischen Verfassung übernimmt der Vizepräsident das Amt, wenn der Präsident zu seiner Ausübung nicht mehr in der Lage ist, und auf diese Weise kam Präsident Moi ursprünglich an die Macht. Da er aus dem Stamm der Kalenjin kommt, galt er nicht als die Gefahr, die man in einem weiteren Kikuyu-Staatsoberhaupt gesehen hätte. Manche politischen Kommentatoren haben die Ansicht vertreten, die mächtigen Kikuyu hätten in Moi eine Art Marionette gesehen, die man leicht kontrollieren könne. Aber wie sich herausstellte, war er politisch viel geschickter, als sie sich vorgestellt hatten. Es scheint, als hätten manche Kalenjin von Mois Präsidentschaft profitiert, genau wie es manchen Kikuyu unter Kenyatta widerfahren war. Beobachter behaupten jedoch häufig, die Kikuyu seien über den Verlust des politischen Einflusses verärgert und wollten ihre Führungsrolle wieder gewinnen. Im Sommer 1991 verstärkten sich solche Gerüchte. Eines davon lautete, die Kikuyu stünden im Begriff, die Macht zu übernehmen.

Dass der KWS mit diesem Gerede auch nur indirekt in Verbindung gebracht wurde, beunruhigte mich zutiefst. Noch schlimmer war Ende August ein anderes Gerücht, das dieses Mal unter den weißen Auswanderern um sich griff. Es bereitete mir so große Sorge, dass ich in mein Tagebuch schrieb: *Die Leute behaupten, ich hätte den Ehrgeiz, Präsident zu werden. Das ist völliger Unsinn, aber es ist sehr gefährlich. Wenn die derzeitige Regierung den Eindruck gewinnt, man müsse es ernst nehmen, muss ich damit rechnen, dass mir ein »Unfall« zustößt – mit dem Auto oder mit dem Flugzeug. Das kann ich nicht ignorieren, und es ärgert mich gewaltig. Ich habe KEIN Interesse an dem obersten Amt. Es ist mein ehrlicher Wunsch, Kenia zu nützen. Aber es ist ein äußerst gefährliches Gerede, und es macht mir Sorge.*

Irgendwie musste ich der Regierung gegenüber unauffälliger werden. Ich wollte nicht, dass man mich für einen Kikuyu oder für jemanden mit großen politischen Ambitionen hielt. Wieder dachte ich an Rücktritt. Es würde das Leben um so vieles einfacher machen. Ich hatte an der Böschung unterhalb meines Hauses einen kleinen Weinberg angelegt. Meine Reben pflegen; mit dem Weinbau in Kenia beginnen; Zeit für Meave und meine Töchter haben – für Dinge, die uns allen Spaß machten: auch das waren lohnende Ziele. Wenn ich am Wochenende auf unserer Veranda saß und den Blick über das Rift-Tal schweifen ließ, ertappte ich mich manchmal dabei, wie ich im Geist mein Rücktrittsgesuch formulierte. Aber ich schrieb es nie nieder. Der KWS brauchte meine leitende Hand. In ein oder zwei Jahren würde ich das Amt an jemand anderes übergeben.

Kapitel 17

Hin und wieder kam ein Wildhüter oder Biologe des KWS in mein Büro und berichtete über neu geborene Elefanten, die er in unseren Parks gesehen hatte. Über solche Nachrichten freute ich mich jedes Mal sehr. Vielleicht lag es daran, dass die Herden nicht mehr so verängstigt und unruhig waren – jedenfalls hatte eine kleine Geburtenschwemme begonnen. Um einen besseren Überblick über den gesamten Bestand zu gewinnen, begann der KWS in der ersten Septemberwoche 1991 mit Unterstützung mehrerer Naturschutzorganisationen, landesweit die Elefanten zu zählen.

Nachdem ich mit Joyce die Elefanten im Amboseli-Park besucht hatte, nahm ich jede sich bietende Gelegenheit wahr, die Tiere zu sehen. Auch diese Zählung wollte ich nicht verpassen, und so flog ich für ein Wochenende in den Tsavo-Park. Meave kam mit: Auch ihr hatte es immer Spaß gemacht, Elefanten zu beobachten, und der Ausflug bot die Möglichkeit, uns wie früher gemeinsam im Freiland aufzuhalten und gegenseitig an unserer Arbeit Anteil zu nehmen.

Es war einer jener Tage, die uns Kenianer so anspruchsvoll machen: klarer, tief blauer Himmel, glühend heiße Sonne, eine Erde, die nach Rauch und Staub roch. Iain und Oria Douglas-Hamilton unterstützten uns ebenso bei der Zählung wie einige Wildhüter-Piloten des KWS und Joyce. Sie hatten den Park in Planquadrate von jeweils einem Quadratkilometer eingeteilt. Jedes Quadrat wurde von einem mit zwei Personen besetzten Flugzeug überflogen. Die Zählung war nicht einfach: Elefanten wandern bekanntermaßen über weite Strecken, und es konnte vorkommen, dass dieselbe Herde zwei- oder mehrmals gezählt wurde. Außerdem hält man bei bedecktem Wetter manchmal auch den Schatten einer Wolke für den massigen Körper eines Elefanten. Aber Iain und einige andere hatten schon auf dem ganzen afrikanischen Kontinent Elefanten gezählt und wussten genau, wonach sie Ausschau halten mussten.

»Manchmal glaubt man nur einen großen grauen Felsbrocken zu sehen«, erklärte Iain, »aber dann wackelt der ›Brocken‹ auf einmal mit den Ohren oder macht sonst eine Bewegung, oder man spürt einfach, dass er etwas Tierisches an sich hat. Und in Wirklichkeit ist es natürlich ein Elefant.«

Wir hatten uns mit Iain und seinen Kollegen zum Mittagessen am Voi River verabredet, wo eine Herde von etwa hundert Elefanten sich zum Baden und Trinken versammelt hatte.

»Sieh dir die vielen Babys an«, sagte Meave. Zu der Herde gehörten mehrere Jungtiere, und wie immer, wenn Babys dabei sind, standen sie sofort im Mittelpunkt der Aufmerksamkeit.

»Die Herden erholen sich erstaunlich gut«, erwiderte ich. »Allein hier müssen es mindestens sechs Babys sein.«

»Hauptsache, sie werden ein paar Jahre lang in Ruhe gelassen«, fügte Meave hinzu.

Sie hatte Recht. Die Tiere brauchten für ihren Fortbestand nur ein wenig Schutz und Zeit. Eigentlich nicht viel.

Aus der Entfernung sahen wir zu, wie die Elefantenbabys in dem kühlen braunen Flusswasser herumtollten. Sie saugten die Brühe ein, spritzten sie um sich wie Kinder, die mit Strohhalmen spielen, oder rannten ausgelassen mit vom Bad glänzendem Rücken an dem schlammigen Ufer entlang und kämpften spielerisch mit ihren Rüsseln. Ein paar halbwüchsige Männchen veranstalteten eine Art Kraftprobe: Sie verhakten Rüssel und Stoßzähne, und dann schoben und drückten sie, um festzustellen, wer der Stärkste war. Sie prallten aufeinander, trennten sich, und prallten erneut aufeinander. Ihre Kampfgeräusche drangen über die Ebene zu uns herüber.

Joyce kam an unseren Picknickplatz und machte uns mit dem Sozialverhalten der Elefanten vertraut; sie wies darauf hin, welche gesellschaftlichen Umgangsformen und Rangstufen es in der Herde gab, selbst wenn die Elefanten tranken und badeten.

»Wir gehen jetzt von 6500 Elfanten im Park Tsavo Ost aus«, sagte sie. »Sie entwickeln sich ausgezeichnet.«

Darüber war ich ebenso überrascht wie alle anderen. Zu Beginn meiner Amtszeit hatte es nur knapp 5 000 Elefanten in dem Park gegeben – nach 40 000 in den siebziger Jahren. Dass diese Zahl auch nur annähernd wieder erreicht würde, bezweifelte ich stark, insbesondere da in den Taita-Bergen zwischen den beiden Tsavo-Parks so viele Gehöfte und Farmen aus dem Boden geschossen waren. Aber ein Bestand von 10 000 war mit den Ressourcen des Parks sicher zu erreichen und zu ernähren. Wenn die vielen Babys überlebten, würde es nicht mehr lange dauern, bis diese Zahl im Tsavo-Park Wirklichkeit wurde.

Solche Neuigkeiten wollte ich bei allen Bürgern Kenias bekannt machen. Sie mussten wissen, dass der Kampf gegen die Wilderer im Wesentlichen vorüber war und dass Kenia ihn gewonnen hatte. Ich war durchaus nicht überzeugt, dass der Durchschnittskenianer sich dessen bewusst war, und auf dem Heimflug überlegte ich, wie man die Nachricht am besten unter die Leute brachte. Vielleicht, so dachte ich, sollte ich nach Abschluss der Elefantenzählung eine Pressekonferenz einberufen. Die Öffentlichkeit hatte jede Menge Fotos von verhafteten Wilderern und beschlagnahmten Stoßzähnen gesehen, aber kaum Bilder von Elefanten, die im braunen

Wasser der Flüsse in den Parks badeten und spielten, Bilder von Elefanten in ihrer natürlichen Umgebung. Solche Fotos hatten nicht die Dramatik einer Schießerei oder eines Elfenbein-Scheiterhaufens, aber sie würden das wiedergeben, was ich mit dem KWS letztlich erreichen wollte: die Rückkehr zu Frieden und Normalität.

Ich notierte mir den Gedanken und nahm mir vor, ihn gleich am Montag, wenn ich wieder im Büro war, zur Sprache zu bringen. Auch Meave gefiel die Idee. Wir verbrachten gemeinsam einen großartigen Tag, den ersten seit Jahren, so kam es uns vor. Wir lachten viel, beobachteten die Elefanten und kamen abends hochzufrieden nach Hause.

Die Zufriedenheit hielt knapp einen Tag an. Am Montag, dem 9. September, war die nächste Krise beim KWS ausgebrochen. Der beste Bericht steht in meinem Tagebuch: *Krise! Habe vom Präsidenten die Anweisung erhalten, 1640 Leute beim KWS wieder einzustellen – völlig verrückt, und ich bin aus verschiedenen Gründen nicht bereit, es zu tun. Ich bin sehr entmutigt und durcheinander…*

Meine Feinde hatten es wieder einmal geschafft: Sie hatten Präsident Moi dazu gebracht, es sich anders zu überlegen. Zum ersten Mal fühlte ich mich ganz und gar als Verlierer. Jetzt wusste ich im Innersten, dass es praktisch unmöglich sein würde, unsere Ziele beim KWS zu erreichen; es lagen einfach zu viele politische Stolpersteine im Weg. Und dabei gründeten sich so viele Träume und Hoffnungen – nicht nur meine, sondern auch die der von mir eingestellten Mitarbeiter und vieler Bürger Kenias – auf den Erfolg des KWS. Ich musste versuchen, den Schaden wieder gut zu machen.

Die neue Nachricht stand natürlich in allen Zeitungen, und das war für mich eine Demütigung: Journalisten hatten über die Angelegenheit berichtet, seit der KWS zum ersten Mal angekündigt hatte, er werde 1640 Mitarbeiter zur Versetzung an die Regierung überstellen. Wir hatten uns bemüht, alles in Übereinstimmung mit den Bestimmungen des öffentlichen Dienstes in die Wege zu leiten. Ich hatte nie die Absicht gehabt, frühere Angestellte bloßzustellen oder zu diskreditieren, und das, obwohl viele an den unterschiedlichsten strafbaren Handlungen beteiligt waren. Aber nachdem die anderen Behörden erfahren hatten, dass diese Leute bei der Naturschutzbehörde »in den Ruhestand versetzt« worden waren, hatte man sie dort nicht gerade mit offenen Armen aufgenommen. Deshalb hatten frühere Mitarbeiter der Naturschutzbehörde verschiedene Protestaktionen gegen den öffentlichen Dienst und den KWS inszeniert. Da ich die Betroffenen nicht in Misskredit bringen wollte, hatte ich der Presse nichts über die wahren Gründe ihrer Entlassung gesagt. Nachdem die Öffentlichkeit aber über die Darlehen der Weltbank und anderer ausländischer Kreditgeber Bescheid wusste, wirkte der KWS nun einfach geizig und niederträchtig.

Die Anweisung des Präsidenten war auch für die gesamte Arbeitsmoral im KWS ein schwerer Schlag. Es wäre einfach entmutigend, wenn diese Leute wiederkämen, insbesondere jene, die leitende Positionen innegehabt hatten. Außerdem war es gefährlich: Sie sollten im gleichen Rang wieder eingestellt werden, und manche würden auch über Waffen verfügen. Sie wussten, welche Mitarbeiter Informationen über sie weitergegeben hatten, was für diese Mitarbeiter eine Bedrohung bedeutete und unser gesamtes Sicherheitssystem unterminierte.

Das alles konnte ich nicht zulassen. Von dem Augenblick an, als ich die Anweisung las, war mir klar, dass es nur einen Weg gab: Ich musste dagegen kämpfen.

Sofort versuchte ich den Präsidenten telefonisch zu erreichen, aber es gelang mir erst nach einigen Tagen. Als wir schließlich miteinander sprachen, klang seine Stimme eiskalt. Immerhin erklärte er sich zu einem persönlichen Zusammentreffen bereit. Aus meinen Gesprächen mit dem Tourismusminister Ngala und anderen wusste ich, dass Moi und seine

Berater dem alten Tratsch Glauben geschenkt hatten, wonach ich den KWS mit mehr Kikuyu als mit Angehörigen anderer Bevölkerungsgruppen besetzte. Angeblich stellte ich vorwiegend Wildhüter vom Stamm der Kikuyu ein, um mir eine Privatarmee zu schaffen und mit ihrer Hilfe die Regierung zu stürzen.

Am meisten schmerzte mich, dass der Präsident solchem Unfug überhaupt Gehör schenkte. Irgendwie musste ich ihn davon überzeugen, dass die Gerüchte nicht stimmten – und behutsam musste ich ihn auch daran erinnern, was er mir versichert hatte, als ich den Posten übernahm: Wenn ich mich entschloss, viertausend Mitarbeiter loszuwerden, würde er mir »volle Rückendeckung geben«. Ich griff nach der Liste, in der ich die neu eingestellten KWS-Mitarbeiter nach Stämmen aufgeschlüsselt hatte, und machte mich zum State House auf den Weg. Bei einem schnellen Blick auf das Papier sagte ich mir: *Wir sind mit Sicherheit die gemischteste staatliche Behörde überhaupt.*

Ich war seit mehreren Monaten nicht im Arbeitszimmer des Präsidenten gewesen. Je weniger ich mich blicken ließ, so meine Überzeugung, desto ungestörter konnten der KWS und ich mit unserer Arbeit vorankommen. Aber diese Taktik war nicht aufgegangen. Andere hatten meine Abwesenheit genutzt, um unser gutes Verhältnis zu untergraben.

Aber ungeachtet solcher Umstände ist Präsident Moi stets von ausgesuchter Höflichkeit. Bei dieser Gelegenheit war er zwar über meinen Besuch nicht sonderlich erfreut, aber er begrüßte mich an der Tür seines Arbeitszimmers und führte mich hinein.

Wie ich befürchtet hatte, waren ihm über meine Einstellungspraxis beim KWS falsche Dinge zugetragen worden. Ich wollte ihn überzeugen, dass seine Informationen nicht stimmten. Also holte ich tief Luft und zeigte ihm meine Liste.

»Wie Sie hier sehen, Sir, ist die Zahl der Kikuyu nicht größer als die der Mitarbeiter aus anderen Stämmen«, sagte ich, wobei ich auf die Zahl und Herkunft der Leute zeigte. »Tatsächlich sind fast alle Stämme des Landes im KWS vertreten. Ich bezweifle, dass man das Gleiche über irgendeine andere staatliche Behörde behaupten könnte.«

Präsident Moi musterte meine Liste und legte sie dann beiseite.

»Das sieht überzeugend aus, Richard. Aber eine solche Liste und solche Zahlen kann jeder hinschreiben.«

Seine Worte ließen meinen Mut vorübergehend sinken, aber ich gab nicht auf und erklärte, die Wiedereinstellung der korrupten Mitarbeiter werde den KWS ruinieren. Dass diese Männer korrupt waren, wusste er: Die Berichte, in denen ihre illegalen Tätigkeiten und Handlungen dokumentiert waren, hatte ich ihm gezeigt. Ich räumte ein, es gebe in unserer Einstellungspraxis vielleicht eine gewisse Unausgewogenheit, aber das habe nur mit dem Bestreben zu tun, für jede Aufgabe die am besten geeignete Person zu finden. Unsere Eliteeinheiten zur Bekämpfung der Wilderei bestanden beispielsweise vorwiegend aus Angehörigen der nördlichen Wüstenstämme, weil die den Wilderern am besten Paroli bieten konnten. Außerdem wies ich darauf hin, dass die Weltbank sehr genau beobachtete, wie die Personalpolitik beim KWS gehandhabt wurde; unsere Institution galt als »Testfall«, an dem man sehen konnte, ob Kenia seinen unehrlichen, leistungsschwachen öffentlichen Dienst säubern würde.

Präsident Moi hörte sich meine Ausführungen geduldig an. Zum Abschluss drängte ich ihn, die Liste zu behalten.

»Prüfen Sie alles nach, wenn ich gegangen bin«, sagte ich, »und wenn Sie es für nötig halten, schicken Sie eine Person Ihres Vertrauens zum KWS, die sich selbst einen Überblick über unser Personal verschafft. Sie werden feststellen, dass die Liste der Wahrheit entspricht.«

»Ich werde sie mir ansehen«, stimmte er zu.

»Wenn es sich nicht umgehen lässt, wird der KWS auch weiterhin die Gehälter dieser ehemaligen Mitarbeiter bezahlen. Ich werde aber nicht zulassen, dass sie sich wieder in den Räumlichkeiten unserer Organisation aufhalten«, fügte ich hinzu, und dann erklärte ich noch einmal, welche Probleme ihre Rückkehr aufwerfen würde.

Präsident Moi seufzte, sagte aber nichts. Wir reichten uns die Hände, dann wandte ich mich um und ging. Bis ich ihn wieder sah, sollten mehrere Monate vergehen. Was meinen wichtigsten Entschluss anging, blieb ich während dieser Zeit standhaft: Die 1640 Leute würden nicht mehr beim KWS arbeiten.

Mit seinem Misstrauen hatte der Präsident mich tief getroffen. Von jetzt an handelte ich unter dem Schatten der Verdächtigungen, und ich wusste, dass man alle meine Entscheidungen und Maßnahmen genau beobachten würde. Andererseits konnte ich nichts tun, um meine Loyalität und Entschlossenheit unter Beweis zu stellen. Ich musste einfach handeln und Entschlüsse fassen, wie ich es immer getan hatte: mit dem Ziel, das Beste für den KWS und Kenia zu erreichen.

Und für die Elefanten. Manchmal konnte man fast vergessen, dass sie der Grund waren, warum ich den Posten überhaupt angetreten hatte. Sie brauchten nach wie vor Schutz. Das CITES-Gremium sollte im Mai 1992 erneut zusammentreten, und Zimbabwe bearbeitete die Delegierten eifrig, damit die Elefanten aus dem Anhang I gestrichen wurden und der Elfenbeinhandel wieder aufgenommen werden konnte. Die Delegation aus Zimbabwe und ihre Anhänger (vor allem die früheren Handelsländer) waren der Ansicht, das Verbot habe nicht gefruchtet, und man könne den Handel nur kontrollieren, indem man ihn einer umfassenden Verwaltung unterwarf. Wie immer hatten sie damit Unrecht. In unserer Übersichtsuntersuchung hatten wir nachgewiesen, dass die Elefantenbestände sich in Kenia erholten; gleichzeitig zeigten aber die Berichte unserer Sicherheitskräfte, dass die Elfenbeinhändler in den Startlöchern saßen und nur auf die Wiederaufnahme des illegalen Handels warteten. Ging es nach dem Willen der Delegation aus Zimbabwe, stand Kenia ein neuer Krieg gegen die Wilderer bevor.

Mit Zimbabwe verbündet waren mehrere Staaten aus dem Süden des Kontinents, darunter auch Südafrika. Ich hatte vor, die Südafrikaner vor Beginn der CITES-Sitzung auf unsere Seite zu ziehen, und setzte mich bei Robbie Robinson, der dort die Nationalparkverwaltung leitete, nachdrücklich dafür ein. Ich war im Rahmen meiner beruflichen Tätigkeit mehrmals mit Robinson zusammengetroffen, und er war mir sofort sympathisch gewesen. Der große, energische Mann ist von ernsthaftem, aber liebenswürdigem Wesen. Außerdem liebt er wilde Tiere.

Wir besichtigten gegenseitig unsere Parks. Robinson kam, um sich den Amboseli-Park und seine Elefanten anzusehen, und dabei sorgte ich dafür, dass Joyce ihm die »vollständige Therapie« angedeihen ließ – so nannte ich ihre Einführung in die Welt der Elefanten. Das Gleiche hatte ich schon oft getan, wenn Honoratioren zu Besuch kamen, und dabei hatte ich festgestellt, dass sie hinterher ihre Ansichten und Einstellungen geändert hatten. So begleiteten Joyce und ich einmal die damalige britische Entwicklungshilfeministerin Baroness Lynda Chalker bei einer solchen Fahrt. Großbritannien hatte seine Beteiligung an dem Weltbankprojekt noch nicht zugesagt, und ich war überzeugt, dass die Elefanten dazu beitragen konnten, Lynda von unseren Ansichten zu überzeugen. Die Elefanten, zu denen Joyce uns führte, befanden sich an jenem Tag in einem Zustand gesteigerter Erregung, offenbar weil ein junges Weibchen zum ersten Mal empfängnisbereit war. Mehrere große Männchen hatten sich in ihre Nähe begeben, standen unmittelbar neben der Herde und beäugten das Weibchen wie auch die Konkurrenten. Plötzlich war unser Wagen von trompetenden, trampelnden und sich gegenseitig schiebenden Elefanten umgeben. Ich sah, wie Lynda völlig versteinert und zugleich fasziniert war.

Ob die Elefantenshow half, unsere Finanzierung zu sichern, werde ich nie erfahren, aber zumindest wusste ich, dass eine britische Ministerin die kenianischen Elefanten in ihrem ganzen Leben nicht mehr vergessen würde.

Ähnlich beeindruckt und gefesselt war auch Robbie von Joyces Fähigkeit, sich in die Tiere hineinzuversetzen. Hinterher lud er mich ein, den Krüger-Nationalpark zu besichtigen, das Prunkstück der südafrikanischen Schutzgebiete. Es war meine erste Reise nach Südafrika nach dem Ende der Apartheid, und ich war neugierig, welche Fortschritte das Land seitdem gemacht hatte.

Womit ich in Johannesburg, meiner ersten Station, gerechnet hatte, weiß ich nicht genau. In Hotels und Restaurants waren weiße Gäste nach wie vor in der Überzahl, und sie wurden von schwarzen Südafrikanern bedient. Johannesburg unterschied sich völlig von allen anderen afrikanischen Städten, die ich besucht hatte. Die Metropole war von Europäern für Europäer erbaut worden – afrikanisch waren dort nur die riesigen, als Townships bezeichneten Slums. *Das »weiße« oder europäische Element herrscht überall völlig vor*, schrieb ich in mein Tagebuch. *Der Himmel ist afrikanisch, aber Stadt, Straßen und Atmosphäre sind ganz anders als alles, was ich bisher gesehen habe.*

Genauso war es auch auf dem kleinen Flugplatz, den man am Eingang des Krüger-Nationalparks eingerichtet hatte: Er kam mir vor wie eine Filmkulisse aus Hollywood. Mehrere Touristengruppen waren gerade eingetroffen und wurden von bronzegesichtigen jungen Männern empfangen, die khakifarbene Shorts trugen und unter dem aufgeknöpften Hemd die Brustbehaarung sehen ließen. Sie luden Gepäck und Gäste in offene Landrover, rückten die Sonnenbrille über den blauen Augen zurecht und verschwanden mit heulendem Motor im Busch.

Robbie und Joh, seine Frau, waren mit mir per Linienflug der South African Airways angekommen. Wir wurden vom

Leiter der Parkwächter und einigen Mitarbeitern des Parks in Empfang genommen.

Der Krüger-Nationalpark ist groß – seine Ausmaße erreichen fast die des Tsavo-Parks. Aber anders als dieser wird er aktiv bewirtschaftet, das heißt, die Bestände mancher Tiere, insbesondere der Büffel und Elefanten, werden ausgedünnt, wenn sie eine gewisse Größe überschreiten. Was die Elefanten anging, hielt Robbie mich für übertrieben sentimental, und das sagte er mir auch mehrere Male. Wie viele Verantwortliche des südafrikanischen Naturschutzes war er stolz auf die bewirtschafteten Parks seines Landes und die modernen Strategien der Naturschutzverwaltung – zu denen auch die Ausdünnungsmaßnahmen gehörten. Der Park verfügte über einen hochmodernen Schlachthof zum Töten, Zerlegen und Verpacken der verschiedenen Tiere, und den wollte er mir zeigen.

Der in einer großen Betonhalle untergebrachte Schlachthof war innen von makellosem Weiß. Zur Ausstattung gehörten Kräne und Fleischerhaken zum Hochheben der Kadaver, Druckschläuche zum Reinigen der Räume nach der Schlachtung und Anlagen zur Fleischverarbeitung. Eine Gruppe weißer Männer in Shorts und weißen Gummistiefeln, deren Arme bis zu den Achseln voller Blut waren, bearbeiteten gerade Fleisch und Felle von fünfundvierzig kurz zuvor getöteten Büffeln. Trotz Blut und Unrat arbeiteten sie sehr effizient. Die Felle und das in Dosen verpackte Fleisch, so Robbies Erläuterung, würden verkauft. Die Erlöse kamen dem Park zugute.

Ich sah eine Zeit lang zu. Die Größe der Fabrik beeindruckte mich, aber gleichzeitig empfand ich Ekel über das, was man hier am Ende des zwanzigsten Jahrhunderts unter der »Verwaltung« von Wildbeständen verstand. Früher hatten die Naturschützer davon geredet, welchen Wert der Schutz der Natur als solcher besaß, und jetzt behaupteten sie, Tiere und Land müssten auf ihre Art dafür »bezahlen«, dass sie überleben durften; wenn sie nicht Geld einbrachten wie eine Fabrik oder ein Wirtschaftsunternehmen, so hieß es, konnten sie nicht mit ihrer Erhaltung rechnen. In meinen Augen war das immer eine falsche Argumentation. Wenn man Wildnis und wilde Tiere nur als Gegenstände betrachtete, die Geld einbringen mussten, waren ihre Tage mit Sicherheit gezählt. Man würde zwangsläufig einen Weg finden, um mit ihrer Ausrottung mehr Gewinn zu erzielen als durch ihren Schutz. Ich fürchte, die Naturschützer, die Bilanzen als entscheidendes Argument für die Rettung ihrer geliebten Tiere anführen, verdammen sie in Wirklichkeit zum Untergang.

Ich versuchte, mir nichts anmerken zu lassen, aber beim Anblick des Schlachthofes sank meine Zuversicht. Überall lagen Köpfe, Felle, Blut und Kadaver von Büffeln; es war ein Ort des Schreckens. Robbie und seine Mitarbeiter erklärten voller Stolz, wie sie die Tiere nutzten – und in keinem Augenblick, so schien es, waren sie sich bewusst, dass es sich bei den Überresten einmal um lebende Geschöpfe gehandelt hatte. In diese kalte Halle aus Beton brachte man Elefanten, damit sie wie Thunfische als Dosenfleisch endeten, und die Stoßzähne wurden entfernt und aufbewahrt (gäbe es nicht das Elfenbeinverbot, hätte man sie verkauft). Es war ein trauriges, beschämendes Ende für so großartige, intelligente Lebewesen. Mir wurde in dem Schlachthof fast ebenso schwer ums Herz wie in dem Lagerhaus in Nairobi; ich war froh, als wir nach der Besichtigung wieder im hellen afrikanischen Sonnenlicht standen.

Robbie behauptete steif und fest, das Ausdünnen habe keinerlei negative Auswirkungen auf die Elefanten, die man am Leben ließ. Da ich wusste, wie intelligent sie sind und welch ungeheuer gutes Gedächtnis sie haben, mochte ich das nicht glauben, und ich nahm mir vor, die Elefanten im Krüger-Nationalpark genau zu beobachten. Ich war neugierig, wie sie auf Menschen – und auf Hubschrauber – reagierten. Wenn Wildhüter die Elefantenbestände dezimieren wollten, trieben sie die Tiere mit Helikoptern zusammen, und dann schossen sie Pfeile mit Betäubungsmitteln ab. Diese Wirkstoffe lähmen die Elefanten nur, sodass ihr Fleisch nicht ungenießbar wird. Später kommen die Wildhüter mit Geländewagen, machen den Tieren mit Gewehrschüssen den Garaus, und transportieren die Kadaver zu dem Schlachthof.

Robbie und seine Frau schlugen vor, den Krüger-Park mit dem Hubschrauber zu überfliegen. Ich würde also reichlich Gelegenheit erhalten, die Reaktionen der Elefanten auf das Geräusch der Rotorblätter zu beobachten. Während der folgenden Tage schwebten wir von einem Ende des Parks zum anderen über goldene Savannen und grüne Ebenen. Wir sahen mehrere große Elefantenherden, und Robbie ließ den Piloten jedes Mal so tief fliegen, dass wir sie genau betrachten konnten. Mir war sofort klar, dass das Geräusch unseres Hubschraubers die Elefanten erschreckte. Sie hörten uns bereits aus einer Entfernung von über drei Kilometern, und sobald sie uns wahrgenommen hatten, stürmten sie in panischer Angst davon.

Die südafrikanischen Wildhüter töteten stets alle Tiere der zum Ausdünnen vorgesehenen Herden. (Eine Ausnahme bildeten nur die allerjüngsten Tiere: Sie wurden zunächst an die toten Erwachsenen gekettet, damit sie vor den herannahenden Transportfahrzeugen nicht davonliefen, und später an Zoos oder Schutzgebiete verkauft.) Theoretisch hätte es also keine traumatisierten Überlebenden geben dürfen. Wie ich aber von Joyce erfuhr, ist es gar nicht möglich, alle Mitglieder einer Herde zu erlegen, weil einige sich immer auf Verwandtenbesuch in anderen Herden aufhalten. Außerdem verständigen Elefanten sich über große Entfernungen mit sehr tiefen Tönen. Während der Tötungsaktion verbreiten sie sicher auch die Nachricht von ihrer Angst und Not über ein weites Gebiet. Nach meiner Überzeugung wissen die anderen Elefanten in dem Park, dass eine Ausdünnung stattfindet – sie werden über das Geschehen »unterrichtet«. Und Elefanten haben ein Bewusstsein für den Tod. Zahlreiche Berichte sprechen davon, sie hätten die Knochen toter Angehöriger liebkost, die Überreste sanft mit dem Rüssel berührt oder tote Artgenossen mit Zweigen bedeckt. Als wir die verängstigten Herden im Krüger-Park überflogen, war mir klar, dass die Elefanten das Geräusch der Rotorblätter mit Schrecken und Tod in Verbindung brachten. Das war der Grund, warum sie jedes Mal wegliefen.

Zunächst sagte ich Robbie und seiner Frau nichts über meine Beobachtungen. Aber nachdem mir mehrere Male das gleiche Verhalten aufgefallen war, bemerkte ich: »Sehen Sie sich einmal diese Herde an. Ist Ihnen aufgefallen, dass in diesem Park jeder Elefant vor uns davonläuft, selbst wenn wir noch kilometerweit entfernt sind? Nur wegen der knatternden Rotorblätter?«

Robbie hob eine Augenbraue, erwiderte aber nichts.

Als ich beim Abendessen wieder auf das Thema zu sprechen kam, seufzte er.

»Ja, nachdem Sie mich darauf aufmerksam gemacht haben, habe ich es auch bemerkt«, sagte er, »und es beunruhigt mich, ja.«

Darauf erwiderte ich so gut wie nichts mehr, aber wenig später ließ Robbie die Ausdünnungsmaßnahmen im Krüger-Park einstellen, und sie wurden seither nicht wieder aufgenommen.

Ich unterhielt mich mit Robbie auch über das Elfenbein-Handelsverbot. Mir war daran gelegen, dass Südafrika sich für die Beibehaltung des Verbots aussprach, und ich hatte auch den Eindruck, als ob Robbie in meine Richtung tendierte. Eine feste Zusage konnte ich ihm aber nicht entlocken.

»Hm, Richard, solche Entscheidungen sind ein heißes Eisen. Das wissen Sie so gut wie ich.«

»Ja, schon, aber jetzt wäre ein hervorragender Zeitpunkt, wenn Südafrika sich von dem Gesindel lösen und von Zimbabwe distanzieren will. Ihr Land hat einen neuen Präsidenten, Nelson Mandela. Mir scheint das eine großartige

Gelegenheit zu sein, auch eine neue Naturschutzpolitik einzuführen.«

Robbie lachte. »Sie können einen wirklich überzeugen. Wenn es nur nach mir ginge, würde ich es vielleicht tun. Aber es ist nicht die Entscheidung eines Einzelnen.«

Das verstand ich, und ich nahm Robbies Worte als Hinweis, dass ich eine andere Strategie verfolgen musste, damit die Elefanten im Anhang I blieben. Wir konnten nicht damit rechnen, dass die Südafrikaner ohne weiteres ins Boot zu holen waren.

Ich bin ein großer Anhänger des Sprichworts »Wer nicht wagt, der nicht gewinnt«. Angesichts der Tatsache, dass die Südafrikaner nicht die Seite wechseln würden, entschloss ich mich zu dem Versuch, Zimbabwe zu gewinnen. Das wäre ein echter Handstreich gewesen. Und es hätte auch die Südafrikaner davon überzeugen können, ihre Haltung zu ändern.

Zu Zimbabwe und den dortigen Naturschutzverantwortlichen hatte ich immer ein – gelinde gesagt – gespanntes Verhältnis gehabt. Dennoch glaubte ich daran, dass wir uns zusammensetzen und unsere Meinungsverschiedenheiten erörtern konnten. Außerdem hoffte ich nach wie vor, sie würden erkennen, dass das Verbot des Elfenbeinhandels die Lösung eines gesamtafrikanischen Problems darstellte, von dem auch sie als Afrikaner betroffen waren.

Auf dem Rückweg aus Südafrika machte ich in Zimbabwe Station und traf mit mehreren Naturschutz- und Regierungsvertretern zusammen. Sie waren mir gegenüber unerschütterlich höflich und meinem Vorschlag gegenüber unerschütterlich zurückhaltend. Für sie war Elfenbein nach wie vor gleichbedeutend mit Geld. Früher hatten sie Elfenbein (und Elefantenfleisch aus ähnlichen Ausdünnungsaktionen wie in Südafrika) verkauft und damit ihre Parks finanziert. Auch jetzt bestand keinerlei Absicht, daran etwas zu ändern. Ein Beamter prahlte, sie hätten noch mehrere Tonnen Elfenbein in einem Lagerhaus liegen. Und eines Tages, so fügte er hinzu, würden sie es verkaufen.

Immer und immer wieder erklärte man mir, es sei der einzige Weg, wie Naturschutz in Afrika funktionieren könne. Parks und Tiere müssten sich rentieren – selbst wenn die Tiere mit ihrem Leben dafür bezahlten.

Für Parks, die ihre Kosten selbst einbrachten, hatte ich viel übrig. Genau das wollte ich in Kenia schaffen: Ein Parksystem, das sich selbst finanzierte und sogar Gewinne abwarf. Aber um dieses Ziel zu erreichen, brauchte man nach meiner Überzeugung nicht die Tiere zu opfern. Dazu reichten Touristen und ihre Dollars – das war eine viel klügere, menschlichere Art des Naturschutzes. Wenn die Touristen wussten, dass das von ihnen in den Parks ausgegebene Geld zum größten Teil in die Erhaltung des von ihnen geschätzten Landes und seiner Tiere floss, würden sie über höhere Eintrittsgelder vermutlich nicht murren. Außerdem würde es ihnen das Gefühl vermitteln, dass sie selbst zur Rettung der Tiere beitrugen. Und die Kosten für den Naturschutz würden nicht allein Kenia aufgebürdet.

Der letzte Punkt ist besonders wichtig und lohnt es, ihn noch einmal zu betonen. Kenia hat fast ein Viertel seines Territoriums als Schutzgebiete ausgewiesen, und dennoch wird erwartet, dass das Land allein die Kosten für die Erhaltung seiner wilden Tiere und Wildgebiete trägt. Keine Industrienation hat seinen Bürgern einen derart großen Anteil seiner Fläche entzogen. Damit Kenia diese Parks in gutem Zustand erhalten kann, müssen Naturschützer, Tierfreunde und alle, die Löwen oder Elefanten sehen wollen, sich an den Kosten beteiligen. Und einer der besten Wege, das zu erreichen, ist der Tourismus.

Genau das erklärte ich den Vertretern Zimbabwes. Sie hörten höflich zu, aber meine Aufforderung, mit uns den Anhang I zu unterstützen, lehnten sie ab. Sie glaubten, sie seien etwas anderes als das übrige Afrika und befänden sich im Krieg mit der ganzen Welt; einige hatten sogar die Stirn zu erklären, sie würden sich über das Handelsverbot hinwegsetzen.

Glücklicherweise stand Kenia weiterhin hinter dem Verbot. An dem Datum, das mittlerweile als »Elefantentag« bezeichnet wurde – dem Tag, als wir das Elfenbein verbrannt hatten –, befürworteten die Zeitungen des Landes in ihren Leitartikeln energisch die Beibehaltung der Entscheidung. »Heute kann Kenia voller Stolz zurückblicken und als Letzter jenen ins Gesicht lachen, nach deren Ansicht die Verbrennung nur ein großes, öffentlichkeitswirksames Theater war«, schrieb der *Standard.* »Anders als vor drei Jahren brauchen wir uns heute keine Sorgen mehr zu machen, dass es unsere Elefanten bald nicht mehr geben wird. Wir sind jetzt zuversichtlich, dass die Elefanten eine Zukunft haben.«

Nachdem Kenia – ebenso wie Tansania und Uganda – unverbrüchlich hinter dem Verbot stand, war auch ich zuversichtlich. Wir würden einen Weg finden, um Zimbabwe das Handwerk zu legen und das Verbot weiterhin durchzusetzen.

Ich hatte in meinem Leben nie das Ziel, prominent zu werden oder mich mit meinen Entscheidungen irgendwo einzuschmeicheln. Dennoch freute ich mich darüber, dass die Presse den KWS und den Schutz der Elefanten so nachdrücklich unterstützte. Auf diese Weise blieb das Thema im Blickpunkt der Öffentlichkeit, und die Kenianer wurden daran erinnert, wie kostbar ihre Tierwelt und die Nationalparks waren. Das war vor allem auch deshalb von entscheidender Bedeutung, weil immer mehr Leserbriefe und Zeitungsberichte darauf hinwiesen, welchen Schaden wilde Tiere – und insbesondere Elefanten – bei den Dorfbewohnern anrichteten. Und natürlich wurden Berichte über von Wilderern getötete Elefanten immer seltener – die Wildhüter des KWS hatten diesem Treiben fast völlig ein Ende gemacht.

In den Zeitungsschlagzeilen stand häufig das Wort »Jumbo«, der umgangssprachliche Ausdruck für einen Elefanten. Seit der zweiten Jahreshälfte 1991 und bis weit in das Jahr 1992 hinein las man Überschriften wie »Jumbos spielen verrückt« oder »Jumbos verwüsten alles«. In dem zugehörigen Artikel kamen dann die Geschädigten zu Wort und berichteten von ihrem Entsetzen, wenn Elefanten ihre Felder oder – noch schlimmer – Ehefrau, Ehemann oder Kind angegriffen hatten. Wie ich es befürchtet hatte, wurden solche Zwischenfälle immer häufiger. Die Elefantenexperten des KWS gaben sich zwar alle Mühe, Zäune zu testen und aufzustellen, und gleichzeitig wurden auch Empfängnisverhütungsmittel für die Tiere erprobt, aber wir waren noch meilenweit davon entfernt, das Problem landesweit in den Griff zu bekommen.

Genau das wurde aber jetzt vom KWS erwartet. Alles, was auf den 700 000 Quadratkilometern Kenias mit wilden Tieren zu tun hatte, fiel in unseren Zuständigkeitsbereich. Sich um die Tiere in den Parks zu kümmern, war schwierig genug, von denen außerhalb der Parkgrenzen ganz zu schweigen. Nach meiner Überzeugung war es für den Anfang wichtiger, die Parks zu sichern und zu verhindern, dass die Elefanten dort Menschen töteten. Wenn wir diese beiden Aufgaben gelöst hatten, konnten wir unsere Aufmerksamkeit den Tieren jenseits der Parkgrenzen zuwenden.

Unser Einzäunungsprogramm machte langsam, aber stetig Fortschritte. Entlang der großen Rinderfarmen auf der Laikipia-Hochebene am Mount Kenya hatten wir unterschiedlich konstruierte Zäune aufgestellt. Die Eigentümer mancher Betriebe waren weiße Kenianer, andere gehörten Geschäftsleuten kenianischer Abstammung. Alle waren wohlhabend und verfügten über Mittel und Personal, um die Zäune auch dann zu überwachen und instand zu halten, wenn keine KWS-Mitarbeiter in der Nähe waren.

Als kostengünstigste Lösung erwiesen sich solarzellengespeiste Elektrozäune, und über längere Strecken stellten wir solche Barrieren in unterschiedlicher Gestaltung auf. Ein kräftiger elektrischer Schlag hielt die Elefanten in der Regel zurück. Angesichts ihrer Intelligenz war es allerdings nicht verwunderlich, dass einzelne Tiere schon bald lernten, wie sie dem System ein Schnippchen schlagen konnten. Einige zerrissen die Zäune mit den Stoßzähnen (die schlechte elektrische Leiter sind); andere stießen die Zaunpfähle mit den Hinterfüßen um; und ein paar besonders schlaue Elefanten legten Zweige auf die Drähte, sodass ein Kurzschluss entstand. Einer der wirksamsten Zäune, die ich sah, war nur 45 Zentimeter hoch. Er bestand aus mehreren gewellten Drähten, die den Elefanten unterhalb der Knie berührten und ihm einen Schlag versetzten. Der Zaun war so niedrig, dass andere Tiere ihn unversehrt überwinden konnten, und damit eignete sich das Konstruktionsprinzip gut für Gebiete, in denen es wandernde Tiere gab.

Ende 1991 hatten meine Mitarbeiter die Prüfung der Zäune abgeschlossen. Ihrem Bericht zufolge mussten wir Barrieren von fast 1600 Kilometern Länge bauen – Kostenpunkt: 15 Millionen Dollar. Die Länge der Zäune und der finanzielle Aufwand waren geradezu Schwindel erregend, aber eines war nach den Berichten der Zeitungen und der Wildhüter klar: Solange die Zäune nicht standen, würden die Konflikte zwischen Menschen und Wildtieren weiter eskalieren. Und dabei würden die Tiere letztlich den Kürzeren ziehen.

Mehrere Male erklärte ich Journalisten, wie wir die Zäune prüften und was wir mit ihnen vorhatten. Ich erläuterte, wir würden so schnell wie möglich arbeiten und im Januar 1992 die ersten Barrieren in den Taita-Bergen bauen – in dem Gebiet zwischen den beiden Tsavo-Parks, wo es offenbar fast jede Woche zu Zusammenstößen zwischen Elefanten und Menschen kam. Betroffene, die gerade ihre Ernte oder einen Angehörigen wegen der Elefanten verloren hatten, wollten natürlich nicht hören, was wir zu tun gedachten, sondern sofort Taten sehen. Und wer anderswo wohnte und ebenfalls durch Elefanten gefährdet war, wünschte sich die Zäune nicht in den Taita-Bergen, sondern in seiner Nähe.

Ich bat die Menschen um Geduld – obwohl ich wusste, dass ich selbst nicht geduldig wäre, wenn ich in ihrer Haut stecken würde. Aber es half nichts: Damit das Einzäunungsprojekt gelang, mussten wir nach einem genauen Plan vorgehen. Diesen Plan hatten wir jetzt, und wir gingen daran, ihn umzusetzen. Wenn erst einmal die ersten Zäune standen, würden die Kenianer weiter auf unserer Seite – und der Seite der Elefanten – stehen, da war ich mir sicher.

Kapitel 18

Meine großen Hoffnungen für den KWS knüpften sich zunehmend an das Weltbankdarlehen und andere Geldgeber. Die erste Zahlung von 60,5 Millionen Dollar sollte der Planung zufolge im April 1992 erfolgen, und bis dahin waren es jetzt nur noch wenige Monate. Diese Mittel würden uns in die Lage versetzen, in den Nationalparks und anderen Schutzgebieten lebenswichtige Verbesserungen vorzunehmen. Ich hoffte, das zusätzliche Geld für Straßen, neue Gebäude und Fahrzeuge werde den KWS endgültig rechtfertigen und den Hinterhältigkeiten verärgerter Politiker ein für alle Mal ein Ende machen.

Vom State House hielt ich mich gegen Ende des Jahres 1991 so weit wie möglich fern, sodass ich viele Veränderungen, die sich zu jener Zeit in der Regierung abspielten, nicht mitbekam. Deshalb war ich ebenso überrascht wie jeder Durchschnittsbürger, als die Zeitungen plötzlich bekannt gaben, Kenia werde sich von einem Einparteienstaat, der ausschließlich von der Kenya Africa National Union (KANU) regiert wurde, zu einem Staat mit vielen Parteien wandeln. Anfang Dezember waren Delegierte der KANU zu einer Sonderkonferenz zusammengetreten und hatten mehrheitlich beschlossen, das politische System des Landes offener zu gestalten. Insbesondere das beharrliche Drängen des amerikanischen und des deutschen Botschafters in Verbindung mit

Demonstrationen, in denen Kenianer eine Veränderung forderten, hatten sich ausgezahlt. Kenia war auf dem Weg, mehr Demokratie zu wagen. Es war eine verblüffende, schwer wiegende Veränderung, und wohin man auch kam, diskutierten die Menschen eifrig über die neuen, schnell entstehenden politischen Parteien und ihre Kandidaten.

Ebenso überraschend war, dass einige Beamte verhaftet wurden, weil man sie genauer nach ihren Verbindungen zu dem Attentat auf den Außenminister Dr. Robert John Ouko vernehmen wollte, der 1990 ermordet worden war. Dr. Ouko war eine beliebte, kompetente Führungspersönlichkeit gewesen, und die genauen Umstände seiner Ermordung im Februar 1990 sind bis heute nicht geklärt. Man hatte seine verstümmelte, verkohlte Leiche nur drei Kilometer von der Farm seiner Familie bei Kisumu im Westen Kenias gefunden. Sein grausiger Tod und die recht beiläufige, fast gleichgültige Reaktion der offiziellen Stellen auf das schreckliche Verbrechen legten den Verdacht nahe, dass jemand aus den höheren Kreisen der Regierung seine Hand im Spiel hatte. Ich war mehrere Male mit Dr. Ouko zusammengetroffen und hatte seinen energischen Charakter bewundert. Er steckte voller Ideen, wie man die Verhältnisse in Kenia verbessern könnte, und gab sich große Mühe, das Verhältnis des Landes zum Westen zu verbessern.

Bei seinem eigenen Stamm, den Luo, riss das Attentat auf Dr. Ouko alte Wunden auf. Im Jahr 1960 war Tom Mboya, ein anderer begabter Politiker, in Nairobi auf offener Straße erschossen worden. Die Mörder hatte man nie gefunden, aber allgemein herrschte die Ansicht, sie stünden mit der damals herrschenden Kikuyu-Regierung in Verbindung. Nach dem Mord an Ouko gingen die Luo und viele Aktivisten der Demokratiebewegung in ganz Kenia protestierend auf die Straße.

Auch Großbritannien und die Vereinigten Staaten betrachteten Oukos Tod mit Misstrauen. Ihre Vertreter deuteten an, die Wirtschaftshilfe könne ausgesetzt werden, wenn in Kenia keine umfassende Untersuchung des Falles stattfand. Präsident Moi versicherte, er werde bei der Suche nach den Mördern »jeden Stein umdrehen«, und forderte Kriminalisten des New Scotland Yard als Helfer an. Außerdem wurde eine dem Präsidenten unterstellte Kommission unter Leitung eines angesehenen Juristen eingesetzt, die Zeugenaussagen sammeln und so Licht in die ganze Sache bringen sollte. Aber weder die Detektive von Scotland Yard noch die Ouko-Kommission erhielten freie Hand, wie sie es sich gewünscht hatten. Die Kommission wurde aufgelöst, bevor sie eine Meinung äußern konnte, und die Kriminalbeamten berichteten, sie hätten den Minister Nicholas Biwott nicht befragen können, was in den Medien natürlich umfangreiche Spekulationen auslöste. Auch Hezekiah Oyugi, damals Ständiger Sekretär für Provinzverwaltung und innere Sicherheit, schien in die Sache verwickelt zu sein. Beide wurden festgenommen und vorübergehend von ihren Posten entbunden, aber später ließ man sie mangels Beweisen wieder frei – ein rätselhafter Ablauf. Eine Anklage wegen des Verbrechens wurde nie erhoben.

Obwohl der Mord nicht aufgeklärt wurde, bin ich überzeugt, dass die Proteste und die Presseberichterstattung der Demokratiebewegung den Rücken stärkten. In einigen wichtigen Punkten halfen sie auch Organisationen wie dem KWS. Für uns war es wichtig, dass die Presse einflussreiche Männer bloßstellte, wenn diese sich in unser Programm einmischen wollten. Es würde sicher wieder Versuche geben, Einfluss auf das Beschaffungswesen und die Vertragspraxis des KWS zu nehmen, und dagegen würde ich hart ankämpfen müssen. Ich hatte die Hoffnung, dass die Weltbank über ihr Büro in Nairobi dabei einer meiner wichtigsten Helfer sein würde; immerhin hatte Kenia sich bereit erklärt, eine Naturschutzorganisation nach den von Regierung und Weltbank gemeinsam entwickelten Richtlinien aufzubauen. Die Bank musste dafür sorgen, dass Kenia sich an diese Richtlinien hielt, und wenn Regierungsbeamte versuchten, die Mittel zu missbrauchen, dann, so meine Hoffnung, würde die internationale Institution als wichtigster Geldgeber die Zahlungen aussetzen – genau wie die Vereinigten Staaten und andere ihre Wirtschaftshilfe zurückgefahren hatten, bis Kenia mehr Demokratie zugesagt hatte. Tatsächlich hatte die Bank bereits bewiesen, dass sie nötigenfalls hart bleiben konnte.

Ein Regierungsmitglied hatte angekündigt, man werde einen Teil des Tsavo-Nationalparks für die Ansiedelung landloser Bauern zur Verfügung stellen. Ich hatte Verständnis für die Nöte dieser Menschen und für das Bestreben der Regierung, ihre Schwierigkeiten zu vermindern. Die dafür vorgesehenen Flächen waren nicht übermäßig groß, und da der Tsavo-Park so riesig war, hätte er es ohne weiteres überlebt. Aber die Ankündigung hätte zu keinem schlechteren Zeitpunkt erfolgen können: Gerade jetzt erteilte die Bank ihre endgültige Zusage für das Darlehen an den KWS. Außerdem fürchtete ich, auf diese erste Umwidmung von Land würden weitere folgen, wenn wir uns nicht dagegen wehrten. Doch am Ende brauchte ich mich gar nicht einzumischen. Die Vertreter der Bank waren überzeugt, dass das Vorhaben den Abmachungen zwischen Geldgebern und Regierung zum Schutz der Nationalparks widersprach, und blieben bei ihrer Haltung. Zu meiner großen Erleichterung wurde der Vorschlag, Flächen umzuwidmen, zurückgezogen.

Die Vorgehensweise der Bank war für mich eine große Ermutigung. Ich hoffte, sie und die anderen Geldgeber würden an ihren Prinzipien festhalten, aber ich rechnete auch damit, dass man sie schon bald angreifen würde, weil sie sich in die inneren Angelegenheiten Kenias einmischten.

Der Anfang der neunziger Jahre war in Kenia eine aufregende, turbulente Zeit. Die Menschen hatten plötzlich den Mut, ihrer Meinung Ausdruck zu verleihen: Fast jede Woche gab es Demonstrationen und Straßenschlachten. Das war für den Tourismus alles andere als förderlich, aber man konnte es angesichts der langjährigen politischen Unterdrückung voll und ganz verstehen. Allmählich fragte ich mich, ob die KANU – die Partei des Präsidenten Moi – die nächsten Wahlen gewinnen würde; diese waren für den Herbst 1992 angesetzt, in etwas mehr als einem Jahr. Einige meiner Bekannten schlossen sich den neu entstandenen politischen Parteien an, was mich mit ein wenig Neid erfüllte. Sie waren in Hochstimmung, voller Ideen und Begeisterung für die neuen Herausforderungen. Ein ähnliches Gefühl hatte mir auch die Leitung des KWS während des vergangenen Jahres verschafft. Ich genoss die Atmosphäre der großen Anforderungen, und trotz aller Rückschläge war ich entschlossen, die Entwicklung des KWS in einem ähnlichen Tempo voranzutreiben. Und das, so viel war mir klar, konnte nur gelingen, wenn wir politische Einmischung und Störungen auf ein Minimum reduzieren oder völlig vermeiden konnten.

Weihnachten ging vorüber. Wie gewöhnlich versammelte sich unsere Familie in unserem Haus auf der Insel Lamu, aber wie ein Jahr zuvor war ich nicht in Urlaubslaune. Das Interesse der Regierung an den 1640 früheren KWS-Mitarbeitern war in der letzten Zeit geschwunden, aber nur weil die Einführung des Mehrparteiensystems ihr weit größere Sorgen bereitete. Die Bevölkerung witterte die Gelegenheit, neue Persönlichkeiten an die Macht zu bringen, und die KANU hatte plötzlich, was die Führung des Landes anging, ernst zu nehmende Konkurrenz. Mich hatte man schon seit einiger Zeit nicht mehr ins State House bestellt – außer bei einem Besuch des britischen Prinzen Philip, der ausdrücklich um ein Zusammentreffen mit mir gebeten hatte. Über diese Einladung und die Privataudienz beim Prinzen waren einige Regierungsmitglieder ganz offensichtlich verärgert, aber ich sah darin die Gelegenheit, wieder einmal im Interesse der Elefanten die Werbetrommel zu rühren. Prinz Philip ist ein bekannter, leidenschaftlicher Naturschützer, und er war ebenfalls der Ansicht, die Elefanten sollten im Anhang I verbleiben. Seine Unterstützung war von großem Wert: Für den folgenden März war in Japan das nächste Treffen der CITES-Delegierten vorgesehen – und das umstrittenste Thema war wieder einmal die Frage, wie man mit dem Afrikanischen Elefanten verfahren sollte.

Während der beiden nächsten Monate betrieb ich energisch Lobbyarbeit für die Elefanten. Ich wusste, dass wir ein starkes Bündnis der Befürworter zusammenbringen mussten, denn dass Südafrika und Zimbabwe ihre Haltung ändern würden, wurde immer unwahrscheinlicher. Sie hatten eine Art Kompromiss angeboten – oder zumindest hatten sie versucht, den Anschein von Kompromissbereitschaft zu erwecken. Sie forderten nicht mehr die völlige Aufhebung des Verbots, sondern schlugen vor, es solle für jene Länder gelockert werden, die eine effiziente Bewirtschaftung ihrer Elefantenbestände nachweisen konnten. Dieses Kriterium erfüllten angeblich Zimbabwe, Südafrika, Botswana und Namibia – wer definieren sollte, was unter »effizienter Bewirtschaftung« zu verstehen war, wurde allerdings nicht genau gesagt. Die vier Länder schlugen vor, nur den Handel mit Fleisch und Häuten zu gestatten; ihren Angaben zufolge waren sie auf das damit erwirtschaftete Geld angewiesen, um ihre Parks zu finanzieren, und angeblich wurden sie ungerechterweise wegen eines Problems – der ungezügelten Wilderei – bestraft, das sie gar nicht hatten. Zimbabwe wollte den Elefanten sogar völlig von der Liste streichen und den Elfenbeinhandel wieder aufnehmen.

Ich war strikt gegen jeden Kompromiss. Er wäre für die Elefanten in allen afrikanischen Ländern eine Katastrophe gewesen und hätte sicher eine neue, umfangreiche Welle der Wilderei in Gang gesetzt. Selbst wenn nur der Handel mit Elefantenfleisch und -häuten gestattet gewesen wäre, hätten die Wilderer schon bald versucht, wieder ins Spiel zu kommen, und das Elfenbein hätten sie in der Spekulation auf spätere Gewinne versteckt. Wäre es nach dem Willen Zimbabwes gegangen – hätte also das Land wieder mit Elfenbein handeln dürfen –, hätten die ostafrikanischen Wilderer mit Sicherheit Mittel und Wege gefunden, um ihr illegal erbeutetes Elfenbein dort zu verkaufen, genau wie zu der Zeit, als CITES versucht hatte, den Handel durch Quoten zu steuern. Es gab sogar schon Anzeichen, dass die Wilderer mit der Wiederaufnahme des Handels rechneten. Der Schwarzmarktpreis für Elfenbein hatte sich von fünf auf zehn Dollar je Pfund verdoppelt. Und kurz vor der Eröffnung der CITES-Konferenz beschlagnahmten die japanischen Behörden auf einem Schiff im Hafen von Kobe siebenundzwanzig Stoßzähne.

Das alles bestärkte mich in meiner Überzeugung, dass es nur einen Weg gab, wenn wir weder Wilderei noch Elfenbein fragwürdiger Herkunft haben wollten: Es durfte keinerlei Handel geben. Ich wollte die Vertreter der anderen afrikanischen Staaten – auch jener, die für irgendeine Form des Handels eintraten – davon überzeugen, dass ein einheitlicher afrikanischer Standpunkt, die Elefanten im Anhang I zu belassen, zum Wohle aller war.

Anfang März reiste ich nach Kioto. Begleitet wurde ich von einer kleinen Delegation des KWS, bestehend aus Joyce, dem Insektenfachmann Richard Bagine und Christine Kabuye, einer führenden Expertin für botanische Systematik. Mehrere südafrikanische Naturschützer nahmen ebenso an der Tagung teil wie Rowan Martin, mein Gegenspieler aus Zimbabwe. Kurz nachdem Martin mich entdeckt und kühl begrüßt hatte, höhnte er gegenüber allen, die sich in Hörweite befanden, ich sei doch ein »fürchterlich sentimentaler Bursche« geworden.

»Leakey ist mittlerweile ein völliger Softie«, hörte ich ihn sagen. »Er eignet sich jetzt eher für die Häschenschule.«

Ich hatte mich immer über Martins Haltung gewundert. Er redete nur von den Bedürfnissen Zimbabwes und nie von denen ganz Afrikas. Solange solche Leute ihre Heimatstaaten vertraten, konnten wir, was Bedürfnisse und Probleme der Elfanten betraf, keine gesamtafrikanische Position entwickeln – und was andere Themen anging, nebenbei bemerkt, auch nicht.

Der erste Tag in Kioto öffnete mir die Augen. Es war das erste Mal, dass ich an einer CITES-Tagung teilnahm, und ich fasste sofort den Entschluss, dass es auch das letzte Mal sein würde. Ganz offensichtlich ging es weniger um Naturschutz als um Personen, die ihre Karriere aufbauen oder sich einen Namen machen wollten. Es gab jede Menge plumpe Vertraulichkeiten, Imagepflege und politische Winkelzüge. Ich bin kein geselliger Mensch. Ich gehe in Nairobi nicht zu Partys und gehöre keinem der feinen Clubs an. Meave und ich treffen uns lieber zu Hause zum Abendessen mit engen Freunden. Hier in dieser Herde von schwatzenden, kettenrauchenden Naturschützern fühlte ich mich unwohl; es waren nicht die Menschen, die ich in mein Haus eingeladen hätte.

Als am nächsten Tag die eigentliche Tagung lief, entschloss ich mich, eine aggressive Haltung einzunehmen. Von Anfang an war klar, dass wir unsere Ansichten über die Elefanten verteidigen mussten. Japan, der Gastgeber der Tagung, hielt die Wiederaufnahme des Elfenbeinhandels offenbar für etwas Gutes. Ich nutzte jede sich bietende Gelegenheit, um die scheinbar vernünftigen Argumente Zimbabwes und Südafrikas infrage zu stellen.

Der Elefant steht erst seit zweieinhalb Jahren unter Schutz, und jetzt sollen wir diesen Schutz schon wieder aufgeben? Nur wegen des Schutzes erholen sich bei uns in Kenia die Bestände. Zum ersten Mal seit vielen Jahren beobachten wir eine geringfügige Zunahme der Population. Wir finden Elefanten sogar wieder an Orten, die sie seit vielen Jahren gemieden haben. Das Elfenbein-Handelsverbot war, was die Elefanten angeht, ein Erfolg. Und es wird weltweit von der Öffentlichkeit unterstützt. Das sollten wir nicht aufs Spiel setzen.

Ich weiß, meine lieben Freunde aus Südafrika und Zimbabwe glauben, sie könnten einen eingeschränkten Handel kontrollieren. Aber die Erfahrung zeigt, dass es so etwas wie einen eingeschränkten Handel nicht gibt. Wird der Handel wieder aufgenommen, fängt auch die Wilderei wieder an – und dann werden die Elefanten in vielen Teilen Afrikas für immer verschwinden. Täuschen wir uns nicht: Dollars für Elfenbein aus Zimbabwe bedeuten Kugeln und Tod für die übrigen Elefanten in Afrika.

Rowan Martin schlug hart zurück: Wenn die ostafrikanischen Staaten ihre Bestände nicht bewirtschaften könnten, sollten sie wenigstens den Anstand besitzen und denen nicht im Wege stehen, die dazu in der Lage seien.

Es war über weite Strecken eine unerfreuliche Diskussion. Ich schmähte und verhöhnte die Argumente der südafrikanischen Staaten, die ich als egoistisch und provinziell bezeichnete. Jedes von ihnen vorgebrachte Argument konnte ich sofort widerlegen – in einigen Fällen, so hoffte ich, mit beißendem Sarkasmus. Vielleicht gelang es mir ein wenig zu gut. Aus den Augenwinkeln bemerkte ich, wie meine drei kenianischen Begleiter immer tiefer in ihre Sitze zu sinken schienen. Und als ich wieder einmal heftig auf die Vertreter Zimbabwes losging, war Joyce aus dem Saal geschlichen – meine Bemerkungen über einige ihrer Freunde und Berufskollegen waren ihr anscheinend allzu peinlich.

Alle sind der Ansicht, ich sei [mit den Südafrikanern] zu grob umgegangen, schrieb ich an jenem Abend mit einer gewissen Verwunderung in mein Tagebuch. *Ich glaube das nicht. Meine Hoffung auf eine gesamtafrikanische Haltung erfüllt sich offensichtlich nicht, und ich muss mich entscheiden, ob ich mich auf einen Kompromiss einlasse oder am Anhang I festhalte. Leider fehlen mir gute Ratschläge und handfeste Rückendeckung. Meine engsten Freunde befürwor-*

ten anscheinend ein behutsameres Vorgehen. Aber nach meiner eigenen Einschätzung sollte ich lieber eindeutig und direkt sein.

Während der beiden nächsten Tage blieb ich unnachgiebig. Ich setzte darauf, dass ich mit meiner kompromisslosen Art, so unerfreulich sie auch war, den Sieg davontragen würde. Ich sollte Recht behalten. Der Antrag, den Elefanten herabzustufen, wurde mit sechsundsechzig gegen elf Stimmen abgelehnt – ein eindringliches Signal an Zimbabwe und andere südafrikanische Staaten, dass ihre Ideen töricht waren.

Wir hatten gewonnen, aber der Sieg war kein Anlass zum Feiern. Nach der Abstimmung zog ich mich ganz allein in mein Hotelzimmer zurück. Ich fühlte mich elend. Joyce hatte mir gesagt, einige meiner Bemerkungen seien den anderen peinlich gewesen, und ich sei, wie jemand es formuliert hatte, »ein wenig grob« vorgegangen. Erstaunlicherweise erklärten mehrere Teilnehmer sogar, es tue ihnen Leid für die südafrikanischen Staaten und insbesondere für Zimbabwe.

»Sie geben sich alle Mühe, ihre Elefantenbestände nachhaltig zu bewirtschaften, und dafür werden sie auch noch bestraft«, sagte mir jemand. »Sie müssen die Last für das ganze übrige Afrika tragen. Dafür haben Sie gesorgt.«

Ich konnte darüber nur den Kopf schütteln. Noch nicht einmal drei Jahre zuvor waren sich alle einig gewesen, dass der Afrikanische Elefant sich in akuter Gefahr befand und dass das Elfenbeinverbot unbedingt notwendig war. Jetzt glaubten teilweise dieselben Leute, der Elefant sei – nach einer kurzen Pause des Tötens – »gerettet«. Zimbabwe war der neue Paria, und ich hatte ihn öffentlich gegeißelt. Ich hatte vielleicht zur Rettung der Elefanten beigetragen, aber Freunde hatte ich mir damit nicht gemacht. In meinem Tagebuch schrieb ich:

Ich war der große »Hoffungsträger« für die Rettung der Elefanten, und jetzt bin ich der »große Bösewicht«, weil es mir gelungen ist. Sogar JHP [Joyce] *fühlt sich offenbar unwohl und ist peinlich berührt.*

Obwohl ich Direktor der Kenyan Wildlife Service war, gehörte ich nicht zur Gemeinde der Naturschutzprofis. Und ich war mir jetzt auch ziemlich sicher, dass ich nie dazugehören wollte.

Einige Wochen bevor ich zu der CITES-Tagung reiste, war aus dem Schutzgebiet Maasai Mara eine schlechte Nachricht gekommen: Eine Gangsterbande hatte eine Gruppe amerikanischer Touristen überfallen, zusammengeschlagen und ausgeraubt. Zum Glück war niemand getötet und ernsthaft verletzt worden, aber die Touristen, die man hilflos und weit von ihrer Unterkunft entfernt im Busch zurückgelassen hatte, waren verständlicherweise entsetzt. Wir hatten den Verdacht, dass die Banditen aus dem benachbarten Tansania gekommen waren und sich wieder über die Grenze zurückgezogen hatten. Dieselben bewaffneten Verbrecher hatten im November auch vier deutsche Touristen in einem Luxus-Zeltlager mitten in dem Schutzgebiet überfallen und ihre gesamten Habseligkeiten geraubt. Und nur eine Woche vor meiner Japanreise schlug die Bande noch zweimal zu: Zwei Gruppen, britische und österreichische Touristen, wurden in einen Hinterhalt gelockt, verprügelt und bestohlen. Bei dem zweiten Überfall ermordeten die Verbrecher (die in Polizeiuniformen gekleidet waren) den Reiseleiter der Gruppe.

Kurz darauf gaben die Botschaften der Vereinigten Staaten, Deutschlands und Großbritanniens in ihren Empfehlungen für Reisende bekannt, Touristen sollten beim Besuch des Maasai Mara-Schutzgebietes besondere Vorsicht walten lassen oder ihn auf einen späteren Zeitpunkt verschieben. Da es sich um ein sehr beliebtes Schutzgebiet handelte – das Maasai Mara stand auf der Liste der Sehenswürdigkeiten unseres Landes stets ganz obenan –, wirkten die Empfehlungen sich verheerend auf die Tourismusbranche aus, und ich konnte kaum etwas dagegen tun. Für die Sicherheit in dem Schutzgebiet war der Kreisrat von Narok zuständig; dort wurden Wächter und Wildhüter für das Maasai Mara angeworben und ausgebildet.

Wäre der KWS zuständig gewesen, hätte der zweite und dritte Überfall sich natürlich nicht ereignet. Unsere Leute hätten die Verbrecher gefasst. Damit stand wieder einmal ein Thema auf der Tagesordnung, das ich bei der Regierung schon mehrere Male angesprochen hatte: die Überführung des Maasai Mara in die Zuständigkeit des KWS.

Trotz meiner Sticheleien hatte der Kreisrat von Narok nichts getan, um die Verwaltung des Schutzgebietes zu verbessern; immer noch durften die Kleinbusse mit Touristen nach Belieben überall herumfahren, und die Ratsmitglieder genehmigten weiterhin den Bau neuer Unterkünfte. Sie hatten auch nichts unternommen, um die Sicherheit der Touristen zu gewährleisten. Das Einzige, was ich von ihnen hörte, waren grobschlächtige Forderungen nach »unserem Anteil« an den Geldern der Weltbank. Sie wussten, dass Parks wie Tsavo, Nakuru, Amboseli und Nairobi – Einrichtungen, über die wir eine strenge finanzielle Kontrolle ausübten – während der ersten fünf Jahre Priorität genossen. Ich hatte vorgehabt, auch das Mara in die Liste aufzunehmen, aber ich hatte dem Rat mehrfach mitgeteilt, das werde erst dann geschehen, wenn er dem KWS oder einem externen Unternehmen die Verwaltung des Schutzgebietes übertrug. Wiederholt hatte ich bei der Regierung darauf gedrängt, ein hochrangiger Vertreter solle dem Rat erklären, dass der KWS keine Vorurteile gegenüber den Massai und dem Mara-Schutzgebiet hatte, sondern dass wir eine mit der Regierung abgestimmte Strategie zur Ankurbelung des Tourismus verfolgten. Ein solcher Vertreter konnte darauf hinweisen, wie wichtig das Mara für das ganze Land war, und er hätte auch betonen können, dass der Rat und das Volk der Massai letztlich davon profitieren würden, wenn sie sich den Plänen des KWS beugten.

Leider übte aber der Rat insbesondere über seinen örtlichen Parlamentsabgeordneten William Ntimama beträchtlichen Einfluss auf die Politik der Regierung aus, und niemand wollte das Thema bei den Hörnern packen. Man erhielt weiterhin ein korruptes System am Leben. Die Probleme mit dem Mara-Schutzgebiet warfen ein schlechtes Licht auf Kenia als Ganzes.

Die neue Welle der kriminellen Übergriffe und die nachfolgenden Reiseempfehlungen lieferten mir frische Munition. Kurz bevor ich zu der CITES-Konferenz reiste, arrangierte ich kurzfristig ein Zusammentreffen mit Noah Katana Ngala, dem Minister für Tourismus.

»Sie wissen, wie schlecht die Dinge im Mara stehen. Sehen Sie sich nur an, welche Folgen das für unsere Tourismusbranche hat. Es muss sich etwas ändern – das wissen Sie ebenso gut wie alle anderen Minister. Wir dürfen keine Zeit verlieren. Verschaffen Sie dem KWS die Kompetenz, im Mara für Sicherheit zu sorgen.«

Ngala zögerte. »Nun ja, aber das fällt wirklich in die Zuständigkeit des Kreisrates.«

»Sehen Sie sich doch an, was die leisten. Das ist doch lächerlich. Es können höchstens eine oder zwei Verbrecherbanden sein. Alle Taten lassen darauf schließen, dass es sich um Amateure handelt. Ein anständiger Sicherheitsdienst hätte sie schon vor Monaten gefasst. Worauf warten wir noch? Während wir darauf hoffen, dass der Rat etwas unternimmt, schlagen die Banditen das nächste Mal zu. Und wie lange wird es dann dauern, bis der Tourismus in Kenia sich wieder erholt?«

»Na ja, da haben Sie ja Recht, Richard. Aber Sie wissen doch, es ist politisch ein heißes Eisen. Der Rat ist manchmal sehr halsstarrig.«

»Dann sollte die Regierung noch halsstarriger sein. Das Thema ist nicht nur von politischer Bedeutung. Es ist von nationaler Bedeutung. Und es ist höchste Zeit, dass jemand aus der Regierung den Massai das klarmacht.«

»Stimmt, aber der Rat wird darin sicher den ersten Schritt zur Übernahme des Mara durch den KWS sehen«, warnte er mich. »Und dagegen, Richard, wird er bis zum letzten Blutstropfen kämpfen.«

»Mag sein. Aber wir müssen endlich Entscheidungen treffen, die dem ganzen Land dienen. Die Massai betrachten das Mara-Schutzgebiet als ihr privates Reich, aber das ist es nicht; es ist ein Teil Kenias. Und wir alle, auch die Massai und ihr Kreisrat, müssen zuallererst an Kenia denken. Nur so kann unser Land vorankommen.«

Ngala sagte zu, das Thema beim Präsidenten und seinen Ministerkollegen zur Sprache zu bringen. Einige Wochen später, Ende März, beorderte die Regierung allen Protesten des Kreisrates von Narok zum Trotz (der weiterhin behauptete, seine eigenen Leute würden die Verbrecher fassen) eine gemeinsame Einsatztruppe von KWS und Polizei in das Mara-Schutzgebiet.

»Das Problem ist noch nicht gelöst, aber es kann gelöst werden, und es wird gelöst werden«, sagte ich bei einer Tagung des kenianischen Reisebüroverbandes, als die Nachricht über die Stationierung der Sicherheitskräfte verbreitet wurde. »Wir haben über hundert Sicherheitsbeamte in das Gebiet abkommandiert, darunter vierundvierzig unserer besten Leute vom KWS.« Bashir hatte angeordnet, dass einige Beamte rund um die Uhr auf Beobachtungsposten im Mara stationiert wurden; andere sollten mit Fahrzeugen und zu Fuß patrouillieren, wobei sie aus der Luft unterstützt wurden.

»Wir werden die Verbrecher finden und vor Gericht stellen, da können Sie sicher sein.«

In Wirklichkeit gestaltete sich die Operation ein wenig komplizierter. Wie unsere verdeckten Ermittler in Erfahrung brachten, hatten wir mit unserer Vermutung Recht gehabt:

Die Banden (für die Überfälle waren zwei Gruppen verantwortlich) kamen aus Tansania. Auch dort hatten sie Touristen und ein Wissenschaftlerteam in Angst und Schrecken versetzt. In einem Fall hatten sie die Touristen sogar mit Giftpfeilen angegriffen und einen jungen Mann getötet. Deshalb bedurfte es keiner großen Überzeugungsarbeit, unsere tansanischen Nachbarn zu einer gemeinsamen, grenzüberschreitenden Sonderaktion zu bewegen. Die Verbrecher waren eigentlich nur kleine Dorfdiebe, die wir schnell aufspürten und verhafteten.

Wir stellten die Festnahme in den Zeitungen des Landes groß heraus, denn ich wollte sichergehen, dass Amerikaner, Briten und Deutsche von unseren Bemühungen um die Sicherheit im Mara-Schutzgebiet erfuhren. Ende April zogen Großbritannien und Deutschland ihre Warnungen zurück; die Amerikaner waren vorsichtiger: Nach ihrer Auffassung herrschte im Land insgesamt so viel Unruhe, dass sie die Reisewarnung nicht aufheben konnten.

Gewalt gegen Touristen findet in den Medien überall große Aufmerksamkeit. Die Gefahr, überfallen zu werden, war in Kenia sehr gering, aber nach den Berichten in der *New York Times* und anderen Zeitungen entschlossen sich viele Reisewillige, anderswo auf Safari zu gehen.

Ihre Besorgnis war allerdings nicht ganz unbegründet. Nairobi war nach wie vor der Schauplatz politischer Demonstrationen, und manche davon waren ganz in der Nähe großer Touristenhotels zu Straßenschlachten eskaliert. Noch beunruhigender war, dass es im ganzen Land eine Welle »ethnischer Zusammenstöße« gab. Wie ich bereits erwähnt habe, war Stammesdenken in Kenia immer verbreitet, aber das ging nur selten so weit, dass Angehörige eines Stammes die eines anderen angriffen und töteten, wie es anderenorts in Afrika tragischerweise geschah. Jetzt aber kamen aus ländlichen Gebieten fast jeden Monat neue Berichte von Stämmen, die gegeneinander gewalttätig geworden waren.

Die meisten derartigen Zwischenfälle ereigneten sich im Rift-Tal und im Nordwesten Kenias, und meist griffen dabei Kalenjin oder Massai den Stamm der Kikuyu an oder umgekehrt. Während der letzten Phase der britischen Herrschaft und in den ersten Jahren nach der Unabhängigkeit, als Kenyatta regierte, hatten viele Kikuyu-Bauern ihren Nachbarn das Land abgekauft, und von diesen Nachbarn wurden sie jetzt überfallen. Viele besser gestellte Kenianer – Ärzte, Lehrer, Anwälte und Geschäftsleute – waren Kikuyu. Manche waren mit Massai oder Kalenjin verheiratet. Aber das alles half ihnen nicht. Den Presseberichten zufolge wurde ihnen befohlen, sich ins »Kikuyuland« zurückzuziehen. Taten sie es nicht, rotteten die anderen Stämme sich gegen sie zusammen, griffen sie mit Speeren, Pfeilen und Bogen an und steckten Wohnhäuser, Höfe und Geschäfte der Kikuyu in Brand. Viele Betroffene wurden bei solchen brutalen Überfällen getötet oder schwer verwundet, und natürlich verloren sie ihren gesamten materiellen Besitz. Im April 1992 hatten die Unruhen bereits über sechzig Menschen das Leben gekostet.

Da die Angreifer fast ausschließlich primitive Waffen benutzten, wirkten die Überfälle wie spontane, von ganz unten kommende Aktionen. Es war, als wollten die Stämme alte Rechnungen begleichen. Aber die Vorfälle hatten etwas, das mich an diesem Eindruck zweifeln ließ: Sie begannen kurz nachdem die KANU bekannt gegeben hatte, bei den nächsten Wahlen sollten alle Parteien antreten können. Präsident Moi und die Regierung hatten oft die Warnung ausgesprochen, ein demokratischeres Kenia mit mehreren konkurrierenden Parteien werde in Stammeskonflikten untergehen. Die Zusammenstöße sprachen dafür, dass die Regierung Recht hatte. Indem Kalenjin und Massai die Kikuyu aus ihren Provinzen vertrieben, sorgten sie außerdem dafür, dass sie bei den Wahlen in ihrer Heimat die Oberhand behalten würden. Die meisten Angehörigen dieser beiden Stämme waren nach wie vor

Anhänger der KANU, der Partei des Präsidenten; ihre Überfälle waren ein Mittel, um die Macht ihrer politischen Bewegung zu festigen. Mit anderen Worten: Ich hatte den Verdacht, dass es sich nicht um Aktionen der Basis handelte, sondern dass die Stammeskonflikte Teil einer Strategie waren; dafür sprach insbesondere auch, dass die Regierung im Zusammenhang mit dem Thema auffällig schweigsam war. Kein einziges Mal wandte sich ein hochrangiger Vertreter öffentlich gegen die Angreifer. Fast schien es, als wolle die Regierung das Land in Stammesfehden abgleiten lassen. Dann konnten die Regierungsvertreter mit dem Finger auf die amerikanische Botschaft zeigen und behaupten: »Wir haben euch ja gleich gesagt, dass es so kommen würde.«

Andere stimmten meiner Einschätzung zu, trieben sie aber noch einen Schritt weiter. Odinga Odinga, der angesehene Vorsitzende einer neuen Partei, warf der Regierung (einschließlich des KWS) sogar vor, sie unterhalte Terroristengruppen, die andere für die Teilnahme an den Zusammenstößen ausbildeten. Dieses Training, so behauptete er, finde im Mara-Schutzgebiet statt. Odinga erhob seine Anschuldigungen gegenüber einem Zeitungsreporter; als Erwiderung erklärte ich den Journalisten, dieser Vorwurf sei Unsinn.

»Allerdings«, so fügte ich hinzu, »könnte es sein, dass es in Kenia Terroristengruppen gibt, die eine solche Ausbildung durchführen.«

Mir war die ganze Angelegenheit äußerst unangenehm. Angesichts der Zusammenstöße und eines neuen Morastes von Menschenrechtsverletzungen stellte ich mir wieder einmal die Frage, ob ich nicht meinen Posten aufgeben und mich einer der neuen Parteien anschließen sollte. So wichtig es auch war, die Elefanten zu retten und Kenias Nationalparks zu erhalten, so war ich dessen, was den Bürgern des Landes widerfuhr, zunehmend müde. Es war nötig, dass mehr Menschen sich offen zu ihren Interessen bekannten. Die Einzigen, die das wirklich taten, waren Geistliche, und einige von ihnen waren deshalb von der Polizei schwer misshandelt worden.

Ich war nicht der Einzige, der mit dem Gedanken an einen beruflichen Wechsel spielte. Im Mai teilte David Mwiraria mit, er werde den KWS im Juni verlassen und Mitglied der Demokratischen Partei werden. David war während der vergangenen drei Jahre einer meiner wichtigsten Ratgeber gewesen und hatte mich durch viele heikle Situationen im öffentlichen Dienst gelotst. Ich würde ihn vermissen. Und ich beneidete ihn. Er handelte nach seinem Gewissen, und sein Entschluss versetzte mir einen noch schmerzhafteren Stich.

Dennoch hatte ich nach wie vor den Eindruck, dass es vorerst richtig war, an der Spitze des KWS zu bleiben. Außerdem hatte ich einen Weg gefunden, um indirekt an den politischen Veränderungen mitzuwirken. Über Bekannte konnte ich Spenden für die Demokratische Partei sammeln. Meine Tochter Samira arbeitete aktiv in der Partei mit und half beim Wahlkampf. Ich bin sicher, dass der Geheimdienst mich genau beobachtete, und eines war mir klar: Wenn ich zu weit ging, würde man mich beim KWS hinauswerfen.

Im August 1992 dachte ich, es sei so weit. Philip Mbithi, der Leiter des öffentlichen Dienstes und ein treuer KANU-Gefolgsmann, bestellte mich in sein Büro. Die mangelnde Herzlichkeit in seiner Begrüßung fiel mir sofort auf. Mbithi sah mich unbewegt an und erklärte, ich würde noch am gleichen Nachmittag entlassen. Ich glaube nicht, dass die KANU tatsächlich handfeste Beweise für meine Tätigkeit zu Gunsten der Demokratischen Partei gefunden hatte, und deshalb fragte ich mich, was sie wohl wussten. Mbithi warf mir vor, ich hätte persönlich die Führer einer anderen politischen Partei mit einem Flugzeug des KWS nach Koobi Fora gebracht, und dort hätten wir Pläne zum Sturz der Regierung geschmiedet. Außerdem fügte er hinzu, viele Regierungsmitglieder hätten Angst vor dem KWS, weil er in Sachen Ermittlungen, Kommunikation und Mobilität so leistungsfähig sei, ganz zu schweigen von seinem nationalen und internationalen Ruf, seinem Zugang zu gewaltigen Geldmitteln und der Loyalität seiner Mitarbeiter meiner Person gegenüber.

Das alles kam so unerwartet, dass ich lachen musste, aber ich entschuldigte mich sofort. »Das soll nicht heißen, dass ich die Vorwürfe nicht ernst nehme«, sagte ich, »aber das alles ist völlig absurd.«

Mit dem wichtigen Politiker, den ich angeblich nach Koobi Fora geflogen hatte, war ich nie zusammengetroffen, und das Flugzeug, das dabei verwendet worden sein sollte, stand seit mindestens sechs Wochen am Boden. Auch war ich während der letzten beiden Monate nicht in Koobi Fora gewesen. Und was die übrigen Anschuldigungen anging, konnte ich nur das wiederholen, was ich der Regierung zuvor schon gesagt hatte: »Wie können Sie Angst vor einer Dienststelle mit noch nicht einmal fünfhundert Bewaffneten haben?«

Mbithi hörte mir aufmerksam zu. »Wissen Sie, Richard, diese neuen politischen Parteien und die ganze Demokratie haben alle durcheinander gebracht. In den höheren Rängen herrscht jetzt eine Menge Verfolgungswahn. Niemand weiß mehr, wem man noch trauen kann. Ich glaube Ihnen. Sie werden nicht entlassen.«

»Mir würde es nicht das Geringste ausmachen«, erwiderte ich. »Dann würde ich vielleicht sogar einer politischen Partei beitreten. Man hat mich schon gefragt, aber ich habe abgelehnt.«

»Ich bin überzeugt, dass alle Sie weiterhin beim KWS sehen wollen«, sagte er, offensichtlich bemüht, die Wogen zu glätten.

Anschließend teilte Mbithi mir mit, die Anschuldigung sei von einem Parlamentsabgeordneten erhoben worden. Das wunderte mich nicht. Dieser Abgeordnete war alles andere als glücklich darüber gewesen, dass wir Sicherheitskräfte des KWS in das Mara abkommandiert hatten. Er sah darin einen Teil der Bestrebungen des KWS, das Schutzgebiet völlig zu übernehmen. Damit hatte er Recht. Wenn der KWS seine Kompetenz in dieser Sache unter Beweis stellte, dann, so meine Überzeugung, konnte ich mit gutem Grund mehr Kontrolle über das Schutzgebiet fordern.

An diesem Abend tat ich etwas, das ich seit längerer Zeit unterlassen hatte. Ich rief Präsident Moi an. Wie ich von Mbithi wusste, hatte der Abgeordnete mich unmittelbar gegenüber dem Präsidenten beschuldigt, und ich wollte die Dinge klarstellen.

Präsident Moi schien angenehm überrascht, meine Stimme zu hören. Offensichtlich hatte Mbithi ihm bereits berichtet, dass die Geschichte nicht stimmte.

»Ich habe gehört, dass man mir vorwirft, ich hätte mich am Turkanasee mit Ihren Gegnern zusammengetan«, sagte ich.

Der Präsident ließ ein leises Lachen hören. »Nun ja, da waren ein paar Gerüchte im Umlauf.«

»Schon die Vorstellung ist absolut lächerlich«, erwiderte ich, und dann erklärte ich, dass ich die Leute, mit denen ich angeblich nach Koobi Fora geflogen war, nicht einmal persönlich kannte. »Es wundert mich nur, dass man die Geschichte überhaupt geglaubt hat.«

»Wissen Sie, Richard, wir leben in schwierigen Zeiten. Jeder will Sieger sein, und alle erzählen Lügen, weil niemand etwas Genaues weiß. In der Politik muss man sehr genau aufpassen, wem man vertraut.«

Da musste ich ihm Recht geben. Wir wünschten einander alles Gute und legten auf. Ich blieb noch eine Weile neben dem Telefon sitzen und dachte über das Gespräch nach. Wir sahen einander jetzt so selten, dass ich kaum wusste, wie ich seine Äußerungen einschätzen sollte. Aber seine letzte Bemerkung deutete ich als Warnung. Die Regierung hatte kein Vertrauen mehr zu mir.

Kapitel 19

Ich wusste, dass es für den Direktor des kenianischen Naturschutzdienstes nicht gerade opportun war, sich so intensiv für die neuen politischen Oppositionsparteien zu interessieren, die sich damals in unserem Land formierten. Andererseits boten diese Parteien aber ganz offensichtlich die beste Gelegenheit, lebenswichtige Veränderungen in der Verwaltung des Landes herbeizuführen und insbesondere die langjährige Korruption zu beenden. Nach meiner Überzeugung konnten sie dazu beitragen, dass die Regierung sich den Bürgern gegenüber verantwortungsbewusster und sensibler verhielt. Ich selbst war hin- und hergerissen: Einerseits wollte ich mich engagieren, andererseits hatte ich aber nicht vor, mich durch die beginnenden politischen Auseinandersetzungen von meiner beruflichen Tätigkeit ablenken zu lassen.

Natürlich wollte und würde ich jeden Politiker unterstützen, der die nächste Wahl gewann. Wandel durch Revolution und Gewalt entsprach nicht meinen Vorstellungen, und Gerüchte, ich würde den KWS zu solchen Zwecken benutzen, waren absolut lächerlich. Schon zu viele andere afrikanische Staaten, beispielsweise Äthiopien und Angola, hatten diesen traurigen Weg eingeschlagen und waren jetzt nur noch ein Schatten ihrer selbst. Ihre Wirtschaft war ruiniert, und die Bevölkerung, die entsetzliche Leiden und Gräueltaten erdulden musste, hatte kaum genug zu essen. Viele Menschen waren geflohen und hatten sich in das Heer der staatenlosen Flüchtlinge eingereiht. Ein solches Schicksal, so hoffte ich, würde Kenia und seinen Bewohnern erspart bleiben.

Zwar verabscheute ich die Gerüchte über mich, doch versuchte ich auch nicht, sie mit Gegenbeweisen zu widerlegen. Ich war überzeugt, meine Tätigkeit im Interesse Kenias und des KWS würden für sich selbst sprechen.

Nur drei Jahre zuvor, als ich mein Amt angetreten hatte, hatten die Wildhüter des KWS der Polizei und Armee als lächerliche »bewaffnete Truppe« gegolten. Jetzt verfügten wir über hervorragend ausgebildete und ausgerüstete Sicherheitskräfte. Das Verdienst für diese Wende gebührt zum größten Teil Bashir, der unsere Leute mit fester Hand befehligte. Seinetwegen machte ich mir niemals Sorgen, dass die bewaffneten Einheiten des KWS über ihre Aufgabe, sich um die Wilderer und die Sicherheit in den Parks zu kümmern, hinausgehen könnten. Unsere Leute waren diszipliniert, gut ausgebildet und gut bezahlt, und alle waren stolz darauf, die neuen, von Bashir entworfenen Uniformen zu tragen. Sie zeigten ebenso wie Fahrzeuge, Briefpapier und Wegweiser unser Logo, eine stilisierte Elefantenmutter mit ihrem Kind.

Erscheinungsbild und Disziplin waren nicht die einzigen Verbesserungen. Die Wildhüter des KWS verfügten jetzt auch über weit bessere Waffen. Neben den automatischen Gewehren hatte ich Nachtsichtgeräte beschafft. Wenn man beispielsweise in den riesigen Buschgebieten des Tsavo-Parks mit Wilderern und Banditen fertig werden will, besteht eine Hauptschwierigkeit darin, sie überhaupt aufzuspüren. Das Gelände erschwert die Verfolgung, und meist hatten unsere Patrouillen gegenüber den Banden, die sie festnehmen sollten, einen Rückstand von mindestens einem Tag. Bei solchen Gelegenheiten, wenn wir die Verbrecher einholen mussten, hatte sich die Beobachtung mit Nachtsichtgeräten aus einem hoch fliegenden Flugzeug als äußerst hilfreich erwiesen. Auf diese Weise konnte man sogar ein kleines Lagerfeuer mit wenigen brennenden Ästen aus mehreren Kilometern Entfernung ausmachen. Die Position ließ sich mit Hilfe des Satelliten-Orientierungssystems GPS genau bestimmen, und dann konnte eine mit Nachtsichtgeräten ausgerüstete Patrouille im Schutz der völligen Dunkelheit sehr schnell bis zum Lager der Wilderer vorrücken. Die moderne Technik vereinfachte unsere Aufgabe gewaltig.

Einmal wurden wir gebeten, einer Gruppe leitender Polizeioffiziere unsere Ausrüstung vorzuführen. Man hatte in Schussweite einige Ziele aufgebaut, und nach Einbruch der Dunkelheit schlich eine Patrouille des KWS sich an, eröffnete das Feuer und zog sich wieder zurück. Als wir das Flutlicht einschalteten und die Offiziere sich die Ziele ansahen, waren sie von der Treffsicherheit der Schützen beeindruckt. Für uns Zuschauer war die Patrouille unsichtbar geblieben, und die Vorführung verschaffte dem KWS bei der Polizei noch größeren Respekt.

Natürlich verbreitete sich die Kunde von unserer neuen Leistungsfähigkeit, und allein ein solcher Ruf kann ein ausgezeichnetes Abschreckungsmittel sein. Wenn die Nachricht zu den Wilderern drang, so meine Hoffnung, würden viele von ihnen Angst haben, die Parks überhaupt noch zu betreten. Ich war immer überzeugt, dass Vorbeugung besser ist als Heilung. Wir mussten die Elefantenwilderer zu der Einsicht bringen, dass ihre Tätigkeit mit einem hohen Risiko verbunden war. Die sinkende Zahl der Übergriffe im nächsten Jahr sprach dafür, dass wir sie überzeugt hatten.

Später erfuhren wir, dass Polizeioffiziere, paramilitärische Führer und andere Beamte, die Zeugen der neuen Fähigkeiten unserer Leute geworden waren, mit anderen in den Streitkräften darüber gesprochen hatten. Alle waren verblüfft, zu welchen Leistungen die Wildhüter des KWS in der Lage waren.

Über die Bewunderung der Polizeioffiziere freute ich mich. Wir waren in unserem Verhältnis ein großes Stück vorangekommen, und ich war froh, dass sie die Wildhüter und mich nicht mehr als Pappkameraden betrachteten. Ihre zustimmenden Worte würden sicher dazu beitragen, die Regierung zu beruhigen.

Auch die von uns aufgebaute Datenbank mit Elefantenwilderern und Elfenbeinhändlern würde der Regierung nach meiner Überzeugung von Nutzen sein. Gepflegt und verwaltet wurde sie von einer unserer Mitarbeiterinnen, einer hoch qualifizierten Computerexpertin. Sie hatte das System so angelegt, dass jede Information, die wir über den Elfenbeinhandel und die Wilderer gewannen, aufgenommen und mit allen anderen Informationen vernetzt werden konnte. In die Datenbank floss alles ein: die Namen der Dörfer, die von Wilderern überfallen wurden, die Fundorte aller gewilderten Elefanten, die Namen aller Ladenbesitzer – und Beamten –, die Verbindungen zum Elfenbeinhandel hatten. Wenn Bashir eine Operation im Gelände vorbereitete, forderte er zuvor einen Bericht über das Gebiet an.

»Dann kommt er zu mir und sagt: ›Wir haben dieses oder jenes vor. Hast du etwas für uns?‹«, erklärte mir unsere Informatikerin. »Ich teile ihm dann alles mit, was wir wissen: die Namen der Wilderer, die in dem Gebiet aktiv waren, und auch derer, an die sie das Elfenbein verkauft haben; die Zahl der Tiere, die dort bisher getötet wurden, der Operationen, die wir dort durchgeführt haben einschließlich der Erfolge und Misserfolge, und wenn wir Probleme hatten, die Zahl unserer Leute, die dort getötet oder verwundet wurden. Dank dieser Informationen ist er dann sehr gut vorbereitet.«

Wir rechneten ständig damit, dass unsere Datenbank uns Hinweise auf eine Person in höchsten Regierungskreisen liefern würde. Aber immer wieder mussten wir feststellen, dass es sich bei den meisten illegalen Händlern um kleine Kaufleute handelte. Wir entdeckten aber auch, dass wir diese Personen nicht immer juristisch verfolgen konnten. Oft wurden sie von Beamten geschützt, beispielsweise von den Provinzvorstehern (eine Position ähnlich der des Gouverneurs in den

US-Bundesstaaten) oder von Ministern aus dem Kabinett. Diese Beamten halfen den Händlern beispielsweise, indem sie staatliche Fahrzeuge zum Transport des Elfenbeins zur Verfügung stellten. Mehrmals hatten unsere Leute bestimmte Käufer verfolgt und ihre Festnahme vorbereitet, und dann hatten diese plötzlich das Fahrzeug gewechselt – sie waren im Auto eines leitenden Beamten mit guten Beziehungen weitergefahren.

Derartige Vorfälle waren zu Beginn meiner Amtszeit häufiger gewesen. Mittlerweile achteten die höheren Beamten genauer darauf, nicht mit dem Elfenbeinhandel in Verbindung gebracht zu werden. Zum Teil lag das an mir: Ich hatte für einige von ihnen mehrmals Vorführungen der KWS-Datenbank inszeniert. Bei solchen Werbeveranstaltungen tippte jemand den Namen eines kleinen Händlers ein, und innerhalb weniger Sekunden spuckte das System eine Liste aller Personen aus, die am illegalen Elfenbeinhandel beteiligt waren und mit diesem Händler in Geschäftsbeziehung standen. Das reichte in der Regel aus, um den Betreffenden die Augen zu öffnen – und um sie zu warnen. Bei einer Gelegenheit allerdings hätte ich mir fast die Finger verbrannt. Nach der Vorführung fragte ein Provinzvorsteher, was geschehen werde, wenn man seinen Namen eingab. Die Mitarbeiterin, die den Computer bediente, begriff schnell: Sie tat so, als tippte sie den Namen ein, ließ aber in Wirklichkeit die Datenbank abstürzen.

»Du liebe Güte, mit dem Rechner scheint etwas nicht zu stimmen«, sagte sie und bediente eine Reihe von Tasten; auf dem Bildschirm erschien die Anzeige »SYSTEM ERROR«, und dann wurde er dunkel.

Aber der Provinzvorsteher hatte begriffen. Wäre sein Name eingegeben worden, hätte der Computer eine lange Datei über seine Mitwirkung am Elfenbeinhandel geliefert, inklusive aller Namen seiner so genannten Geschäftspartner. Ein großer Teil der Informationen in einer Datenbank dient nur dazu, Analysen zu vereinfachen und die »Handschrift« von Verbrechen vorherzusagen. Auf diese Weise entdeckten wir mehrere wohl situierte Naturschutzwärter, die ganz offensichtlich mit anderen Beamten zusammenarbeiteten und die ich daraufhin einfach in den Ruhestand schickte. (Eine strafrechtliche Verfolgung war sinnlos, weil viele Fälle durch Korruption und schlechte Ermittlungsarbeit im Sande verliefen.)

Mit unserem System zum Sammeln von Informationen erfuhren wir häufig auch Einzelheiten über andere Verbrechen, und solche Erkenntnisse leiteten wir stets an die Polizei weiter. Dort wusste man unsere Hilfe offenbar zu schätzen. Der Polizeiführer Kilonzo war von der Datenbank des KWS so beeindruckt, dass er anfragte, ob wir in seiner Behörde ein ähnliches System aufbauen könnten – eine Bitte, die ich gern erfüllte. Im Frühjahr 1993 wollte er ein kleines Team zur Ausbildung zu uns schicken. Wieder hielt ich es für gut, dass man dem Computersystem des KWS so viel Aufmerksamkeit schenkte. Die Datenbank war für Kenia von Nutzen, und wir ernteten eine gewisse Anerkennung für unsere harte Arbeit.

Ähnlich war es auch im Sommer 1992, als Wildhüter des KWS erfuhren, dass ein Kriegsherr aus Somalia auf kenianischem Gebiet sein Lager aufgeschlagen hatte: Auch hier hielt ich es für meine Pflicht, die Sache zu untersuchen und unsere Regierung davon in Kenntnis zu setzen.

Der Kriegsherr war früher Offizier in der somalischen Armee gewesen und führte jetzt seine eigene Bande zerlumpter Männer. Er kämpfte mit mehreren anderen Militärführern um die Reste eines Landes, das in einem chaotischen, komplizierten Bürgerkrieg untergegangen war. Seine Sippe war mit Großfamilien im Norden Kenias verbündet und unterhielt möglicherweise auch Verbindungen zu Mitgliedern unserer Regierung. Dennoch hatte ich meine Zweifel, ob die kenianische Regierung auf ihrem Staatsgebiet den Militärstützpunkt eines Kriegsherrn dulden würde.

Als die Nachricht über den Stützpunkt unser KWS-Büro auf der Insel Lamu erreichte, ließ ich einen unserer Piloten das Lager überfliegen und mit einer tragbaren 35-mm-Kamera einige Fotos machen. Diese gab ich an die zuständige nationale Sicherheitsbehörde weiter, die sich daraufhin sofort um das Problem kümmerte. Der Kriegsherr verließ das Gebiet von Lamu und kehrte nie mehr zurück.

Aber ganz gleich was ich tat, ich konnte die Gerüchte um meine angeblichen umstürzlerischen Tätigkeiten nicht zum Verstummen bringen. Alle hatten davon gehört, und selbst Beamte, die ich für Freunde hielt, schienen mich manchmal mit Misstrauen zu betrachten. Hätte ich gewusst, wie ich ein solches Gerücht für immer widerlegen konnte, hätte ich es getan. Aber in der angespannten politischen Atmosphäre, die im Herbst 1992 in Regierungskreisen herrschte, erwiesen sich solche hinter vorgehaltener Hand geäußerten Lügen als schwer greifbare Feinde. Sobald ich glaubte, ich hätte sie ausgeräumt, erschienen sie in anderem – und noch gefährlicherem – Gewand aufs Neue.

Die erste Wahl mit mehreren Parteien sollte im Dezember 1992 stattfinden und wurde mit Spannung erwartet. Als der Wahltag näher rückte, bemühten sich Politiker der herrschenden KANU-Partei fast verzweifelt um den Sieg. Angehörige der Oppositionsparteien warfen der KANU vor, sie kaufe Stimmen mit Bargeld, lasse gegnerische Kandidaten belästigen oder verprügeln und plane alle möglichen Arten von Wahlbetrug. Natürlich taten die Angehörigen der Opposition das Gleiche, wenn auch mit weniger Erfolg. Ich sah mir das Durcheinander an und war froh, dass ich dieses Mal nicht in den Ring gestiegen war. Ich wünschte mir, die Oppositionsparteien würden sich zusammentun und einen gemeinsamen Präsidentschaftskandidaten benennen. Das hätte ihnen die besten Aussichten auf einen Wahlsieg verschafft, und eine Zeit lang sah es so aus, als würden sie sich tatsächlich auf eine solche Strategie einigen. Aber schon bald gerieten sich die Oppositionsführer untereinander in die Haare, und die KANU, die über einen gut funktionierenden politischen Apparat verfügte, tat sicher das Ihre dazu, die Meinungsverschiedenheiten anzustacheln. Es war aber auch klar, dass die Führer der Opposition, die aus unterschiedlichen Stämmen kamen, einander schlicht und einfach nicht über den Weg trauten. Wie Präsident Moi befürchtet hatte, wurde das Stammesdenken zu einem wichtigen Faktor bei unseren demokratischen Wahlen.

Je näher die Wahlen rückten, desto zahlreicher wurden die Zusammenstöße zwischen den Stämmen. Die Regierung tat nach wie vor kaum etwas, um ihnen Einhalt zu gebieten. Wer öffentlich Stellung bezog, machte alles nur noch schlimmer. Zeitungsberichten zufolge heizte insbesondere William Ntimama die Atmosphäre mit zahlreichen unnötigen Bemerkungen auf. Er behauptete beispielsweise, die Kikuyu, die aus ihren Häusern vertrieben wurden, könnten nichts anderes erwarten, denn sie hätten sich den Massai gegenüber wie Kolonialherren verhalten. In einem sehr eng gefassten Sinn stimmte das. Wie ich bereits erwähnt habe, hatten sowohl die Kolonialverwaltung als auch Präsident Kenyatta den Kikuyu große Ländereien der Massai als landwirtschaftliche Flächen zugeteilt. Solche Fehler aus der Vergangenheit waren nicht ohne weiteres wieder gutzumachen, und Ntimamas Methode – die Unterstützung derer, die Gewalt befürworteten – verschlimmerte die Lage noch mehr, weil sie einen endlosen Kreislauf der Gewalt in Gang setzte.

Auch auf den KWS war Ntimama schlecht zu sprechen. Vermutlich diente der Abgeordnete anderen, die seine Ansicht teilten, als Sprachrohr. Immer wieder drosch er im Parlament auf mich und den KWS mit dem Vorwurf ein, es gehe uns mehr um die Tiere Kenias als um seine Menschen.

Erst wenige Monate zuvor, im April 1992, hatte die Weltbank die erste Darlehensauszahlung an den KWS freigegeben. Die Unterzeichnungszeremonie, an der Kenias Botschafter in den Vereinigten Staaten und der für Afrika zuständige Vizepräsident der Bank teilgenommen hatten, hatte in unseren Zeitungen Schlagzeilen gemacht. Immerhin waren sechzig Millionen Dollar eine beträchtliche Summe, und sie kam zu einer Zeit, als praktisch alle anderen Ministerien wegen der Korruption von ausländischer Hilfe abgeschnitten waren. Ich wusste, dass viele Leute das Geld gern in die Hand bekommen hätten, und wie ich bereits beschrieben habe, hatten wir versucht, dies durch unsere Abmachungen mit der Bank zu verhindern. Die Mittel sollten an das kenianische Finanzministerium überwiesen werden, waren aber ausschließlich den von der Bank genehmigten Projekten in unserem Entwicklungsplan vorbehalten. Diese Projekte erforderten die Unterschrift des Direktors, und deshalb war ich überzeugt, dass das Geld gut aufgehoben war. Andererseits war ich aber auch sicher, dass es schon bald Versuche geben würde, mir die Kontrolle darüber zu entziehen. Ntimamas Angriffe, die nur zwei Monate nach der Bewilligung durch die Bank begannen, dürften ein Teil dieser Bestrebungen gewesen sein, insbesondere da das Schutzgebiet Maasai Mara und der Kreisrat von Narok nicht auf der Liste des KWS für die Verteilung der Weltbankgelder standen.

Ntimama und die Mitglieder des Kreisrates hatten sehr nachdrücklich deutlich gemacht, was sie vom KWS erwarteten: Wir sollten im Mara Geld für neue Straßen, Fahrzeuge, Gebäude und andere von ihnen benötigte Dinge ausgeben. Ich hatte ebenso unverblümt erklärt, dass das Mara keine größeren Finanzspritzen aus der Schatulle des KWS zu erwarten hatte, solange der Kreisrat nicht seine Entschlossenheit unter Beweis stellte, das Schutzgebiet solide zu verwalten. Wir steckten schlicht und einfach in einer Sackgasse. Und Ntimama nutzte seine Stellung als Abgeordneter, um über den KWS herzuziehen.

»Wenn der KWS seine Tiere nicht einsperrt«, erklärte er bei einem seiner Angriffe, »werden die *wananchi* [das Volk] ihm diese Aufgabe abnehmen. Man wird die plündernden Elefanten und Löwen erschießen und dahin zurücktreiben, wo sie hingehören.«

»Der KWS kümmert sich nicht um die Menschen Kenias, sondern nur um die Elefanten«, beschuldigte er uns wenige Wochen später. »Haben wir jemals gehört, dass der KWS denjenigen Geld gegeben hätte, die von diesen brutalen Tieren geschädigt wurden? Nein. Wir wissen, dass der KWS das Geld hat, aber Dr. Leakey verwendet es nur, um seinen Freunden zu helfen – den Elefanten.«

Ntimamas Vorwürfen zu begegnen, war schwierig: Ich gehörte dem Parlament nicht an und war deshalb nicht anwesend, als er solche Anschuldigungen äußerte. Der große, energische Mann, der eine Begabung für öffentliche Auftritte besaß, kam mit seinen Äußerungen immer in die Zeitung – und zwar ohne dass ich oder einer meiner Parteigänger darauf erwidern konnten. Gelegentlich widersprach jemand in einem Leserbrief seinen Erklärungen und vertrat die Ansicht, die wilden Tiere Kenias müssten geschützt und nicht zu Tode gehetzt werden. Auch ich hatte den Journalisten hin und wieder zu erklären versucht, warum der KWS keine Entschädigung für die von wilden Tieren verursachten Verletzungen und Todesfälle zahlen konnte. Ich erläuterte, die kenianische Regierung habe dieses Verfahren aufgegeben, weil man es nur allzu leicht missbrauchen konnte. Jetzt mussten die Menschen sich unmittelbar an die Regierung wenden, wenn sie glaubten, dass ihnen eine Entschädigung zustand. Dass es nicht mehr in die Zuständigkeit des KWS fiel, war in den Gesetzen, mit denen unsere Institution gegründet wurde, ausdrücklich festgelegt.

»Wir haben volles Verständnis für die Probleme der Menschen, die in der Nähe unserer Parks zu Hause sind«, sagte ich. »Und natürlich wollen wir alles tun, um ihnen zu helfen.

Wenn unsere Parks Gewinn abwerfen, wird der KWS die Gemeinden außerhalb der Schutzgebiete beim Bau von Schulen und ärztlichen Zentren unterstützen. Durch solche Projekte geben wir ihnen einen kleinen Teil unserer Erlöse ab.«

Tatsächlich gab der KWS im Mai 1992 dreihunderttausend Dollar für Projekte in Nachbargemeinden des Amoseli-Parks aus. Grace Lusiola, beim KWS für solche gemeindenahen Projekte verantwortlich, hatte mehrere Schulen, Krankenhäuser und Kleinunternehmen ausgemacht, bei denen eine Unterstützung lohnend erschien. Außerdem halfen wir einigen Massai-Familien, auf ihren Ländereien eigene kleine Schutzgebiete anzulegen, die den Amboseli-Park entlasten sollten. Und volle 140 000 Dollar hatten wir einer Gruppe von Bauern in der Nähe des Maasai Mara für den Bau neuer Klassenräume, Krankenzimmer und kleiner Staudämme zur Verfügung gestellt. Das waren unsere Pilotprojekte. Wir wollten ausprobieren, wie sie funktionierten, und auf diese Weise Wege finden, um an anderen Orten noch bessere Vorhaben zu entwickeln.

Aber die wenigsten wollten so genau wissen, was wir eigentlich taten. Entweder nahmen sie das Wort »Pilot-« überhaupt nicht zur Kenntnis, oder sie missverstanden seine Bedeutung. Im ganzen Land wollte jede Gemeinde in der Nähe eines Parks ihr eigenes »Projekt« – und den Anteil an den Einnahmen des Parks, der ihr nach eigener Einschätzung zustand.

Die Lage zu entschärfen, erwies sich als unmöglich. Ntimama und seine Verbündeten machten auch den Einnahmen-Verteilungsplan zur Zielscheibe ihrer Angriffe. Sie wollten wissen, wo diese Einnahmen waren. Der KWS, so sagten sie, verfügte jetzt über Geld, habe aber die für die Gemeinden vorgesehenen »versprochenen 25 Prozent noch nicht abgegeben«. Auch an eine andere Zusage hatte der KWS sich angeblich nicht gehalten: Er hatte noch nicht die Zäune errichtet, mit denen Elefanten von den Dörfern ferngehalten werden sollten. »Die einzigen Zäune, die der KWS gebaut hat, dienen dem Schutz der reichen weißen Rancher«, klagten unsere Kritiker.

Unsere tatsächlichen Maßnahmen gingen in dem Wortgeplänkel völlig unter. Wir hatten niemals vorgehabt, einfach Gelder zu verteilen, und schon gar nicht an einzelne Mitglieder von Kreisräten, von denen viele jetzt genau das verlangten. Es hätte mit Sicherheit bedeutet, dass das Geld entweder unterschlagen oder vergeudet wurde. Die Mittel sollten vielmehr in Form von Projekten verteilt werden, wie wir sie im Amboseli-Park probeweise begonnen hatten. Und die Zäune, die angeblich die weißen Rancher schützten, hatten wir in Wirklichkeit errichtet, um die wilden Tiere auf ihren Anwesen festzuhalten, damit sie nicht die Felder der Kleinbauern in den Nachbargemeinden verwüsteten – und diese waren von den Barrieren begeistert. Aber es ging wie so oft: Für die Zeitungen war es spannender, Ntimamas Aufsehen erregende Halbwahrheiten zu verkünden als die viel weniger spektakuläre, langweilige Wahrheit. Etwas über einen wirksamen Elefantenzaun zu lesen, ist nicht halb so unterhaltsam wie ein Artikel über einen wild gewordenen »Killer-Jumbo« oder eine Barriere, die angeblich nur der »weißen Oberschicht« dient.

Nach den Wahlen, so hoffte ich, würde der KWS nicht mehr so stark als politische Zielscheibe dienen. Ich behielt jedoch nur eine kurze Zeit lang Recht.

Die Wahl fand Mitte Dezember 1992 statt. Wie kaum anders zu erwarten, wurden Präsident Moi und die herrschende KANU-Partei im Amt bestätigt, wenn auch nur mit 33 Prozent der Stimmen. Der Rest verteilte sich auf die verschiedenen Oppositionsparteien. Wären sie gemeinsam angetreten, hätten sie wahrscheinlich gewonnen.

Nach dem Ereignis beruhigte sich das öffentliche Leben in Kenia. Die Menschen waren der politischen Reden, Wahlkämpfe und Winkelzüge des vergangenen halben Jahres überdrüssig. Seltsamerweise gingen die Stammeskonflikte jedoch weiter. Meave und ich rätselten oft über die Ursachen.

»Welchen Zweck können sie jetzt noch haben?«, fragte ich sie eines Tages kurz nach Neujahr beim Abendessen. »Die Wahl ist vorbei. Die KANU hat gewonnen. Man sollte doch meinen, dass es jetzt an der Zeit ist, diese Rowdys zurückzupfeifen, von wem auch immer sie geschickt worden sind.«

»Es macht mir Sorgen«, sagte Meave. »Anscheinend dienen die Fehden den Leuten nur als Vorwand, um ihre Nachbarn zu bestehlen.«

»Die Regierung sollte öffentlich Stellung beziehen und ihnen das Handwerk legen. Ich begreife nicht, warum das nicht geschieht.«

Wir schüttelten beide den Kopf und fragten uns, welche politischen Gründe in Wirklichkeit hinter den Zusammenstößen steckten.

Ein wichtiger Faktor für eine gelungene Ehe ist die Geduld, schwierige Phasen einfach auszusitzen. Meaves berufliche Laufbahn entwickelte sich höchst erfreulich. Sie hatte einige hervorragende Fossilfunde gemacht und war jetzt eine gefragte Gastrednerin an Universitäten und Museen in den Vereinigten Staaten und Europa. Außerdem förderte sie eine ganze Gruppe junger kenianischer Wissenschaftler. Jeden Sommer war sie drei Monate lang am Turkanasee, und wenn ich zu Besuch kam, dann ausschließlich auf ihre Einladung.

Ende Januar, nur wenige Wochen nach unserem Gespräch, stieß eine Wilderer-Bekämpfungseinheit des KWS in einer Höhle an der Grenze des Maasai Mara-Schutzgebietes auf eine Verbrecherbande. Zuvor hatten wir seltsame Berichte über Giraffenwilderei gehört. Dass Giraffen das eigentliche Ziel der Angriffe sein sollten, erschien uns unwahrscheinlich, aber unsere Wildhüter fanden tatsächlich innerhalb und außerhalb des Schutzgebietes zahlreiche Kadaver dieser Tiere.

Sie verfolgten die Bande bis zu einer Höhle und entschlossen sich, am nächsten Morgen zuzugreifen. Kurz nach Anbruch der Dämmerung umstellten sie das Versteck und riefen den Verbrechern zu, sie sollten sich ergeben. Die Wilderer riefen zurück, man könne sie nicht festnehmen.

»Wir sind mit behördlicher Genehmigung hier!«, schrie einer von ihnen. »Haut ab und lasst uns in Frieden.«

Unsere Wildhüter hielten diese Antwort für unverschämt und verlangten noch einmal, die Gruppe solle sich ergeben. Stattdessen schossen die Wilderer eine Salve von Pfeilen ab. Einer traf den kommandierenden Sergeant. Sofort erwiderten seine Leute das Feuer. Fünf Wilderer – ohne Ausnahme Massai – kamen ums Leben, vier weitere wurden festgenommen.

Am Schauplatz des Geschehens herrschte großes Durcheinander. Die Massai protestierten immer noch, man solle sie in Ruhe lassen, und beklagten den Tod ihrer Freunde. Unsere Wildhüter durchsuchten die Höhle und fanden zu ihrer völligen Verblüffung eine regelrechte Fabrik zur Herstellung von Pfeilen und Bogen. Wie einer von ihnen mir später erklärte, eignen sich Giraffensehnen hervorragend für die Herstellung von Bogen. Ohne es zu wissen, hatten sie professionelle Waffenhersteller festgenommen: In der Höhle war ein großer Teil der Bogen und Pfeile entstanden, die in den Stammesfehden verwendet wurden.

Plötzlich war in Odingas Vorwürfen, der KWS bilde im Maasai Mara-Schutzgebiet Terroristen aus, ein gewisser Sinn zu erkennen. Die Gerüchte, die er gehört hatte, bezogen sich mit Sicherheit auf diese »Wilderer«, die Waffen herstellten und vielleicht auch Menschen in ihrem Gebrauch unterwiesen.

Aber was hatten die Wilderer gemeint, als sie behaupteten, sie hielten sich mit »behördlicher Genehmigung« in der Höhle auf? Spielten sie auf Behörden in Nairobi oder den örtlichen Kreisrat von Narok an? Das ganze Gebiet war stark von den Stammeskonflikten betroffen, und doch hatte kein einziges Mitglied des Kreisrates öffentlich Stellung gegen die Aggressoren bezogen. Manchen Berichten zufolge hatte Ntimama sie sogar aufgestachelt. Zeitungen behaupteten, er habe den unter den Massai lebenden Kikuyu geraten, sich »klein wie Mäuse« zu machen, wenn sie in dem Gebiet bleiben wollten. Er selbst leugnete allerdings, jemals eine solche Äußerung getan zu haben.

Ich konnte kaum etwas anderes tun als über die Entdeckung unserer Wildhüter Bericht zu erstatten. Den gesetzlichen Vorschriften zufolge mussten wir alles, was wir an jenem Tag beschlagnahmt hatten, und auch die von unseren Wildhütern protokollierten Aussagen der Bandenmitglieder an die örtliche Polizeistation in Narok übergeben. Und alle diese Beweise – einschließlich der Bogen und Pfeile – verschwanden über Nacht.

Wenige Wochen später war Ntimama wieder einmal in Angriffslaune. Er verlangte vom Minister für Tourismus und Naturschutz eine Erklärung.

»Was tut dieser Leakey da? Seine Wildhüter haben unbewaffnete Massai beim Abendessen erschossen. Der Fall muss untersucht werden!«

Da die Beweismittel nicht mehr existierten, konnte der Minister kaum etwas zu meiner Verteidigung vorbringen. Immerhin erklärte er, es habe sich nicht um »unschuldige *wananchi*« gehandelt, sondern um Wilderer.

»Welchen Beweis haben Sie?«, wollte Ntimama wissen. »Diese Männer haben nichts getan außer Wild zu erlegen, wozu sie berechtigt waren. Und jetzt sind fünf von ihnen tot! Das versteht der KWS unter seiner Aufgabe: Dorfbewohner umbringen und die Tiere schützen, die uns umbringen!«

Der Minister lehnte es ab, darauf zu antworten.

Wir hatten Ntimama nur Munition geliefert, die er gegen mich und den KWS verwenden konnte. Und leider wusste ich über die Stammeskonflikte mehr, als mir lieb war. Einige Beamte unterstützten die Überfälle und erteilten offenbar sogar die Genehmigung, die dafür notwendigen Waffen herzustellen. Die Zusammenstöße setzten sich bis zum Frühjahr 1993 fort.

Auch Ntimama stellte seine öffentlichen Angriffe gegen mich und den KWS nicht ein. Und niemand aus der Regierung unternahm etwas, um uns zu verteidigen.

Nach diesem Vorfall zog ich mich wieder einmal zurück. Ein paar Monate zuvor, im Herbst 1992, hatte die Regierung meinen Vertrag als KWS-Direktor verlängert, und ich hatte mich bereit erklärt, noch drei Jahre im Amt zu bleiben. Zeit genug, so glaubte ich, um die Institution aufzubauen, die ich mir vorstellte. Danach wollte ich zurücktreten.

Aber vorerst gab es viel zu tun. Wir hatten mehrere große Projekte in Angriff genommen, von der Errichtung der Zäune und dem gemeindenahen Naturschutz bis zur Ausbesserung der Straßen und Gebäude in den Parks. Außerdem schlugen wir uns immer noch mit der Frage herum, wie wir die Gemeinden in der Nähe der Parks am besten an den zukünftigen Gewinnen des KWS beteiligen konnten. Für unsere Zentrale hatte ich ein neues Gebäude entworfen, das die derzeitige kleine Bruchbude ersetzen sollte. Wenn solche staatlichen Projekte in Kenia auf den Weg gebracht werden, setzt nur allzu oft sofort der Missbrauch ein. Beamte, die Verwandte in der Bauwirtschaft haben, finden Mittel und Wege, damit ihre Vettern die Aufträge erhalten. Andere verschaffen sich durch Bestechung ein Stück von dem Kuchen. Auf diese Weise werden die für das Projekt vorgesehenen Mittel zwangsläufig vergeudet. Schon bald wird der veranschlagte Etat überschritten, und am Ende bleibt das Vorhaben unvollendet. Auch unter der alten Naturschutzbehörde war es vielfach so gelaufen, aber ich war fest entschlossen, es unter meiner Verantwortung nicht geschehen zu lassen.

Ich wollte die Aufträge ausschließlich an unabhängige Firmen vergeben und nicht an jene, deren Inhaber über die besten Beziehungen verfügten. Deshalb behielt ich das gesamte Ausschreibungsverfahren genau im Auge. Mehr als einmal kamen Lieferanten zu mir und behaupteten, ich würde das Bauvorhaben nicht richtig handhaben – was bedeutete, dass sie keine Aufträge durch Bestechung erhalten hatten. Solche Leute wies ich umgehend ab. Mit meinen schroffen Worten und meinem Festhalten an einer seriösen Auftragsvergabe machte ich mir mit Sicherheit weitere Feinde. Aber darum kümmerte ich mich nicht mehr. Der KWS war jetzt eine halbstaatliche, von der Regierung unabhängige Einrichtung, und ich genoss die Rückendeckung der Weltbank. Ich leitete ihn, wie ich es für richtig gilt – oder zumindest versuchte ich das.

Als es darum ging, die dem KWS zur Verfügung gestellten Mittel der Weltbank abzurufen, machte das Finanzministerium erhebliche Schwierigkeiten. Formulare waren auszufüllen, das Verfahren war widersprüchlich, und immer wieder beharrten Beamte darauf, dieses oder jenes entspreche nicht den Vorschriften des Ministeriums. Ich musste mich an einem Katz-und-Maus-Spiel um das Geld beteiligen und wartete ab, wie lange das Finanzministerium uns hinhalten wollte. Als letztes Mittel konnte ich immer noch die Weltbank um Unterstützung bitten. Vorerst unterschrieb ich Schuldscheine zur Bezahlung. Jeder wusste von der gut gefüllten Schatulle des KWS und gewährte uns ohne weiteres Kredit.

Ich kam nur noch selten mit Präsident Moi oder anderen hoch gestellten Regierungsmitgliedern in Berührung und tat einfach meine Arbeit. Meine Bescheidenheit, so hoffte ich, würde meine Feinde davon abhalten, sich viele Gedanken um mich zu machen.

Eines Tages Mitte Mai erhielt ich jedoch einen Anruf aus dem Büro des Präsidenten. Seine Sekretärin sagte, Moi wolle mich sprechen. An den genauen Inhalt der Unterhaltung kann ich mich nicht erinnern. In meinem Tagebuch hielt ich nur fest, der Präsident sei »erstaunlich herzlich« gewesen. Wahrscheinlich schrieb ich das, weil seit unserer letzten privaten Begegnung, in der eine peinliche, kühle Atmosphäre geherrscht hatte, mehrere Monate vergangen waren. Dieses Mal lachten wir offenbar mehrmals gemeinsam, schüttelten uns die Hände und verabschiedeten uns freundschaftlich.

Es sollte für mehrere Monate mein letzter Tagebucheintrag bleiben.

Zwei Wochen später, am 2. Juni 1993, brach ich zu einer kurzen Konferenz im Ausbildungszentrum des KWS auf, das sich nördlich von Nairobi in Naivasha im Rift-Tal befindet. Es war eine dreistündige Autofahrt oder ein Flug von 25 Minuten, und ich entschloss mich im letzten Augenblick, mein eigenes Flugzeug zu benutzen, um Zeit zu sparen. Mit mir flogen vier Mitarbeiter, sodass wir auf dem Weg einiges besprechen konnten.

Etwa zehn Minuten nachdem wir in Nairobi gestartet waren, verlor der Motor auf einmal an Leistung. Schnell überprüfte ich alle Anzeigen im Cockpit und schaltete auf den anderen Kraftstofftank um, aber es stellte sich schon bald heraus, dass der Motor nicht richtig funktionierte. Ich meldete mich beim Flughafen und kündigte eine Notlandung an. Meinen Passagieren sagte ich, sie sollten sich auf das Schlimmste gefasst machen, und dann lenkte ich die Maschine in Richtung eines Sportplatzes zwischen Schulgebäuden. Es war ein hügeliges, mit Häusern und Bäumen übersätes Gelände. Was den Ausgang des Manövers betraf, machte ich mir keine großen Hoffnungen.

Das Flugzeug setzte auf, und die linke Tragfläche rammte einen großen Mangobaum. Selbst wenn ich ihn gesehen hätte, hätte ich nichts dagegen tun können. Ich hatte die Maschine nicht mehr unter Kontrolle. Als ich das Wrack später auf Fotos sah, wunderte ich mich, dass wir lebend herausgekommen waren, aber tatsächlich überlebten alle Insassen. Zwei von ihnen waren kaum verletzt, in einem Fall waren Schulter und Unterkiefer gebrochen. Ein anderer trug Beinverletzungen davon. Ich selbst hatte einige Kopfplatzwunden, Beulen und Knochenbrüche. Doch das größte Problem waren meine völlig zerfetzten Unterschenkel.

An den Absturz selbst kann ich mich kaum erinnern. Ich weiß nur, dass einige Bewohner aus der Gegend mithalfen, uns aus dem Wrack zu ziehen. Irgendjemand nahm mir meine recht modische Rolex ab, aber ansonsten waren alle sehr freundlich und hilfsbereit. Ein Lieferwagen brachte uns in ein nahe gelegenes Krankenhaus, und von dort wurde ich nach einer Erstversorgung mit dem Hubschrauber nach Nairobi transportiert.

Ich wusste, dass Meave am Turkanasee war, aber ich brauchte sie dringend. Zum Glück hatte man Joyce über den Unfall in Kenntnis gesetzt, und sie hatte bereits dafür gesorgt, dass Phil Matthews, der Chefpilot des KWS, sofort startete und Meave nach Hause brachte. Eines wusste ich ganz genau: Ob ich mit dem, was jetzt vor mir lag, fertig würde, hing entscheidend von Meave ab.

Mir war klar, dass es mir schlecht ging, aber mehr Sorgen als um meine Verletzungen machte ich mir um den KWS.

»Ich brauche ein Telefon«, sagte ich zu Joyce. »Ich muss allen sagen, dass es mir gut geht. Sie müssen den KWS in Gang halten.«

»Das werden sie, Richard, das werden sie«, sagte sie in dem Bemühen, mich zu beruhigen. »Es wird alles gut werden.«

Ich hätte ihr gern zugestimmt. Schließlich hatte ich als Direktor die Aufgabe, bei allen für Zuversicht und positive Stimmung zu sorgen. Aber dieses Mal war ich mir absolut nicht sicher, ob alles gut werden würde.

Kapitel 20

Es ging mir wie vielen schwer Verletzten: An die ersten Stunden im Krankenhaus kann ich mich kaum erinnern. Mir war, als hasteten viele Krankenschwestern herum, und ich war gründlich durcheinander. Joyce versicherte mir, Meave sei vom Turkanasee auf dem Weg; dann erklärte sie, man werde mich bald operieren müssen. Ich weiß noch, dass ich sagte, die Operation werde nicht stattfinden, bevor ich Meave gesehen hätte: Sie war der einzige Mensch, dem ich wirklich die richtigen Entscheidungen zutraute. Alle anderen sagten für meine Begriffe nichts Sinnvolles.

Dann, etwa eine Stunde nach meiner Einlieferung und bevor ich überhaupt behandelt worden war, hörte die hastige Betriebsamkeit in der Notfallstation plötzlich auf. Im Raum wurde es völlig still.

Im nächsten Augenblick teilten sich die Vorhänge an meinem Bett, und Präsident Moi stand vor mir.

Meine Überraschung und Verwirrung bei seinem Anblick hätte größer nicht sein können. Mit bekümmertem, besorgtem Gesicht trat er an mein Bett.

»Richard, Ihr Unfall tut mir entsetzlich Leid«, sagte er und schüttelte mitfühlend den Kopf. »Es ist sehr schlimm. Wirklich schlimm.«

Ich befand mich immer noch im Schockzustand, aber später erzählte man mir, ich hätte recht fröhlich mit dem

Präsidenten geplaudert. Er erkundigte sich, ob er irgendetwas für mich tun könne, und offensichtlich erklärte ich ihm, wir müssten die Zerstörung der Wälder in Kenia aufhalten, wobei ich den Ernst der Lage in allen Einzelheiten schilderte.

Während ich weiter plapperte, hörte Präsident Moi mit ernstem Gesicht zu, und schließlich sagte er, wir sollten dieses wichtige Thema genau besprechen, sobald es mir wieder besser gehe und ich aus dem Krankenhaus entlassen würde. Er fragte, ob er mir sonst noch mit irgendetwas helfen könne, und fügte hinzu, er werde für mich und meine vollständige Genesung beten.

Ich bin Atheist, und ich befürchte, ich reagierte aus irgendeinem Grund – vermutlich wegen des Schockzustandes und der Medikamente, die ich erhalten hatte – unfreundlich auf diese Äußerung des Präsidenten. Sein Angebot, für mich zu beten, tat ich unhöflich ab und erklärte, das wolle ich nicht. Das Beste, was er tun könne, so fuhr ich fort, sei dafür zu sorgen, dass die früheren Mitarbeiter des KWS nicht wieder eingestellt würden.

Der Präsident war durch meine Worte zutiefst verletzt. Er sah erschrocken aus, als hätte ich ihm ins Gesicht geschlagen. Schließlich neigte er den Kopf, sagte noch ein paar Worte des Mitgefühls und verließ mit seinem Gefolge das Zimmer.

Joyce war während des Besuchs im Zimmer geblieben und sah mich mit aufgerissenen Augen an.

Ich brachte keinerlei Entschuldigung für mein Verhalten vor. Dass ich im Schlamassel steckte, wusste ich, aber viel größere Sorgen machte ich mir wegen des Schlamassels, in dem der KWS versinken würde, wenn alle glaubten, ich sei außer Gefecht gesetzt.

»Wir können nicht zulassen, dass der KWS den Bach hinuntergeht, nur weil mir das zugestoßen ist«, sagte ich zu ihr. »Und jetzt brauche ich ein Telefon.«

Es war ungefähr halb fünf nachmittags. Ich lag jetzt seit über zwei Stunden im Krankenhaus und pendelte immer noch zwischen Bewusstsein und Ohnmacht. Plötzlich erschien ein Pfleger mit einem Telefon in der Hand an der Tür.

»Gut«, sagte ich, und dann ließ ich ihn die Nummer meiner Assistentin beim KWS wählen.

»Lynette«, sagte ich, als sie sich meldete, »bitte sagen Sie allen, dass es mir gut geht. Sie sollen sich meinetwegen nicht beunruhigen, sondern einfach weiter ihre Arbeit tun. Das ist im Augenblick das Beste. Mir geht es gut.«

Ich merkte, dass sie sich um eine möglichst unbefangene Antwort bemühte, als hätte ich nur geringfügige Verletzungen erlitten. Sie erklärte, sie werde meine Nachricht weitergeben, und legte auf.

Eine Schwester kam und gab mir noch einmal ein Schmerzmittel. Gleichzeitig erklärte sie, der Operationssaal werde gerade vorbereitet. Man hatte meine Angehörigen alarmiert, und meine Mutter war auf dem Weg zu mir. Alle machten sich große Sorgen.

Dann hatte ich abermals einen Filmriss. Ich muss wohl eingeschlafen sein; als ich aufwachte, stand Meave im Zimmer und unterhielt sich mit meinem Bruder Philip. Phil Mathews hatte sie mit dem Flugzeug aus ihrem Forschungslager geholt, dessen Leitung sie in der Zwischenzeit, wie sie mir später erzählte, unserer neunzehnjährigen Tochter Louise anvertraut hatte. Mir fiel auf, dass Meave noch ihre Expeditionskleidung trug. Sie lächelte schwach. Unsere Blicke trafen sich, dann ging sie geradewegs zu meinem Bett und nahm meine Hand.

Wenn ich jemals Zweifel an meiner tiefen Zuneigung zu Meave gehabt hätte, wären sie in diesem Augenblick verschwunden.

»Sieht aus, als hättest du dir selbst diesmal eine ganz schöne Tracht Prügel verpasst«, sagte sie mit einem mühsamen Lächeln. In ihren Augen glitzerten Tränen.

»Na ja, ich bin ein bisschen mitgenommen. Aber ganz haben sie mich nicht geschafft. Ich bin bald wieder auf den Beinen.«

»Ja, natürlich, Richard. Du bist stark; du wirst schnell wieder gesund.«

Sie zog einen Stuhl dicht an mein Bett und setzte sich. Schnell würde es natürlich nicht gehen – das wusste sie, und das wusste ich. Vor mir lag ein schwerer Kampf, auch wenn ich noch nicht wusste, wie hart er sein würde. Im Augenblick war nur eines von Bedeutung: Meave war bei mir.

Später am Abend wurde ich zum ersten Mal operiert. Der Chirurg tat alles in seiner Macht Stehende, um meine Beine und Fußgelenke wiederherzustellen. Die Fußgelenke waren mehrfach gebrochen und zerschmettert, beide Schienbeine waren gebrochen, und das linke Bein hatte zusätzlich vier Brüche. Über dem linken Auge hatte ich einen hässlichen Schlag abbekommen, der im Schädel eine Vertiefung hinterlassen hatte; diese Verletzung war allerdings nicht weiter ernst.

Sorgen machten sich die Ärzte auch wegen meiner transplantierten Niere. Bei traumatischen Verletzungen kommt es manchmal zum Nierenversagen, und wenn ich eine Infektion bekommen sollte, bestand in meinem Fall ein besonders hohes Risiko. In meinen gebrochenen Beinen setzte sie offenbar bereits ein. Die Ärzte sprachen mit Meave über ihre Bedenken und schlugen vor, man solle mich mit dem Flugzeug nach Übersee in ein Krankenhaus mit besseren medizinischen Einrichtungen bringen. Sie wollten, dass ich sobald wie möglich verlegt wurde.

Aber trotz der Angst, die ich in Meaves Blicken erkannte, weigerte ich mich. Ich konnte das Land unmöglich verlassen, ohne mich zuvor davon zu überzeugen, dass der KWS in guten Händen war. Bestimmte Dinge, die zu beschreiben mir selbst heute nicht freisteht, waren in der Schwebe, und ich konnte sie nicht einfach im Stich lassen. Stattdessen bat ich darum, in meinem Krankenzimmer ein Büro einzurichten, sodass ich telefonieren und faxen konnte.

Während diese Vorkehrungen getroffen wurden, besuchten mich Bashir und einige leitende Mitarbeiter des KWS. Ich glaube, sie waren über meinen Zustand erschrocken, aber es war mir nicht recht, dass sie Mitleid für mich empfanden. Auch an diese Gespräche kann ich mich nicht genau erinnern, aber später erzählte man mir, ich hätte ihnen für den Besuch gedankt und sie dann wieder auf ihre Posten zurückgeschickt.

»Hier brauche ich euch nicht. Aber der KWS braucht euch. Das ist das Beste, was ihr für mich tun könnt: Sorgt dafür, dass der KWS arbeitet und dass er gut arbeitet.«

Sie salutierten und gingen. Später erzählten sie mir, sie hätten ihren Augen nicht getraut, als sie mich sahen.

»Jeder andere hätte im Bett gelegen und gejammert«, sagte ein leitender Mitarbeiter. »Aber Sie haben gesessen, telefoniert und nach jemandem gerufen, der ein ankommendes Fax annahm. Wir mussten wieder zum KWS gehen und doppelt so hart arbeiten, nur um mit Ihnen Schritt halten zu können.«

Am nächsten Tag besuchte Bashir mich noch einmal, und jetzt unterhielten wir uns ausführlich über die augenblickliche Lage. Auf die Frage, warum der Flugzeugmotor versagt hatte, gab es keine einfache Antwort; ob es sich um Sabotage handelte, war nicht geklärt. Und da ich jetzt in einem staatlichen Krankenhaus lag, waren weitere Schwierigkeiten ohnehin vorprogrammiert. Auf Bashirs und Meaves Betreiben wurde ich schnell in ein sicheres Zimmer verlegt, und vor der Tür bezogen bewaffnete Wächter des KWS Stellung. Von nun an wurden alle Besucher genau unter die Lupe genommen, und nur die wenigsten erhielten Zutritt zu meinem Zimmer. Phil Mathews und Bashir überwachten die Bergung des Flugzeugwracks und sorgten für eine umfassende Untersuchung, an der neben kenianischen Sachverständigen auch Fachleute aus den Vereinigten Staaten mitwirkten.

War der Absturz ein Attentat gewesen? Es hätte mich angesichts der Tatsache, dass so viele Leute Zugriff auf das Geld des KWS haben wollten, nicht gewundert. Präsident Moi hatte mich von Anfang an gewarnt: Es gab Personen, die mich aus dem Weg schaffen wollten, und ihre Liste war während meiner vierjährigen Amtszeit als Direktor sicher noch länger geworden. Bashirs Befürchtungen beunruhigten Meave zutiefst. Sie zog zu mir in das Krankenhauszimmer und wich kaum von meiner Seite. Auch ich machte mir Sorgen, und wahrscheinlich lag es sowohl an diesen Ängsten als auch an den Medikamenten, dass ich Wahnvorstellungen hatte und glaubte, ich würde überfallen. Nachts konnte ich kaum schlafen.

Während dieser ersten Tage drängte Meave mich mehrmals, nicht ständig wie ein Besessener über den KWS nachzugrübeln. Sie sagte, ich müsse auch an sie, unsere Familie und mich selbst denken. Aber wie gewöhnlich war ich starrköpfig: Ich weigerte mich, das Krankenhaus zu verlassen, bevor ich nicht meine gesamte Liste abgearbeitet hatte. Am fünften Tag jedoch war aber auch mir klar, dass keine großen Aussichten auf eine Genesung bestanden, wenn ich in Nairobi blieb. Ich brauchte eine bessere medizinische Versorgung.

Schon seit vielen Jahren war ich eng mit Seiner königlichen Hoheit, Prinz Claus der Niederlande, und seiner Familie befreundet. Jetzt fragte ich ihn um Rat. Wir unterhielten uns am Telefon, und ich bat ihn, mit Hilfe seiner Beziehungen festzustellen, an wen ich mich wegen der weiteren Therapie am besten wenden sollte. Innerhalb weniger Stunden unterbreitete Prinz Claus Meave seine Vorschläge, und gleichzeitig richtete er es ein, dass Dr. Christopher Colton vom Queens Medical Center im englischen Nottingham nach Nairobi flog. Noch nicht einmal vierundzwanzig Stunden später stand Dr. Colton an meinem Bett.

Nach einem kurzen Blick auf meine Verletzungen war ihm alles klar.

»Ich will bei Ihnen kein Blatt vor den Mund nehmen, Dr. Leakey«, sagte er. »In Ihren Wunden hat sich eine schwere Infektion entwickelt – eine Blutvergiftung. Daraus wird bald ein Gangrän werden, das sehr schnell tödlich verläuft. Ich nehme Sie morgen mit nach England.«

Auch Meave und meine Mutter waren für die Reise und ließen keinen meiner Einwände gelten. Ich hatte mich bereits um die meisten Dinge gekümmert, die mir die größten Sorgen bereiteten, und deshalb gab ich schließlich nach; ich sagte ihnen, sie seien die penetrantesten Weiber, die ich kenne.

Am nächsten Morgen wurde ich auf einer Trage festgeschnallt und an Bord einer British-Airways-Maschine nach London gebracht. Es war ein schreckliches Erlebnis. Ich hatte nur einen Trost: Der Arzt hatte Meave gestattet, mich mit ausreichend Wein zu versorgen, den das fliegende Personal freundlicherweise reichlich zur Verfügung stellte.

Zehn Stunden später kam ich leicht benebelt und mit starken Schmerzen in London an. Kenia und meine Probleme mit dem KWS traten vorübergehend in den Hintergrund.

Den größten Teil des Juli und August lag ich im Londoner Nottingham Hospital. Meave war ständig in meiner Nähe. Sie stellte sich in meinem Krankenzimmer ein Feldbett auf und kochte persönlich alle meine Mahlzeiten. Mit ihrer Gegenwart und ihrer ständigen Ermutigung machte sie das ansonsten bedrückende Erlebnis erträglich. Dr. Colton gab sich alle Mühe, meine Beine zu retten, und ich hoffte, dass es ihm gelang. Er klärte mich über das ganze Ausmaß meiner Verletzungen auf und erläuterte die Behandlungsmöglichkeiten. Das linke Bein ließ sich möglicherweise wieder aufbauen, aber Nerven und Blutversorgung des Fußes waren schwer geschädigt. Dr. Colton schenkte mir reinen Wein ein: Er erklärte, ich würde im linken Fuß zeitlebens kaum noch Gefühl haben, die Durchblutung werde mangelhaft bleiben, und es seien weitere Schwierigkeiten zu erwarten. Angesichts meines aktiven Lebens war das eine schwer wiegende Angelegenheit.

Obwohl Dr. Colton den Gedanken nicht schätzte, empfahl er wegen dieser zukünftigen Probleme, ich solle das Bein zwanzig Zentimeter unterhalb des Knies amputieren lassen. Gleichzeitig versicherte er mir, mit Hilfe einer Prothese würde ich wieder gehen können. Diese Nachricht zu verarbeiten war nicht einfach, aber ich konzentrierte mich auf den Gedanken, dass ich nur mit viel Glück überhaupt noch am Leben war, und schließlich stimmte ich der Operation zu. Der Verlust eines Beines war eine Kleinigkeit im Vergleich zum Verlust des Lebens. Eines Tages rollte man mich frühmorgens in den Operationssaal, und ein Teil des linken Beins wurde abgenommen.

Als ich wieder zu mir kam, hatte ich ein seltsames Gefühl, das viele Amputierte kennen: Mir war, als müsste ich mich an den Zehen kratzen. Aber die waren nicht mehr da. Der Arzt erklärte mir, der Stumpf werde schnell heilen, und in ein paar Wochen würde ich dank der Prothese wieder gehen können.

Wegen des Verlustes hatten alle viel Mitgefühl mit mir, was einerseits freundlich, andererseits aber auch lästig war. Schließlich war ich nicht tot. Allen betulichen Besuchern erklärte ich, ich würde es schon schaffen. Die Einzige, die es wirklich schaffte, mich aufzuheitern, war meine Tochter Anna.

Um mir die Zeit zu vertreiben, hatte ich mir ein paar Notizen für meine Memoiren gemacht (aus denen später dieses Buch wurde). Als Anna mich nach der Amputation besuchte, erzählte ich ihr von dem Buchprojekt. Unsere ganze Familie ist für ihren manchmal recht schwarzen Humor bekannt, und meine liebe Tochter machte diesem Ruf alle Ehre.

»Deine Memoiren?«, fragte sie erleichtert. »Ich weiß schon einen Titel: ›Ein Fuß im Grabe‹.«

Zum ersten Mal seit Tagen lachte ich lange und von Herzen. Ich bat die Chirurgen auch, mein Bein aufzubewahren, damit wir es nach meiner Heimkehr am Turkanasee gebührend bestatten konnten. »Es ist der einzige Teil meiner Beerdigung, an dem ich selbst teilnehmen kann«, scherzte ich.

Mein rechtes Bein war anscheinend eher zu retten, obwohl über dem Fußgelenk einige Zentimeter des Knochens zerstört waren. Dr. Colton war der Ansicht, das fehlende Stück könne mit Hilfe einer Knochentransplantation zum größten Teil nachwachsen, sodass ich den Fuß nach einiger Zeit wieder würde benutzen können. Mehrere Wochen lang unterzog ich mich einer ganzen Reihe von Operationen – insgesamt waren es vierzehn. Einfach war keine davon, aber ich ließ sie über mich ergehen, um das Bein zu retten. Gleichzeitig vermittelten die Eingriffe mir aber auch das Gefühl, völlig ausgeliefert zu sein. Ich war nicht mehr in der Lage, Entscheidungen zu treffen, sondern überließ sie völlig meinen Ärzten. Zu Dr. Colton hatte ich zwar Vertrauen, aber es war gegen meine Gewohnheit, so passiv zu sein.

In diesem Stadium wollte Dr. Colton die erste Knochentransplantation vornehmen. Dazu war es notwendig, ein Stück Knochen aus der Hüfte zu entfernen und am Fußgelenk anzubringen. Das sollte der erste Schritt zur Wiederherstellung meines Beines sein. Ich war mir nicht sicher, ob es richtig war, und teilte Meave meine Bedenken mit. Es schien mir besser, den Eingriff zu verschieben. Ich wollte nach Hause fliegen, mich von den vielen Narkosemitteln erholen und nachdenken. Dr. Colton war darüber nicht begeistert, aber schließlich erklärte er sich einverstanden, mich nach Kenia zurückkehren zu lassen – allerdings unter der Bedingung, dass ich im Rollstuhl fuhr und dass mein Bein mit verschiedenen Stäben und Nägeln fixiert wurde. Ein paar Wochen später sollte ich wieder ins Nottingham Hospital kommen und mich operieren lassen.

Der Rückflug verlief ganz anders. Ich lag nicht mehr auf der Trage, sondern saß neben Meave und wurde von allen Seiten erstklassig betreut. Geoffrey und Jorie Kent, zwei gute Freunde, hatten großzügigerweise dafür gesorgt, dass wir vorher einige Nächte in einem der besten Hotels Londons verbringen und uns »an das Leben außerhalb des Krankenhauses gewöhnen« konnten. Während dieser Zeit und auch auf dem Rückflug genossen wir einen Service, wie er besser nicht sein konnte. Am wichtigsten aber war, dass die Reise in die richtige Richtung ging: Ich flog nach Hause.

An den Rollstuhl gebunden zu sein war eine neue Erfahrung, aber ich lernte recht schnell, gut damit zurechtzukommen. Holprige Straßen und Staub taten meinem verletzten Bein nicht sonderlich gut. Aber das spielte keine Rolle. Die Geräusche und Gerüche Afrikas wirkten wie ein Lebenselixier. Ich erholte mich schnell von den vielen Operationen, meine Zufriedenheit nahm zu, und ich hatte das Gefühl, wieder selbst über mein Leben zu bestimmen. Im Krankenhaus, unter dem ständigen Einfluss von Beruhigungsmitteln, hatte ich kaum noch klar denken können.

Die Leitung des KWS hatte ich Bashir und Joe Kioko, meinem Stellvertreter, überlassen. Beide waren während meines Aufenthalts in London regelmäßig mit mir in Kontakt geblieben und hatten mich über die Vorgänge in der Organisation auf dem Laufenden gehalten. Während meiner Abwesenheit hatten alle sich doppelt so viel Mühe gegeben, und der KWS hatte reibungslos funktioniert, obwohl er so knapp bei Kasse war wie zuvor. Die Mittel der Weltbank waren zwar angekommen, aber verschiedene bürokratische Probleme machten dem KWS seine Tätigkeit unnötig schwer.

Meine Feinde dachten wahrscheinlich, der Flugzeugabsturz würde mir den Rest geben; immerhin hatte er zur Folge gehabt, dass ich drei Monate lang von der Bildfläche verschwunden war. Aber ich wollte sie wissen lassen, dass mehr notwendig war als der Verlust eines Beines, um mich außer Gefecht zu setzen.

Drei Tage nachdem ich in Kenia angekommen war, fuhr ich wieder ins Büro. Als der Wagen mich vor dem Haupteingang absetzte, wurde ich vom gesamten Personal erwartet. Alle applaudierten von Herzen, als man mir beim Aussteigen aus dem Landrover half und mich im Rollstuhl in mein Arbeitszimmer schob. Dann drehte ich mich um und applaudierte ihnen, weil sie weiterhin reibungslos gearbeitet hatten. Als ich in die Hände klatschte, lächelten alle, und schließlich lachten sie; ich glaube, in diesem Augenblick vergaß ich für kurze Zeit, dass ich im Rollstuhl saß. So hatte ich es mir immer gewünscht: dass sie mich als den sahen, der ich war, als Richard Leakey, und nicht als jemanden, der ihres Mitleids bedurfte. Ich weiß, dass die meisten Behinderten sehr eindringlich das gleiche Gefühl empfinden – sie müssen nicht nur lernen, sich im Rollstuhl zu bewegen, sondern vielleicht ebenso wichtig ist es auch, dass sie Angehörigen und Freunden beibringen, wie man sich im Rollstuhl fühlt. Auf andere angewiesen zu sein, widerspricht meinem Wesen, aber vorerst konnte ich daran nichts ändern. Es gab so vieles, was ich allein nicht konnte: aufstehen, ein Glas Wasser holen, eine Tür öffnen. Kleinigkeiten, und doch war ich dazu nicht in der Lage. Das war eine demütigende Lektion, aber sie hatte auch ihr Gutes: Da ich von anderen abhängig war, erkannte ich, wie wichtig Sympathie und Mitgefühl in den ersten Jahren unserer Evolution gewesen sein müssen.

In den siebziger Jahren entdeckte unser Fossilsammlerteam den Oberschenkelknochen eines frühen *Homo erectus,* eines Vorfahren der Menschen, der vor rund 1,8 Millionen Jahren lebte. Er hatte sich das Bein gebrochen, aber der Bruch war geheilt. In der Savanne Ostafrikas gibt es nur eine Möglichkeit, wie ein Mensch mit einem gebrochenen Bein überleben kann: indem andere ihm helfen. Jemand hatte dem verletzten Menschen Nahrung und Wasser gebracht und ihn beschützt, bis das Bein wieder zusammengewachsen war. Diese Geschichte habe ich im Laufe der Jahre bei vielen Vorträgen erzählt und auch darüber geschrieben. Als ich aber jetzt selbst erlebte, was jener Vorfahre der Menschen vor fast 2 Millionen Jahren erduldet hatte – und als ich merkte, wie hilflos man mit nur einem Bein ist –, begriff ich viel besser, wie entscheidend unsere Fähigkeit, füreinander zu sorgen, zum Überleben unserer Spezies beigetragen hat. Sie ist eines der Dinge, die uns zu Menschen machen.

Die Zeit im Rollstuhl machte mir auch deutlich, wie schwierig das Leben für Behinderte ist – insbesondere in einem Entwicklungsland. Ich nahm mir vor, eines Tages alles in meiner Macht Stehende zu tun und die Lage der Behinderten in Kenia zu verbessern.

Ich konnte nur wenige Wochen beim KWS arbeiten. Anfang Oktober sollte ich wieder bei Dr. Colton in London sein. In der kurzen Zeit, die mir noch blieb, wollte ich die Hindernisse bei der Verteilung des KWS-Etats beseitigen. Als ersten Schritt dieser Bemühungen verabredete ich mich mit Präsident Moi.

Ich fühlte mich in dem Rollstuhl überhaupt nicht wohl und hatte ein ungutes Gefühl dabei, den Präsidenten in diesem Zustand zu besuchen. Er und seine Beamten waren sehr freundlich zu mir, aber ich musste sitzen, während große, kräftige Männer um mich herum standen und über mich redeten – und daran, so viel wurde mir klar, würde ich mich nie gewöhnen. Bei dem Zusammentreffen war ein Fotograf anwesend, und die Aufnahme, die er von mir machte, erschien am nächsten Tag in der *Daily Nation*. Ich musste darüber lachen. Präsident Moi überragte mich, als sei ich so etwas wie ein demütiger Bittsteller. Ich nahm mir vor, mich nie wieder im Rollstuhl mit ihm zu treffen; plötzlich hatte ich es eilig, die medizinische Behandlung abzuschließen und wieder gehen zu können.

Das Gespräch war nicht so fruchtbar, wie ich es mir gewünscht hätte. Präsident Moi war freundlich, aber distanziert, was vielleicht an dem Rollstuhl lag. Vielen Menschen fällt es sehr schwer, mit einem Körperbehinderten eine normale Unterhaltung zu führen. Er redete mir zu, ich solle mir in England alle erforderliche Zeit nehmen, um mein Bein wieder in vollem Umfang regenerieren zu können.

Was aber die Beseitigung der Hindernisse anging, die dem weiteren Fortschritt beim KWS im Weg standen, erreichte ich nicht viel. Anscheinend war unsere Organisation in einer seltsamen Lage. Durch den Start eines Projekts stand eine Menge Geld zur Verfügung, aber im Großen und Ganzen verhinderten die Regierungsbeamten, dass wir es erhielten. Ich war mir nicht sicher, ob politische Beweggründe dahinter standen oder ob es nur daran lag, dass ich mich so beharrlich geweigert hatte, Schmiergelder und Provisionen zu zahlen.

Ich besuchte auch mehrmals die Parks Amboseli und Tsavo, um dort – Rollstuhl hin oder her – mit den Wächtern und Wildhütern zu sprechen. Diese Ausflüge dienten mir als seelische Vorbereitung auf die neue Serie von Operationen und schmerzhaften Therapieverfahren, die mir im Nottingham Hospital bevorstanden.

Nur allzu schnell war es wieder an der Zeit, nach England zu reisen. Ein paar Tage nach meiner Ankunft wollte Dr. Colton die Transplantation vornehmen. Ich hatte viel darüber nachgedacht und war zu dem Schluss gelangt, dass die vorgesehenen Maßnahmen bei weitem zu extrem waren. Also nahm ich mein Schicksal selbst in die Hand und bat Dr. Colton dringend um ein Gespräch. Als international angesehener Experte für die Wiederherstellung gebrochener Gliedmaßen war er zuversichtlich, dass bei meinem Bein ein gutes Ergebnis zu erzielen war. Allerdings räumte er auch ein, das künstliche Bein werde später wahrscheinlich das »bessere« sein. Das rechte Fußgelenk würde wohl immer steif bleiben und schmerzen, was auch zu Rückenbeschwerden führen werde. Auf lange Sicht würde ich eine Osteoarthritis bekommen.

Diese Eröffnung beunruhigte mich. Mein Vater hatte als über Sechzigjähriger entsetzlich unter Arthritis in der Hüfte gelitten. Er war im höheren Alter häufig schlecht gelaunt, nach meiner Vermutung vielfach schlicht wegen der quälenden Schmerzen in dem kranken Gelenk.

Ich wollte nicht als verbitterter, schmerzgeplagter alter Mann im Rollstuhl enden.

»Warum kann ich nicht zwei gute Beine haben?«, fragte ich Dr. Colton.

»Nun ja, wenn dieses geheilt ist, haben Sie ein einigermaßen gutes Bein«, erwiderte er.

»Aber so gut wie das ›gute Bein‹ wird es nicht sein?«

»Nein. Es wird steif sein, und Sie werden Arthritis bekommen, das stimmt.«

»Dann will ich zwei gute Beine haben. Nehmen Sie das rechte auch ab. Ich will es los sein und nicht eine, sondern zwei Beinprothesen tragen.«

Darauf erwiderte Dr. Colton, ich solle mir eine solche Entscheidung gut überlegen.

»Das habe ich schon. Ich habe mit Meave darüber gesprochen. Ich weiß, dass ich es will.«

Tatsächlich hatte ich mich mit ihr mehrfach darüber unterhalten. Sie kannte meine Befürchtungen.

»So lange im Rollstuhl zu sitzen wäre ganz schlecht für Richard«, erklärte sie Dr. Colton.

»Ich verstehe nicht, was dagegen spricht«, fügte ich hinzu. »Irgendwann wird dieses ›schlimme‹ Bein noch viel schlimmer werden. Es tut jetzt schon weh. Noch einmal: nehmen Sie es ab!«

Dr. Colton wollte das Bein eigentlich retten, und es wäre ihm wahrscheinlich auch gelungen, aber am Ende erfüllte er meinen Wunsch. Statt einer weiteren Knochentransplantation amputierte er das rechte Bein zwanzig Zentimeter unter dem

Knie. Jetzt waren beide Füße amputiert. Manch einer hätte sicher eine andere Entscheidung getroffen, aber für mich war es die richtige, auch wenn sie schmerzlich war. Meine Beine waren ein wichtiger Bestandteil meiner Lebensweise gewesen. Einige der schönsten Erlebnisse hatte ich auf Expeditionen, bei denen wir viele Kilometer in zerklüftetem Gelände gewandert waren. Meine großartigsten Fossilien hatte ich nach langen Fußmärschen gefunden. Das alles war von jetzt an nicht mehr möglich.

Als ich nach der zweiten Amputation wieder zu mir kam, war mir mit Sicherheit noch nicht ganz klar, wie mein Leben jetzt aussehen würde, aber ich wusste, dass andere mit dem gleichen Schicksal es bemerkenswert gut gemeistert hatten. Was andere konnten, das konnte ich auch. Zunächst einmal hatte ich das Bedürfnis, aus dem Krankenhaus zu kommen, wieder gehen zu lernen und zurück nach Kenia zu fliegen.

Während das Bein verheilte, wurde mir das erste Prothesenpaar angepasst. Sobald es möglich war, holte Meave mich aus der Klinik, und nun wohnten wir eine Zeit lang bei George Bronfman, einem guten Freund; in seinem Haus wollte ich die ersten Gehversuche unternehmen. Den Augenblick, als ich den künstlichen Gliedmaßen zum ersten Mal mein volles Gewicht anvertraute, werde ich nie vergessen. Ich konnte einfach nicht glauben, dass man auf diese Weise gehen kann. Mein Mut sank, und mir kam der Gedanke, ich hätte einen schrecklichen Fehler gemacht; die völlige Empfindungslosigkeit von den Knien an abwärts war einen Augenblick lang erschreckend. Aber ich durfte nicht an mein Unglück denken – die Leiterin des Rehabilitationsprogramms für Amputierte drängte mich, ich solle mich bewegen. Bemerkenswerterweise konnte ich schon nach wenigen Stunden zwischen parallel angebrachten Stangen »gehen«, wobei ich mich noch mit den Händen abstützte. Das Training dauerte drei Stunden. Ich ging noch zweimal hin, und am Ende der dritten Lerneinheit sagte man mir, ich brauche jetzt nur noch Übung. Ich durfte nach Kenia reisen. Natürlich benutzte ich Stöcke, und meine Schritte waren sehr unsicher, aber nachdem ich das Rehazentrum verlassen hatte, feierte ich mit Meave in einem sehr guten Restaurant in London den Abschied vom Rollstuhl. Ich fühlte mich wie neu geboren. Zum ersten Mal seit vielen Monaten dachte ich wieder ernsthaft über die Zukunft nach.

Drei Wochen später suchte ich Präsident Moi im State House auf. Dabei trug ich meine KWS-Uniform, und ich ging auf meinen neuen Beinen. Vielleicht hätte ich noch eine Woche warten sollen. Zu meinem Entsetzen verlor ich das Gleichgewicht und fiel dem Präsidenten buchstäblich vor die Füße. Wieder einmal lag ich vor ihm auf den Knien, aber wenigstens waren dieses Mal keine Fotografen in der Nähe. Der Präsident und seine Assistenten halfen mir schnell wieder auf.

Trotz meines Fehltritts waren nach meinem Eindruck viele im State House überrascht, dass ich aus eigener Kraft und ohne Stöcke kam (die benutze ich nur in unebenem Gelände). Sie begrüßten mich herzlich und erkundigten sich nach meiner Gesundheit, aber die meisten ihrer Äußerungen kamen mir unehrlich vor. Bei der Untersuchung hatte man keinerlei Anhaltspunkte für Manipulationen oder Sabotage an dem Flugzeug gefunden. Dennoch war ich überzeugt, dass irgendjemand seine Hände im Spiel hatte – vielleicht einer meiner Feinde hier im Regierungssitz.

Aber solche Gedanken waren gefährlich. Sie konnten mich in einen richtiggehenden Verfolgungswahn treiben, sodass ich meine Aufgabe nicht mehr erfüllen konnte. Ich gelangte zu dem Schluss, ich solle mir die Sache besser so weit wie möglich aus dem Kopf schlagen und mich auf das Hier und Jetzt konzentrieren – oder mit anderen Worten: Ich wollte wieder meine ganze Kraft dem KWS widmen.

Schon bald erkannte ich jedoch, dass ich auch mit noch so viel Energie und Nachdruck nicht für ein reibungsloses

Funktionieren des Naturschutzdienstes sorgen konnte. Manche Leute in der Regierung legten es darauf an, dass ich scheiterte. Dieser Gedanke bedrückte mich fast ebenso stark wie der Verlust meiner Beine.

Ich bin kein blinder Optimist, aber der Flugzeugabsturz hatte tatsächlich auch sein Gutes. Zunächst einmal bedeutete er das Ende meiner Midlife-Crisis. Selbstzweifel und Unzulänglichkeitsgefühle waren schlicht und einfach verschwunden. Ich weiß nicht einmal genau, wann mir eigentlich bewusst wurde, dass jenes ungute, unangenehme Gefühl, das sich während der letzten drei Jahre immer wieder eingestellt hatte, weg war; ich verspürte es einfach nicht mehr. Und ich vermisste es auch nicht.

Meave hatte während des ganzen Albtraums unverbrüchlich zu mir gehalten. Bei vielen Paaren läutet ein solches Trauma das Ende der Beziehung ein. Wir gingen daraus gestärkt und mit einer noch engeren Bindung hervor. Ohne ihre Unterstützung und Ermutigung wäre ich mit alledem nicht fertig geworden, das weiß ich ganz genau.

Während der folgenden Monate brauchte ich Meave mehr denn je. Während meiner Abwesenheit hatten meine politischen Feinde stillgehalten und abgewartet, ob ich überleben oder sterben würde. Nachdem sich herausgestellt hatte, dass ich nicht nur am Leben war, sondern auch meine Tätigkeit wieder aufnehmen würde, stürzten sie sich mit erneuerter Heftigkeit auf mich.

Die Führung übernahm wie zuvor William Ntimama. Er startete seinen Angriff am Weihnachtsabend, als ich mit meiner Familie auf Lamu war. Ein Journalist der *Daily Nation* rief an und fragte, ob ich auf seine Äußerungen etwas erwidern wolle.

»Nein«, antwortete ich. »Wenn ich im Urlaub bin, lese ich keine Zeitung.«

Aber einige meiner Angehörigen waren neugierig, und jemand kaufte das Blatt. Dieses Mal standen Ntimamas Angriffe auf der Titelseite: »Ntimama geißelt Leakey«. Das Blatt zitierte ihn mit den Worten: »Zwischen Massai und KWS herrscht große Verbitterung. Anscheinend dürfen Tiere mittlerweile morden und dennoch weiterleben, während die Massai zum Sterben verdammt sind.« Dr. Leakey, so hieß es weiter, sei vielleicht »im Westen ein Held«, aber er spreche »den Massai ihre grundlegenden Menschenrechte ab«. Ntimama bezeichnete mich als arroganten Diktator und erhob zum Schluss den Vorwurf, Tiere seien mir wichtiger als Menschen.

Mit solchen Beschimpfungen hatte ich gerechnet. Nicht erwartet hatte ich aber einen begleitenden Artikel mit der Überschrift »Präsident widerruft Ausnahmegenehmigungen für den KWS«. Präsident Moi hatte Genehmigungen zurückgezogen, die den KWS von bestimmten für Staatsunternehmen geltenden gesetzlichen Regelungen befreite. Auf Grund dieser Ausnahmegenehmigungen hatten wir qualifiziertes Personal anwerben und bezahlen können; ohne sie konnte ich niemanden aus der Privatwirtschaft mehr einstellen, wie ich es vorhatte. Und ohne Manager dieses Kalibers waren die Projekte des KWS zum Scheitern verurteilt.

Schon jetzt war der KWS finanziell in der Klemme. Auf das Geld der Weltbank zuzugreifen bereitete nach wie vor Schwierigkeiten, aber ich hatte bereits zahlreiche Verträge zum Bau eines neuen Hauptquartiers sowie für die Errichtung von Personalunterkünften in einigen Parks und den Ausbau der Straßen in fast allen Schutzgebieten genehmigt. Die Bauvorhaben schritten voran, aber die Vertragspartner wurden nicht bezahlt, und einige drohten mit gerichtlichen Schritten. Die Krönung des Ganzen war nun die neue Anweisung des Präsidenten.

»Was willst du denn jetzt tun, Richard?«, fragte Meave. »Die machen es dir wirklich schwer.«

Was die Gründe anging, machte ich mir keine Illusionen. »Es wird noch viel schlimmer werden«, sagte ich. »Warte nur ab. Die wollen an das Geld, und deshalb werden sie mir richtig Druck machen. Das wird sehr, sehr hart.«

Ntimama griff mich weiterhin in Zeitungsartikeln an. Fast jeden Tag hatte er einen neuen Vorwurf parat: ich würde den KWS, eine staatliche Institution, wie mein Privateigentum regieren; ich hätte viele Millionen Dollar von westlichen Geldgebern zur Verfügung, weigerte mich aber, auch nur einen Pfennig an eine Familie zu zahlen, die durch einen Elefanten oder Löwen einen Angehörigen verloren hatte.

Während meines Urlaubs brach ich mein Schweigen nicht. Manche Leser erkannten, worum es in dem Streit in Wirklichkeit ging. Einer schrieb: »Mr. Ntimama! Es geht nicht um ›mein Volk, die Massai‹, sondern um ›Leakeys Geld, an das wir nicht herankommen!‹«

Diese Formulierung amüsierte mich. Aber die Anschuldigungen waren überhaupt nicht zum Lachen. Sorgen bereitete mir auch, dass wieder einmal niemand in der Regierung öffentlich für mich und den KWS Stellung bezog. Wir waren von den Helden, die die Elefanten und die wichtigste Branche des Landes gerettet hatten, zu herzlosen Betrügern geworden.

Schon bald sprangen weitere hoch gestellte Beamte auf Ntimamas Zug auf und verlangten ihren »Anteil« an den Einnahmen des KWS. Ein anderer Minister erinnerte an die Schießerei mit Pfeil und Bogen und erhob den Vorwurf, der KWS belästige »unschuldige Menschen, wenn sie mit Pfeil und Bogen auch nur in der Nähe der Parks gesehen werden«, bleibe aber untätig, wenn »seine Tiere« Felder zerstörten oder Frauen und Kinder töteten.

Die Anschuldigungen waren so lächerlich, dass ich es ablehnte, darauf etwas zu erwidern. Eigentlich hätte mein Vorgesetzter Katana Ngala mich verteidigen müssen – es sei denn, er legte es auf meine Entlassung an. Ich rechnete schon fast damit, dass Ntimamas Feldzug zu diesem Ergebnis führen würde, und offensichtlich hatte auch er den gleichen Gedanken. In seinem nächsten Angriff, den er kurz nach dem Neujahrstag 1994 startete, forderte er meine Entlassung. »Ntimama: Leakey muss gehen«, verkündeten die Zeitungen. Wie gehabt folgte ein langer Artikel voller skurriler Vorwürfe. Und wieder einmal äußerte ich mich nicht; ich sagte den Journalisten nur, ich würde zu gegebener Zeit darauf antworten. Ich hatte eine Besprechung mit Ngala und dem Vorsitzenden des KWS-Kuratoriums angesetzt. Wenn sie mich nicht mehr unterstützten, wollte ich das als Zeichen nehmen, dass ich die Rückendeckung der Regierung verloren hatte, und zurücktreten. Früher hätte ich mich in einer solchen Krise an Präsident Moi gewandt, aber auch von ihm war während aller Angriffe Ntimamas nichts zu hören gewesen. Offensichtlich hatten meine Feinde ihn davon überzeugt, dass ich nichts Gutes im Schilde führte.

Einen Tag nachdem Ntimama meinen Rücktritt gefordert hatte, verlangten die Vorsitzenden von fünfundzwanzig Kreisräten das Gleiche. Sie beriefen eine eigene Pressekonferenz ein und vertraten dort die gewagte Ansicht, man solle die Nationalparks in ihren Kreisen zu gewöhnlichen Schutzgebieten machen, sodass sie ihre Verwaltung selbst in die Hand nehmen konnten – ein kaum verhüllter Versuch, sich unmittelbaren Zugriff auf die Kassen der Parks zu verschaffen. Glücklicherweise hielten am gleichen Tag auch mehrere neu gewählte Parlamentsabgeordnete der verschiedenen Oppositionsparteien ihre eigene Pressekonferenz ab. Sie brachten zum Ausdruck, dass sie mich nachdrücklich unterstützten; nach ihrer Ansicht wollten unsere Kritiker »schlicht und einfach das Geld [des KWS] in die Hand bekommen«.

Dass diese Leute für mich eintraten, war ermutigend. Aber schon am nächsten Tag gab Ngala bekannt, ein Untersuchungsausschuss (eine Einrichtung ähnlich dem Büro des Sonderermittlers in den Vereinigten Staaten) werde mich und den KWS »wegen mutmaßlicher Regelwidrigkeiten in Finanzen und Einstellungspraxis« überprüfen. Er sagte, es sehe so aus, als habe der KWS »das Gesetz und den Parlamentsbeschluss, die zu seiner Entstehung geführt hatten, missachtet«. Weiter erklärte er, der KWS arbeite zur Zeit mit einem überzogenen Bankkonto (was stimmte, weil das Finanzministerium unsere Mittel nicht freigab), und das sei gesetzlich nicht zulässig. Außerdem sollte der Untersuchungsausschuss sich mit den von Ntimama und mehreren Kreisräten erhobenen Vorwürfen befassen, wonach wir die Vertragspraxis falsch gehandhabt und uns gesetzwidrig öffentliche Mittel angeeignet hätten. Ngala fügte hinzu, sein Ministerium halte diese Vorwürfe für sehr schwer wiegend, da sie »von den gewählten Volksvertretern« kamen. Trotz der Vorwürfe wollte er mich aber nicht entlassen. Ich sollte Direktor bleiben, bis der Untersuchungsausschuss seine Arbeit abgeschlossen hatte.

Ngala war mir noch nie sympathisch gewesen, und nachdem ich das gelesen hatte, mochte ich ihn noch weniger. Die Geschichte war für mich peinlich und demütigend, legte sie doch den Verdacht nahe, der KWS habe sich an illegalen, korrupten Tätigkeiten beteiligt – also genau an den Dingen, gegen die ich während eines beträchtlichen Teils der letzten drei Jahre gekämpft hatte.

Zu meiner großen Erleichterung griff jetzt endlich Präsident Moi ein: Er bezog am nächsten Tag für mich Stellung und befahl allen, »mit diesem Gerede über Leakey aufzuhören«. Er stand gerade im Begriff, zu einem Staatsbesuch nach Israel zu reisen, und erklärte, nach seiner Rückkehr werde er sich genauer mit der Sache befassen.

Ich hatte mein Schweigen gegenüber der Presse immer noch nicht gebrochen. Es gab vieles zu sagen – aber damit wollte ich warten, bis ich mit dem Präsidenten gesprochen hatte.

Kapitel 21

Während der fast einen Monat langen Verleumdungskampagne, die Ntimama und seine Verbündeten gegen mich inszenierten, stellten Freunde, Angehörige, Kollegen und sogar Journalisten immer wieder die Frage: »Warum antwortest du nicht?« In einer ganz ähnlichen Lage hatte ich mich während meiner Jahre als Paläoanthropologe befunden: Damals hatten gewisse amerikanische Wissenschaftler an mehreren Universitäten und Forschungseinrichtungen in den Vereinigten Staaten Gerüchte über mich gestreut. Zum einen habe ich immer fest daran geglaubt, dass Taten deutlicher sprechen als Worte. Die Gerüchte waren in keinem einzigen Fall wahr, und das hätte jedem, der genauer hinsah, auffallen müssen. Zum anderen habe ich keine Lust, Menschen auf meine Seite zu ziehen, die boshaftem Geschwätz Glauben schenken. Gerüchte werden in der Regel aus ganz bestimmten Gründen verbreitet: damit jemand, der hässliche Dinge über einen anderen sagt, in einem besseren Licht dasteht, oder weil die betreffende Person ein bestimmtes Ziel erreichen will. Den amerikanischen Wissenschaftlern wäre es nur recht gewesen, wenn ich nie von Organisationen in den Vereinigten Staaten auch nur die geringsten Mittel für meine Fossilsammlerexpeditionen erhalten hätte, denn dann hätte ich keine weiteren Entdeckungen mehr machen können. Was Ntimama und seine Anhänger anging, so wollten sie mit ihren Angriffen die Weltbank dazu veranlassen, Mittel für das Mara-Schutzgebiet und den Kreisrat von Narok freizugeben, und gleichzeitig wollten sie die Pläne des KWS vereiteln, bei der Verwaltung des Schutzgebietes eine Veränderung herbeizuführen. Wie ich aber bereits angedeutet habe, inszenierte Ntimama seine Kampagne wahrscheinlich nicht allein. Irgendwo im Hintergrund standen andere Regierungsmitglieder, die mich aus dem Weg schaffen wollten, weil sie mich und das, was ich mit dem KWS erreicht hatte, fürchteten. Ntimama war nur ein Werkzeug, das diesem Ziel diente.

Allerdings hatten sie ihre Rechnung ohne Präsident Moi gemacht; seine Anordnung, die Kampagne gegen mich einzustellen, wusste ich sehr zu schätzen. Er hielt sich nur kurz in Israel auf, und als er vier Tage später zurückkam, vereinbarten wir wie versprochen ein Treffen.

Von allen Gesprächen, die ich mit dem Präsidenten führte, war dieses das schwierigste. Ich versuchte zwar, mir die Anschuldigungen nicht zu Herzen zu nehmen, aber in Wirklichkeit hatten mich manche Äußerungen tief verletzt – oder vielmehr Äußerungen, die man unterlassen hatte. Abgesehen von den Oppositionsabgeordneten hatte kaum ein Politiker meine Partei ergriffen. Die Autoren der Leserbriefe, die mich begeistert unterstützten und Ntimama heftig kritisierten, waren ganz gewöhnliche Bürger.

Irgendwie wünschte ich mir, diese tapferen Anhänger hätten im Parlament gesessen. Vielleicht hätte dann jemand den Mut gehabt, sich gegen Ntimama zu wenden und zu sagen: »So ein Blödsinn! Jedes Wort, das aus Ihrem Mund kommt, ist eine Lüge. Das wissen Sie, und das wissen wir. Jetzt setzen Sie sich und hören Sie auf mit Ihren Anschuldigungen.« Anders als manche Zeitungen behaupteten, hatte Ntimama für keinen seiner Vorwürfe auch nur den geringsten Beweis erbracht. Selbst der für Ostafrika zuständige Vertreter der Weltbank, der sich normalerweise nicht zu innenpolitischen

Auseinandersetzungen in einem Land äußert, hatte den Zeitungen gegenüber bestätigt, der KWS verwalte die Mittel der Bank ordnungsgemäß und die Bank sei mit unseren Leistungen zufrieden.

Trotz solcher Kommentare und trotz des Mangels an Beweisen hatte die Regierung eine umfassende Untersuchung von Ntimamas Vorwürfen angeordnet. Katana Ngala hatte zugestimmt und gesagt, dies sei notwendig und richtig. Ich fühlte mich ein wenig wie Alice im Wunderland, in dem man etwas nur sagen musste, damit es geschah.

Ja, ich war verärgert und verletzt, als ich zum Präsidenten ging, und wie gewöhnlich kam ich sofort zur Sache.

»Wünschen Sie, dass ich zurücktrete, Sir?«, fragte ich.

»Nein, nein, Richard. Die Regierung möchte, dass Sie Leiter des KWS bleiben. Aber es gibt da ein paar Regelwidrigkeiten, und die müssen wir uns genauer ansehen.«

»Regelwidrigkeiten gab es bei der Naturschutzbehörde, die ich übernommen habe. Sie haben mich beauftragt, damit Schluss zu machen und aufzuräumen. Das habe ich getan. Jetzt haben wir nur eine einzige Regelwidrigkeit: Wir stecken tief in den roten Zahlen, weil das Finanzministerium unsere Mittel nicht freigibt.«

Präsident Moi runzelte die Stirn. Er erklärte, er wisse nicht, ob es beim KWS Regelwidrigkeiten gebe, und wenn ja welche. Das wisse niemand, weil ich die Organisation ohne jede Aufsicht durch die Regierung leitete. Die Untersuchung solle stattfinden, und ich solle enger mit dem Kuratorium des KWS zusammenarbeiten, damit die Regierung über die Vorgänge bei der Institutionen im Bilde sei. Außerdem habe er über die Ausbildung unserer Wildhüter und die geheime Ermittlungsabteilung des KWS einiges gehört, das ihm, ehrlich gesagt, Sorgen bereite. Woher er wissen solle, dass alles nur zum Besten Kenias geschehe?

Eines war nach seinen Äußerungen klar: Zwischen uns lagen Welten.

»Ich kann den KWS nicht leiten, wenn Sie mir nicht vertrauen und mich in vollem Umfang unterstützen«, erwiderte ich. »Das haben wir hier in diesem Büro verabredet, als Sie mir die Position übertragen haben. Jetzt glaube ich nicht, dass ich noch Ihre Rückendeckung genieße. Und mit Sicherheit kann ich nicht mehr mit dem Tourismusminister zusammenarbeiten, der sich öffentlich auf die Seite meiner Gegner gestellt hat. Ich biete Ihnen hiermit meinen Rücktritt an.«

Präsident Moi erklärte noch einmal, das wolle er nicht, aber ich sah keine Möglichkeit, unsere Positionen zu vereinbaren. Wenn er und die Regierung mir nicht vertrauten, wie es den Anschein hatte, musste ich mein Amt niederlegen.

Am nächsten Tag hielt ich im Serena Hotel in Nairobi eine Pressekonferenz ab. Es war meine erste öffentliche Entgegnung auf die Angriffe, und der Raum war zum Brechen voll mit Journalisten der kenianischen und internationalen Presse. Ich trug meine KWS-Uniform und ging auf den neuen Prothesen zum Podium. Einige der anwesenden Reporter hatten in ihren Artikeln die Vermutung geäußert, Ntimamas Angriffe und die Untersuchung beim KWS dienten dem Zweck, mich zum Rücktritt zu zwingen. Jetzt wollten sie wissen, ob sie damit Recht hatten.

Ich hatte eine ziemlich lange Presseerklärung verfasst. Die zog ich jetzt aus einem Ordner und las sie vor:

Ich habe in den letzten Wochen geschwiegen, weil es hier in erster Linie nicht um persönliche, sondern um nationale Interessen geht. Ich wollte zu meiner persönlichen Verteidigung nichts unternehmen, was den KWS daran gehindert hätte, sich aus Vorgängen herauszuhalten, die sich hoffentlich bald als durchsichtige politische Winkelzüge erweisen werden, und über diesen Vorgängen zu stehen.

Eines hatte und hat alleroberste Priorität: Der KWS muss in der Lage sein, seine Arbeit fortzusetzen und dabei seine entschlossene Strategie, seine Prinzipien und seine Ziele beizubehalten. Die Bedeutung dieser Strategie für den Naturschutz, für die wirtschaftliche Entwicklung unseres Landes durch den Tourismus und für den internationalen Ruf Kenias brauche ich hier sicher nicht genau zu erläutern.

Heute äußere ich mich mit Wissen Seiner Exzellenz, des Präsidenten, weil über die Angriffe auf mich ... und auf den KWS umfassend berichtet wurde und weil sie den durch uns repräsentierten Prinzipien und nationalen Interessen zuwiderlaufen.

Zwar haben viele Führungspersönlichkeiten und eine außerordentlich große Zahl von *wananchi* [einfachen Bürgern] ihre unterstützenden Ansichten geäußert, aber eine eindeutige, offizielle politische Unterstützung ... gab es nicht.

Anschließend erklärte ich, ich hätte mich am Nachmittag zuvor mit dem Präsidenten getroffen und die Angriffe erörtert, insbesondere jene, die vom Minister für Tourismus und Naturschutz kamen. Der Minister hatte eine »Untersuchung« des KWS angeordnet, aber man hatte mir bisher nicht mitgeteilt, worauf diese Untersuchung sich beziehen sollte.

Ich habe mich beim Minister danach erkundigt und erhielt zur Antwort, das gehe mich nichts an. Deshalb muss ich mich fragen, ob es sich um eine Untersuchung oder um eine Verleumdungskampagne handelt ... Wenn aus nicht genannten Gründen alles versucht wird, um den KWS und seine Leitung in Misskredit zu bringen, muss ich die Frage stellen, welche Beweggründe dahinter stecken ...

Vielfach wurde gefragt, warum diese Untersuchung überhaupt stattfindet, und warum gerade jetzt. Die Minister sprechen von Arroganz, Rassismus und regelwidrigen Entscheidungen der Verwaltung. Auf einige dieser Äußerungen möchte ich eingehen ...

Ich erklärte, es stimme, dass es beim KWS »Regelwidrigkeiten« gebe. Die erste bestand darin, dass der Präsident mich überhaupt zum Direktor ernannt hatte.

Man hat mich nicht gefragt, ob ich den Posten haben wollte; ich wurde aus meiner früheren Stellung nicht entlassen; ich wurde nicht aufgefordert, die Geheimhaltungsvorschriften zu unterzeichnen, und dennoch übertrug man mir schon lange bevor ich Beamter war und im Amtsblatt als Dienstleiter bezeichnet wurde, den Befehl über bewaffnete Kräfte im ganzen Land ... Später haben wir insgesamt achtzehn Tonnen Elfenbein und unzählige andere Trophäen zerstört, darunter auch Nashornhörner. Obwohl es sicher das Beste war, »regelwidrig« zu handeln ... widersprach es nach meiner Überzeugung auch den Regeln dieser Regierung, dass ich bei ausländischen Regierungen um Gelder warb. Im Zusammenhang mit meiner Tätigkeit kam ich mit vielen ausländischen Ministern und sogar Staatsoberhäuptern zusammen. Dazu war ich ausdrücklich beauftragt, obwohl solche Maßnahmen unter juristischen Gesichtspunkten den Regeln widersprachen. Wir brauchten das Geld dringend, denn zu jener Zeit waren ausländische Mittel knapp. Man beauftragte mich, und ich führte den Auftrag aus.

Nebenbei bemerkte ich, meine »regelwidrige« Tätigkeit habe dem kenianischen Naturschutz dreihundert Millionen Dollar eingebracht. Ebenso, so erklärte ich weiter, sei es »regelwidrig«, dass der KWS über halb automatische Waffen verfügte, um der Sicherheitsprobleme in den Parks Herr zu werden. Wir besaßen sie, »weil wir nur so in den Parks für Frieden sorgen können; und der Erfolg gibt uns Recht«.

Warum, so fragte ich, hatte man fünf Jahre lang über solche Regelwidrigkeiten hinweggesehen, und warum führten sie jetzt, da wir manchen Managern im KWS »regelwidrige« (weil im Vergleich zum öffentlichen Dienst höhere) Gehälter zahlten, zu einer Krise?

Man hat mir Arroganz vorgeworfen. Liegt es daran, dass ich zu häufig Nein gesagt habe, wenn ich um Dinge gebeten wurde, die von einem anständigen staatlichen Unternehmen nicht genehmigt werden sollten? Liegt der Grund für die Anschuldigung darin, dass ich darauf bestanden habe, die Naturschutzgebiete auch vor habgierigen Menschen zu schützen? Denn dieser Verdacht drängt sich mir auf ... Die Versuche, sich 1992 den Nationalpark auf der Insel Ndere »unter den Nagel zu reißen«, wurden ebenso erfolgreich abgewehrt wie die Bestrebungen gewisser politisch Verantwortlicher, über zwei Quadratkilometer des Tsavo-Nationalparks umzuwidmen. Ist es falsch, dass ich unser nationales Erbe verteidige? Mit Freude kann ich berichten, dass meine Arbeit vom Präsidenten unterstützt wurde und dass er solchen niederträchtigen Bestrebungen Einhalt gebot.

Weiter erklärte ich den Versammelten, meine Gegner hätten sowohl in den Zeitungen als auch im Parlament weitere Anschuldigungen gegen mich und den KWS erhoben. Ob auch sie Thema der »Untersuchung« sein sollten, wisse ich nicht, aber ich würde dennoch darauf eingehen. Einige Kritiker behaupteten, der KWS habe Tiere aus Nationalparks an private weiße Rancher abgegeben. In Wirklichkeit, so betonte ich, war genau das Umgekehrte richtig. Ein Rancher hatte dem KWS vierzig Nashörner von seinem Anwesen für ein Zuchtprogramm zur Verfügung gestellt.

Dass es beim KWS Probleme gibt, stelle ich nicht in Abrede. Aber die Institution ist gerade erst vier Jahre alt, und es wurde von ihr erwartet, dass sie Wunder vollbringt. Es gibt weder nennenswerte Finanzskandale ... noch Betrügereien, die den Staat Millionen gekostet hätten ... Für mich ist es keine realistische Vorstellung, unter einem Minister und einem Ständigen Sekretär zu arbeiten, die ihr mangelndes Vertrauen in meine Person so eindeutig unter Beweis gestellt haben ... Was das Persönliche angeht, so habe ich dem öffentlichen Dienst die besten Jahre meines Lebens und kürzlich sogar meine Beine geopfert! Ich habe derzeit nicht die Absicht, auch mein Leben aufs Spiel zu setzen, und die Verunglimpfungen durch führende Politiker und andere verursachen mir so viel Stress und Schmerzen, dass sie meiner Gesundheit abträglich sind. Vor diesem Hintergrund habe ich heute Seiner Exzellenz, dem Präsidenten, in einem Brief meinen Rücktritt angeboten. Bis er mir seine Entscheidung mitteilt, werde ich mich aus den Räumlichkeiten des KWS fernhalten und mich auf meine *shamba* [kleine Farm] zurückziehen.

Anschließend verabschiedete ich mich und ging.

Ich hatte bereits gelernt, mit meinen künstlichen Beinen Auto zu fahren (das war überraschend einfach. Ich ging mit ihnen einfach so um, als wären sie Verlängerungen des Brems- und Gaspedals). Schon bald hatte ich Nairobi hinter mir und war auf dem Heimweg in die Ngong-Berge.

Mein Rücktrittsangebot machte in allen kenianischen Zeitungen Schlagzeilen und war auch in anderen Ländern eine wichtige Nachricht. Offensichtlich hatte kaum jemand angenommen, dass ich diesen Schritt tun würde: Plötzlich klagten alle – von Regierungsbeamten über Naturschützer bis zu kenianischen und ausländischen Reiseleitern – öffentlich über meine Entscheidung und riefen die Regierung auf, sie möge einen Weg finden, damit ich sie noch einmal überdachte. Vertreter der kenianischen Tourismusbranche hielten eine eigene Pressekonferenz ab und appellierten an den Präsidenten, meinen Rücktritt nicht anzunehmen. Und in Großbritannien richteten sieben führende Tier- und Naturschutzorganisationen einen gemeinsamen Brief an den Präsidenten und forderten ihn auf, mich im Amt zu halten.

»Der Verlust von Dr. Leakey wäre ein schwerer Schlag für den Naturschutz«, erklärte eine Sprecherin der Environmental Investigation Agency der Presse. »Angesichts der Tatsache, dass Kenia in dem Ruf steht, beim Schutz von Arten wie Nashorn und Elefant eine führende Rolle zu spielen, appellieren wir an Präsident Moi, Dr. Leakey nicht gehen zu lassen.« Und der World Wide Fund for Nature erklärte in einer Stellungnahme: »Wir nehmen seinen [Dr. Leakeys] Rücktritt mit großer Besorgnis zur Kenntnis ...«

Auch die Redaktionen der nationalen Zeitungen wurden von Leserbriefen überschwemmt.

Hatte ich mich gekränkt gefüllt, bevor ich meinen Rücktritt einreichte, so war ich jetzt überwältigt von dieser Welle der Unterstützung und des guten Willens, die auch vom Volk getragen wurde. Wenn man, wie ich, am Boden zerstört ist und öffentlich verleumdet wird, verliert man leicht den richtigen Blickwinkel. Eine Zeit lang schien es mir, als hätte niemand die Veränderungen und Verbesserungen zur Kenntnis genommen, die wir mit dem KWS erreicht hatten: Im gesamten Jahr 1993 waren nur dreißig Elefanten gewildert worden (so viele wie allein im Januar 1989); der KWS erhielt nur noch fünf Prozent seines Etats aus staatlichen Mitteln, im Vergleich zu hundert Prozent im Jahr 1989; die korrupten Mitarbeiter waren beseitigt, und unsere Parks waren sicher; und Kenia, das früher als Niemandsland des Naturschutzes gegolten hatte, stand jetzt in Afrika an der Spitze der Bestrebungen. Das alles und mehr hatten wir in nur vier Jahren erreicht – eine bemerkenswerte Leistung für eine zuvor arg bedrängte staatliche Dienststelle in einem Entwicklungsland. Ich hatte zwar deren Leitung übernommen, aber dass sie Erfolg hatte, war den hart arbeitenden Männern und Frauen beim KWS zu verdanken.

Natürlich waren nicht alle Leserbriefe und Kommentare nur voll des Lobes. Der einzige Kritiker unter den Naturschützern war verblüffenderweise David Western, der sich von Anfang an gegen meine Ernennung gewandt hatte. Seine Äußerungen hätten genauso gut von Ntimama stammen können. Er sagte der Londoner *Times*: »Mit seiner Vorstellung, man müsse Schutzgebiete unbedingt einzäunen und Mittel von ausländischen Geldgebern beschaffen, hat Dr. Leakey völlig übersehen, welche Rolle die lokale Bevölkerung für den Naturschutz spielen kann. Naturschutz hat nur dann eine Chance, wenn die Menschen in der Gegend die wilden Tiere nicht als gefährliche Schädlinge betrachten, sondern als kostbare Ressourcen für ihre Gemeinschaft.«

Weder der KWS noch ich hatten jemals die Rolle der örtlichen Bevölkerung übersehen. Während wir mit den Methoden zur Kontrolle der Tiere experimentierten, hatte ich mich bei vielen Gelegenheiten mit Kreisräten, Dorfbewohnern und Grundbesitzern getroffen, und wir hatten nach Wegen gesucht, wie auch sie von Tieren und Parks profitieren konnten. Mehrere gemeindenahe Projekte waren bereits ins Leben gerufen worden; auch existierten Pläne, einen Teil unserer Einnahmen abzugeben. Dennoch wurde Westerns Kritik sehr schnell zu dem allgemeinen Tenor, mit dem man die Angriffe gegen mich begründete. Ob die Anschuldigung, der KWS habe seine Nachbarn übergangen, tatsächlich stimmte, überprüfte niemand. Es war ein ausgezeichnetes Beispiel dafür, wie Gerüchte zu einer allgemein anerkannten Wahrheit werden. Dazu war nichts anderes erforderlich, als dass Ntimama und Western sie immer aufs Neue wiederholten.

Mehr hatte ich an der »Statistik« auszusetzen, mit der ein Journalist der *Times* später Westerns Behauptung zu untermauern versuchte. Die Zahlen stammten unmittelbar aus einer »Statistik«, die Western 1989 veröffentlicht hatte, aber diese Quelle wurde in der Zeitung nicht genannt. (Ich setze das Wort »Statistik« in Anführungszeichen, weil ich in der Regel mit dem großen amerikanischen Schriftsteller Mark Twain übereinstimme, der einmal gesagt hat: »Es gibt Lügen, verdammte Lügen, und Statistiken.« Westerns »Statistik« über die kenianische Tierwelt ist ein gutes Beispiel dafür, was Twain meinte.) »Nur fünf Prozent der wilden Tiere leben in

Parks, die vom KWS betrieben werden«, schrieb der Journalist. »Weitere fünfzehn Prozent sind in Schutzgebieten wie dem Maasai Mara zu Hause, die der Verwaltung von Kreisräten unterstehen. Alle anderen leben auf privaten Flächen, vorwiegend auf den Genossenschaftsranches, die als Kooperativen von den Stammesältesten geleitet werden.«

Zu diesen Zahlen war Western nach meiner Überzeugung gelangt, indem er Äpfel mit Birnen verglich. Offensichtlich stellte er dazu eine Zählung, die andere Wissenschaftler 1978 an den Wildtier- und Viehbeständen auf den landwirtschaftlichen Flächen Kenias angestellt hatten, neben seine eigenen (unveröffentlichten) Schätzungen über die Zahl der wilden Tiere in Parks und Schutzgebieten Ende der achtziger Jahre. Zwischen den beiden Zählungen lag ein Abstand von gut zehn Jahren, aber er verglich sie, als seien sie zur gleichen Zeit angestellt worden. Außerdem ist allgemein bekannt, dass viele Tierarten die Parks auf ihren Wanderungen zu bestimmten Jahreszeiten verlassen. Diese ganz grundlegende Verhaltensweise der wilden Tiere in Kenia berücksichtigte Western nie. Auch seine Quellenangaben lieferten keine Anhaltspunkte, ob die Zählungen auf dem Höhepunkt der Abwanderung oder zu einer anderen Jahreszeit erfolgten.

Dass es in den ländlichen Gebieten Kenias früher eine Fülle wilder Tiere gab, stimmt. Als ich 1987 in unser Haus am Rand des Rift-Tals zog, streiften Elenantilopen (große Antilopen mit langen Halsfalten und gewundenen Hörnern), Leoparden, Büffel und Gazellen über unser Anwesen und die umgebenden Hügel. Ab und zu sahen wir sogar eine kleine Elefantenherde. Bis 1994 jedoch waren Elefanten, Elenantilopen und Büffel verschwunden, die Leoparden waren im Rückgang begriffen, und die Gazellen waren bis auf eine Hand voll Tiere dezimiert. Genauso war es auch im ganzen übrigen Land (mit Ausnahme der Parks). Die Gründe lagen auf der Hand: Kenias Bevölkerung hatte sich von 1978 bis 1994 fast verdoppelt, und entsprechend stark war auch die

Landwirtschaft ausgeweitet worden – die Menschen zogen in Gebiete wie das, in dem auch unser Haus stand, und auf Flächen, die zuvor nie landwirtschaftlich genutzt wurden. Wir kauften unser Grundstück von einem Stammesältesten der Massai, der mit seinen Rindern in die Berge gezogen war. Das Gelände war damals völlig unbebaut. Aber er und andere Massai aus der Gegend verkauften weiterhin eine Parzelle nach der anderen, und schon bald waren wir von Farmen umgeben – manche davon groß, andere klein, aber fast alle eingezäunt. Diese Gehöfte und zweifellos auch die Kleinwilderei machten unseren wilden Tieren den Garaus. Das Gleiche spielte sich überall in Kenia ab. Die Nationalparks brachten also nicht nur Touristendollars ins Land, sondern sie waren auch noch aus einem anderen Grund wichtig: Zunehmend wurden sie zur letzten sicheren Zuflucht für unsere einheimische Tierwelt.

Westerns Zahlen gaben wieder, wie es in Kenia und großen Teilen Ostafrikas früher ausgesehen hatte, besagten aber nichts über den heutigen Zustand.

Es hätte keiner großen Mühe bedurft, die Fehler in seinen Prozentangaben offen zu legen, aber sie wurden in den folgenden Monaten und Jahren nicht hinterfragt und vielfach nachgebetet, als hätte Moses selbst sie verkündet.

Offensichtlich war Western auf eine neue Stellung aus.

Während der beiden nächsten Monate zog ich mich aus der Öffentlichkeit und vom KWS zurück. Der Vorstand des KWS ernannte Joseph Kioko, meinen Stellvertreter, zum geschäftsführenden Direktor, und er tat alles in seiner Macht Stehende, damit die Organisation nicht auseinander brach. Es war eine undankbare Aufgabe, und ich hatte ein schlechtes Gewissen, dass er diese Last auf sich nehmen musste.

Die Untersuchung wurde von handverlesenen Beamten durchgeführt, bei denen man sich darauf verlassen konnte, dass sie nur das berichteten, was mit den erwünschten

»Schlussfolgerungen« übereinstimmte. Unter ihnen waren ein Wirtschaftsprüfer sowie mehrere Polizeioffiziere und Berater. Alle erhielten ihrer Anweisungen unmittelbar vom Minister Ngala. Sie hatten die Aufgabe, beim KWS eine von mir erteilte, gesetzwidrige Genehmigung zu finden. Mit anderen Worten: Sie betrieben eine Hexenjagd und benahmen sich wie die Inquisition. Mitarbeiter wurden zu langwierigen Verhören vorgeladen, bei denen man ihnen immer wieder die gleichen, manchmal sinnlosen Fragen stellte, und es wurden alle nur denkbaren Berichte angefordert, die bis zum Beginn meiner Amtszeit zurückreichten.

Auch ich wurde befragt, allerdings nur eine Viertelstunde lang, und dann hörte ich nie mehr etwas. Meine engsten Mitarbeiter dagegen lud der Untersuchungsausschuss viele Male vor, für sie eine grausige, motivationstötende, beängstigende Erfahrung. Sie hatten keine Ahnung, ob man ihre Aussagen gegen sie verwenden würde. Und wenn sie Antworten gaben, die den Fragenden nicht gefielen – obwohl sie wahr waren –, zitierte man sie erneut vor den Ausschuss. In einigen Fällen wurde sogar angedeutet, ihre Antworten seien nicht das, was die Regierung hören wolle.

Auf diese Weise dankte die Regierung meinen Mitarbeitern für die langen Stunden harter Arbeit, die sie in den Aufbau des KWS gesteckt hatten. Sie hatten, insbesondere was die Bezahlung anging, persönliche Opfer gebracht und für niedrige staatliche Gehälter gearbeitet, obwohl sie in der Privatwirtschaft ansehnliche Beträge hätten verdienen können. Sie waren ehrlich geblieben, obwohl die meisten früheren Mitarbeiter eifrig in die eigene Tasche gewirtschaftet hatten. Sie hatten in Krisenzeiten bis in die Nacht, am Wochenende und an Feiertagen gearbeitet; und die Angehörigen des KWS-Sicherheitsdienstes hatten häufig ihr Leben aufs Spiel gesetzt. Jetzt wurden sie wie Verbrecher behandelt. Wie wütend ich darüber war, lässt sich nicht beschreiben.

Ich wusste genau, warum der Untersuchungsausschuss meine Leute so in die Enge trieb: weil die verzweifelt gesuchten Belege für Fehlverhalten einfach nicht zu finden waren. Viele ihrer Anfragen wurden von Bashir bearbeitet. Ich riet ihm und meiner persönlichen Assistentin, den Inquisitoren jeden Aktenordner, jede Schublade zu öffnen.

»Sie sollen alles sehen und mitnehmen, was sie wollen«, sagte ich. »Wir haben nichts zu verbergen.«

Für einige Themen interessierte der Untersuchungsausschuss sich besonders: für die Einstellungspraxis des KWS und die Gehälter, die er seinen Mitarbeitern zahlte; für die Verwendung der Weltbankmittel; für das Verhältnis zwischen dem KWS und den Gemeinden außerhalb der Parks; und für potenzielle Übergriffe der Sicherheitskräfte. Angeblich hatten wir – oder genauer gesagt, ich – in allen diesen Bereichen die Gesetze übertreten oder fehlerhafte Entscheidungen getroffen.

Wieder einmal kam der alte Stammesfehden-Unsinn ins Spiel. Warum wir so viele Kikuyu in »leitenden« Positionen eingestellt hätten? Warum es in Bashirs Elite-Sicherheitseinheit keine Kalenjin gebe? Warum meine persönliche Assistentin ein höheres Gehalt hätte als ich? Das, so dachte ich, sei ja wohl ein seltsames »Verbrechen«, und es hatte einen einfachen Grund. Ich bestand darauf, die gleichen Bezüge zu erhalten wie meine leitenden Wildhüter, die im wahrsten Sinne des Wortes in der Schusslinie standen, bis der KWS eine sich selbst tragende Organisation war, die allen Mitarbeitern das zahlen konnte, was sie verdienten. Deshalb erhielt meine persönliche Assistentin, die auf der Gehaltsskala des öffentlichen Dienstes höher stand als die Wildhüter, mehr Geld als ich.

Auch eine Übermacht von leitenden Angestellten aus dem Stamm der Kikuyu gab es nicht. In Wirklichkeit wurmte es die Untersuchungskommission, dass der KWS diesen Leuten höhere Gehälter zahlte, als es sonst im Staatsdienst üblich war. Wie ich bereits erläutert habe, konnten wir nur so Leute aus der Privatwirtschaft gewinnen. Wenn unsere gewinnorientierten Vorhaben erst einmal liefen, wollten wir alle Gehälter beim KWS anheben. Und was soll man zu der Idee sagen, der KWS halte Kalenjin nicht für »tapfer«, wie ein Prüfer es Bashir gegenüber formulierte? Es gab im KWS in den unterschiedlichsten Positionen eine ganze Reihe von Kalenjin. Die Eliteeinheit zur Bekämpfung der Wilderei, um die es hier ging, bestand als Einzige vorwiegend aus Angehörigen der Stämme im Nordosten des Landes, die gegen die Somalis kämpfen konnten. Auch die Stämme der Kamba und Kisii waren in diesen Einheiten nicht vertreten, und auch ihre Angehörigen waren deshalb nicht automatisch unfähig. Es bedeutete nur, dass der KWS sich Mühe gab, für jede Aufgabe die richtigen Leute einzustellen.

Der Ausschuss ließ auch durchblicken, der KWS habe »rassistische Politik« betrieben und den Titel »Ehrenwildhüter« mehr weißen Ranchern und Geschäftsleuten verliehen als farbigen. In Wirklichkeit hatten diese Leute genau denselben Titel schon geführt, als meine Vorgänger Perez Olindo und Daniel Sindijo die Naturschutzbehörde leiteten. Die Ehrenwildhüter besaßen einige der größten landwirtschaftlichen Anwesen Kenias, und auf ihren Ländereien lebte eine beträchtliche Zahl wilder Tiere. Deshalb hatten sie mit den Wilderern häufig ähnliche Probleme wie der KWS. Auf Grund ihrer Verbindungen zur Naturschutzbehörde – und später zum KWS – konnten sie diese Verbrecher festnehmen und uns oder der Polizei übergeben. Das ersparte KWS und Polizei, die in dem abgelegenen Umfeld der Rancher chronisch unterbesetzt waren, Mühe und Aufwand für die Durchsetzung der Gesetze außerhalb der Parks. Es war eine gute Methode, die nach meiner Überzeugung viel zur Rettung der kenianischen Tierwelt beitrug. Hätte es mehr einheimische Kenianer mit umfangreichem Landbesitz und großen Tierbeständen gegeben, hätten wir sie mit Vergnügen in die Liste aufgenommen.

Die Idee, es handele sich bei allen diesen Tatbeständen tatsächlich um Verbrechen – insbesondere im Vergleich zu dem, was viele Mitarbeiter der alten Naturschutzbehörde getan hatten, ohne dass sich jemals ein Untersuchungsausschuss damit befasste –, war lächerlich.

Viel ernster lagen die Dinge bei der Untersuchung der Sicherheitskräfte des KWS. Die Kommission verlangte eine Liste sämtlicher Feuerwaffen, und ich war sehr dankbar, dass Bashir und seine Mitarbeiter penible Aufzeichnungen geführt hatten. Da unsere Ausstattung stets knapp war, hatten wir hin und wieder die bei Wilderern beschlagnahmten Waffen und Munition in unseren eigenen Bestand aufgenommen. Bashir hatte in solchen Fällen jedes Mal die Polizei unterrichtet, und die Aufzeichnungen beider Organisationen stimmten überein. Wieder brüteten die Ausschussmitglieder über den Akten, suchten nach dem kleinsten Fehler und fanden nichts Problematisches.

Anscheinend dachten sie, wir verfügten über ein weit besseres Waffenarsenal, als es in Wirklichkeit der Fall war. Ich nehme an, sie rechneten mit Raketenwerfern, Maschinengewehren und Handgranaten – kurz gesagt, mit Waffen, deren Gebrauch in Kenia nur der Armee gestattet ist. Als ich erfuhr, sie hätten nach unserer »Drohne« – einem ganz besonderen, unbemannten Spionageflugzeug – gefragt, wurde ich trübsinnig. Offenbar hatte ihnen jemand die gleichen Gerüchte zugetragen, die man auch dem Präsidenten hinter vorgehaltener Hand mitgeteilt hatte: dass ich meine Privatarmee aufbaute und einen Staatsstreich plante. Die Vorstellung, der KWS besitze ein Spionageflugzeug, war eine Folge meiner Bemühungen, die Regierung über das illegale Lager des somalischen Kriegsherrn auf der Insel Lamu in Kenntnis zu setzen. Darin sah man nun keine patriotische Tat, sondern einen Beweis für »meine« überlegenen Machtmittel. Der mit dieser Frage befasste Beamte erklärte, sie wollten die Drohne und die Geheimkamera sehen, mit denen die Bilder vom Lager des Kriegsherrn aufgenommen wurden.

»Aber es gab doch weder ein Spionageflugzeug noch eine Geheimkamera«, protestierte der betroffene Wildhüter im Verhör. »Ich bin mit einer Cessna des KWS geflogen. Ich habe das Flugzeugfenster geöffnet, mich hinausgelehnt und die Fotos mit einer ganz normalen Kleinbildkamera gemacht. Hier ist sie.« Damit übergab er ihnen einen kleinen, ramponierten, ganz alltäglich aussehenden Fotoapparat.

Der Beamte war über die Antwort des Wildhüters offensichtlich verblüfft. Noch einmal verlangte er, man solle ihm die Drohne zeigen.

»Die gibt es nicht. Es hat sie auch nie gegeben. Aber Sie können gern danach suchen«, erwiderte der Wildhüter.

Ebenso war der Ausschuss auch überzeugt, die Computerdatenbank des KWS enthalte nicht nur Informationen über Elfenbeinhandel und Wilderer, sondern auch Indizien für eine große, staatsfeindliche Verschwörung. Die Leiterin dieser Abteilung wurde – nicht zuletzt wegen ihrer Universitätsausbildung – gnadenlos verhört. Fünfzehn Jahre bevor sie beim KWS eintrat, hatte sie eine Vorlesung über »Künstliche Intelligenz« besucht, ein Teilgebiet der Informatik, das sich mit der Konstruktion »kluger« Computer befasst. Unsere Prüfer jedoch sahen in dem Wort »intelligence«, das im Englischen auch geheime militärische Nachrichten bezeichnet, einen Hinweis auf subversive Tätigkeiten. Sie waren überzeugt, die Vorlesung habe von Spionage gehandelt, und setzten ihr mehrfach zu, sie solle endlich die Wahrheit sagen; schließlich kam sie auf die kluge Idee, ihre Lehrbücher aus der Hochschulzeit mitzubringen. Die trockenen Texte mit Seiten voller Gleichungen und Flussdiagramme machten dem Verhör ein Ende.

Die sechswöchige Quälerei ruinierte den KWS. Die Arbeitsmoral der Mitarbeiter war auf dem Nullpunkt. Die aufrichtige Einstellung, mit der sie ihre Arbeit begonnen hatten, war dahin. Während die Prüfer nach Indizien suchten, mit denen sie die angeblichen »Regelwidrigkeiten« beim KWS belegen wollten, kamen alle Projekte zu Stillstand.

Mitte März, kurz bevor die Regierung den Abschlussbericht des Ausschusses veröffentlichte, gab Präsident Moi eine Erklärung ab. Er nahm mein Rücktrittsgesuch nicht an und beorderte mich wieder zum KWS.

Ich leistete der Anordnung Folge und erschien am nächsten Morgen unter Applaus und lächelnden Gesichtern in der KWS-Zentrale. Gleichzeitig warnte ich aber die Mitarbeiter: unsere Schwierigkeiten waren keineswegs vorüber.

»Es ist noch nicht zu Ende«, sagte ich zu meiner persönlichen Assistentin, die das Lächeln nicht mehr abgelegt hatte, seit ich in meinem Büro saß. Sie hätte gern geglaubt, dass die Regierung uns nun, nachdem sie ihre Pflichtübung erledigt hatte, in Ruhe lassen würde. Aber ich hatte miterlebt, wie die Staatsführung andere Bedienstete vernichtet hatte, und deshalb wusste ich, dass man auch für uns noch etwas in petto hatte.

»Sie werden sehen, die wollen nicht, dass wir Erfolg haben«, sagte ich.

Zwei Wochen später erließ der Präsident eine neue Anordnung. Er hatte den Bericht des Ausschusses gelesen und befahl dem KWS auf dieser Grundlage, zwei wichtige Änderungen vorzunehmen. Erstens sollten wir nicht mehr für die Sicherheit in den Parks des Landes zuständig sein. Der Leiter der Polizei würde den Befehl über die Wilderer-Bekämpfungseinheiten übernehmen und die Sicherheit der Touristen gewährleisten. Und zweitens hätten Untersuchungen ja gezeigt, dass 75 Prozent der Tiere außerhalb der Parks lebten, und deshalb solle der KWS von jetzt an 75 Prozent seiner Einnahmen an die Gemeinden außerhalb der Parkgrenzen abgeben. Damit blieben nur noch 25 Prozent für den Betrieb der Parks. (David Western erwähnte er in diesem Zusammenhang nicht, aber ich wusste, dass er die Quelle der falschen Prozentangaben war.)

Daneben ordnete der Präsident weitere Veränderungen an, aber dies waren die wichtigsten. Kurz gesagt, hatte die Regierung den Banditen in den Parks wieder Tür und Tor geöffnet und die Projekte eingestellt, die von uns entwickelt und von der Weltbank genehmigt worden waren und für die wir das Darlehen von mehreren Millionen Dollar erhalten hatten. Der KWS war am Ende.

Sobald ich die Anordnung des Präsidenten gelesen hatte, setzte ich mich hin und schrieb mein Rücktrittsgesuch.

In dem Schreiben ging ich zunächst kurz auf die Ereignisse der letzten Monate und die gegen mich und den KWS erhobenen Vorwürfe ein; dann schloss ich:

Unglücklicherweise ... kann ich nicht erkennen, wie ich meine Pflicht nach der neuen Definition angemessen erfüllen kann, denn ich bin jetzt überzeugt, dass ich nicht der Richtige bin, der die neuen Anweisungen mit der geringsten Aussicht auf Erfolg umsetzen könnte. Der Traum vom KWS als einer sich selbst finanzierenden, leistungsfähigen, wirksamen, im öffentlichen Besitz befindlichen und dennoch unabhängigen Naturschutzorganisation ist offensichtlich nicht realisierbar ... Vielleicht waren die ursprünglichen Ideen richtig, und sie kamen nur zur falschen Zeit. Darüber wird die Nachwelt entscheiden. Ich werde zusammen mit vielen anderen in Kenia und im Ausland abwarten müssen und zusehen, wie es dem Kenya Wildlife Service in Zukunft ergeht. Ich wünsche ihm das Beste. Ich habe Seiner Exzellenz dem Präsidenten mit sofortiger Wirkung meinen Rücktritt erklärt.

Ich gab den Rücktritt am 23. März 1994 auf einer Pressekonferenz bekannt. Vom Klicken der Kameras abgesehen, war es im Raum mucksmäuschenstill. Einige Reporter riefen mir Fragen zu, aber ich winkte ab. Dafür würde ich später noch genug Zeit haben.

Dann fuhr ich zurück zur Zentrale des KWS mit dem funkelnagelneuen Bürogebäude, einem glitzernden Denkmal für alle unsere Träume. In etwa einer Woche würde es fertig sein. Ich hatte es entworfen und mich auf den Einzug gefreut. Jetzt würde ein anderer in meinem Arbeitszimmer sitzen.

Meine Mitarbeiter hatten es bereits erfahren. In den Korridoren drängten sich die Leute. Als ich hereinkam, flehten sie mich an, ich solle erklären, dass sie etwas Falsches gehört hätten, dass ich nicht gehen würde.

»Nein, ich fürchte, es stimmt. Ich bin zurückgetreten.«

Bei dieser Nachricht brachen einige Mitarbeiter, darunter abgehärtete leitende Wildhüter, regelrecht zusammen, und ich geriet in die seltsame Lage, sie trösten zu müssen.

»Der KWS arbeitet weiter«, sagte ich. »Sie sind alle noch hier, und Sie haben viel zu tun. Leisten Sie weiter gute Arbeit!« Wie hohl meine Worte klangen, wusste ich selbst.

Ich hatte bereits die wichtigsten Akten aus meinem Büro geholt, und da ich gern in einer spartanischen Umgebung arbeite, blieb kaum noch etwas aufzuräumen. Der Aktenkoffer war schnell gepackt.

Anschließend rief ich die Mitarbeiter zusammen und hielt eine kurze Ansprache. Ich betonte, die Arbeit mit ihnen allen habe mir viel Spaß gemacht, und dann dankte ich ihnen für das, was sie für den KWS und Kenia geleistet hatten.

Es war vorüber. Ich bog aus dem Parkplatz auf die Straße und fuhr nach Hause.

In mein Tagebuch schrieb ich an diesem Abend: *Ich bin beim KWS zurückgetreten. Ein schwieriger, emotionsgeladener Tag, an dem erwachsene Männer in meinem Büro geheult haben. Entsetzlich. Aber jetzt ist es geschafft, und wir werden sehen, ob die Öffentlichkeit mich wegen meiner Standhaftigkeit unterstützt oder verdammt. Ich selbst empfinde ungeheure Erleichterung und Freiheit.*

Zwei Tage später ernannte Präsident Moi den neuen Direktor des Kenya Wildlife Service: David Western.

Kapitel 22

Nach Hause zu kommen in dem Bewusstsein, dass ich alle Brücken hinter mir abgebrochen hatte, war ein seltsames Gefühl. Ich war aus dem Naturschutz ausgestiegen, hatte keinerlei Aussichten auf eine neue Stelle und war mir ziemlich sicher, dass man mich allgemein kritisieren würde, weil ich aufgegeben hatte. Ein paar Tage lang war ich überglücklich, dass ich mich zu Hause auf unserer kleinen Ranch mit dem Blick über das Rift-Tal befand, unseren kleinen Weinberg pflegen und mich um die Tiere kümmern konnte.

Große Sorgen bereitete mir allerdings immer noch der Verdacht, dass mein Unfall kein Unfall gewesen war, und ich wartete sehnsüchtig auf die Befunde der Expertengruppe, die die Regierung zur Untersuchung des Absturzes eingesetzt hatte. Diese Fachleute nahmen den Motor auseinander und überprüften alles sehr gründlich, fanden aber keinerlei Erklärung für das Geschehen. Sie gelangten nur zu der Schlussfolgerung, das Flugzeug habe an Schub verloren, und deshalb hätte ich in unebenem Gelände notlanden müssen. Der Absturz bleibt ein Rätsel. Um meines eigenen inneren Friedens willen stelle ich mir lieber vor, dass es sich ausschließlich um eine unerklärliche Fehlfunktion des Motors handelte und sonst nichts. Die Wahrheit werden wir wahrscheinlich nie erfahren.

Ich hatte gehofft, mein Rücktritt werde den gegen mich gerichteten Angriffen in der örtlichen Presse ein Ende machen, aber da hatte ich mich getäuscht. Mehrere Minister aus dem Kabinett, allen voran Ngala, wollten jetzt offenbar mehr denn je den Beweis antreten, dass mein Rücktritt der Regierung nur den Ärger erspart hätte, mich zu entlassen. Die Tageszeitungen waren weiterhin voller giftiger Angriffe und Gehässigkeiten; nach wie vor beschuldigte man mich des Rassismus, der Arroganz, des Missmanagements und der Geringschätzung gegenüber den Gemeinden rund um die Parks. In dem Bestreben, mir zahlreiche Missetaten nachzuweisen, gab Ngala den Bericht des Untersuchungsausschusses an die regierungsnahe Zeitung *The Kenya Times* weiter, die im Laufe einer Woche mehrere Abschnitte daraus veröffentlichte. Den anderen Zeitungen, die im Wesentlichen frei von staatlicher Zensur waren, wurde der Bericht nicht zur Verfügung gestellt, und deshalb waren sie auf das angewiesen, was in der *Times* stand. Nicht alle Journalisten lassen sich aber an der Nase herumführen, und obwohl die anderen Blätter keinen unmittelbaren Zugang zu dem Bericht hatten, versuchten sie ihren Lesern einen besseren Eindruck von seinem Inhalt und seiner Bedeutung zu verschaffen. Einem besonders kühnen Mitarbeiter des Wochenmagazins *The Economic Weekly* gelang es sogar, sich eine Kopie zu beschaffen, und nachdem er den Inhalt zusammengefasst hatte, stellte er fest, das Papier lese sich im Wesentlichen »genau wie die ›Schmierenkomödie‹, vor der Leakey … sich immer gefürchtet hatte«.

Die Artikel in der *Kenya Times* bedrückten mich, aber ich gab mir Mühe, die dort abgedruckten Kommentare im richtigen Zusammenhang zu betrachten.

Es ist schon paradox, schrieb ich in mein Tagebuch, nachdem mehrere Regierungssprecher mir Rassismus vorgeworfen und dann selbst rassistische Beschimpfungen gegen mich gerichtet hatten. *Man beschuldigt mich des Rassismus, und dabei offenbaren sich die wirklichen Rassisten. Zurzeit fühle ich mich betrogen; ich schäme mich fast, dass ich Kenianer bin und mich* [im Ausland] *so stark für dieses Land eingesetzt habe. Es ist schon merkwürdig, dass ich nach allem, was ich getan habe, jetzt als Verbrecher oder etwas noch Schlimmeres behandelt werde.*

Trotz solcher Bemühungen der Regierung waren durchaus nicht alle Leser der *Kenya Times* davon zu überzeugen, dass ich Unrecht getan hatte. Viele Zuschriften widersprachen den gegen mich gerichteten Angriffen, und gleichzeitig dankten sie mir, weil ich eine staatliche Institution wie den KWS aufgebaut und zur Rettung der kenianischen Tierwelt beigetragen hatte. Leider liefen Bürger, die öffentlich gegen die Regierungspolitik Stellung bezogen, zu jener Zeit häufig Gefahr, festgenommen oder schikaniert zu werden. Dass sie meinetwegen dieses Risiko auf sich nahmen, bedeutete mir mehr, als ich mit Worten ausdrücken kann. Ihre Ausführungen verschafften mir die Gewissheit, dass es in Kenia durchaus Menschen gab, die sich eine verantwortungsbewusste, ehrliche Regierung wünschten und auch bereit waren, sich öffentlich dafür einzusetzen. Natürlich gab es auch andere, die eine eher opportunistische Haltung einnahmen und meinen Abgang zum eigenen Vorteil ausnutzten. Zu ihnen gehörte mein Bruder Philip. Er erklärte gegenüber der Presse, die in meinem Rücktrittsschreiben geäußerte Kritik an der Regierung sei mit »Landesverrat« gleichzusetzen, und dann ergriff er die Partei meiner Kritiker. Philip gehörte während seines ganzen Lebens der Regierungspartei KANU an, und so etwas kann er nach meiner Überzeugung nur gesagt haben, um sich von mir zu distanzieren und sich bei den Parteiführern einzuschmeicheln. Ich brauche sicher nicht zu betonen, dass ich während jener Zeit kaum mit ihm sprach.

Weit mehr Hochachtung hatte ich vor Dominic Odipo, einem Redakteur der Zeitung *The Standard*. Er bezeichnete meinen Rücktritt in einer Kolumne als »Katastrophe« und die Anschuldigungen gegen mich als »voreilig«. Er betonte, keiner meiner Gegner habe mir vorgeworfen, dass ich von den

Spendengeldern auch nur einen Schilling veruntreut hätte. Und weiter schrieb er: »Der Abgang von Dr. Leakey wird uns daran erinnern, dass es in unserem öffentlichen Dienst doch noch ehrenwerte Männer gibt, die sich nicht durch die Verlockungen finanzieller Vorteile oder anderer materieller Güter verbiegen lassen ... damit beschämen sie all jene, die durch ihren engstirnigen Egoismus den vielleicht aufrichtigsten Staatsbediensteten aus dem Amt getrieben haben.«

Kurz nach meinem Rücktritt fragten mich mehrere Journalisten, ob ich die Absicht hätte, Kenia zu verlassen. Darauf musste ich lachen. »Nein. Ich verlasse Kenia nicht, weder tot noch lebendig.« Ich liebte mein Vaterland viel zu sehr, als dass ich die Auswanderung auch nur in Erwägung gezogen hätte. Zwar war für mich noch kein Weg zu erkennen, wie man auf nationaler Ebene die Reformen durchsetzen könnte, die wir beim KWS vorgenommen hatten, aber ich war zuversichtlich, dass es eines Tages geschehen würde. Kenia könnte eine Regierung ohne Korruption haben, die zum Wohle des Volkes arbeitet. Ich wusste, was wir beim KWS erreicht hatten, und Odipos Artikel gab mir die Gewissheit, dass wir auf dem richtigen Weg gewesen waren. Unsere Arbeit war nicht unbemerkt geblieben.

Die Angriffe konnte ich an mir abprallen lassen. Viel mehr Sorge bereitete mir das weitere Schicksal des KWS, seiner hart arbeitenden Mitarbeiter und der kenianischen Tierwelt. Ich hatte mich in meine Arbeit und in den Wiederaufbau der Behörde gestürzt, und ich fürchtete, alle Fortschritte der vergangenen Jahre würden schon bald zunichte gemacht werden. Eigentlich bin ich Optimist, und ich tat alles in meiner Macht Stehende, um David Western in seiner Tätigkeit als neuer Direktor zu unterstützen. Ich rief ihn an, gratulierte ihm zu seiner Ernennung und bot ihm ein Treffen an, um die Amtsübergabe zu besprechen. Der Presse sagte ich, der Präsident hätte keinen besseren Mann auswählen können. Das hielt ich sogar in meinem Tagebuch fest. Dort schrieb ich aber auch, ich hätte die Befürchtung, dass Western nicht genügend Rückgrat besäße, um sich gegen Politiker zu wenden, die an das Geld des KWS herankommen oder sich Ländereien der Parks aneignen wollten.

Western ist zwar persönlich ein rechtschaffener Mann, aber er hatte keine Erfahrungen mit der Verwaltung einer großen staatlichen oder regierungsamtlichen Organisation – und bei seiner neuen Tätigkeit waren Managementerfahrungen von entscheidender Bedeutung. Er trat eine Stellung an, in der ihm dreitausend Menschen unterstanden, und die – inneren und äußeren – Intrigen, mit denen man an die Schatulle des KWS herankommen wollte, waren so zahlreich wie in einem James-Bond-Film. Er versprach von Anfang an, mehr für die Gemeinden rund um die Parks zu tun, der Regierung gegenüber weniger auf Konfrontationskurs zu gehen, als ich es angeblich getan hatte, und den KWS nicht so zu leiten, als sei er »sein Eigentum«. Nach Ansicht des Untersuchungsausschusses hatte ich die entsetzliche Sünde begangen, den KWS zu führen, als gehörte er mir persönlich. Ich selbst sah darin nie eine Kritik. Jeder ordentliche Vorstandsvorsitzende leitet seine Firma, als sei sie sein einziger Daseinszweck, und deshalb macht er sich über alle ihre Aktivitäten Gedanken. Eine gute Führungspersönlichkeit muss das gesamte Personal einschließlich seiner Funktionen kennen und mit den Angehörigen der unteren Hierarchiestufen ebenso einfach kommunizieren können wie mit den Direktoren. Wenn in einer Organisation bewaffnete Männer Dienst tun, die im Rahmen ihrer Tätigkeit töten und getötet werden können, sind enge Bindungen unverzichtbar. Nach meiner Überzeugung hatte Western noch einen langen Weg vor sich, und was seine Erfolgsaussichten anging, war ich mir zugegebenermaßen unsicher.

Ich wollte nicht erleben, dass der KWS scheiterte. Dazu stand für mich und viele gute Freunde, die weiterhin dort arbeiteten, viel zu viel auf dem Spiel. Einige von ihnen, beispielsweise Bashir, Joyce, Lynnette Anyonge (meine persönliche Assistentin) und Jim Else, hatten ursprünglich angekündigt, sie würden aus Solidarität zu mir ebenfalls ihr Amt aufgeben. Ich riet ihnen davon ab. Ihre Entscheidung wäre zwar rührend und bewundernswert gewesen, hätte aber weder dem KWS noch ihnen selbst genutzt. Bis sie eine neue Stelle gefunden hätten, wäre einige Zeit vergangen, und Western war auf ihre Unterstützung und ihre Kenntnisse über die Arbeitsweise des KWS angewiesen. Ich hoffte, er würde davon Gebrauch machen.

Wie ich aber später erfuhr, tat er das leider nicht. Er brachte seine eigene Mannschaft mit, und die hatte ihre eigenen Vorstellungen, wie die Organisation arbeiten sollte. Das kann man zwar verstehen, aber es ist keine Entschuldigung dafür, dass er sich gegenüber einigen meiner früheren Mitarbeiter, insbesondere Lynnette, sehr unhöflich verhielt. Dass sie ihre Position nutzte, um bei dem mit dem KWS assoziierten amerikanischen Hilfsprojekt eine neue Tätigkeit zu finden, lässt, was ihre Fähigkeiten und ihre innere Bindung an die Institution angeht, tief blicken.

Am schwierigsten war für mich die Erkenntnis, dass ich mit dem Verlassen des KWS auch alle unsere sorgfältig durchdachten Pläne aufgab. Unser letztes Vorhaben, das so genannte PAWS-Projekt, war ein umfassendes System zusammenhängender Ideen, das für die weitere Entwicklung der Naturschutzverwaltung in ganz Kenia von großem Nutzen gewesen wäre. Viele Überlegungen und eine Menge Zeit hatten wir der Frage gewidmet, wie man die Mittel der Weltbank und anderer Geldgeber am besten einsetzt, um eine sich selbst tragende Naturschutzinstitution zu schaffen, die sich mit ihrer Tätigkeit im Wesentlichen auf die geschützten Gebiete konzentriert. Gebäude, neue Straßen, neue Brücken, aber auch Unterkünfte, Ausbildung und Ausrüstung für das Personal – all das sollte im Laufe der Zeit verwirklicht werden. Das Kernstück des Vorhabens war die Verbesserung der Nationalparks, damit der KWS seine Einnahmen auf eine breitere Grundlage stellen und damit auch in anderen Gebieten Kenias langfristig einen besseren Naturschutz gewährleisten konnte. Das war »mein« Traum gewesen, und nachdem ich zurückgetreten war, musste der neue Direktor seine eigenen Visionen für den KWS entwickeln. Nachdem klar war, dass Western am PAWS-Projekt grundlegende Änderungen vornehmen würde, hätten die internationalen Geldgeber nach meiner Überzeugung ihre Finanzierung einfrieren müssen. Wenn man sich von einer Bank das Geld zum Bau eines Hauses leiht und dann stattdessen ein Flugzeug kauft, wird die Bank ihr Geld zurückfordern. Westerns viele Ideen für den Naturschutz mögen tatsächlich gut gewesen sein, aber sie waren ganz anders als die Pläne und Strategien, die ich dargelegt und für die ich das Geld erhalten hatte.

Über dieses und andere Probleme unterhielt ich mich mit Agi Kiss, der Vertreterin der Weltbank für Ostafrika. Nach meinem Eindruck war jetzt der Zeitpunkt gekommen, um die Zahlungen einzustellen, bevor unbeabsichtigte Schäden angerichtet wurden. »Wir sind jetzt genau in der gleichen Situation, deretwegen ich die Bank zu Beginn meiner Amtszeit kritisiert habe«, sagte ich zu Kiss. »Es ist, wie ich es damals prophezeit habe: Große Geldbeträge haben große Wirkungen. Das können schlechte oder gute Wirkungen sein, aber wenn es keinen Plan gibt, wenn die Mittel nicht verantwortungsbewusst eingesetzt werden, werden sie negative Effekte haben. Neutral werden sie nicht sein. Sie werden echten Schaden anrichten.«

Ich erinnerte sie daran, welche Probleme das Geld der Weltbank in den siebziger Jahren im Maasai Mara-Schutzgebiet verursacht hatte: Der Bau von Unterkünften und Wasserversorgung war begonnen worden und unvollendet geblieben, was zu Umweltschäden und einem entsetzlichen Durcheinander geführt hatte. Und das alles nur, weil die

Bank der Regierung das Geld gegeben hatte, ohne diese Regierung für seine Verwendung verantwortlich zu machen. Ich fragte, ob die Bank jetzt noch einmal den gleichen Fehler machen wolle. Dieses Mal ging es natürlich um weit höhere Beträge, das heißt, man konnte damit auch viel größeres Unheil anrichten.

Kiss vertrat die Ansicht, es sei nicht Sache der Bank, in interne Regierungsangelegenheiten einzugreifen. Darauf erwiderte ich sofort, sie habe bereits eingegriffen, indem sie die 130 Millionen Dollar zur Verfügung stellte.

Die kenianische Regierung hatte den Vertrag mit der Weltbank auch in anderer Hinsicht gebrochen. Sie hatte sich im Rahmen der Vereinbarungen verpflichtet, die zu den Nationalparks führenden Straßen zu reparieren. Die meisten davon waren aber nach wie vor in einem grauenhaften Zustand. Sie machten jeden Ausflug in unsere Parks zu einem Härtetest und hinterließen bei Besuchern mit Sicherheit einen schlechten Eindruck. Früher war das kaum ein Problem gewesen, denn wenn Touristen in Afrika große wilde Tiere sehen wollten, hatten sie kaum eine andere Wahl, als nach Ostafrika zu kommen. Nachdem jetzt aber die Apartheid der Vergangenheit angehörte, konnten Touristen auch ohne weiteres nach Südafrika reisen. Dort fanden sie glatt geteerte Landstraßen vor. Der Ausbau unserer Verkehrswege war ein weiterer wichtiger Teil des PAWS-Gesamtplanes gewesen, mit dessen Hilfe der KWS schließlich Gewinne erzielen wollte, aber die Regierung hatte nichts unternommen, um auch nur eine einzige Straße zu reparieren – eigentlich ein weiterer Grund, die Zahlungen einzustellen oder zumindest zu verschieben.

»Die Bank kann durchaus Druck auf die Regierung ausüben«, sagte ich zu Kiss. »Wenn die Straßen nicht bis zu einem bestimmten Termin ausgebessert sind, sollten Sie das Geld zurückhalten. Die Bank sollte die Regierung in die Pflicht nehmen.«

Immerhin, so fügte ich hinzu, hatte die Bank genau das auch bereits getan. Erst ein Jahr zuvor, als die Regierung der Abtrennung von über 22 000 Hektar des Tsavo-Parks zugestimmt hatte, war die Position der Bank eindeutig gewesen: Sie erklärte, wenn die Fläche dem Park nicht wieder zugeschlagen würde, werde kein Geld mehr fließen. Ich betonte, die Bank habe hier eine Position der Stärke. Sie solle darauf bestehen, dass die Regierung an den PAWS-Plänen festhielt, und anderenfalls kein Geld mehr bewilligen.

Man muss Kiss zugute halten, dass sie tatsächlich einen Bericht schrieb. Darin erklärte sie, die Bank solle die Finanzierung des KWS erneut überprüfen, da die ursprünglichen Projekte nicht weiterverfolgt würden und die Regierung sich nicht an die Abmachungen hielt. Ihre Vorgesetzten folgten dieser Beurteilung jedoch nicht, und die Bank stellte ihre Unterstützung nicht ein. Hätte sie das getan, hätte irgendjemand einräumen müssen, dass das Projekt ein Fehlschlag war, und ein solches Eingeständnis konnte eine berufliche Karriere ruinieren. Der Bank zu erklären, welche Anreize sie ihren Mitarbeitern geben soll, liegt mir fern; mir selbst wären allerdings Angestellte lieber, die wie Kiss ehrliche Beurteilungen abgeben und nicht nur an ihrem eigenen Erscheinungsbild interessiert sind. Solche internen, karriereorientierten Entscheidungen sind der Grund, warum so viele Projekte der Weltbank fehlgeschlagen sind und warum die Institution in dem Ruf steht, eher zu den Problemen der Entwicklungsländer denn zu ihrer Lösung beizutragen.

Die Entscheidung der Weltbank war für den KWS eigentlich eine schlechte Nachricht. Welche Ironie des Schicksals: Ich hatte mit der Bank ein Abkommen ausgehandelt, das die Regierung zu verantwortungsbewusstem Handeln zwingen sollte, und jetzt hatte die Bank sich entschlossen, diese Vereinbarungen zu ignorieren. Damit verhielt sie sich ebenso verantwortungslos wie meine eigene Regierung. Die Zahlungen wurden nicht eingestellt, und niemand wurde für die Verwendung des Geldes verantwortlich gemacht.

Jetzt wusste ich, dass der KWS zum Scheitern verurteilt war, und ich fürchtete, dass er in seinen unteren Rängen erneut von Korruption und Wilderei heimgesucht würde. Am schwersten fiel es mir, mich mit der Rolle des Zaungastes abzufinden: Ich konnte nichts anderes tun, als zuzusehen – zumindest dachte ich das zunächst.

Nachdem ich mich an den Gedanken gewöhnt hatte, dass die Situation so war und dass ich offensichtlich nichts tun konnte, als Western und seine Mitarbeiter zu irritieren, nahm ich mir vor, mich als Berater zu versuchen. Ich eröffnete ein kleines Stadtbüro und stellte ein paar Mitarbeiter ein. Allmählich hatte ich wieder das Gefühl, dass ich nicht für den Rest meines Lebens »auf dem Abstellgleis« stand, aber gleichzeitig bemerkte ich auch, dass ich es eigentlich nicht übers Herz brachte, anderen Ratschläge zu erteilen. So gerieten meine Versuche, mir als Berater meinen Lebensunterhalt zu verdienen, zu Fehlschlägen. Allerdings schloss ich mich einigen Freunden an, die gerade dabei waren, eine neue politische Oppositionspartei zu gründen.

Auch nachdem ich den KWS verlassen hatte, war mein Kontakt zu Präsident Moi nicht abgerissen. Wir sprachen zwar nicht regelmäßig miteinander, aber ich konnte ihn wegen verschiedener Dinge anrufen und tat das auch. In einem Fall schaffte ich es sogar, mich privat mit ihm zu treffen. Ich wollte ihn über einige Dinge in Kenntnis setzen, die ich gehört hatte; die Informationen waren zwar unvollständig, aber sie wiesen darauf hin, dass einige verbitterte Menschen den Präsidenten mit verfassungswidrigen Mitteln entmachten wollten. Frühmorgens, bei einer Tasse Tee, gab ich ihm einen Überblick über meine Kenntnisse. Trotz unserer unterschiedlichen Ansichten über den KWS entwickelte sich dabei zwischen uns erneut ein Gefühl des Vertrauens und sogar der

Herzlichkeit. Offensichtlich handelte der Präsident schnell, denn die Gefahr, über die wir gesprochen hatten, war schon bald beseitigt.

In meiner neuen Situation als Außenstehender erkannte ich, wie viele Menschen von der Regierung und ihren korrupten Praktiken die Nase voll hatten. In den letzten Jahren, seit es im Land mehr Demokratie und mehrere Parteien gab, waren solche Ansichten immer offener formuliert worden. Einer ihrer Vertreter war Paul Muite, ein Anwalt und Parlamentsabgeordneter. Mit seinen Attacken im Parlament setzte er immer wieder Regierungsbeamten zu, die in diesen oder jenen Skandal verwickelt waren, und gewöhnlich ging es dabei um die Veruntreuung großer Mengen von Steuergeldern. Ein anderer war Robert Shaw, ein Geschäftsmann, der in der Zeitung *The Nation* eine wöchentliche Wirtschaftskolumne schrieb. Diese Kolumne diente ihm als Arena, in der er vielfach dieselben Personen wie Muite unter die Lupe nahm und kritisierte, wobei er ihre Machenschaften genüsslich und in allen Einzelheiten enthüllte. Die beiden hatten eine kleine Gruppe Gleichgesinnter gegründet, die sich gelegentlich traf und über Reformen in Kenia diskutierte. Natürlich wurden Muite und Shaw von der Regierung genau beobachtet, und die ließ schon bald durchblicken, sie werde die Gruppe verbieten. Ich hatte mich mit beiden schon früher hin und wieder unterhalten; eines Tages rief Shaw an und schlug vor, wir sollten uns zu dritt zum Frühstück treffen.

Es wurde eine gemütliche Zusammenkunft; wir sprachen über viele Themen, die für Kenia von Bedeutung waren. Alle drei hatten wir Familie, und im Gespräch kamen wir immer wieder auf diese gemeinsame Basis zurück: Wir wünschten uns ein sicheres Land, in dem unsere Kinder Erfolg haben und ein gutes Leben führen konnten; ein Kenia ohne Brutalität und Unterdrückung durch die Polizei, in dem man Gedanken austauschen konnte, ohne Angst zu haben, in dem die Beamten nicht ständig die Hand nach Bestechungsgeldern aufhielten und in dem auch die Armen sich Medikamente und Dinge des täglichen Bedarfs leisten konnten. Muite und Shaw luden mich ein, mich ihrer Gruppe anzuschließen; sie glaubten, ich werde in der Bevölkerung respektiert und die Regierung werde eher hinhören, wenn ich mich zu solchen Themen äußerte.

»Das bezweifle ich«, sagte ich mit einem leisen Lachen. »Ich glaube, zur Zeit hört die Regierung sich von mir überhaupt nichts an. Bei denen stehe ich auf der schwarzen Liste.«

Außerdem, so fügte ich hinzu, sei nicht viel zu erreichen, wenn man nur für eine kleine Gruppe spräche.

»Sie wissen doch, dass die Regierung vorhat, Ihre Gruppe zu verbieten. Warum tun Sie nicht den nächsten Schritt und gründen eine politische Partei?«

Darauf lachten beide. Die gleiche Idee hatten sie selbst schon im Hinterkopf, aber sie wussten nicht genau, ob ich mich dafür interessieren würde.

»Ja, es interessiert mich. Sehr sogar. Ich glaube, damit könnten wir wirklich etwas erreichen.«

Bei der Wahl von 1992 – in Kenia der ersten mit mehreren politischen Parteien – hatte die regierende KANU-Partei, wie ich bereits erwähnt habe, knapp über dreißig Prozent der Stimmen erhalten. Wenn wir eine Partei gründeten, deren vorrangiges Ziel die Vereinigung aller Oppositionsparteien war, konnten wir die KANU bei der Wahl von 1997 durchaus schlagen. Wir hatten drei Jahre, auf dieses Ziel hinzuarbeiten – Zeit genug, einen Regierungswechsel vorzubereiten.

Muite und Shaw waren einverstanden. Wenige Tage später, am 20. Juni 1994, gab ich zusammen mit ihren Kollegen die Gründung einer neuen politischen Partei bekannt: Sie hieß Safina, in Swahili das Wort für »Arche«. Den Namen wählten wir als Zeichen für unsere Bestrebungen, Kenianer aus allen Parteien mit ins Boot zu holen. Auch dass wir ein Wort aus dem Swahili wählten, war von besonderer Bedeutung: Es ist die Amtssprache Kenias, war ursprünglich aber die Sprache der Küstenbewohner, von denen viele gläubige Moslems sind. Die Regierung war diesen Mitbürgern gegenüber häufig unfreundlich gewesen, und natürlich fühlten sie sich ihrerseits eigentlich nicht als Teil unseres Landes. Safina wollte sie – wie die Kenianer aller Hautfarben und Religionen – zur Mitwirkung an den Veränderungen einladen, die wir zum Wohle unseres Landes geplant hatten.

In der Regierung war man über unsere Erklärung alles andere als erfreut. Der Präsident und sein Kabinett glaubten offenbar, ich sei der Partei nur beigetreten, um sie zu ärgern oder bloßzustellen, und antworteten mit einer neuen Salve von Angriffen. Im Vergleich zu diesen Attacken wirkten jene, denen ich in meiner Zeit beim KWS ausgesetzt war, wie milde Sticheleien. Jetzt bezeichnete man mich als »Rassisten, Verräter, Ausländer, Kolonialisten und Atheisten«, der mit radikalen Terroristen gemeinsame Sache machte. Die Anschuldigungen waren so an den Haaren herbeigezogen, dass eine Zeitung den Begriff »Leakeysierung« verwendete, wenn sie »Verleumdung« meinte. Wieder verteidigten mich zahlreiche Bürger in Leserbriefen. Und wieder nutzten andere die Gunst der Stunde, um ihr eigenes Süppchen zu kochen. Insbesondere viele weiße Bürger befürchteten, meine herausragende politische Stellung werde der Regierung einen Vorwand liefern, um ihnen ihre Ländereien oder Firmen wegzunehmen, und einige drängten mich in Telefonanrufen sogar, mich von Safina loszusagen. Solchen Sorgen begegnete ich recht ungehalten: Ich erwiderte, wenn sie sich mit uns um Veränderungen in der Regierung bemühen würden, müssten sie sich vielleicht nicht davor fürchten. Noch weniger Nachsicht hatte ich mit solchen Leuten, nachdem mein Bruder Philip an der Spitze von 88 weißen Kenianern (die Gruppe wurde später spöttisch als »Klub 88« bezeichnet) zum State House marschierte, um dem Präsidenten und der Regierung ein Treueversprechen zu geben.

Die Angriffe der Regierung sollten dazu dienen, mich in der Öffentlichkeit zum »schwarzen Schaf« zu machen. Paradoxerweise erreichten sie aber anscheinend genau das Gegenteil. Menschen, die mich früher nie bemerkt hatten, sprachen mich jetzt auf der Straße an und erklärten, sie seien stolz auf mich und alles, was ich für Kenia getan hatte und noch tun wollte. Andere riefen mir etwas zu, wenn ich abends nach Hause fuhr, klatschten sie und zeigten das Victory-Zeichen, das wir für die Safina übernommen hatten. Viele dieser Menschen hätten sich der Partei angeschlossen, wenn sie dazu in der Lage gewesen wären. Aber die Regierung verweigerte uns die Registrierung als eingetragene politische Partei. Unglaublich aber wahr: Obwohl Kenia jetzt ein Mehrparteienstaat war, schrieb eine – die herrschende – Partei vor, welche Parteien eingetragen werden durften und welche nicht. Und solange die Safina nicht offiziell registriert war, konnten wir weder politische Veranstaltungen abhalten noch einen Wahlkampf führen. Nicht einmal Zusammenkünfte von mehr als neun Personen waren gestattet.

Dass es eine gefährliche Zeit war, wurde mir bei einer denkwürdigen Gelegenheit besonders deutlich. Ich war mit mehreren politischen Freunden nach Nakuru gefahren, und während wir vor dem örtlichen Gerichtsgebäude warteten, griff uns eine Meute bezahlter Rowdys mit Peitschen und Knüppeln an. Nachdem ich einige Schläge eingesteckt hatte, konnte ich mich zu meinem Auto durchkämpfen und wegfahren, aber sämtliche Scheiben meines Wagens waren eingeschlagen. Ich hatte Glück, dass ich mit dem Leben davonkam. Später stellte sich vor Gericht heraus, dass tatsächlich Behörden in die Schlägerei verwickelt waren. Nach diesem Ereignis dachte ich ernsthaft darüber nach, ob ich wirklich Politiker sein wollte.

Nachdem ich der Safina beigetreten war, wurde ich mehrmals von Journalisten und anderen gefragt, ob ich für das Präsidentenamt kandidieren wolle. Nichts hätte mir ferner liegen können. Ich wollte einem Repräsentanten aller Oppositionsparteien zum höchsten Staatsamt verhelfen und hoffte, ich könne dieser Person vielleicht als Berater dienen. Wir mussten Kenias Verfassung reformieren und den Abschnitt streichen, der dem Präsidenten und der Regierungspartei ungebührlich viel Macht verlieh. Ich wollte der Arbeitsgruppe angehören, die diese Reform auf den Weg brachte, und außerdem wollte ich mich dem großen Problem widmen, den öffentlichen Dienst schlanker zu gestalten. Um das zu erreichen, brauchte ich nicht Präsident zu sein.

Weder die Beschimpfungen noch die körperlichen Angriffe schreckten mich oder die anderen Safina-Mitglieder ab. Die Regierung verweigerte uns weiterhin die Registrierung und gab erst nach, als sie von einflussreichen Bürgern Kenias und ausländischen Diplomaten unter Druck gesetzt wurde. Elf Tage vor dem letzten amtlichen Termin für die Benennung der Kandidaten wurden wir offiziell zu einer Partei. Nur zwei Monate später, im Dezember 1997, fanden die Wahlen statt. Unserem wichtigsten Ziel, alle Oppositionsparteien unter einen Hut zu bringen, kamen wir sehr nahe – nach meiner Überzeugung wäre es uns beinahe gelungen. Aber leider waren die führenden Köpfe dieser Parteien untereinander misstrauischer als gegenüber der KANU, und im letzten Augenblick fiel unsere sorgfältig geschmiedete Koalition auseinander. Die KANU und Präsident Moi wurden mit hauchdünner Mehrheit wieder gewählt. Die Oppositionsparteien konnten ihren Stimmenanteil und ihre meisten Abgeordnetensitze halten. Die Safina gewann fünf Mandate, und darüber freuten wir uns sehr. Ich selbst hatte mich nicht um einen Sitz beworben, wurde aber dennoch nominiert und zog am Ende ins Parlament ein – eine überraschende neue Rolle, aber ich entschloss mich, sie zu übernehmen und zumindest eine Zeit lang zu nutzen.

Nach dem Verlust meiner Beine hatte ich das Gelöbnis abgelegt, eines Tages Mittel und Wege zu finden, um anderen

Behinderten in Kenia zu helfen. Erst als ich im Rollstuhl saß, war mir klar geworden, wie schwierig das Leben für behinderte Menschen sein kann, insbesondere in einem Entwicklungsland, wo es weder Rampen für Rollstuhlfahrer noch andere Hilfestellungen für sie gibt. Ich selbst war ein bevorzugter Beinamputierter. Mit finanzieller Unterstützung von Freunden konnte ich mir ein Paar teure High-Tech-Prothesen leisten. Der kenianische Durchschnittsbürger ist dazu nicht in der Lage: Er ist auf den Rollstuhl angewiesen oder muss sich auf Krücken fortbewegen. Um zu demonstrieren, wie schwierig das Leben unter solchen Umständen ist, ließ ich mich an dem Tag, als ich meinen Amtseid ablegen sollte, von meinen Mitarbeitern im Rollstuhl ins Parlament schieben. Wegen der vielen Hindernisse mussten sie mich und meinen Stuhl mehr oder weniger in den Sitzungssaal tragen. Damit erregte ich großes Aufsehen, und genau das hatte ich beabsichtigt. Fast zum ersten Mal in der Geschichte des Landes war das Schicksal der Behinderten den Zeitungen einen Bericht auf der Titelseite wert. Ich äußerte mich im Parlament regelmäßig über das Thema und drängte darauf, unseren behinderten Mitbürgern mit Arbeitsplätzen und finanzieller Unterstützung zu helfen.

Auch mit Präsident Moi traf ich an jenem Tag kurz zusammen. Wir hatten einander seit vier Jahren nicht mehr gesehen. Vom Rollstuhl aus fing ich seinen Blick auf und sagte: »Guten Tag, Herr Präsident.«

Dass er sich freute, mich zu sehen, kann ich nicht behaupten. Immerhin hatte ich versucht, für seine Ablösung zu sorgen. Dennoch war er so liebenswürdig wie immer und erwiderte meinen Gruß – allerdings war es das kühlste »Hallo«, das ich jemals von ihm hörte.

Das Parlament unseres Landes ist nach britischem Vorbild aufgebaut. Ein *speaker* leitete die Sitzung und erteilte den Abgeordneten das Wort. Das Parlament, als dessen Mitglied ich vereidigt wurde, sollte eigentlich kaum mehr tun als die

Entscheidungen aus dem State House abzunicken. Während der vielen Jahre, als Kenia ein Einparteienstaat war, hatte die Volksvertretung sich im Wesentlichen zu einem Forum entwickelt, in dem Regierungsentscheidungen diskutiert wurden, aber sie hatte so gut wie keine Macht, selbst Gesetze einzubringen und so die Staatsführung zu beeinflussen. Viele Diskussionen drehten sich um die Verfassungsreform und um ein Gesetz, das dem Parlament mehr Einfluss auf Politik und Entwicklung des Landes verschaffen sollte. Mir machten diese Debatten Spaß, und ich arbeitete an dem Gesetz mit. Wir konnten Minister auch darüber befragen, wie sie zu ihren Entscheidungen gelangt waren und welche Pläne sie für die Zukunft Kenias hätten. Dabei wusste jeder, dass sie uns nicht die Wahrheit sagten. Wir konnten nichts anderes tun als sie zu verspotten und zu piesacken – was ich auf die Dauer frustrierend fand.

Dennoch verschaffte mir die Stellung als Abgeordneter die bisher so schmerzlich vermisste Möglichkeit, für Kenia zu arbeiten. Ich nutzte sie nicht nur, um mich für Reformen und mehr Unterstützung der Behinderten einzusetzen, sondern auch um das Engagement unseres Staates für Wissenschaft und wissenschaftliche Ausbildung zu verbessern. Außerdem warb ich im Ausland für Investitionen. Auch diente mir meine neue Stellung dazu, mich mit einigen meiner früheren Gegner zu treffen und mit ihnen zu diskutieren, beispielsweise mit William Ntimama. Am Ende diente sie mir sogar dazu, den Kontakt mit Präsident Moi wiederherzustellen.

Aus meinem früheren Umgang mit David Western wusste ich, dass er ganz anders vorgehen würde als ich. Die Zukunft der kenianischen Tierwelt und das Schicksal des KWS lagen mir nach wie vor am Herzen, und ich machte mir große Sorgen, weil die Wilderei anscheinend wieder zunahm. Noch beunruhigender war, dass dem KWS eindeutig größere finanzielle Belastungen bevorstanden. Ohne Geld war die

Wilderei nicht wirksam zu bekämpfen, das zeigte sich schon nach kurzer Zeit sehr deutlich. Western räumte der Finanzierung von Projekten außerhalb der Parks höhere Priorität ein; er hatte vor, Pufferzonen für die Wildtiere zu schaffen und die ländlichen Gemeinden zu mehr Naturschutz zu ermutigen. Im Rahmen der 50-Jahr-Feier der kenianischen Nationalparks machte Western sich für »Parks jenseits der Parks« stark – eine griffige Formulierung für die neue Strategie. Zwar war auch ich der Ansicht, dass freundschaftliche Beziehungen zu den Gemeinden in der Nähe der Schutzgebiete unverzichtbar waren, aber aus der Formulierung »Parks jenseits der Parks« ergab sich eigentlich die Konsequenz, dass man die Parks selbst den Gemeinden unterstellen musste, und eine solche Maßnahme hätte nach meiner Überzeugung eine Katastrophe bedeutet. Die Gemeinden litten unter entsetzlicher Armut. Die Diskussion über ihre Rolle schwelt nach wie vor. Es gibt eine klare Polarisierung: auf der einen Seite stehen diejenigen, die sich für eine strenge Erhaltung der Nationalparks einsetzen, auf der anderen jene, nach deren Ansicht die Parks nur dann überleben können, wenn die lokale Bevölkerung in Form des Verbrauchs von Tieren (als Fleisch- und Trophäenlieferanten) an den Ressourcen beteiligt werden.

Es gab auch Anzeichen, dass der KWS riesige Schulden aufhäufte. In den Jahren nach meinem Rücktritt ließen seine veröffentlichten Bilanzen erkennen, dass die Ausgaben weit höher waren als die Einnahmen. Wegen der schwindenden Mittel musste an Patrouillenflugzeugen und Wildhüterausrüstung gespart werden, die beide für eine wirksame Wildererbekämpfung unentbehrlich waren. Das PAWS-Projekt der Weltbank hatte bei den Mitarbeitern des KWS hohe Erwartungen geweckt; als sich nun zeigte, dass man neue Straßen wieder verkommen ließ und Vorhaben unvollendet blieben, sank die Moral rapide.

Ende 1997 hörte ich immer mehr Klagen von Wildhütern und anderen Mitarbeitern des KWS. Die meisten von ihnen hatten Angst, Kontakt mit mir aufzunehmen, weil Western es ihnen ausdrücklich verboten hatte. Einige erzählten mir, er habe jedem, der zu mir kam, mit Kündigung gedroht. Aber auch ohne ihre Berichte wurde deutlich, dass die Institution schwere Zeiten durchmachte. Mehrere Enthüllungsartikel in dem Wochenblatt *The People* berichteten, welches Durcheinander mittlerweile beim KWS herrschte. Die Journalisten schrieben, das Geld der Weltbank und anderer Geldgeber sei zum größten Teil vergeudet worden, und obwohl der KWS bereits bankrott sei, beziehe sein Direktor weiterhin eines der höchsten staatlichen Gehälter im ganzen Land. Und da das bisherige Darlehen so schlecht verwaltet worden sei, würden auch keine neuen Finanzhilfen mehr nachfolgen. *Wenigstens jetzt ist man bei der Bank zur Besinnung gekommen*, dachte ich bei mir. Aber der Schaden war angerichtet. Das ganze PAWS-Projekt war den Bach hinuntergegangen, und die Bestrebungen, den KWS zu einem sich selbst tragenden Unternehmen zu machen, hatten nur zu einem geführt: zum Bankrott.

Ein paar Tage später klingelte bei mir das Telefon. Am anderen Ende war mein alter Freund und Mentor Charles Njojo. Ob wir zusammen zu Mittag essen könnten? Für Charles habe ich immer Zeit, und ich sagte erfreut zu. Das Treffen sollte bei ihm zu Hause stattfinden, wo wir ungestört waren.

Beim Essen erklärte Charles, der Präsident habe ihn gebeten, den Vorsitz des KWS-Kuratoriums zu übernehmen. Das war eine höchst erfreuliche Nachricht, bedeutete sie doch, dass auch Präsident Moi sich Sorgen um die Zukunft des Naturschutzdienstes machte. Sie bedeutete aber auch, dass Charles im öffentlichen Dienst rehabilitiert war. Und auf einer übergeordneten Ebene würde seine Wiederaufnahme in den Staatsdienst auch die Spannungen zwischen den Stämmen der Kikuyu und Kalenjin mildern. Charles war ein altgedienter Kikuyu-Politiker, und viele Angehörige seiner

Volksgruppe hatten sich über seine Behandlung geärgert. Nach meiner Überzeugung hatte der Präsident eine ausgezeichnete Wahl getroffen.

Auch Charles freute sich. Er liebte die kenianische Tierwelt sehr und war über die Auflösungserscheinungen beim KWS so unglücklich wie viele andere. Bei unserem Treffen sprachen wir ausführlich darüber, was schief gelaufen war und wie man die Fehler am besten korrigieren konnte. Zum ersten Mal seit meinem Rücktritt beim KWS schlief ich abends unbeschwert ein. Wenigstens hatten Parks und Elefanten einen neuen Fürsprecher.

Während der folgenden Wochen kam es, vor allem auf Charles' Betreiben, zu weiteren Veränderungen. Er sorgte dafür, dass ich diskret und in aller Stille mit Präsident Moi zusammentreffen konnte. Über die Einzelheiten dieser Begegnung möchte ich nicht viele Worte machen. Ein paar Bemerkungen mögen genügen: Ich entschuldigte mich für die unhöfliche Antwort nach meinem Unfall, als er für mich beten wollte, und wir konnten auch andere Probleme und Missverständnisse ausräumen. Einige Tage darauf fragte der Präsident – wieder auf dem Weg über Charles – an, ob ich das Amt des KWS-Direktors noch einmal übernehmen wolle. Nun stand ich vor einer schwierigen Entscheidung. Meine früheren Erfahrungen beim KWS und meine Frustration über die Vorgänge in den fünf Jahren danach wogen schwer. Ich überlegte ein paar Tage, dann sagte ich ja.

Dazu musste ich meinen Sitz im Parlament aufgeben – niemand darf gleichzeitig eine staatliche Behörde leiten und Abgeordneter sein –, aber ich ließ alle wissen, dass ich nicht aus der Oppositionspartei austreten würde. Als Reporter mich fragten, wie so etwas möglich sei, erklärte ich, man solle jeder Partei angehören und dennoch dem Staat dienen können. Der Abschied vom Parlament fiel mir nicht schwer. Wir hatten gerade das Gesetz verabschiedet, das den Abgeordneten mehr Einfluss auf die Gesetzgebung verschaffte, und die Verfassungsreform war im Gang. Ich war bereit für meine neue, alte Aufgabe.

Meave war zunächst fassungslos, dass ich mich wieder »in die Höhle des Löwen« begeben wollte, wie sie es formulierte, aber nachdem wir darüber gesprochen hatten, stand sie voll und ganz hinter mir. Wie alle, die Kenias Nationalparks und ihre Tiere lieben, war sie unglücklich über ihren desolaten Zustand; tapfer willigte sie ein, dass ihr Mann sich noch einmal des Problems annahm.

Im Mai 1998 kehrte ich zum KWS zurück. Es war einer der stolzesten Augenblicke in meinem Leben. Zu meiner Begrüßung war das Personal der Zentrale vollzählig angetreten. Sie standen auf Balkonen, Treppen und dem Rasen vor dem Haus und applaudierten, als ich aus dem Landrover stieg. Ich winkte ihnen zu und sagte auf Swahili, ich sei sehr froh, wieder bei ihnen zu sein.

»Eines müssen Sie wissen«, rief ich. »Ich habe kein *ugali* gegessen, um wiederzukommen.« Diese Swahili-Formulierung bedeutete, dass ich kein Bestechungsgeld angenommen hatte. Und alle lachten über meine lockere Ausdrucksweise.

»Es gibt viel Arbeit, und ich bin hier, um dabei zu helfen. Wir haben die Parks, die Tiere, die Elefanten und Kenia, für die wir arbeiten müssen. Mit vereinten Kräften werden wir es schaffen.«

Ich drehte mich um, ging in das Gebäude, das wir vor vier Jahren geplant und gebaut hatten, und nahm meinen Platz im Büro des Direktors ein.

Ein Jahr stand ich an der Spitze des KWS. Die Organisation hatte mit zahlreichen Problemen zu kämpfen, insbesondere mit einem riesigen Defizit. Innerhalb eines Jahres hatten wir die Dinge ins Lot gebracht, und am Ende schrieben wir schwarze Zahlen. Ob das PAWS ein Erfolg geworden wäre, werde ich nie erfahren – man kann die Uhr nicht zurückdrehen. Aber ich bin überzeugt, dass der KWS zu einem Gewinn bringenden Staatsunternehmen geworden wäre, wenn man nach meinem Weggang im Jahr 1994 am PAWS-Projekt festgehalten hätte.

David Western hatte das Schwergewicht stattdessen auf Projekte außerhalb der Nationalparks gelegt. Wie sich herausstellte, bestanden die meisten dieser Vorhaben schlicht darin, dass die örtlichen Kreis- und Gemeinderäte Geld erhielten; die umfassende Frage nach den Problemen zwischen Parks und Gemeinden blieb im Wesentlichen unbeachtet, und wenn kein Geld mehr da war, kehrten die Schwierigkeiten wieder.

Ich entschloss mich, das Prinzip »zuerst die Parks« wieder zur Grundlage unserer Arbeit zu machen. Dieser Grundsatz mag in Naturschützerkreisen heute nicht sonderlich populär sein, aber ich behaupte nach wie vor, dass die Nationalparks einem grundlegenden, unverzichtbaren Zweck dienen. In Kenia wurde vor über fünfzig Jahren der erste Nationalpark eingerichtet, und das aus einem ganz bestimmten Grund: um die Tiere zu retten und zu schützen. Es war eine kluge, sinnvolle Lösung für das Problem der schwindenden Tier- und Pflanzenwelt. Eine bessere hat nach meiner Überzeugung bis heute niemand gefunden. Nationalparks – ob bei uns, in Indien oder in den Vereinigten Staaten – sind bis heute das beste Mittel, um Arten zu schützen und vor dem Aussterben zu bewahren.

Als das erste Jahr meiner zweiten Amtszeit beim KWS vorüber war, hatte ich mich auch in anderen Bereichen des politischen Lebens engagiert. Präsident Moi bat mich, an einer Initiative zum Wiederaufbau der kenianischen Wirtschaft mitzuarbeiten. Das führte erneut zu Kontakten mit den Geberländern und mit Institutionen wie der Weltbank. Mitte 1999 erklärte ich mich bereit, eine neue Aufgabe zu übernehmen. Ich sollte eine informelle »Reform-Arbeitsgruppe« leiten, und zu diesem Zweck sollte ich den Posten eines Ständigen Sekretärs beim Präsidenten, eines Staatssekretärs und des Leiters des öffentlichen Dienstes in Kenia übernehmen. Das hieß natürlich, dass ich die Leitung des KWS abgeben musste, was ich am 23. Juli 1999 tat. Mein Nachfolger wurde Nehemiah Rotich.

Die »Reform-Arbeitsgruppe« leitete ich 21 Monate lang. Ende März 2001 gab ich das Amt ab. Die Tätigkeit in einer sehr hohen Führungsposition des kenianischen Staatsdienstes war eine große Herausforderung und verschaffte mir eine ganz andere Einschätzung für die Schwierigkeiten, mit denen sich die afrikanischen Staaten auseinander setzen müssen. Der Naturschutz hat für mich nach wie vor hohe Priorität, aber es sind auch höchst vielschichtige sozioökonomische und politische Hindernisse zu überwinden. Entscheidend sind letzten Endes die Transparenz staatlichen Handelns und messbare Ergebnisse staatlicher Maßnahmen. Die Geschichte, die ich in diesem Buch erzählt habe, unterscheidet sich in vielerlei Hinsicht kaum von vielen anderen, die noch nicht niedergeschrieben wurden und für die hier auch weder die richtige Zeit noch der richtige Ort ist. Aber eine starke, mit ausreichenden Mitteln ausgestattete Regierung ist der beste Garant für die Zukunftsaussichten der Elefanten und aller anderen Tiere innerhalb und außerhalb der Parks. Welchen Erfolg wir haben werden, steht auf einem anderen Blatt und wird vielleicht in einem anderen Buch beschrieben werden.

Heute kommt es mir vor, als seien die Elefanten – Mütter, Tanten und spielende Babys – weit weg. Aber vergessen habe ich sie nicht. Jeder Schritt, mit dem meine Kollegen und ich unserem Land zu mehr Demokratie und Wohlstand verhelfen, trägt auch zur Rettung der Elefanten bei. Denn nur eine verantwortungsbewusste Regierung – einer Regierung, die den Menschen zuhört und ihre Bedürfnisse respektiert – kann unseren Elefanten, unseren wilden Tieren, unseren Parks und unserem Vaterland eine sichere Zukunft garantieren.

Danksagung

Ich danke dem Staatspräsidenten Kenias, Daniel arap Moi, dass er mir 1989 die Gelegenheit gab, den Kenya Wildlife Service aufzubauen.

An den Ereignissen, die auf den vorstehenden Seiten geschildert werden, haben viele Menschen entscheidend mitgewirkt; mein besonderer Dank gilt Carol Wainaina, Abdi Bashir, David Mwiraria, Lynette Anyonge, Joe Kioko, Joyce Poole, Robert Bensted Smith und Phil Mathews. Besonders hilfreich waren Tom Allen und Agi Kiss von der Weltbank, und ohne die großzügige Unterstützung durch Margo Walter und George Bronfman wäre der Kampf für die Elefanten im ersten Jahr nicht so erfolgreich verlaufen. Ihnen allen danke ich ebenso wie vielen anderen, die hier nicht namentlich genannt werden.

Virginia Morell übernahm die Aufgabe, die Geschichte zu Papier zu bringen, wobei ihr meine umfangreichen Notizen und Tagebücher sowie viele Gespräche als Material dienten. Für ihre Arbeit bin ich ihr zutiefst dankbar.

Das größte Verdienst aber erwarb sich Meave mit ihrer Geduld und Hilfsbereitschaft in allen Krisen; was ich ihr verdanke, lässt sich mit Worten nicht beschreiben.